岳麓書社

读名著　选岳麓

古文观止 上

阙勋吾　张孝美　许凌云　曹日升　喻岳衡 导读 注译

陈蒲清 校订

岳麓書社·长沙

前　言

　　鲁迅先生说："评选的本子，影响于后来的文章的力量是不小的，恐怕还远在名家的专集之上，我想，这许是研究中国文学史的人们也该留意的罢。"(《选本》)他又说："选本所显示的，往往并非作者的特色，倒是选者的眼光。"(《〈题未定〉草（六）》)《古文观止》便是一部值得研究的选本。

　　《古文观止》是清初康熙年间吴楚材、吴调侯叔侄两人编选评注的。它自康熙三十四年（1695）付印问世以来，流传城乡，雅俗共赏，影响非常广泛。

一、《古文观止》的选材范围

　　《古文观止》共分十二卷，选古代散文二百二十二篇，上起东周，下至明末。

　　《古文观止》的编选目的是"正蒙养而裨后学"（吴兴祚原序），即给青少年提供一个学习文言散文的入门读物。蘅塘退士孙洙在《唐诗三百首》的序言中说："熟读唐诗三百首，不会作诗也会吟。"我们也不妨说："熟读古文两百篇，等闲可过文言关。"如果能熟读《古文观止》中的大部分文章，就熟悉了文言的词汇、语法现象和文章布局谋篇的道理，具有了大量感性知识，打下了阅读乃至写作（写作是对当时人来说）文言文的基础，并把握了中国古代散文发展的大体轮廓，进一步深造也就有门径了。而且，这两百多篇文章篇幅短小，大多脍炙人口，易于记诵。所以三百年来，它受到了读者的热烈欢迎，在一般群众中流传之广，可以说在清代就压倒了桐城派大师姚鼐编选的《古文辞类纂》，成了初学文言文的必读课本；辛亥革命以后，仍有很多学校用它作为国文教材。

《古文观止》漏选了辞赋与记事散文中的很多名篇，受到不少人的批评。这个批评当然有一定的道理，但忽视了本书的选材标准，有片面之处。

选本不选儒家经书、诸子散文、人物传记，这是古代选家的一个传统习惯。梁代的《昭明文选》便是这样做的，而且是时代条件决定的。儒家经书是官方规定的必读书，编入选本没有必要，本书选了《左传》中的一些精彩段落，还算是一种突破。诸子散文，是代表不同哲学、政治观点的学术专著，离开了整体而节取个别篇章，作为一个普及性的入门读物，也许是不适宜的。至于不选纯粹的传记文，大概是为了适应当时的需要，在科举时代应用最广泛的不是纯粹的记叙文而是议论、抒情或夹叙夹议的文章。所以即使像《左传》《史记》这样的叙事巨著，《古文观止》也只选了少数夹叙夹议的文章，大量入选的是古人的辞令与作者的论赞；情节曲折细腻的战争故事与人物传记则一篇也没有选。如果求全责备，这不能不算是一个缺陷，但只要另外学点优秀的传记文章，也就可以弥补了。

《古文观止》基本上不收辞赋是什么原因呢？辞、赋本不属散文，而是一种韵文。所以，《古文观止》只收散文化了的《卜居》《阿房宫赋》《秋声赋》《赤壁赋》，而不收《吊屈原赋》《登楼赋》等典型的名赋。而且，在没有学好散文之前，学习辞赋，也不合学习语言的规律。此外，《古文观止》还能打破门户之见，收了一些著名的骈体文，如《北山移文》《滕王阁序》等。

《古文观止》选文是比较全面而有重点的。从春秋到明末两千年间，各个时代（除元朝）都有作品入选，而又突出了先秦和唐宋，先秦入选七十三篇，唐代入选四十三篇，宋代入选五十一篇。在各个时代中，则突出了重点作家作品。《左传》有三十四篇，《战国策》十四篇，《国语》十一篇，共占先秦部分的百分之八十以上；韩愈二十四篇，柳宗元十一篇，欧阳修十三篇，苏轼十七篇，约占唐宋散文的百分之七十；汉代入选文章两卷三十一篇，司马迁占一卷十五篇，而且列在前面，然后是西汉文章十二篇，东汉二篇，蜀汉二篇。吴氏这种处理是恰当的。大家知道，先秦散文是中国古代散文的源头，《左传》《国语》《战国策》各有独特的成就，对后世有着深远的影响；汉代的司马迁就是直接继承了《左传》的优秀传统。唐宋古文运动，总结了秦汉散文与六朝骈文正反两个方面的经验，既重视文章的思想内容，又重视文章的写作技巧与语言的锤炼，把说理、记叙、抒情、写景熔为一炉，创作了很多优秀的散文名篇，韩愈、柳宗元、欧阳修、苏轼则是其中的代表人物。

《古文观止》也有个别失误。如：后人拟作的《李陵答苏武书》，伪托苏洵的《辨奸论》，入选时便没有仔细鉴别。

二、《古文观止》入选作品的特色

《古文观止》吸收前代选家（如金圣叹）的成果，入选的作品大都是比较优秀的。全书表现出两个方面的特色。

（一）对一部作品或一个作家，选择了那些可以代表其思想与艺术风格的篇章。

《左传》是《古文观止》选得最多的一部书。这部书的思想特点是宣扬了当时具有进步意义的民本思想，反对重神轻民，反对荒淫残暴。本书选的《季梁谏追楚师》《曹刿论战》《宫之奇谏假道》《子产告范宣子轻币》《晏子不死君难》，都反映了《左传》的这一进步倾向。季梁提出："夫民，神之主也。是以圣王先成民，而后致力于神。"晏子将君主与社稷加以区分，忠于社稷而不忠于一夫。这都在我国政治思想史上占有一席地位。《左传》在艺术上以善于描写战争场面和记叙外交政治辞令而著称。描写战争场面的记叙文，不在本书的选择范围，而记叙外交政治辞令的妙品则比比皆是。政治谏辞如《石碏谏宠州吁》《臧僖伯谏观鱼》《臧哀伯谏纳郜鼎》《子产论尹何为邑》《子革对灵王》等；外交辞令如《齐桓公伐楚盟屈完》《阴饴甥对秦伯》《展喜犒师》《烛之武退秦师》《齐国佐不辱命》《驹支不屈于晋》等。这些辞令或铺陈道理，中肯周到，或委婉曲折，变化多端。

唐宋八大家的散文，是各有独特的思想与艺术风格的。韩文气势磅礴，曲折自如，善于发不平之鸣，又善于在论说中插入对人情世态的典型刻画；柳文能突破儒家的某些思想禁区，充满对黑暗现实的揭露与对人民的同情，他的山水游记在写景中寄托着忧愤，意境幽深，语言精粹；欧文善于跌宕唱叹，一往情深，风神疏淡自然，语言流畅清新；三苏父子都善于纵横议论，特别是苏东坡的散文，思想活跃，立论新奇，境界开旷，汪洋恣肆，前人有"韩潮苏海"的赞誉，语言也很清丽，像行云流水，流转自如，往往在散文中创造出诗意盎然的境界；曾巩散文，立论平实，笔力沉着，论述如层层剥笋，愈出愈精，在明清两代影响极大；王安石散文则以见解深刻著称，表现出一个杰出政治家的锐利眼光，语言简练，风格挺拔。《古文观止》选了八大家的文章七十八篇，基本上都能代表他们的特色。且举两个例子吧：

世皆称孟尝君能得士，士以故归之，而卒赖其力以脱于虎豹之秦。嗟乎！孟尝君特鸡鸣狗盗之雄耳，岂足以言得士？不然，擅齐之强，得一士焉，宜可以南面而制秦，尚何取鸡鸣狗盗之力哉？鸡鸣狗盗之出其门，此士之所以不至也。（王安石《读孟尝君传》）

今夫平居里巷相慕悦，酒食游戏相征逐，诩诩强笑语以相取下，握手出肺肝相示，指天日涕泣，誓生死不相背负，真若可信；一旦临小利害，仅如毛发比，反眼若不相识；落陷阱，不一引手救，反挤之，又下石焉者，皆是也。（韩愈《柳子厚墓志铭》）

这两段文字，第一段仅八十九个字，却是一篇完整的读后感。前面二十六个字高度概括了孟尝君养士的作用及世人的称许；后面六十三个字则是作者的评论，分三层：第一句提出孟尝君不能得士的论点，第二句从政治大局着眼加以论证，第三句得出结论。真是疾转疾收，字字警策，抑扬吞吐，曲尽其妙，表现出王安石的超出世俗的政治眼光与"奇崛峭拔如悬崖断堑"的文章风格。第二段文字八十四个字，却仅仅是一篇文章中的一个长句。前面八十个字与"者"共同组成一个名词性结构，作为主语，后面三个字是谓语。"者"前的八十个字，刻画出了唐代官场那种虚伪浇薄、相互倾轧的风气，典型生动；"皆是也"三字，表现出无限的愤慨。作者把这种现象写入柳宗元的墓志铭，是为了衬托柳宗元的高风亮节，为柳宗元鸣不平。一个句子长到八十四个字，在古文中是非常罕见的，表现了韩愈"横空盘硬语""词必己出"的创造精神。

就是个别篇章的入选，也往往能代表该作者的精神风貌。《过秦论》《治安策》，显示出贾谊的才气横溢，议论深切；前后《出师表》，反复致意，可看出诸葛亮的一片忠心；《岳阳楼记》，立意高远，情景交融，能反映范仲淹的思想境界与文章风貌。

当然，由于时代及选材原则的限制，不仅遗漏了不少名家名作（特别是不合正统思想的），而且选了一些不能代表作者成就的作品，如：宋濂的几篇文章就不如他的传记文；归有光的几篇文章，就不如他的家庭记事小品；韩愈的上宰相书等也显得格调卑下，有摇尾乞怜之态。

（二）对同一体裁的作品，入选时能从不同角度着眼，因而很少有雷同单调的感觉。

　　《古文观止》选的书信达十九篇，但大多不是一般的应酬之作，而是各具特色、情文并茂的作品。有的曾影响了一代的重要决策，如李斯的《谏逐客书》；有的发表了重要的政治主张，如路温舒《尚德缓刑书》；有的是长辈对子弟的教育，如马援《诫兄子严敦书》；有的是才智之士内心的不平，如司马迁《报任安书》；有的深刻讽刺了腐朽的社会风气，如宗臣《报刘一丈书》；有的实际上论述了一种专门的文体，如曾巩《寄欧阳舍人书》。写法上也变化多端，邹阳的《狱中上梁王书》，反复引喻，不能自止，几乎可以听到蒙冤哭泣之声；柳宗元的《贺进士王参元失火书》，险语惊人，蹊径独辟，用独特的议论开导友人，可以使人破涕为笑；同是干谒的书信，李白《与韩荆州书》，"生不用封万户侯，但愿一识韩荆州"，豪放倜傥，没有乞怜之态；韩愈《应科目时与人书》，通篇用一个比喻，反复形容自己的才能与处境，恳求于人而又自负甚高。

　　《古文观止》中，杂记（主要是景物记）分量很重，达二十七篇，而且各具特色。柳宗元的《钻鉧潭西小丘记》，寄托着自己放逐蛮荒的悲凉身世，把山水游记与抒情散文结合起来，含意深隐，别开生面；王禹偁的《待漏院记》，抓住人物片刻间的思想活动，着力渲染，解剖灵魂，披露肝胆，又用对比映衬的手法，突出刻画了两种政治品质截然相反的典型人物，这种写法已开了《岳阳楼记》的先河；欧阳修的《醉翁亭记》，句句是记亭，又句句是写政绩，句句是抒发作者的"与民同乐"的政治主张，排句散行，从容委婉；苏轼的《喜雨亭记》，抓住"喜雨亭"三字，反复发挥，文情荡漾，笔法灵活，最后归结到及时雨贵于珠玉，表现出对人民疾苦的同情；王安石的《游褒禅山记》，因小见大，结构严谨，从游洞引申出一篇研究学问、创造事业的大道理；宋濂的《阅江楼记》虽是一篇歌功颂德的作品，但也巧妙地规劝了皇帝应以国计民生为重；王守仁的《尊经阁记》，名为尊儒家经典，实则是阐述自己的哲学主张，读了它对"王学"也就有了一个大体轮廓。

吴氏叔侄把选本定名为《古文观止》，是颇为自负的。"观止"二字来自《左传》的《季札观周乐》（见本书），有无以复加的意思。这个命名虽然不免有王婆卖瓜之嫌，但在当时它的确超过了其他选本，也有符合实际的地方。即使今日新出的不少古文选本，也往往参考了《古文观止》这个选本。其中有的选本后来居上，补救了《古文观止》的某些缺陷，但往往又有新的不足之处。直至目前，还没有一个选本在读者中的影响超过《古文观止》。

三、《古文观止》的评、注、翻译

《古文观止》的版本很多，自本世纪二十年代开始，又陆续出了很多言文对照本。这次武汉大学阙勋吾、张孝美同志（一至三卷），广西师院许凌云同志（四至六卷），湖南益阳教师进修学校曹日升同志（十至十二卷），以及其他同志共同注释了一个新的版本，每篇文章分提示、原文、注释、译文四个部分。我在学习、校订之余，颇体会到这方面的一些艰苦。

古人的文章在传抄中往往发生字句的歧异，《古文观止》又对原文偶尔有所删节。如果完全依照"别集"校订，便会失掉《古文观止》的原貌，而且过去很多人都是按《古文观止》诵读记忆的；如果完全不顾"别集"的原本特别是善本，则又鉴别不精，贻误后学。所以，本书以中华书局一九五九年新版《古文观止》为原文依据，再在注释中注明别本中字句有差异的地方。

本书对各篇文章都有简要提示，以帮助读者理解原文全貌，鉴别精华糟粕，学习写作技巧。《古文观止》原来就有评注。吴氏叔侄的原评语，往往有精当之处，能点明作品的思想与写作特色。如：

"肉食者鄙，未能远谋"，骂尽谋国偾事一流人，真千古笑柄！未战考君德，方战养士气，既战察敌情，步步精详，着着奇妙，此乃所谓远谋也。左氏推论始末，复备参差错综之观。(《曹刿论战》尾批)

起手"死""亡""归"三层叠下，无数烟波，只欲逼出"社稷"两字也。注眼看着"社稷"两字，君臣死生之际乃有定案。(《晏子不死君难》尾批)

本书在写提示时，对这些具有思想识力与鉴赏眼光的评语，一般都予以吸收，或取其精神，或撷取某些精彩字句。原批中也有平庸不实之词。如：宋濂《阅江楼记》，格调本不甚高，但原评竟由此文推断宋濂"洵堪称一代词宗"。王阳明的《尊经阁记》，尾批中也只是一味推崇，而无片言只字的批评。本书的提示对这一类原评，完全没有采用，而力求做到既不苛求古人，也不盲目吹捧。

《古文观止》的原注是文言，其他版本的注释也往往是文言或半文半白，这很不适合今天的读者。本书一律改作白话，并纠正了一些错误之处。如贾谊《治安策一》的开头一句："夫树国固，必相疑之势。"这是开门见山，提出全文中心论点：封植的诸侯国太强大坚固了，势必形成与朝廷势均力敌的形势，酿成祸乱。"疑"通"拟"，是相比、相当的意义。贾谊在《论积贮疏》中也是这样用的："远方之能疑（拟）者，并举而争起矣。"有的注本把"相疑之势"解释为"互相疑忌"，与全文的精神并不符合。再如：张溥的《五人墓碑记》，"予犹记周公之被逮，在丁卯三月之望"，很多注本都没注明是作者误记，我们经过多方考证，注明"丁卯"是"丙寅"之误；"待圣人之出，而投缳道路"，不少注本把魏忠贤的死误为崇祯元年，实际上是天启七年冬，我们也订正了。此外，为了"知人论文"，本书有作者简介。但为了保持原书体例，作者介绍采用注释形式，在该作者入选的第一篇文章中作为第一条注释出现。为了照顾读者阅读方便，各篇注释有相对独立性，疑难字句往往不避重注；注音部分参考原注，与现代汉语读音不尽相同。

学习古文，要熟读原文，才能提高水平，有所收获，正和学习外语一样，不能光读译文。译文只是一根拐杖。作为拐杖，直译是比较传信的，但传神很难。为了便于初学者对照学习，本书还是采取了直译的原则。不过完全直译几乎是不可能的。特别是骈文，两句对偶往往说的是一个意思，在修辞上又喜用"互文""变文"，直译更是常常捉襟见肘。所以，本书中几篇骈文的译文，有时两句作一句翻译。总之，初学者可以参考译文，疏通原意，但绝不可代替对原文的揣摩。

鲁迅曾慨叹标点注释古书确是一件"难事"，这是经验之谈啊！本书译注仓促，校订者又学识浅陋、庶务繁杂，失误一定不少，诚恳希望大家指教。

陈蒲清

1980 年于益阳桃花仑

目　录

卷之一　周文

郑伯克段于鄢

《左传[1]·隐公元年》

导读　本篇记载的是我国春秋时代一个家庭的母子、兄弟为了争夺政权,彼此感情破裂以致互相残杀的故事。文中表现了姜氏的偏私任性、共叔段的贪得无厌以及郑庄公的老谋深算。篇末赞扬的孝是对的,但颍考叔为庄公所设的解决办法则有点勉强,隧道中的表演则有点滑稽。

原文

初,郑武公娶于申,曰武姜。[2]生庄公及共叔段。庄公寤生,惊姜氏,故名曰"寤生",遂恶之。[3]爱共叔段,欲立之。亟请于武公,公弗许。及庄公即位,为之请制[4]。公曰:"制,岩邑也,虢叔[5]死焉,他邑唯命。"请京,使居之,谓之京城大叔。[6]

译文

当初,郑武公从申国娶来妻子,叫作武姜。生了庄公和共叔段两个儿子。庄公出生时难产,惊吓到了姜氏,所以取名叫"寤生",姜氏因此就厌恶他。姜氏喜欢共叔段,想要立他做太子。屡次向武公请求,武公不同意。等到庄公即位后,姜氏请求把制这个地方封给共叔段。庄公说:"制是很险要的城邑,从前虢叔就死在那里,其他城邑可以听从您的吩咐。"姜氏替共叔段讨封京地,庄公叫他住在那里,人们称他为京城太叔。

注释　1《左传》又称《春秋左氏传》《左氏春秋》，相传为春秋时曾做过鲁国太史的左丘明所作，后来又经过许多人增益。一般人认为它原是一部独立的历史著作，但也有人认为是左丘明根据《春秋》所作的编年史。据近人研究，《左传》是战国初期人根据各诸侯国的史料最后编订的。它按照鲁国先后十二个国君在位的年代，记载了自鲁隐公元年(前722)至鲁哀公二十七年(前468)春秋各国的重要史实，是我国第一部叙事详细的完整的历史著作，也是先秦历史文学中一部优秀的作品。　2初：当初。古文追述往事的常用词。　郑武公：姓姬，名掘突。　申：国名，姜姓，在今河南南阳。　武姜："武"表示丈夫为武公，"姜"是她娘家的姓。　3寤(wù)生：逆生，即胎儿出生时先下脚。寤，通"牾"。　恶(wù)：憎恨，讨厌。　4制：地名，在今河南荥阳西北。原为东虢国的领地，东虢为郑所灭，制便为郑地。　5虢(Guó)叔：东虢国的国君。　6京：郑邑名。在今河南荥阳东南。　大：同"太"。下同。

祭仲[1]曰："都城过百雉[2]，国之害也。先王之制：大都，不过参[3]国之一；中，五之一；小，九之一。今京不度，非制也。君将不堪。"公曰："姜氏欲之，焉辟[4]害？"对曰："姜氏何厌之有？不如早为之所，无使滋蔓[5]。蔓，难图也；蔓草犹不可除，况君之宠弟乎？"公曰："多行不义，必自毙。子姑待之。"

祭仲说："都市的城墙面积超过了一百雉，便是国家的祸害。先王的制度：大城不得超过国都的三分之一，中等的不得超过五分之一，小的不得超过九分之一。现在京的城墙不合法度，不是先王的制度。您将要受不了了。"庄公说："姜氏要这样，又怎能够避开祸害呢？"祭仲回答说："姜氏哪里有满足的时候？不如早点做好安排，不要使他的势力滋长蔓延。蔓延开来，就难以对付了；蔓延的野草，尚且难以除掉，何况是您受宠爱的弟弟呢？"庄公说："做了许多坏事的人，必然要自取灭亡。你暂且等着吧。"

注释 1 祭(Zhài)仲:郑大夫。大夫,周代官职等级名,当时分卿、大夫、士三等级。 2 雉(zhì):量词。古代计算城墙面积,长三丈、高一丈为一雉。 3 参:同"三"。 4 辟:通"避"。 5 滋蔓:滋长蔓延。

既而大叔命西鄙北鄙贰于己[1]。公子吕[2]曰:"国不堪贰,君将若之何? 欲与大叔,臣请事之;若弗与,则请除之。无生民心。"公曰:"无庸,将自及。"

大叔又收贰以为己邑,至于廪延[3]。子封曰:"可矣,厚[4]将得众。"公曰:"不义不昵,厚将崩。"

不久,太叔命令郑国西部、北部边境的城邑既从属于庄公也从属于自己。公子吕说:"国家受不了这种两属的情况,您打算怎么办? 如果要把郑国送给太叔,那就允许我侍奉他;要是不给太叔,那就请您除掉他。不要使百姓产生二心。"庄公说:"不用除掉,他会自己害自己。"

太叔又把原是两属的地方收归自己所有,并扩展到了廪延。公子吕说:"可以采取行动了,他的土地扩大将会控制更多的人。"庄公说:"他对国家不道义,对兄长不亲昵,土地增多,也会垮台的。"

注释 1 鄙:边邑。 贰:两属,两方管理。 2 公子吕:姬吕,字子封,郑大夫。 3 廪延:郑邑名,在今河南延津东北。 4 厚:指土地扩大。

大叔完聚,缮甲兵,具卒乘,将袭郑。[1]夫人将启之。公闻其期,曰:"可矣!"命子封帅车二百乘以伐京。京叛大叔

太叔修筑城墙,储积粮草,修整铠甲、兵器,编组步兵和车兵,将要偷袭郑国的国都。姜夫人准备替他打开城门,作为内应。庄公得知太叔袭郑的日期,便说:"可以了!"于是命令公子吕率领二百辆战车去征讨京城。京城的人背叛太叔,太叔

段,段入于鄢[2],公伐诸鄢。五月辛丑,大叔出奔共。[3]

书曰:"郑伯克段于鄢。"段不弟,故不言弟;如二君,故曰克;称郑伯,讥失教也,谓之郑志[4];不言出奔,难之也。

逃跑到鄢,庄公又追到鄢去征讨他。五月二十三日,太叔便逃到共地去了。

鲁国史书上写道:"郑伯克段于鄢。"这样写是因为:段的所作所为不像个做弟弟的,所以不说"弟";两兄弟像是两个敌国的君主打仗,所以叫作"克";直称庄公为"郑伯",是讽刺他没有尽到教育的责任,这样的结果是他本来的意思;不说"出奔",是难以明说其中的缘故。

[注释] 1 缮:修理,制造。 卒:步兵。 乘:车兵。 2 鄢(Yān):郑地名,在今河南鄢陵。 3 五月辛丑:即鲁隐公元年(前722)五月二十三日。 共(旧读Gōng):古国名,在今河南辉县。后被卫国吞并。段出奔共,故称共叔段。 4 郑志:郑伯的意图,暗指郑伯存心不良。

遂置姜氏于城颍[1]而誓之曰:"不及黄泉[2],无相见也!"既而悔之。

庄公于是把姜氏安置在城颍,并发誓说:"不到黄泉,不再见面!"不久又后悔这样做。

[注释] 1 城颍:郑邑名,在今河南临颍西北。 2 黄泉:地下的泉水,这里指墓穴。

颍考叔为颍谷封人[1],闻之,有献于公。公赐之食,食舍肉。公问之,对曰:"小人有母,

颍考叔是在颍谷主管疆界的官,听到这件事,就去给庄公进献礼物。庄公赐他吃饭,他吃时把肉留着。庄公问他,他回答说:"我有母亲,我孝敬她的食

皆尝小人之食矣，未尝君之羹²，请以遗³之。"公曰："尔有母遗，繄⁴我独无！"颍考叔曰："敢问何谓也？"公语之故，且告之悔。对曰："君何患焉？若阙⁵地及泉，隧而相见，其谁曰不然？"公从之。公入而赋："大隧之中，其乐也融融。"姜出而赋："大隧之外，其乐也泄泄⁶。"遂为母子如初。

物她都吃过了，就是没有吃过国君的食物，请您让我把肉带回去献给母亲。"庄公说："你有母亲可献食物，唯独我没有啊！"颍考叔说："请问这是怎么说？"庄公说明了缘由，并且告诉了他自己很后悔。颍考叔回答说："您何必为这件事情忧虑呢？如果挖掘土地见到了泉水，再挖一条地道在里面相见，有谁会说您不对呢？"庄公听从了他的意见。庄公进入地道时赋诗说："隧道里面，母子相见，多么快乐啊。"姜氏走出地道时赋诗说："隧道外面，母子刚刚相见，多么舒畅啊。"于是母子便像从前一样。

注释　1 颍考叔：郑大夫。　颍谷：郑边邑，在今河南登封。　封人：管理疆界的官。　2 羹(gēng)：肉汁。这里是指肉食。　3 遗(wèi)：给，留给。　4 繄(yī)：句首语气词。　5 阙：通"掘"，挖掘。　6 泄泄(yìyì)：和上文的"融融"同义，都是形容快乐的样子。

君子曰¹：颍考叔，纯孝也。爱其母，施及庄公。《诗》曰："孝子不匮，永锡尔类。"² 其是之谓乎！

君子说：颍考叔可算是个真正的孝子。爱他的母亲，又把孝心影响到庄公。《诗经》说："孝子的孝心没有穷尽，永远影响和感化同类的人。"大概就是说的这种情况吧！

注释 1 君子曰:这是《左传》作者用以发表评论的方式。 2 此二句出自《诗经·大雅·既醉》。 匮(kuì):穷尽。 锡:赐予。这里指影响。

周郑交质

《左传·隐公三年》

导读 周朝自平王东迁以后,王室渐衰,控制不了诸侯国,以致发生了与郑国交换人质的事件。本篇就是在这一历史背景下写的。文中从"信""礼"二字着眼,批评周、郑靠人质来维持关系,既谈不上"信",也未遵循上下之间的"礼"。称周、郑为"二国",就含有讥刺的意思。写周平王的虚词掩饰,郑国的强横,都能反映出那个时代的面貌。

原文

郑武公、庄公为平王卿士[1]。王贰于虢[2],郑伯[3]怨王。王曰:"无之。"故周郑交质[4]。王子狐为质于郑,郑公子忽为质于周。[5]王崩,周人将畀[6]虢公政。四月,郑祭足帅师取温之麦[7];秋,又取成周[8]之禾。周郑交恶。

译文

郑国武公、庄公担任周平王的卿士。平王对西虢公比较信任,便把一部分政权分给西虢公,于是郑庄公埋怨平王。平王说:"没有这回事。"因此,周王朝和郑国交换人质。平王的儿子狐去郑做人质,庄公的儿子忽去周王朝做人质。平王死后,王室的人想把政权都交给虢公。四月,郑国祭足领兵强收了王室所管温地的麦子;秋天,又割走了成周的禾。从此周王室和郑国互相怀恨、猜疑了。

注释 1 卿士:执政大臣。郑武公及郑庄公父子先后以诸侯的身份在周王朝做卿士,兼掌王室实权。 2 贰:贰心。此指周王不专任郑庄公,而分权与虢公。 虢:这里指的是西虢公,也是在周王朝留仕的诸侯。周平王担心郑庄公专权,便分政于虢公,削弱郑庄公的实权。 3 郑伯:郑庄公。 4 交质(zhì):双方互相用亲子或贵臣作抵押。质,人质,抵押品。 5 王子狐:周平王的儿子。 郑公子忽:郑庄公的儿子。 6 畀(bì):授予,托付。 7 祭(Zhài)足:即祭仲,郑大夫。 温:周地,在今河南温县西南。 8 成周:周地,即洛邑,在今河南洛阳东郊。

君子曰:"信不由中[1],质无益也。明恕而行,要[2]之以礼,虽无有质,谁能间[3]之?苟有明信,涧溪沼沚之毛[4],蘋蘩蕰藻之菜[5],筐筥锜釜之器[6],潢污行潦之水[7],可荐于鬼神,可羞于王公。[8]而况君子[9]结二国之信,行之以礼,又焉用质?《风》有《采蘩》《采蘋》[10],《雅》有《行苇》《泂酌》[11],昭忠信也。"

君子说:"诚意不是发自内心,交换人质也没有用处。能懂得将心比地办事,并用礼来约束,即使没有人质,又有谁能离间他们呢?如果确有诚意,那么,山溪、池沼、沙洲旁边的野草,蘋草、白蒿、水藻之类的野菜,方筐、圆筥、鼎、釜等简陋器皿,停滞的死水、路旁的积水,都可以进献鬼神,也可以供奉王公。何况君子订立两国的信约,遵礼行事,又哪里用得着人质呢?《国风》中有《采蘩》《采蘋》,《大雅》中有《行苇》《泂酌》,这四篇诗都是表彰忠信的呢。"

注释 1 中:同"衷",内心。 2 要(yāo):约束。 3 间(jiàn):挑拨离间。 4 涧溪:山中小河。 沼:池塘。 沚:小洲。 毛:野草。 5 蘋:即四叶菜,又叫田字草。 蘩:即白蒿。 蕰藻:即金鱼藻,一种聚生的水草。

6 筐、筥(jǔ):盛物的竹器,方形为筐,圆形为筥。 锜(qí):有三只脚的锅。 釜(fǔ):锅。 7 潢(huáng)污(wū):停积的死水。 行潦(lǎo):路旁的积水。 8 荐:向鬼神进献物品。 羞:进献美味的食品。 9 君子:春秋时通指统治者和贵族男子。 10《风》:指《诗经》中的《国风》。《采蘩》《采蘋》都是《国风·召南》中的诗篇,叙妇女采野菜供祭祀之用。这里取其菲薄的意思。 11《雅》:指《诗经》中的《大雅》《小雅》。《行苇》《泂(jiǒng)酌》为《大雅·生民之什》中的两篇。《行苇》为祭祀后宴请父兄耆老的诗,歌颂相互间的忠诚、友爱。《泂酌》讲取积水以供祭祀。

石碏谏宠州吁

《左传·隐公三年》

导读 "宠"字为本篇之纲。自古宠子未有不骄,骄子未有不败。石碏有见及此,提出教以"义方"为爱子之法。无奈卫庄公不听,后来州吁果然作乱,杀了桓公自立。至于所谓"六逆""六顺",所反映的则是当时的等级、伦理观,但也并非毫无可取之处,如父慈、子孝、兄爱、弟敬,至今仍有现实意义。

原文

卫庄公娶于齐东宫得臣之妹[1],曰庄姜,美而无子。卫人所为赋《硕人》[2]也。又娶于陈,曰厉妫[3]。生孝伯,蚤[4]死。

译文

卫庄公娶了齐国太子得臣的妹妹,叫庄姜,容貌漂亮,却没有儿子。卫国人作了一首题名《硕人》的诗就是描写她的美貌的。庄公又从陈国娶了一个妻子,叫厉妫,生了儿子孝伯,很小就死了。厉

其娣⁵戴妫，生桓公，庄姜以为己子。

妫陪嫁来的妹妹戴妫，生了桓公，庄姜就把桓公当作自己的儿子。

注释 1 东宫：太子所住的宫室，故太子也称东宫。 得臣：齐国的太子名。 2《硕人》：《诗经·卫风》篇名。 3 妫(Guī)：陈国为妫姓。 4 蚤：通"早"。 5 娣(dì)：春秋时期，诸侯娶国君之女为妻，有妹妹随嫁；既嫁，其妹叫娣。

公子州吁，嬖¹人之子也。有宠而好兵，公弗禁，庄姜恶之。

石碏²谏曰："臣闻爱子，教之以义方，弗纳于邪。骄、奢、淫、佚，所自邪也。四者之来，宠禄过也。将立州吁，乃定之矣；若犹未也，阶之为祸。夫宠而不骄，骄而能降，降而不憾，憾而能眕者，鲜矣。³且夫贱妨贵，少陵长，远间亲，新间旧，小加大，淫破义，所谓六逆⁴也。君义、臣行，父慈、子孝，兄爱、弟敬，所

公子州吁，是庄公爱妾生的儿子。州吁得到庄公的宠爱，又喜欢玩弄武器，庄公不管束他，庄姜很厌恶他。

石碏规劝庄公道："我听说一个人爱自己的儿子，就要用规矩法度去教育他，不要使他走到邪路上去。骄傲、奢侈、淫荡、逸乐，就是走向邪路的开端。这四个方面的产生，都是宠爱和赏赐太过的缘故。如果要立州吁做太子，就应该定下来；要是还没有想法，这样就会引导他造成祸害。受宠爱而不骄傲，骄傲了而能受压制，受了压制而不怨恨，有怨恨而不为非作歹的人，是很少有的。再说卑贱的妨害高贵的，年少的欺侮年长的，疏远的离间亲近的，新的挑拨旧的，地位低的压着地位高的，淫乱的破坏有礼义的，这是人们常说的六种逆理的事。君主行事公正适宜，臣子服从命令，父亲疼爱子女，子女孝顺父母，哥哥爱护弟弟，

谓六顺也。去顺效逆，所以速⁵祸也。君人者，将祸是务去，而速之，无乃不可乎？"弗听。

其子厚与州吁游。禁之，不可。桓公立，乃老⁶。

弟弟敬重哥哥，这是人们常说的六种顺理的事。抛开顺理的事去做逆理的事，这就是招致祸害的原因。做君主的应该尽力除掉祸害，现在却要招来祸害，这恐怕不可以吧？"庄公不听。

石碏的儿子石厚和州吁交往，石碏禁止他，石厚不听。桓公即位后，石碏就告老退休了。

注释 1 嬖(bì)：宠爱。 2 石碏(què)：卫国大夫。 3 眕(zhěn)：安定。鲜(xiǎn)：少。 4 六逆：都是针对庄姜、桓公和嬖人、州吁说的。庄姜为正妻，桓公为嫡子，是贵、是长、是亲、是旧、是大；嬖人为妾，州吁为庶子，是贱、是少、是远、是新、是小。 5 速：招致。 6 老：年老退休。

臧僖伯谏观鱼
《左传·隐公五年》

导读 本篇反映了当时的"礼"制思想，即国君不能把游玩逸乐看作小节。臧僖伯认为国君的一举一动与国家的"政治"有关，所以极力劝阻鲁隐公去观看捕鱼。

原文

春，公将如棠观鱼者¹。臧僖伯²谏曰："凡物不足以讲大事，其材不

译文

春天，鲁隐公想前往棠地观看捕鱼。臧僖伯劝阻道："凡是一种东西，不能够用来演习大事，它的材料不能够作

足以备器用,则君不举焉。³君将纳民于轨物⁴者也。故讲事以度⁵轨量谓之轨,取材以章物采⁶谓之物。不轨不物,谓之乱政。乱政亟行,所以败也。故春蒐、夏苗、秋狝、冬狩⁷,皆于农隙以讲事也。

为器具来使用,那么,国君就不要去理会它。国君所要做的事情是引导百姓走上正轨,善于择取材料。所以演习大事来衡量器用是否合于法度就叫作'轨';择取材料来显示器物的文采就叫作'物'。不轨不物就是乱政。乱政屡行,国家就要衰败。所以春蒐、夏苗、秋狝、冬狩这些带有演习武事的田猎活动,都是在农闲时进行的。

注释 1 如:往。 棠:一作唐,鲁国地名,在今山东鱼台。 鱼:同"渔",捕鱼。 2 臧僖伯:即公子彄(kōu)。 3 讲:演习。 大事:古代指祭祀和军事。 材:材料。 不举:不要去理会。举,行动。 4 轨物:指法度。 5 度(duó):衡量。 6 采:华美的装饰。 7 蒐:搜索。指春季打猎应择取不孕的禽兽。 苗:指夏季打猎是为苗除害。 狝:杀。指顺应秋天肃杀之气。 狩:围猎。指见禽兽即猎获,不再择取。

"三年而治兵,入而振旅¹,归而饮至,以数军实。昭文章,明贵贱,辨等列,顺少长,习威仪也。鸟兽之肉,不登于俎²,皮革、齿牙、骨角、毛羽,不登于器,则君不射,古之制也。若夫山林川泽之实,器用之资,皂

"每过三年,还要出兵演习,入城时整顿军队,列队归来,到宗庙祭祖宴饮,清点军用器械和所猎获的禽兽。在演习中显示车服旌旗的文采,表明贵贱等级,分别等第行列,依少长次序前进或后撤,这都是演习上下有别的威仪。鸟兽的肉,不能放入祭器作祭品的,皮革、齿牙、骨角、毛羽,不能做礼器上的装饰的,那国君就不必亲自射猎,这是自古

隶³之事，官司之守，非君所及也。"公曰："吾将略地焉。"遂往，陈鱼而观之。僖伯称疾不从。

书曰："公矢⁴鱼于棠。"非礼也，且言远地也。

以来的制度。至于山林河湖的物产，把它们取来做日用品，那是皂隶的事，是特定官员的职责，不是国君所应参与的。"隐公回答说："我是要去巡视边境。"于是动身前往棠地，在那里陈列出各种捕鱼的器具并观看人们捕鱼。僖伯托病没有随从。

史书上说："隐公陈设渔具在棠地。"这是批评隐公举动不合礼法，并且说明棠地是距离国都很远的地方。

[注释] 1 振旅:整顿军队。 2 俎(zǔ):古时祭祀时用以载牲(猪、牛、羊)的礼器。 3 皂(zào)隶:服贱役的人。 4 矢:陈列，摆放。

郑庄公戒饬守臣
《左传·隐公十一年》

[导读] 春秋时期,诸侯国之间,以强凌弱是常见现象,本篇便是反映这种情况的。郑庄公的戒饬之词,虽处处为自己打算,但吞吐灵活,说得委婉曲折。

[原文]

秋，七月，公会齐侯、郑伯伐许¹。庚辰，傅²于许。颍考叔取郑

[译文]

秋天，七月，鲁隐公会合齐侯、郑伯去攻打许国。初一这一天，三国的军队逼近许国城下。颍考叔拿着郑伯的蝥弧

伯之旗蝥弧³以先登。子都⁴自下射之,颠。瑕叔盈⁵又以蝥弧登,周麾而呼曰:"君登矣!"郑师毕登。壬午,遂入许。许庄公奔卫。齐侯以许让公。公曰:"君谓许不共⁶,故从君讨之。许既伏其罪矣,虽君有命,寡人弗敢与闻⁷。"乃与郑人。

旗,首先登上了城墙。子都从下面射了他一箭,颍考叔栽倒下来死了。瑕叔盈又拿着蝥弧旗冲上城墙,并向四面挥舞着旗子大喊道:"我们的国君登城了。"于是郑国的军队全部登上了城墙。初三这一天,便占领了许国。许庄公逃到卫国去了。齐侯要把许国的领土让给鲁隐公。隐公说:"您说许国不交纳贡物,又不履行诸侯职责,所以跟随您来攻打它。现在许国已经服罪了,虽然您有命令,我也不敢参与这件事。"于是把许国的领土给了郑庄公。

注释 1 许:国名,姜姓,西周初年分封给伯夷的后代文叔。其地在今河南许昌东。 2 傅:迫近。 3 蝥(máo)弧:大旗名。 4 子都:郑国大夫公孙阏。 5 瑕叔盈:郑国大夫。 6 共:同"供",供奉、供职。 7 弗敢与闻:意为不敢接受许国的领土。

郑伯使许大夫百里奉许叔¹以居许东偏,曰:"天祸许国,鬼神实不逞于许君²,而假手于我寡人。寡人唯是一二父兄,不能共亿,³其敢以许自为功乎?寡人有弟⁴,不能和协,而使糊其口于四方,其况能久有许乎?吾子其奉许叔

郑庄公让许国大夫百里侍奉许庄公的弟弟许叔,住在许国东面的边邑,对他说:"上天降祸给许国,鬼神也对许君不满,所以借我的手来进行惩罚。我只有少数的几个同姓臣子尚且不能同心协力,怎么敢把打败许国作为自己的功绩呢?我有个弟弟共叔段,不能与他和睦相处,致使他在四方奔走寄食,我又怎么能长久地占领许国呢?

以抚柔此民也,吾将使
获⁵也佐吾子。

你侍奉许叔去安抚这里的百姓,我将派公孙获来帮助你。

【注释】 1 许叔:许庄公的弟弟。 2 不逞(chěng):不满,不高兴。 许君:指许庄公。 3 父兄:指同姓群臣。 共亿:同心。亿,通"臆"。 4 弟:指共叔段。事见《郑伯克段于鄢》篇。 5 获:郑大夫公孙获。

"若寡人得没于地,天其以礼悔祸于许,无宁兹许公复奉其社稷¹?唯我郑国之有请谒焉,如旧昏媾²,其能降以相从也。无滋他族³,实逼处此,以与我郑国争此土也。吾子孙其覆亡之不暇,而况能禋祀⁴许乎?寡人之使吾子处此,不惟许国之为,亦聊以固吾圉⁵也。"

"假如我能得到善终埋在地下,上天也许会依礼懊悔曾经对许的降祸,难道这许公就不能再来主持他的国家?只是我们郑国有一个请求,希望相亲相近像老亲家一样,想必许国能够委屈接受吧。千万不要助长他族,逼近、居住在这里,从而跟我们郑国争夺这块地方。如果那样,我的子孙将没有空暇来拯救自己的颠覆危亡,又怎么能祭祀许国的山川呢?我之所以叫你住在这里,不仅是替许国打算,也是姑且以此来巩固我的边防。"

【注释】 1 兹:此。 社稷(jì):社,土神。稷,谷神。古代帝王、诸侯以土地、五谷为重,设坛专祭土神和谷神,故以社稷代指政权或国家。 2 昏媾(gòu):相互结亲。昏,同"婚"。 3 他族:指能够威胁郑、许两国的其他诸侯国。 4 禋(yīn)祀:用清洁的祭品祭神。 5 圉(yǔ):边界。

乃使公孙获处许西偏，曰："凡而[1]器用财贿，无置于许。我死，乃亟去之。吾先君新邑于此[2]，王室而既卑矣，周之子孙，日失其序[3]。夫许，大岳之胤也[4]。天而既厌周德[5]矣，吾其能与许争乎？"

于是派遣公孙获住在许国的西面边境，对他说："凡是你的财物，不要放在许国。我死了，你就赶快离开许国。我的先君刚刚在这里建成新的都邑，眼看周王室的权力地位一天天衰落，周朝的子孙也一天天地失掉了自己的世系次序。许国是太岳的后代。上天既然厌弃周的气运，我们是周的子孙，又怎么能和许国相争呢？"

注释 1 而：同"尔"，你的。 2 先君：指郑庄公之父郑武公。 新邑：指郑武公东迁建新国都于新郑。 3 序：世系班次。周代很讲究"系"，先同姓，后异姓，同姓又有嫡、庶之分。 4 大岳：即太岳，相传为神农之后，唐尧时掌四岳祭祀。 胤(yìn)：后代。 5 周德：周的气运。

君子谓：郑庄公于是乎有礼。礼，经国家，定社稷，序人民，利后嗣者也。许无刑而伐之，服而舍之，度德而处之，量力而行之，相时而动，无累后人，可谓知礼矣。

君子认为：郑庄公在这件事情上是有礼的。"礼"是治理国家，稳定政权，使人民知道长幼尊卑，有利于后世子孙的法度。许国不守法度就去征讨它，服罪了就宽恕它，衡量自己的德行去处理问题，估量自己的能力去行事，看清形势再行动，不连累后人，可以说是懂得礼了。

臧哀伯谏纳郜鼎

《左传·桓公二年》

导读 发扬美德,堵塞邪恶,所谓"昭德塞违",是本篇之纲。本篇用了大量篇幅谈礼仪,保存了古代关于礼仪的资料。礼仪是道德的一种外在体现。在阶级社会里,道德礼仪自然是有阶级性的,但臧哀伯提出国君、大臣不能接受贿赂,应厉行俭约,以免导致国家衰败,是对的。

原文

夏,四月,取郜[1]大鼎于宋,纳于大庙[2],非礼也。

译文

鲁桓公二年夏天,四月,桓公从宋国取来郜国制造的大鼎,放进太庙,这是一件不合礼的事。

注释 1 郜(Gào):国名,姬姓,始封之君为周文王之子。故都在山东成武东南。此时已被宋国吞并。 2 大庙:天子或诸侯的祖庙。大,同"太"。

原文

臧哀伯[1]谏曰:"君人者,将昭德塞违,以临照百官,犹惧或失之,故昭令德以示子孙。是以清庙[2]茅屋,大路越席[3],大羹不致[4],

译文

臧哀伯进谏说:"管理百姓的君王,应该发扬美德,堵塞邪恶,来为百官做表率,就是这样还担心会有什么过失,所以彰显美德来教导子孙。因此,宗庙使用茅草盖的房子,祭天用朴素的车子,铺着草编的席子,肉汁不调五味,粮食不加工成细粮,

粢食不凿⁵，昭其俭也。衮、冕、黻、珽⁶，带、裳、幅、舄⁷，衡、纮、綖⁸，昭其度也。藻率、鞞鞛⁹，鞶、厉、游、缨¹⁰，昭其数也。火、龙、黼、黻¹¹，昭其文也。五色比象¹²，昭其物也。锡、鸾、和、铃¹³，昭其声也。三辰旂旗¹⁴，昭其明也。

这都是表明节俭。尊贵的礼服、礼帽，皮做的蔽膝，玉制的朝板，皮带、下衣、绑腿、有夹底的鞋子，以及帽子上的簪子、丝带、纽带、布料，这都是表明尊卑等级制度的。皮做的衬玉器，刀鞘上的装饰品，束衣的皮带，下垂的大带，旗上悬挂的小玉，马头上的皮绳，这也是表明尊卑等级法度的。衣服上绣着的火、龙以及各种不同颜色的花纹，这是表明贵贱的文采。车服、器械上用五色来象征天地四方，这是表明器物都有本源。车马上的各种铃铛，表明声音。画有日、月、星的旂旗，表示光明灿烂。

注释 1 臧哀伯：鲁大夫。本名臧孙达，臧僖伯之子。 2 清庙：周人祭祀祖先的地方。"清"取肃穆清静的意思。 3 大路：亦作"大辂"，天子乘以祭天的车子，朴素无装饰。 越(huó)席：结蒲草为席。越，通"括"，结扎。 4 大羹：肉汁。 不致：不另加调味品。 5 粢(zī)：黍稷合称粢，是当时主要食粮。 不凿：不再加工。 6 衮(gǔn)：古时天子和最高级官吏祭宗庙时穿的礼服。 冕(miǎn)：一种最尊贵的礼帽。古代祭祀时，大夫以上官员都戴它。 黻(fú)：熟皮做的蔽膝。 珽：帝王所持玉笏。 7 幅(bī)：斜裹在小腿上的布。 舄(xì)：有复底的鞋。 8 衡：使冠冕固着于发上的簪子。 纮(dǎn)：古时帽子两边悬挂填(tiàn)的带子。 纮(hóng)：纽带。古人戴帽时，用一支笄把帽别在发髻上，再用纮由颌下挽上系在笄的两端。 綖(yán)：冕上长方形的板外包的黑布。 衡、纮、纮、綖四物都是冠饰。 9 藻率(lǜ)：放玉的衬垫，熟皮制作。 鞞(bǐng)鞛(běng)：刀鞘上的装饰物。 10 鞶(pán)：皮做的束衣带。 厉：垂着的大带子。 游(liú):旌旗上悬挂着的小玉。 缨:马头上的皮带。**11** 黼(fǔ)、黻(fú):古代礼服上所绣的花纹。 **12** 五色:青、赤、黄、白、黑五种颜色。比象:象征天地四方。 **13** 钖(yáng)、鸾、和、铃:都是车马上装饰的铃铛之类。马额上的叫钖,马嚼子上的叫鸾,车前横木上的叫和,旂子上的叫铃。 **14** 三辰:日、月、星。 旂旗:古代旗帜上画有龙并系有铃的叫"旂",绣有熊虎的叫"旗"。

"夫德,俭而有度,登降¹有数,文物以纪之,声明以发之,以临照百官,百官于是乎戒惧而不敢易纪律。今灭德立违²,而置其赂器于大庙,以明示百官,百官象之,其又何诛焉?国家之败,由官邪也。官之失德,宠赂章也。郜鼎在庙,章孰甚焉?武王克商,迁九鼎³于雒邑,义士犹或非之,而况将昭违乱之赂器于大庙,其若之何?"公不听。

"那美德,就是节俭而且有法度,升降而有礼数,用文采、器物来表示它,用声音、光彩来显现它,把这些摆在百官面前,百官才感到警惕和畏惧,不敢轻视纲纪法律。现在摒弃美德而摆设违礼的物品,将人家贿赂的大鼎放在太庙里,明明白白告诉百官,如果百官也照着去做,又有什么理由去责怪他们呢?国家的衰败,是由于官吏的失德;官吏的失去德行,是由于自恃宠信,明目张胆地接受贿赂。现在,郜鼎放在太庙里,还有什么比这更显眼的?武王灭了商朝,把九鼎迁移到洛阳,当时的义士还认为武王做得不对。何况把明显地违德招乱的贿赂器物放在太庙里,这怎么行呢?"桓公不听他的劝告。

[注释] **1** 登降:增减。指礼的变通。 **2** 灭德立违:德,指合礼义的事;违,指违命之物。宋大夫华督杀掉宋殇公,另立宋庄公,害怕诸侯讨伐,取了郜国所造的鼎贿赂鲁国,鲁桓公接受了他的贿赂,默认此事,并同意华督

为宋相。灭德立违即指此。　3 九鼎：相传为夏禹所铸，夏、商、周三代以为传授政权的国宝。

周内史闻之，曰："臧孙达其有后于鲁乎！君违，不忘谏之以德。"

周王室的史官听到这件事，说："臧孙达将会在鲁国有好的后代吧！国君虽然违背了美德，他却不忘记用昭德塞违的道理去劝谏他。"

季梁谏追楚师
《左传·桓公六年》

导读　本篇反映了春秋时代对于民和神的关系的一种进步主张：民是主体，神是附属。所以好的君主必须首先做好对民有利的事情，然后再去致力于祭祀神祇一类的事，即"圣王先成民而后致力于神"。季梁先是忠民、信神并提，然后深入论述应该以民为主，以神为附。在谈到神的地方都是从民着眼，所以说服力很强，能使"随侯惧而修政"。

原文

楚武王侵随[1]，使薳章[2]求成焉，军于瑕[3]以待之。随人使少师董成[4]。

译文

楚武王侵犯随国，派薳章去要求和议，同时把军队驻扎在瑕等待时机进攻。随国派了少师主持和议。

注释　1 楚：芈(Mǐ)姓国。西周时，立国于荆山一带。周成王封其首领熊绎以子男之田，为楚受封的开始。但后来楚国自称王，与周实际上不是臣属关系，而是处于对立地位了。楚武王为楚国的第十七代君。随：西周初年分封的诸侯国，姬姓。在今湖北随州。 **2** 薳(Wěi)章：楚大夫。 **3** 瑕：随地，在今湖北随州。 **4** 少师：官名。 董：主持。

斗伯比言于楚子曰[1]："吾不得志于汉东[2]也，我则使然[3]。我张吾三军而被吾甲兵[4]，以武临之，彼则惧而协以谋我，故难间也。汉东之国，随为大。随张，必弃小国。小国离，楚之利也。少师侈[5]，请羸师[6]以张之。"熊率且比[7]曰："季梁[8]在，何益？"斗伯比曰："以为后图。少师得其君。"王毁军而纳少师。

斗伯比对楚王说："我们不能在汉水以东一带达到目的，是自己的失策造成的。我们扩充我国的军队，又配备武器，用武力去压迫他们，他们害怕，只好同心协力来对付我们，所以很难离间他们。汉水以东的诸侯国，随国最大。只要随国骄傲了，一定会抛弃那些小国。小国离心，就对楚国有利。少师这人很骄傲，请您把军队假装成疲弱的样子来助长他的骄气。"熊率且比说："季梁还在，这有什么用呢？"斗伯比说："这是为将来打算。这位少师比季梁更得他们国君的宠信。"楚王听了伯比的话，把军队假装成疲弱的样子，迎接少师。

注释 **1** 斗(Dòu)伯比：楚大夫。 楚子：指楚武王。因楚为子爵，故称楚子。 **2** 汉东：汉水以东，这里指汉水以东的小国。 **3** 我则使然：是我们自己造成的。 **4** 张：陈设。 被：通"披"。 **5** 侈：骄傲自大。 **6** 羸(léi)师：故意使军队表现出疲弱的样子。羸，弱。 **7** 熊率(lù)且(jū)比：楚大夫。 **8** 季梁：随国的贤臣。

少师归，请追楚师。随侯将许之。季梁止之曰："天方授[1]楚。楚之嬴，其诱我也，君何急焉？臣闻小之能敌大也，小道大淫[2]。所谓道，忠于民而信于神也。上思利民，忠也；祝史正辞[3]，信也。今民馁[4]而君逞欲，祝史矫[5]举以祭，臣不知其可也。"

少师回到随国，就请求追击楚军。随侯将要答应。季梁拦阻他说："上天正在福佑楚国。楚军的疲弱是假装出来引诱我们上当的，您何必这样急？我听说小国之所以能够对抗大国，是因为小国有道而大国淫暴。所谓'道'，就是对人民忠诚，对神祇诚信。君主能够想到怎样对人民有利，就是忠；管祭祀的官员宣读的祝词诚实不欺，就是信。现在人民挨饿而君主却尽情享乐，祭祀时，祝史的祝词讲假话欺骗神祇，我不知道这样做有什么好处。"

【注释】 1 授：付予。 2 淫：淫乱，暴虐。 3 祝史：管理祭祀的官吏。 正辞：祝词诚实不欺。 4 馁(něi)：饥饿。 5 矫：假。

公曰："吾牲牷肥腯[1]，粢盛[2]丰备，何则不信？"对曰："夫民，神之主也。是以圣王先成民而后致力于神。故奉牲以告曰：'博硕[3]肥腯。'谓民力之普存也，谓其畜之硕大蕃滋也，谓其不疾瘯蠡[4]也，谓其

随侯说："我们祭祀用的牛、羊、猪三牲纯色、完整、肥壮，盛在祭器里的黍稷丰足、完备，怎么说不诚信呢？"季梁回答说："人民是神祇的依靠。因此，圣明的君主首先完成对人民有利的事，然后再虔诚地去祭祀神祇。所以献三牲的时候祝告神祇说：'三牲完整又肥壮。'这是说人民的物力、财力普遍充裕，牲口长得肥壮而且繁殖很快，没有生过疥癣等

备腯咸有[5]也。奉盛以告曰：'洁粢丰盛。'谓其三时[6]不害而民和年丰也。奉酒醴[7]以告曰：'嘉栗旨酒。'[8]谓其上下皆有嘉德而无违心也。所谓馨香，无谗慝也[9]。故务其三时，修其五教[10]，亲其九族[11]，以致其禋[12]祀。于是乎民和而神降之福，故动则有成。今民各有心，而鬼神乏主，君虽独丰，其何福之有？君姑修政而亲兄弟之国，庶免于难。"

随侯惧而修政，楚不敢伐。

疾病，完备肥壮，样样都好。献黍稷的时候祝告神祇说：'黍稷清洁丰盛。'这是说春、夏、秋三季都没有灾害，人民和睦，年成丰盛。献酒的时候祝告神祇说：'敬谨献上美酒。'这是说君臣上下都有美好的德行而没有邪恶的心思。人们所说的祭品芳香远闻，就是说没有谗言恶语。所以做国君的必须尽力于人民的三季农事，整治好五教，亲睦九族，拿这个去诚心祭祀神祇。这样人民都齐心，神祇也会赐福，因此一行动就有成效。现在人民各有各的心思，鬼神失去了依靠，您的祭品虽然特别丰盛，又哪里会求到什么福祉？您暂且修明内政，亲近兄弟国家，或者可以避免灾难。"

随侯心生恐惧，于是修明国内的政事，楚国也就不敢来侵犯了。

注释 1 牲牷(quán)：纯色而完整的牛、羊、猪。 腯(tú)：肥壮。 2 粢(zī)盛(chéng)：盛在祭器里供神用的谷物。 3 硕(shuò)：大，高大。 4 瘯蠡(cùluǒ)：六畜所患之皮肤病。 5 咸有：兼备而无所缺。 6 三时：指春、夏、秋三个农忙季节。 7 醴：甜酒。 8 嘉：美好。 栗：敬。 旨：美味。 9 谗(chán)：诬陷人的坏话。 慝(tè)：邪恶。 10 五教：指父义、母慈、兄友、弟恭、子孝。 11 九族：上自高、曾、祖、父，下至子、孙、曾、玄，加上本身。另一说，父族四代，母族三代，妻族二代，合为九族。 12 禋(yīn)：祭祀诚心。

曹刿论战
《左传·庄公十年》

导读 长勺之战是以弱胜强的著名战例,它发生在鲁庄公十年(前684)。当时齐是强国,鲁是弱国。齐进攻鲁,是强国欺凌弱国,但结果是鲁胜齐败。本文略于对战斗情景的描述,而详于对战争胜败因素的分析,通过肉食者的"鄙"衬托曹刿的"远谋",肯定了曹刿"取信于民"的政治远见和"后发制人"的指挥艺术,是一篇短小精悍的佳作。

原文

齐师伐我,公[1]将战。曹刿[2]请见。其乡人曰:"肉食者[3]谋之,又何间焉?"刿曰:"肉食者鄙,未能远谋。"遂入见。

问:"何以战?"公曰:"衣食所安,弗敢专也[4],必以分人。"对曰:"小惠未遍,民弗从也。"公曰:"牺牲玉帛[5],弗敢加[6]也,必以信。"对曰:"小信未孚[7],神弗福也。"

译文

齐国的军队攻打我国,庄公准备应战。曹刿请求面见庄公。他的乡亲们说:"国家的事自有位高禄厚的大官谋划,你又何必去参与呢?"曹刿说:"位高禄厚的大官眼光短浅,不能深谋远虑。"于是进见庄公。

曹刿问庄公:"您凭借什么作战?"庄公说:"衣食一类养生的物品,不敢独自享用,一定把它分给众人。"曹刿回答说:"小恩小惠不能遍及全国,民众是不会跟从你的。"庄公说:"祭祀用的牺口、玉、帛,我从不敢虚夸假报,一定用诚心去祭祀神明。"曹刿回答说:"小小的诚心不能得到神的信任,神不会降福给您。"庄公说:"大大小小

公曰："小大之狱[8]，虽不能察，必以情。"对曰："忠之属也，可以一战。战则请从。"

的案件，虽然不能一一彻底查清，但一定要根据实情去处理。"曹刿回答说："这是为百姓尽心做事的表现，可以凭借这一点作战。作战时请让我随从。"

注释　1 公：指鲁庄公。　2 曹刿(guì)：《史记》作曹沫，鲁国谋士。　3 肉食者：指居高位、享厚禄的大官。　4 弗：不。专：独享。　5 牺牲：牛、羊、猪。帛：丝织品。　6 加：虚夸。意即以小报大，以少报多，以恶报美。　7 孚：为人所信服。　8 狱：诉讼案件。

　　公与之乘，战于长勺[1]。公将鼓之[2]，刿曰："未可。"齐人三鼓，刿曰："可矣。"齐师败绩。公将驰之，刿曰："未可。"下视其辙，登轼[3]而望之，曰："可矣。"遂逐齐师。

　　庄公和曹刿同坐一辆兵车，在长勺展开了战斗。两军刚相遇，庄公就要击鼓进兵，曹刿说："不行。"齐军擂了三次鼓，曹刿说："可以了。"齐军大败。庄公准备命令兵车追击。曹刿说："不行。"他跳下车察看齐军的车轮痕迹，又登上车扶住车前横木观望齐军败退情况，说："可以了。"于是追击齐军，把他们赶出了鲁国国境。

注释　1 长勺：鲁地名，在今山东莱芜东北。　2 鼓之：击鼓进兵。古代作战，击鼓是命令军队前进。　3 轼：车前的横木。

　　既克，公问其故。对曰："夫战，勇气也。一鼓作[1]气，再[2]而衰，三而竭。彼竭我盈，故

　　打了胜仗之后，庄公问为什么要这样指挥。曹刿回答说："打仗全靠勇气。第一次擂鼓，士兵勇气大振，第二次擂鼓，勇气衰退，第三次擂鼓，勇气全消耗完了。敌人

克之。夫大国，难测也，惧有伏焉。吾视其辙乱，望其旗靡[3]，故逐之。"

的勇气用尽了而我军的勇气正旺盛，因此打败了齐军。大国的情况难以捉摸，我怕有埋伏。我看到他们的车轮痕迹混乱，望见他们的旗帜倒下，因此才追击他们。"

[注释] 1 作：起，振作。　2 再：第二次。　3 靡：倒下。

齐桓公伐楚盟屈完
《左传·僖公四年》

[导读]　齐桓公为了称霸天下，带领八国的军队去伐楚，但楚国这时正处于强盛时期，所以毫不示弱。齐国终未达到目的，最后齐、鲁等国不得不和楚国在神前立誓，订立和约。文中对双方的描写都很传神：管仲是在无理中找借口，齐侯则是一副霸主神气；楚国使者的对答，随机应变，无懈可击，特别是屈完的话，不卑不亢，委婉中带强硬，是绝好的外交辞令。

[原文]

春，齐侯[1]以诸侯之师侵蔡。蔡溃，遂伐楚。楚子[2]使与师言曰："君处[3]北海，寡人处南海，唯是风马牛不相及也[4]。不虞[5]君之涉吾地也，何故？"

[译文]

春天，齐侯率领诸侯的军队去侵犯蔡国。蔡国的军队被打垮了，随即移兵讨伐楚国。楚王派使者对齐侯说："你们住在北海，我们住在南海，就是马牛放牧走失了，也到不了对方国境之内。没有料想到你们会来到我们这里，这是什么缘故呢？"

注释 1 齐侯:齐桓公。当时他率领宋、鲁、陈、卫、郑、许、曹和齐八国的军队侵犯蔡国。 2 楚子:楚成王。 3 处:居住。 4 风:走失。本句指两国相距极远,一向不发生关系,即使放牧走失了牛马,也到不了对方境土之内。一说雌雄相诱叫风。马牛不同类,当然不会相诱。比喻齐楚两国毫不相干。 5 不虞:不料。

管仲[1]对曰:“昔召康公命我先君太公曰[2]:‘五侯九伯[3],女[4]实征之,以夹辅[5]周室。’赐我先君履[6]:东至于海,西至于河,南至于穆陵[7],北至于无棣[8]。尔贡包茅不入[9],王祭不共[10],无以缩酒[11],寡人是征[12];昭王[13]南征而不复,寡人是问。”

管仲回答说:“从前召康公代表周王命令我齐国先君太公道:‘诸侯如有罪过,你可以去征讨他们,辅佐周王治理天下。’周王还赐给我先君征伐的范围:东到海边,西到黄河,南到穆陵,北到无棣。你们应该进贡给周王的包茅却不进献,以致周王祭祀的时候没有滤酒的东西,我要责问这件事;昭王南下巡狩到楚国没有回去,这件事我也要问个清楚。”

注释 1 管仲:名夷吾,字仲。齐国大夫,春秋初期政治家。 2 召(Shào)康公:周成王时太保召公奭(shì),“康”是他的谥号。 太公:即吕尚,名望,齐国始祖。因姓姜,故通称姜太公,又称姜子牙。 3 五侯九伯:五、九皆虚数,泛指所有的诸侯,形容其多。 4 女:汝,你。 5 夹辅:辅佐。 6 履(lǚ):践踏。这里是指齐国可以管辖的国土。 7 穆陵:地名,今山东临朐(qú)南一百里的大岘山上有穆陵关。 8 无棣:位于齐国的北境,在今山东无棣北。 9 包茅:裹束成捆的青茅,祭祀时用以滤去酒中渣滓。 入:纳。此处指纳贡。 10 共:同“供”。 11 缩酒:滤酒。一说为古代祭祀时的仪式之一,即把酒倒在茅束上渗下去,视同神饮了酒。　**12** 征:问,追究。　**13** 昭王:即周昭王。相传昭王南巡,渡汉水时船坏而被淹死。

对曰:"贡之不入,寡君[1]之罪也,敢不共给? 昭王之不复,君其问诸水滨。"

师进,次于陉[2]。

楚使回答道:"没有贡上包茅,确是我君的罪过,以后怎么敢不供给? 至于昭王没有回去,您可以到汉水边去问问。"

于是诸侯的军队向前推进,驻扎在陉地。

[注释]　**1** 寡君:臣子对别国君臣等称自己国君时所用的谦辞。　**2** 次:进驻。　陉(Xíng):地名。在今河南漯河郾城区。

夏,楚子使屈完如师[1]。师退,次于召陵[2]。

齐侯陈诸侯之师[3],与屈完乘而观之[4]。

夏天,楚王派屈完去诸侯军中求和。诸侯的军队向后撤,驻扎在召陵。

齐侯把诸侯的军队摆开,和屈完同坐一辆兵车检阅队伍。

[注释]　**1** 屈完:楚大夫。　如师:赴齐师请盟。　**2** 召陵:地名,在今河南漯河郾城区。　**3** 陈:同"阵",列阵。　**4** 乘:乘兵车。

齐侯曰:"岂不穀[1]是为? 先君之好是继[2]。与不穀同好[3],何如?"对曰:"君惠徼[4]福于敝邑之社稷,辱收寡君,寡君之愿也。"

齐侯说:"这么多诸侯同来,难道是为了我吗? 不过是为了继续先君的友好关系罢了。你们和我同样友好,怎么样?"屈完回答说:"您的恩惠使我们国家获得幸福,您又不嫌屈辱,接纳我君,这正是我君的愿望。"

注释 1 不穀:不善。古代诸侯自称的谦辞。 2 先君之好是继:继承先君的友好关系。 3 与不穀同好:跟我友好。 4 徼(yāo):求。

齐侯曰:"以此众[1]战,谁能御之?以此攻城,何城不克?"对曰:"君若以德绥[2]诸侯,谁敢不服?君若以力,楚国方城[3]以为城,汉水以为池,虽众,无所用之!"

屈完及诸侯盟。

齐侯道:"我用这么多军队去战斗,谁能抵御他们?用这些军队去攻城,哪座城不能攻破呢?"屈完回答说:"您如果用恩德来安抚诸侯,哪一个诸侯敢不服从您?您如果要动用武力,那么,楚国有方城山可以作为城墙,有汉水可以作为护城河,您的军队再多,也没有什么用处!"

屈完便和诸侯订了盟约。

注释 1 众:众将士。 2 绥:安抚。 3 方城:山名,在今河南叶县南。

宫之奇谏假道
《左传·僖公五年》

导读 本篇反映了春秋时代的民本思想。宫之奇在劝谏的过程中,有力地驳斥了虞公迷信宗族关系和神权的思想,指出存亡在人不在神,应该实行德政。又指出了"辅车相依,唇亡齿寒"的道理,保护邻国不受侵犯同时也是为了保护自己不受侵犯。但虞公固执己见,拒不接受忠告,致使虞国灭亡,自己也成了阶下囚。

原文

晋侯复假道于虞以伐虢[1]。宫之奇谏曰[2]："虢，虞之表[3]也。虢亡，虞必从之。晋不可启，寇不可玩[4]。一之为甚，其可再乎？谚所谓'辅[5]车相依，唇亡齿寒'者，其虞虢之谓也。"

译文

晋侯再次向虞国借道去攻打虢国。宫之奇向虞公进谏说："虢国，是虞国的屏障。虢国一亡，虞国必然随着灭亡。晋国的贪心不可助长，外部的敌人不可忽视。借道一次给它就已经过分了，难道还可以来第二次吗？俗话说：'车夹板和车是互相依存的，没有嘴唇，牙齿就要受冻。'这正是说的虞和虢的关系。"

注释 1 晋侯：晋献公。 复：又。 假：借。 周惠王十九年(前658)，晋侯曾向虞国借道攻打虢国，夺虢夏阳。所以这是第二次借道了。虞：国名。周武王时封大(tài)王次子虞仲的后代于虞(在今山西平陆东北六十里)。 虢(Guó)：国名(在今山西平陆)。为周文王之弟虢仲的别支。 2 宫之奇：虞大夫。 谏(jiàn)：进忠言规劝。 3 表：外面，屏障。 4 寇：外来的敌军。 玩：忽视。 5 辅：车旁夹着的木板。或说，辅以喻颊骨，车比喻牙床。

公曰："晋，吾宗[1]也，岂害我哉？"对曰："大伯、虞仲[2]，大王之昭也。大伯不从，是以不嗣。[3]虢仲、虢叔[4]，王季之穆也，为文王卿士[5]，勋在王室，藏于盟府[6]。将虢

虞公说："晋君是我的同宗，难道会害我吗？"宫之奇回答说："太伯、虞仲，都是太王的儿子。太伯不从父命，所以没有继承王位。虢仲、虢叔都是王季的儿子，做了文王的卿士，为王室建立过功勋，记载他们功劳的典册还保存在官府里(可见虢与晋的关系比虞和晋的关系亲密得多)。晋国打算把虢国灭掉，哪里还会爱惜虞国呢？况

是灭，何爱于虞？且
虞能亲于桓、庄[7]乎？
其爱之也，桓、庄之族
何罪，而以为戮，不
唯逼[8]乎？亲以宠[9]
逼，犹尚害之，况以
国乎？"

且虞国能比晋献公的曾祖桓叔、祖父庄伯
与晋更亲吗？晋君对桓、庄两族是应该爱
护的，桓、庄两族有什么罪过，竟遭到杀戮，
不就是因为他们使晋献公觉得受到威胁了
吗？对至亲的人仅是因为地位尊贵，一旦
感到有威胁，尚且要杀害他们，又何况是一
个国家呢？

注释 1 宗：同祖为宗。晋、虞、虢均为姬姓国，同一个祖宗。 2 大
伯：太王的长子。 虞仲：太王的次子。 3 不从：大伯是长子，本应继
承太王的位，但他认为小弟季历的儿子姬昌有"圣德"，能使周兴盛强大，
就和大弟仲雍一道出走，好让季历继承王位传给姬昌，所以说他"不从"。
不嗣：太伯出走后，当然没有继承太王之位，所以说"不嗣"。 4 虢仲、
虢叔：虢的开国祖先，是王季的次子和三子，周文王的弟弟。王季在宗庙
中位于昭，所以王季的儿子为穆。虢叔封东虢，已在郑武公时为郑国所
灭。虢仲封西虢，即文中所指之虢。 5 卿士：执掌国政的大臣。 6 盟
府：主管盟誓典策的官府。 7 桓、庄：桓叔与庄伯。桓叔是晋献公的曾
祖，庄伯是晋献公的祖父，桓、庄之族是晋献公的同祖兄弟。 8 逼：迫近，
威胁。 9 宠：尊贵。

公曰："吾享祀[1]丰
洁，神必据[2]我。"对曰：
"臣闻之，鬼神非人实[3]
亲，惟德是依。故《周
书》曰：'皇天无亲，惟
德是辅。'[4]又曰：'黍

虞公说："我祭祀鬼神的祭品丰盛洁
净，鬼神一定会保佑我的。"宫之奇说："我
听说鬼神并不对每个人都亲近，只依附有
德行的人。所以《周书》上说：'上天没有
至亲，只辅佐有德行的人。'又说：'并不是
因为祭祀的黍稷散发出的香气，而是因为

稷非馨,明德惟馨。'[5]
又曰:'民不易物,惟德
繄物。'[6]如是,则非德,
民不和,神不享矣。神
所冯[7]依,将在德矣。
若晋取[8]虞,而明德
以荐馨香[9],神其吐之
乎?"

显著的德行的芳香,才得到鬼神的辅佑。'又说:'人们的祭物虽然相同,但只有那有德者供的才是鬼神享用的祭物。'这样看来,如果没有德行,人民就不会和睦,鬼神也不会来享用祭品了。鬼神所依凭的,就在于德行了。如果晋国吞并了虞国,修明德行,再把丰洁的祭品奉献给鬼神,鬼神难道还会吐出来吗?"

注释 1 享祀:祭祀。把食物祭鬼神叫享。 2 据:依附。既依附,则必保佑。 3 实:是,提前宾语。 4《周书》:古书名,已亡佚。 辅:助。这里指保佑。 伪《古文尚书·祭仲之命》袭用了这两句。 5 黍稷:泛指五谷,是祭祀用品。 馨(xīn):散布很远的香气。古人以为,鬼神闻到香气就是享用了祭品。这两句见《伪古文尚书·君陈》。 6 繄(yī):语气词。 这两句见《伪古文尚书·旅獒》。今本《尚书》"民"作"人","繄"作"其"。 7 冯:通"凭"。 8 取:夺取,即灭掉。 9 馨香:这里指祭品。

弗听,许晋使。
宫之奇以其族行,
曰:"虞不腊[1]矣。
在此行也,晋不更举
矣[2]。"
冬,晋灭虢。师
还,馆于虞[3]。遂袭
虞,灭之,执虞公。

虞公不听宫之奇的规劝,答应了晋国使者借道的要求。宫之奇便带领他的家族离开虞国,说道:"虞国等不到举行腊祭那天了。晋国灭虞就在这次行动中,用不着再发兵了。"

冬天,晋国灭掉了虢国。晋军回师时,停驻在虞国。于是袭击虞国,把虞国灭掉了,捉住了虞公。

注释 1 腊:一种年终的祭祀典礼。 2 更(gēng):再。 举:起兵。晋将用灭虢的军队来灭虞,不用再起兵了。 3 馆于虞:晋兵停驻在虞国。

齐桓下拜受胙

《左传·僖公九年》

导读 周朝自平王东迁以后,王室渐衰,但春秋时代诸侯中想要成为霸主的,还必须打着尊重周王室的旗号。本篇便反映了这种情况,文字虽简短,但对齐桓公受宠若惊的情态,写得细腻生动。

原文

夏,会于葵丘[1]。寻盟[2],且修好,礼也。

王使宰孔赐齐侯胙[3],曰:"天子有事于文、武[4],使孔赐伯舅[5]胙。"

译文

夏天,诸侯在葵丘集会,重申前次的盟约,加强友好关系,这是合乎礼的事。

周襄王派宰孔赐给齐侯祭肉,说道:"天子正在祭祀文王、武王,差我把肉赐给伯舅。"

注释 1 葵丘:在今河南民权境内。当时齐桓公在这里与周王室的使者和鲁、宋、卫、郑、许、曹诸国的国君集会。 2 寻:重申旧事。前一年,即僖公八年(前652)春,齐桓公曾在曹国的洮(Táo)地会集鲁、宋等国诸侯,所以这一次集会称"寻盟"。 3 王:指周襄王。 宰孔:宰是官,孔是名,当时周王室的卿士。 齐侯:齐桓公。 胙(zuò):古代祭祀用的肉。周王赐给异姓诸侯祭肉,是一种优礼。 4 事:这里指祭祀。文、武:周文王和周武王。 5 伯舅:天子称异姓诸侯叫伯舅。当时周王室是与异姓诸侯通婚的,所以这样尊称他们。

齐侯将下拜。孔曰："且有后命。天子使孔曰：以伯舅耊¹老，加劳²，赐一级，无下拜。"对曰："天威不违颜咫尺³，小白⁴余敢贪天子之命无下拜？恐陨越⁵于下，以遗天子羞，敢不下拜？"下，拜，登，受。

齐侯将要下阶拜谢。宰孔说："后头还有命令。天子叫我说：因为伯舅年老了，加之对王室有功劳，所以晋升一级，无须下阶拜谢。"齐侯回答说："天子的威严就在我的面前，我小白怎敢贪受天子的宠命而不下阶拜谢呢？那样，恐怕要从诸侯的位子上掉下来，给天子丢脸，我怎敢不下阶拜谢？"于是下阶，拜谢，登堂，接受祭肉。

注释 1 耊(dié)：年七十为耊。 2 加劳：加上有功劳于王室。鲁僖公七年(前653)，周惠王死，惠王后欲立其爱子叔带。太子郑向齐桓公求援，八年一月，齐桓公召集八国诸侯讨论，支持太子郑，郑得立，是为周襄王，所以说"加劳"。 3 咫(zhǐ)尺：形容很近。 4 小白：齐桓公名。 5 陨(yǔn)越：坠落。

阴饴甥对秦伯
《左传·僖公十五年》

导读 通篇借"君子""小人"的话回答秦穆公所提出的问题：一面说人民要坚决报仇，一面说群臣对秦国寄予希望。正反开合，不亢不卑，是一篇出色的外交辞令。

【原文】

十月，晋阴饴甥会秦伯[1]，盟于王城[2]。秦伯曰："晋国和乎？"对曰："不和。小人耻失其君而悼丧其亲[3]，不惮征缮以立圉[4]也，曰：'必报仇，宁事戎狄。'君子[5]爱其君而知其罪，不惮征缮以待秦命[6]，曰：'必报德，有死无二。'[7]以此不和。"

【译文】

僖公十五年十月，晋国大夫阴饴甥会见秦穆公，在王城订立盟约。秦穆公问道："你们晋国人的意见协调吗？"阴饴甥回答说："不协调。一般人因为失去了自己的国君而羞愧，因为失去了自己的亲人而悲痛，所以不惜征召兵卒，修缮城防，立太子圉做国君，他们说：'一定要报仇，宁可因此而侍奉戎狄。'君子们虽爱戴国君，但是知道他有罪责，也不惜征召兵卒，修缮城防，来等待秦国释放晋君的命令，他们说：'一定要报答秦国的恩德，即使死了，也没有二心。'因此意见不协调。"

【注释】 1 阴饴(yí)甥：晋大夫，即吕甥。　秦伯：秦穆公。　2 王城：在今陕西大荔东。　3 小人：这里指缺乏远见的人。　君：指晋惠公。他是借助秦穆公的力量才当上国君的，但后来和秦发生矛盾，在秦、晋、韩之战中被俘。　4 圉(yǔ)：晋惠公太子的名。　5 君子：这里指晋国有远见的贵族。　6 不惮征缮以待秦命：这是委婉的说法。真正的意思是：我们做了战争的准备，如果你不送回我们的国君，就不惜一切，再打一仗。　7 必报德，有死无二：一定要报答秦国对晋的恩德，至死没有二心。这是传达晋国君子所说的话。

秦伯曰："国谓君何？"对曰："小人戚[1]，谓之不免；君子恕，以

秦穆公说："国内怎样议论你们的国君？"阴饴甥回答说："一般人忧愁，说他不免一死；君子们推己及人，认为一定会回来。

为必归。小人曰:'我毒秦[2],秦岂归君?'君子曰:'我知罪矣,秦必归君。'贰[3]而执之,服而舍[4]之,德莫厚焉,刑莫威焉。服者怀德,贰者畏刑。此一役也,秦可以霸。纳而不定,废而不立,以德为怨,秦不其然。"秦伯曰:"是吾心也。"改馆晋侯,馈七牢焉。[5]

一般人说:'我们得罪了秦国,秦国怎么肯归还我们的国君?'君子们说:'我们已经认罪了,秦国必定会归还我们的国君。'背叛了就抓起来,服罪了就释放他,恩德没有比这样更大的了,刑罚也没有比这样更威严的了。服罪的人怀念恩德,背叛的人畏惧刑罚。仅是这一桩,秦国就可以成就霸业了。当初送他回晋为君,现在使他不能安定于君位;把他抓起来废掉君位,认罪了却不放他回去立为国君,这样把过去的恩德变为现在的怨仇,秦国是绝不会这样做的。"秦穆公说:"这正是我的想法。"于是让晋侯改住宾馆,赠他牛、羊、猪各七头,表示尊敬。

【注释】 1 戚:忧愁、悲哀。 2 我毒秦:晋国得罪了秦国。指晋惠公本是在秦穆公的支持下回晋继承侯位的,后来却与秦为敌。又,以前晋国发生灾荒的时候,秦国输送了粮食;后来秦国发生灾荒,晋国不但拒绝卖出粮食,还出兵攻打秦国。 3 贰:背叛。 4 舍:释放。 5 改馆:换一个住所,改用国君之礼接待。 馈(kuì):赠送。 七牢:牛、羊、猪各一头,叫作一牢。七牢是当时款待诸侯的礼节。

子鱼论战

《左传·僖公二十二年》

导读 鲁僖公十七年(前643),齐桓公死,宋襄公想继续齐桓公的霸业。楚王假装答应宋襄公当盟主,却于鲁僖公二十一年(前639)在盂地的集会上,把宋襄公抓起来,并进攻宋国,不久又释放了他。宋襄公不但不知醒悟,反而继续联合几个诸侯国进攻郑国,因为郑国归附了楚。于是发生了泓水之战。宋襄公想以假仁假义笼络诸侯,在你死我活的战争中也要摆出一副仁义长者的姿态,结果吃了败仗,自己也负了伤。而他却自认为有理,至死不悟,以致成为千年笑柄。和宋襄公的愚蠢相对照的是司马子鱼的睿智。他一开始就指出宋弱楚强,敌众我寡,反对轻率地和楚国作战。但在宋襄公决定作战之后,他就积极谋划,主张趁己方处于有利的地位和有利的时机,一举击溃楚军,争取战争的胜利。最后反驳宋襄公的一段话,驳中立论,有理有据,层层深入,句句斩截,颇有说服力。

原文

楚人伐宋以救郑[1]。宋公[2]将战。大司马固[3]谏曰:"天之弃商久矣[4]。君将兴之,弗可赦也已[5]。"弗听。

译文

楚国为了援救郑国,出兵攻打宋国。宋襄公将要应战。大司马公孙固劝阻说:"上天抛弃商朝已经很久了。您想要复兴它,就是上天也不会宽赦您的。"襄公不听他的劝告。

注释　1 鲁僖公二十二年(前638)，宋襄公联合许、卫等国讨伐郑国，因为郑国依附楚国，所以楚人伐宋以救郑。　2 宋公：宋襄公，名兹父。3 大司马固：即宋庄公之孙公孙固。司马是统率军队的高级长官。或以为固即子鱼。　4 天之弃商：宋是商朝的后代，所以公孙固这么说。这时周灭商已经四百多年。　5 弗可赦也已：公孙固的意思是说，宋弱楚强，要想战胜楚国那是不可能的。

及楚人战于泓[1]。宋人既成列，楚人未既济。司马曰："彼众我寡，及其未既济也，请击之。"公曰："不可。"既济而未成列，又以告。公曰："未可。"既陈[2]而后击之，宋师败绩。公伤股，门官歼焉。

宋军和楚军在泓水展开战斗。宋军已经摆好了阵势，楚军还没有完全渡过泓水。公孙固说："对方的兵多，我们的兵少，趁他们还没有完全渡过河来的时候，请下令进攻他们吧。"襄公说："不可以。"楚军已经渡过泓水还没有摆好阵势，公孙固又请求下令进攻。襄公说："还不行。"等楚军摆好了阵势，然后才进攻它，宋军大败。宋襄公的大腿受了伤，侍卫官全部被杀死。

注释　1 泓：宋国水名，在今河南柘城西北。此句前，《左传》原文还有"冬十一月己巳朔(这年的十一月初一)，宋公"几个字。　2 陈：古"阵"字。这里作动词用。

国人皆咎公。公曰："君子不重伤[1]，不禽二毛[2]。古之为军也，不以阻隘[3]也。寡人虽亡国之余[4]，不鼓不成列。"

宋国的人都责怪襄公。襄公说："君子在战争中不再伤害已经受伤的敌人，不俘虏头发半白的人。古人作战，不趁对方处于险阻时取得胜利。我虽然是已灭亡的商朝的后代，也决不击鼓进攻还没有摆好阵势的敌人。"

【注释】 1 重(chóng)伤:伤害已经受伤的人。 2 禽:同"擒"。 二毛:头发黑白相间的人,即将近年老的人。 3 阻隘(ài):险阻之地。 4 亡国之余:宋是商朝后代,所以宋襄公这样说。

子鱼曰:"君未知战。勍敌之人[1],隘而不列,天赞[2]我也。阻而鼓之,不亦可乎?犹有惧焉。且今之勍者,皆吾敌也,虽及胡耇[3],获则取之,何有于二毛?明耻教战,求杀敌也。伤未及死,如何勿重?若爱[4]重伤,则如勿伤;爱其二毛,则如服焉。三军[5]以利用也,金[6]鼓以声气也。利而用之,阻隘可也;声盛致志[7],鼓儳[8]可也。"

子鱼说:"您不懂得战争。强大的敌人遇到险阻又没有摆好阵势,正是上天对我们的帮助。敌人遇到险阻而向他们进攻,不是很好的战机吗?即使这样,还怕不能够取胜呢。况且现在强劲的士兵,都是我们的敌人,即使是老头子,捉住了也不能放,有什么理由不抓头发半白的人呢?平时使战士认识到什么是耻辱,教育他们勇敢作战,目的就是杀伤敌人。敌人受伤没有死掉,还可以和我们战斗,怎么不再给予打击呢?如果怜惜他们不再加伤害,那就不如一开始就不要伤害;如果不忍俘虏头发半白的敌人,就不如干脆服输,向敌人投降。军队就是要利用有利的时机行动,鸣金击鼓就是用来鼓舞士气。既然军队要利用有利的时机行动,那么趁敌人遇到险阻时进攻是可以的;既然金、鼓的宏壮声音是用来鼓舞士兵的战斗意志的,那么击鼓进攻还没有摆好阵势的敌人也是可以的。"

【注释】 1 勍(qíng)敌之人:强劲的敌军。勍,强有力。 2 赞:助。 3 胡耇(gǒu):老人。 4 爱:怜惜。 5 三军:春秋时,大的诸侯国有上、中、下三军。这里泛指军队。 6 金:金属制成的响器(锣)。古代作战,击鼓进军,鸣金收兵。　**7 致志**:鼓起士兵的战斗意志。致,招致,引起。
8 儳(chán):不整齐。鼓儳是没有摆成阵势的意思。

寺人披见文公
《左传·僖公二十四年》

导读　寺人披见谁得势就依附谁,本不值得称道,但他掌握着关系晋文公命运的机密,又能说出一番堂堂正正的道理,不由得晋文公不见他。晋文公能放弃前怨,接受意见,表现出政治家的胸怀,所以能避免祸害。

原文

　　吕、郤畏逼[1],将焚公宫而弑晋侯[2]。寺人披请见[3]。公使让之,且辞焉,曰:"蒲城[4]之役,君命一宿,女即至。其后余从狄君以田[5]渭滨,女为惠公[6]来求杀余,命女三宿,女中宿[7]至。虽有君命,何其速也?夫袪[8]犹在,女其行乎!"

译文

　　吕甥、郤芮怕受到迫害,将要放火烧毁晋文公的宫室,杀掉文公。这时有个宫内小臣叫披的求见文公。文公派人责备他,并且拒绝接见,说:"蒲城那一次,献公限你隔一晚到达,你却当天便赶到了。后来我逃到狄国跟狄君在渭水旁边打猎,你替惠公来设法杀我,他命令你三天到达,你却第二天夜晚就到了。虽然有国君的命令,为什么这样迫不及待呢?在蒲城被你斩断的那只袖子我还保存着,你还是走吧!"

注释 1 吕、郤(Xì)：吕甥、郤芮(ruì)，都是晋惠公的亲信旧臣。吕甥，即前篇的阴饴甥，又称瑕甥、吕饴甥、瑕吕饴甥。晋文公为公子逃亡在外时，惠公曾经要杀死他，所以文公即位后，吕、郤怕被迫害。 2 晋侯：即晋文公重耳。 3 寺人：宫内的侍卫小臣，即后世的宦官。 披：寺人的名。 4 蒲城：在今山西隰县西北。鲁僖公五年(前655)，晋献公(重耳的父亲)命寺人披攻蒲，收捕重耳，重耳逃走。 5 田：打猎。 6 惠公：晋惠公，名夷吾。他是文公的弟弟，但先做国君。 7 中宿：次夜。 8 袪(qū)：衣袖。

对曰："臣谓君之入也，其知之矣。若犹未也，又将及难。君命无二，古之制也。除君之恶，唯力是视。蒲人、狄人，余何有焉？今君即位，其无蒲、狄乎？齐桓公置射钩而使管仲相[1]，君若易之，何辱命焉？行者甚众，岂唯刑臣[2]！"公见之，以难[3]告。三月，晋侯潜会秦伯于王城。己丑，晦[4]，公宫火。瑕甥、郤芮不获公，乃如河上。秦伯诱而杀之。

寺人披回答说："我以为您这次回国，已经懂得做国君的道理了。要是还没有懂得，那么，恐怕您又将遭受祸害。国君的命令必须毫无二心地去执行，这是古代的遗训。除掉国君的仇敌，只看我有多大力量。而且您当时是蒲人或是狄人，对于我来说有什么关系呢？现在您做了国君，难道就不会发生在蒲、狄时那样的祸事吗？从前齐桓公把管仲射中自己带钩的事放下不问，让他做了国相，您要是跟齐桓公的做法不同，又何必劳您下命令呢？要离开晋国的人很多，难道只有我一个人吗？"文公听了，立即召见他，寺人披把吕甥、郤芮将要发动叛乱的阴谋告诉了晋文公。三月，晋文公暗地里在王城和秦穆公相会商量应付办法。三月的最后一天，晋文公的宫室果然起火，吕甥、郤芮搜寻不到文公，就跑到黄河之上。秦穆公把他们引诱出来杀掉了。

注释 1《管子·大匡》载,鲁庄公九年(前685),鲁国送公子纠回晋国,在乾(地名)与公子小白发生战斗,公子纠的部下管仲用箭射中了小白衣上的带钩。后来小白即位为齐桓公,却不追究这件事,反而任命管仲做相国。 2 刑臣:这里是披自称,因披是受了宫刑的阉人。 3 难(nàn):祸害。指吕、郤将要焚宫杀文公的计划。 4 晦:阴历每月的最后一天。

介之推不言禄
《左传·僖公二十四年》

导读 晋文公为公子时,由于父子、兄弟之间的冲突,被迫在国外流亡十九年,直到晋惠公死了,才在秦穆公的帮助下回国。他即位以后,跟他一起出国流亡的人都争功要俸禄。唯独介之推不这样做,在当时社会中真可算是凤毛麟角。介之推跟他母亲的三次对话,深刻批判了争功请赏、猎取名利的行径;但他把文公能够回国做国君看成是上天安排的,忽视了人的努力,陷于宿命论。

原文

晋侯[1]赏从亡者。介之推[2]不言禄,禄亦弗及。推曰:"献公[3]之子九人,唯君在矣。惠、怀[4]无亲,外内弃之。天未绝晋,必将有主。主晋祀者,非

译文

晋文公赏赐跟他一起流亡的人。介之推不讲自己有功劳应该享受俸禄,因此高官厚禄也没有他的份。介之推说:"献公的儿子九个,现在只有君侯还活着。惠公、怀公没有亲近的人,国外的诸侯、国内的臣民都抛弃了他们。上天还不想断绝晋国国祚,必定会有人来掌管。这掌管晋国祭祀的人不

君而谁？天实置之，而二三子[5]以为己力，不亦诬乎？窃人之财，犹谓之盗，况贪天之功以为己力乎？下义其罪，上赏其奸，上下相蒙，难与处矣！"

是君侯还有谁呢？这本来是上天给安排的，然而那几位却认为是自己的功劳，不也太骗人了吗？偷别人的钱财，尚且叫他盗贼，何况是贪取上天的功劳作为自己的功劳呢？下面的人把贪天之功为己功的罪过当作正义，上面的人对他们的奸邪行为加以赏赐，上上下下相互欺骗，我难以跟他们相处啊！"

注释 1 晋侯：即晋文公。 2 介之推：姓介名推，"之"是插在姓名之间的语助词。 3 献公：晋文公的父亲。 4 惠、怀：晋惠公与晋怀公。惠公是文公的弟弟，怀公是惠公的儿子。 5 二三子：相当于现在讲的"那几位"，指跟从文公逃亡的人。

　　其母曰："盍亦求之，以死谁怼[1]？"对曰："尤[2]而效之，罪又甚焉！且出怨言，不食其食。[3]"其母曰："亦使知之，若何？"对曰："言，身之文[4]也，身将隐，焉用文之？是求显[5]也。"其母曰："能如是乎？与汝偕隐。"遂隐而死。
　　晋侯求之不获，以

　　他的母亲说："你何不也去求赏赐呢？如果不去求，就这样死了，又怨谁呢？"介之推回答说："我已经责备了他们的所作所为，而又去效法他们，那罪过就更重了！况且说了怨恨的话，就不应该再吃他所赏赐的俸禄。"他的母亲说："也使君侯知道这件事，怎么样？"介之推回答说："言语，原是用来表白自身行动的，自身将要退隐了，还用得着表白吗？我要是去讲就是想得到显达啊。"他的母亲说："你能这样吗？我和你一同隐居吧。"于是就隐居到死。

绵上为之田⁶，曰："以志⁷吾过，且旌⁸善人。"

晋文公找他不着，就把绵上的田作为介之推的封田，并说："用这来记下我的过失，并且用来表扬好人。"

注释　1 怼(duì)：怨恨。　2 尤：责备。　3 怨言：指前面讲的"窃人之财，犹谓之盗……难与处矣"等语。　不食其食：前一"食"字，动词；后一"食"字，名词，指俸禄。　4 文(wèn)：修饰。此处有"表白"意。　5 显：显达。　6 绵上：地名，在今山西介休东南、沁源西北的介山（一说名绵山）下。　为之田：做介之推的封田。　7 志：标记。　8 旌(jīng)：表扬。

展喜犒师

《左传·僖公二十六年》

导读　齐大鲁小，齐强鲁弱，因此齐国总想侵略鲁国。齐孝公本来想要进攻鲁国，但展喜利用两国先君的关系和盟誓，以及齐孝公的虚荣心来谈判，说得有理有据，大义凛然而又委婉动听，齐孝公无话可答，只好收兵回去。

原文

齐孝公伐我北鄙¹，公使展喜犒师²，使受命于展禽³。

齐侯未入竟⁴，展喜从之，曰："寡君闻君亲举玉趾⁵，将辱于敝邑，使下臣

译文

齐孝公攻打我国北部边境，僖公派展喜去慰问齐军，并叫他到展禽那里去接受犒劳齐军的辞令。

齐侯还没有进入鲁国的国境，展喜迎上他，说："我们的国君听到您亲自移步，将要屈尊来到我国，因此派下

犒执事。"齐侯曰:"鲁人恐乎?"对曰:"小人恐矣,君子则否。"齐侯曰:"室如县罄,野无青草,何恃而不恐?"⁶

臣我来慰劳您左右的人。"齐侯问道:"你们鲁国人害怕吗?"展喜回答说:"小人害怕了,君子则不。"齐侯说:"你们的府库空虚得像挂着的罄,田野里连菜蔬都没有,依靠着什么不害怕呢?"

注释 1 齐孝公:齐桓公的儿子。 鄙(bǐ):边疆。 2 公:指鲁僖公。展喜:鲁大夫,展禽的弟弟。 犒(kào):慰劳。 3 受命:指向展禽领受犒劳齐军的辞令。 展禽:名获,食邑于柳下,谥曰惠,故后来又叫柳下惠。 4 竟:同"境"。 5 玉趾:指脚。"玉趾"是客气的说法。 6 县:同"悬"。罄(qìng):通"磬"。中间空虚的乐器。 青草:指菜蔬。

对曰:"恃先王之命。昔周公、大公¹,股肱²周室,夹辅成王,成王劳之而赐之盟,曰:'世世子孙,无相害也。'载在盟府³,太师职⁴之。桓公是以纠合诸侯而谋其不协,弥缝其阙而匡救其灾,昭旧职⁵也。及君即位,诸侯之望曰:'其率⁶桓之功。'我敝邑用不敢保聚,曰:'岂其嗣世九年,而弃

展喜回答说:"依靠着先王的命令。从前周公、太公扶助周王室,两人共同辅佐成王,成王慰劳他们并赐给他们誓约,说:'你们世世代代的子孙,要和睦相处,不要互相伤害。'这个盟约还藏在盟府里,由太师掌管着。齐桓公因此联合诸侯,解决他们之间的纠纷,弥补他们的过失,并且拯救他们的灾难,这都是表明执行成王交给的职责。到您登上君位,诸侯都寄予希望,说:'他大概能遵循桓公的功业。'我们因此不敢修筑城池、缮治甲兵,作战争的准备,说:'难道他继承君位才九年,就要背弃先王的命令,废除自己应有的职责吗?要是这样,怎么对得住太公和桓公

命废职，其若先君何？君必不然。'恃此以不恐。"齐侯乃还。

呢？想来齐君一定不会这样。'我们依靠着这个，所以不害怕。"齐侯于是收兵回国。

注释 1 周公：周文王的儿子，名旦，鲁国的始祖。 大公：即吕望，姜姓，通称姜太公，齐国的始祖。大，通"太"。 2 股肱(gōng)：一般指得力的助手。这里作动词用，意为辅佐。股，大腿。肱，胳膊由肘到肩的部分。 3 载：载言，指盟约。 盟府：掌管盟约文书档案的官府。 4 职：掌管。 5 旧职：从前的职守。指齐始祖姜太公股肱周室的事业。 6 率：遵循。

烛之武退秦师
《左传·僖公三十年》

导读 烛之武在危急关头利用秦晋之间的矛盾，慷慨陈词，有形势的分析，又有史事的引用，骨子里是为了保全郑国，表面上却处处为秦国打算。这篇说辞终于收到了预期的效果，使秦穆公撤兵回国。在这种形势下，晋军也只好撤退。

原文

晋侯、秦伯围郑[1]，以其无礼于晋[2]，且贰[3]于楚也。晋军函陵[4]，秦军氾南[5]。

译文

晋文公和秦穆公围攻郑都，因为郑国以前对晋文公无礼，并且有了二心，暗地里依附了楚国。晋军驻扎在函陵，秦军驻扎在氾南。

注释 1 晋侯：晋文公。 秦伯：秦穆公。 2 无礼于晋：指晋文公为公子时在外逃亡,经过郑国,郑文公没有按礼节接待他。 **3** 贰:有二心。 **4** 函陵:郑地,在今河南新郑北。 **5** 氾(Fán)南:郑地,在今河南中牟南。

佚之狐言于郑伯曰[1]:"国危矣,若使烛之武[2]见秦君,师必退。"公从之。辞曰:"臣之壮也,犹不如人;今老矣,无能为也已。"公曰:"吾不能早用子[3],今急而求子,是寡人之过也。然郑亡,子亦有不利焉。"许之。

佚之狐对郑文公说:"国家很危险了,假如派遣烛之武去见秦君,他们的军队一定会撤走。"郑文公听从了他的建议,去请烛之武。烛之武推辞说:"我年富力强的时候,尚且不如他人;现在年老了,没有能力办事了。"文公说:"我没有及早重用你,如今事情危急了才来求你,这是我的过错。然而郑国灭亡了,对你也不会有利吧!"烛之武便答应了郑文公。

注释 **1** 佚之狐:郑大夫。 郑伯:郑文公。 **2** 烛之武:郑大夫。 **3** 子:古代对男子的尊称。

夜,缒[1]而出,见秦伯。曰:"秦、晋围郑,郑既知亡矣。若郑亡而有益于君,敢以烦执事。越国以鄙远,君知其难也,焉用亡郑以陪邻?邻之厚,君之薄

晚上,烛之武用绳子缚住身体,让人把他从城墙上放下去而出了城,去拜见秦穆公。烛之武说:"秦、晋两军围攻郑都,郑国已经知道要灭亡了。假如灭了郑国而对您有益,那我就不敢麻烦您接见了。不过,越过一个国家,把偏远的地方作为边邑,您知道要管辖它是很困难的,那么,又何必灭亡郑国去扩大邻邦晋国的土地呢?邻国的实

也。若舍郑以为东道主²，行李³之往来，共⁴其乏困，君亦无所害。且君尝为晋君赐矣⁵，许君焦、瑕⁶，朝济而夕设版⁷焉，君之所知也。夫晋，何厌之有？既东封⁸郑，又欲肆其西封。若不阙⁹秦，将焉取之？阙秦以利晋，唯君图之。"

力雄厚了，就等于您的力量被削弱了。假如留下郑国，把它作为东方道路上的主人，秦国的使者来往经过，郑国可以供给他们各种需要，这对您秦国没有任何害处。况且您曾经对晋君有恩德，晋惠公答应过给您焦、瑕二地，可是他早晨渡河回了国，晚上就在那里修筑城墙了，这是您所知道的。晋国哪里还有满足的时候？晋国既然灭了郑国作为它东边的疆界，就又想极力扩展它西边的疆界。如果不损害秦国，还能从哪里取得土地呢？这种损害秦国而有利于晋国的事情，怎么处理，只有请您好好考虑了。"

【注释】 1 缒(zhuì)：用绳子缚住身体，从城墙上放下去。 2 东道主：东方道路上招待宿食的主人。因郑在秦东，所以这么说。 3 行李：使者。也作"行理"。 4 共：同"供"。 5 尝为晋君赐：指秦穆公曾经帮助晋惠公回国即侯位。 6 焦、瑕：二地名，在今河南三门峡一带。 7 设版：指筑城备战。版，打土墙用的夹板。 8 封：疆界。 9 阙(quē)：损害。

秦伯说¹，与郑人盟，使杞子、逢孙、杨孙戍之²，乃还。

秦穆公听了很高兴，便和郑国订立盟约，派杞子、逢孙、杨孙驻扎在那里，就回去了。

【注释】 1 说：同"悦"。 2 杞子、逢(Páng)孙、杨孙：都是秦国大夫。

子犯[1]请击之。公曰:"不可! 微夫人之力不及此[2]。因人之力而敝[3]之,不仁;失其所与,不知[4];以乱易整[5],不武。吾其还也。"亦去之。

子犯请求晋文公追击秦军。文公说:"不行! 要不是那个人的力量,我就不会到这个地位。依靠了人家的力量得到好处却去损害人家,这是不讲仁义;丢掉了自己的同盟国,这是不明智;把两国的和睦相处变为互相攻打,这不算勇武。我们还是回去吧。"晋军也撤走了。

注释 1 子犯:即狐偃,晋大夫。晋文公的舅父。 2 微:非。 夫(fú)人:那个人。指秦穆公。 此句指秦穆公在晋惠公死了之后又帮助晋文公回国继承君位的事。 3 敝:败坏、损害。 4 知:同"智"。 5 乱:指秦晋两国同盟破裂,互相攻战。 整:指秦晋两国和睦相处。

蹇叔哭师

《左传·僖公三十二年》

导读 烛之武说退秦军后,秦穆公派杞子等人驻守郑国。过了两年多,晋文公一死,秦穆公野心勃勃,想灭郑攻晋,进击中原。这时,秦国富有经验的老臣蹇叔预见到秦军千里远征,必然失败,所以一再劝阻,但秦穆公不听,坚持出兵袭郑。结果不出蹇叔所料,秦军在殽山被晋军打得全军覆没。本篇写蹇叔哭送秦军,不仅说明了他对形势分析的透彻和对战局预测的准确,更体现了他的爱国之心。

[原文]

杞子自郑使告于秦曰:"郑人使我掌其北门之管[1],若潜师以来,国可得也。"穆公访诸蹇叔[2]。蹇叔曰:"劳师以袭远,非所闻也。师劳力竭,远主[3]备之,无乃不可乎?师之所为,郑必知之。勤而无所,必有悖心[4]。且行千里,其谁不知?"

[译文]

杞子从郑国派人报告秦穆公说:"郑人叫我掌管都城北门的钥匙,假如秘密派军队前来,就可以占领郑国。"秦穆公拿这件事去征询蹇叔的意见。蹇叔说:"使军队受到很大的消耗去袭击远方的国家,我没有听说过。行军疲劳,力量耗尽,远方的国家有了防备,这恐怕不可以吧?军队的行动,郑国一定会知道的。秦军劳苦了而毫无所得,士兵必定会产生叛逆作乱的心思。再说行军千里,哪个不知道呢?"

[注释] 1 管:钥匙。 2 蹇(Jiǎn)叔:秦国的老臣。 3 远主:指郑国,因为秦和郑的中间隔着晋国。 4 悖(bèi)心:叛逆作乱之心。

公辞焉。召孟明、西乞、白乙[1],使出师于东门之外。蹇叔哭之曰:"孟子[2]!吾见师之出而不见其入也。"公使谓之曰:"尔何知!中寿,尔墓之木拱矣![3]"

秦穆公拒绝了蹇叔的意见。召见孟明、西乞、白乙,叫他们从东门出兵。蹇叔哭着说:"孟子啊!我看见军队出去,却见不到他们回来了!"秦穆公打发人对他说:"你知道什么!你要是只活到中寿就死掉,现在你坟地的树木也有两手合抱那么粗了。"

注释 1 孟明：姓百里，名视，是贤臣百里奚的儿子。 西乞：名术。 白乙：名丙。 三人都是秦将。 2 孟子：即孟明。 3 中寿：指活到约六七十岁。 拱：两手合抱。

蹇叔之子与¹师。哭而送之，曰："晋人御师必于殽²。殽有二陵焉³：其南陵，夏后皋之墓也；⁴其北陵⁵，文王之所辟风雨也。必死是间，余收尔骨焉！"

秦师遂东。

蹇叔的儿子也参加了这支军队。蹇叔边哭边送他，说："晋人必定在殽山拦击我军，殽山有两座大山峰：那南边的大山峰是夏代君王皋的坟墓，那北边的大山峰曾是周文王避风雨的地方。你必定死在这中间，我到那里去收你的尸骨吧！"

秦国的军队于是向东进发。

注释 1 与(yù)：参加。 2 殽：同"崤"，山名，在今河南洛宁西北。 3 陵：大山峰。殽有两座山峰，称为东陵、西陵。 4 南陵：即西陵。 夏后皋：夏代的天子，名皋，是夏桀的祖父。 5 北陵：即东陵。

卷之二 周文

郑子家告赵宣子
《左传·文公十七年》

导读 郑国是夹在晋、楚两个对立的大国之间的小国,外交关系很难处理。郑子家的这篇外交辞令,利用两大国的矛盾,逐年逐月罗列事实,真正的用意是暗示晋国:郑对晋的恭顺已无以复加,如果再加逼迫,郑国就可能孤注一掷,或投靠楚国,或与晋人拼死一战。这番言辞最终迫使晋人让步。

原文

晋侯合诸侯于扈[1],平宋[2]也。

于是晋侯不见郑伯[3],以为贰于楚也。郑子家[4]使执讯而与之书,以告赵宣子[5]曰:

译文

晋灵公在扈会合诸侯,为的是平定宋国的乱事。

晋侯不肯接见郑伯,以为郑伯有二心,暗地里依附了楚。郑国的大夫子家,派了个通信官并给他一封信,在信中告诉赵宣子说:

注释 1 晋侯:晋灵公,名夷皋。 扈(Hù):郑地,在今河南原阳。 2 平宋:平定宋乱以立宋文公。宋昭公无道,先一年十一月,被宋襄公的夫人派人杀了。 3 郑伯:郑穆公,名兰,为郑国第九代国君。 4 子家:即公子归生,郑大夫。 5 赵宣子:即赵盾,晋国的执政大臣。

"寡君即位三年,召蔡侯而与之事君[1]。九月,蔡侯入于敝邑以行,敝邑以侯宣多之难[2],寡君是以不得与蔡侯偕。十一月,克减[3]侯宣多而随蔡侯以朝于执事。十二年六月,归生佐寡君之嫡夷[4],以请陈侯[5]于楚而朝诸君。十四年七月,寡君又朝,以蒇[6]陈事。十五年五月,陈侯自敝邑往朝于君。往年正月,烛之武往朝夷也。[7]八月,寡君又往朝。以陈、蔡之密迩[8]于楚而不敢贰焉,则敝邑之故也。虽敝邑之事君,何以不免?

"我们的国君即位三年,就召请蔡侯和他同来服侍你们襄公。九月,蔡侯来到我国从这里去你们晋国,我国由于有侯宣多的祸乱,我们的国君因此没有和蔡侯一同前往。十一月,侯宣多的乱事稍稍平息之后,我们的国君就跟随蔡侯来朝见你们国君。十二年六月,归生又辅佐我们国君的太子夷,为陈侯朝晋的事向楚国请命,然后来朝见晋君。十四年七月,我们的国君又来朝见,以完成陈侯朝晋的事。十五年五月,陈侯才得以从我国去朝见晋君。去年正月,烛之武辅佐太子夷去朝见晋君。八月,我们的国君又去朝见。陈、蔡两国非常接近楚国,却不敢对晋有二心,这都是由于我们的缘故啊。即使我们这样服侍晋君,为什么还得不到免罪呢?

注释 1 蔡侯:蔡庄公。 君:指晋襄公,晋灵公之父。 2 侯宣多:郑大夫。郑穆公为侯宣多所立,于是他恃宠专权,故说"侯宣多之难"。 3 克减:稍稍压制。 4 嫡(dí)夷:指郑穆公的太子夷。嫡,嫡子,正夫人所生的儿子,一般都立为继承君位的太子。 5 陈侯:陈共公。 6 蒇(chǎn):完成。 7 往年:去年。 烛之武:郑大夫。 夷:太子夷。 8 密迩(ě):紧密靠近。

"在位之中，一朝于襄，而再见于君。[1] 夷与孤之二三臣相及于绛[2]。虽我小国，则蔑[3]以过之矣。今大国曰：'尔未逞[4]吾志。'敝邑有亡，无以加焉。古人有言曰：'畏首畏尾，身其余几？'[5] 又曰：'鹿死不择音。'[6] 小国之事大国也，德，则其人也；不德，则其鹿也。铤[7]而走险，急何能择？

"我们国君在位的岁月里，一次朝见襄公，两次朝见现在的晋君。太子夷和我们几位大臣相继来到绛都朝见。虽然我们是小国，但侍奉大国之礼没有谁能超过的了。现在大国却说：'你们没有使我称心快意。'要是这样，我们郑国只有灭亡，因为我国事晋的礼数不能再增加了。古人有句话说：'怕头怕尾，那身子还剩多少呢？'又说：'鹿临死顾不得选择有树荫的地方。'小国服侍大国，大国有恩德，那小国还是懂得报答恩德的人；如果大国没有恩德，那么小国就只好是被逼冒险的鹿了。鹿飞奔在险路上，在危急时还有什么工夫来选择庇护呢？

注释 1 襄：晋襄公。 君：这里指晋灵公。 2 及：来到。 绛：晋都。在今山西翼城东南。 3 蔑（miè）：无，没有。 4 逞（chěng）：快意。 5 此句言外之意是：郑北畏晋、南畏楚，又有什么办法呢？ 6 此句言外之意是：郑被你们逼得濒于灭亡，就将不择所从之国了。音，通"荫"，树荫，引申为庇护（《左传》杜氏注）。 7 铤（tǐng）：疾走。

"命之罔极[1]，亦知亡矣。将悉敝赋以待于儵[2]，唯执事命之[3]。文公[4]二年，朝于齐。四年[5]，为齐侵蔡，亦

"你们的命令没完没了，我们也知道终究要被灭亡。我们只好集中全国所有的兵力在儵等待，就只听您的命令了。郑文公二年，我国君朝见齐桓公；四年替齐国袭击蔡国，蔡是楚的属国，可是我们也

获成于楚。居大国之间而从于强令,岂其罪也? 大国若弗图,无所逃命。"

得到楚国的谅解,与楚讲和。小国夹在大国的中间,服从强国的命令,难道是它的罪过吗? 大国要是不体谅,我们就没法逃避你们的命令了。"

晋巩朔[6]行成于郑,赵穿、公婿池为质焉[7]。

晋大夫巩朔跟郑国达成了和议,把赵穿和晋灵公的女婿池作为人质留在郑国。

[注释] 1 周极:无穷。 2 赋:兵。古代按田赋出兵,所以称赋。 儵 (Chóu):晋郑交界之地。 3 这是客气的说法。真正的意思是:看你们怎么回答吧! 4 文公:指郑文公。 5 四年:指郑文公四年(前669)。 6 巩朔:晋大夫。 7 赵穿:晋卿。 公婿池:晋灵公的女婿。

王孙满对楚子

《左传·宣公三年》

[导读] 鼎,周人当作王权的象征。楚子问鼎,有取代周王的意图。王孙满的回答,处处用"德"字、"天"字压服楚王。他重德轻鼎的观点是对的,但是宣扬天命、占卜,则是封建迷信。

[原文]

楚子伐陆浑之戎[1],遂至于雒[2],观兵[3]于周疆。

定王使王孙满劳楚子[4]。楚子问鼎[5]之大小轻重焉。

[译文]

楚庄王征讨陆浑的戎族,于是来到洛水,在周的边界上陈兵示威。

周定王派了王孙满去慰劳楚庄王。楚庄王问九鼎的大小轻重怎样。

【注释】 1 楚子:楚庄王。楚是子爵,但自称王。　陆浑之戎:我国古代西北地区民族之一,原居秦、晋西北,后迁伊川。陆浑,治今河南嵩县东北。2 雒:同"洛",即洛水。　3 观兵:检阅军队以炫耀武力。　4 定王:名瑜,为周朝第二十一个王。　王孙满:周大夫。　劳(lào):慰劳。　5 鼎:相传是夏禹所铸的九鼎。夏、商、周三代相传以为国宝。

对曰:"在德不在鼎。昔夏之方有德也,远方图物[1],贡金九牧[2],铸鼎象物[3],百物而为之备,使民知神奸。故民入川泽山林,不逢不若[4]。螭魅罔两[5],莫能逢之。用能协于上下,以承天休[6]。

王孙满回答说:"治理天下在于有德,不在于有鼎。从前夏朝正在有德的时候,远方的人进献了描绘各种奇物的图画,九州的首领贡纳了各地出产的铜,夏禹用铜铸成九鼎,上面铸有奇物的形象,各种奇物都完备,就使百姓知道神鬼奸邪的样子而对它有防备。所以百姓进入河湖山林,就不会遇到不顺意的事。山水木石的鬼怪,也不会遇到。因此能够上下协调一致,承受上天所赐给的福分。

【注释】 1 图物:描绘各地的奇异事物。　2 金:指铜。　九牧:古代分中国的地域为九州,九牧就是九州的首领。贡金九牧,即"九牧贡金"。3 铸鼎象物:即用九牧所贡的铜铸鼎,并把所描绘的奇异事物铸在鼎上。4 不若:不顺;不利之物。　5 螭魅(chīmèi):山林的鬼怪。　罔两:水里的鬼怪。　6 用:因。　休:福佑。

"桀有昏德,鼎迁于商,载祀[1]六百。商纣暴虐,鼎迁于周。德之

"夏桀昏乱无德,九鼎便转移给商,历年六百。商纣暴虐无道,九鼎便转移给周。这样看来,有美好的德行,鼎虽小,

休明[2]，虽小，重也；其奸回昏乱，虽大，轻也。天祚明德，有所底止[3]。成王定鼎于郏鄏[4]，卜世三十，卜年七百，天所命也。周德虽衰，天命未改，鼎之轻重，未可问也。"

也是很重的，不会转移到他人手中；要是奸邪昏乱，鼎虽大，也是很轻的，容易为他人所得。上天降福给那些有德行的人，也是有最终年限的。周成王把九鼎安置在郏鄏的时候，曾经卜得传世三十代，享国七百年，这是上天的旨意啊。周王室的气运虽然衰落了，但上天的旨意还没有改变，九鼎的轻重，是不可以问的。"

注释 1 载祀:记年。 2 休明:美善光明。 3 底止:指最终的年限。 4 成王:指周成王。 郏鄏(Jiárǔ):周地，今河南洛阳。

齐国佐不辱命
《左传·成公二年》

导读 齐晋鞌之战(前589)，齐失利，晋追击。齐要求讲和，晋提出苛刻条件。齐使者国佐不辱使命，据理驳斥，又婉转说出齐国"收合余烬，背城借一"的决心。整个说辞既无乞怜之态，又无唐突之病，刚柔相济，终于取得了外交上的胜利。

原文

晋师从齐师，入自丘舆[1]，击马陉[2]。齐侯使宾媚人赂以纪甗、玉

译文

晋军追击齐军，从丘舆入齐境，进攻马陉。齐顷公派遣宾媚人把纪国的甗、玉磬和齐国准备割让的土地献给晋国，

磬与地³。"不可,则听客⁴之所为。"

请求讲和。并说:"如不同意,那就随晋国人的方便好了。"

注释 1 丘舆:齐邑名,在今山东青州。 2 马陉(xíng):齐邑名,在今山东青州西南。 3 齐侯:齐顷公。 宾媚人:即国佐,齐国执政大臣。 赂(lù):赠送财物。 纪:古国名,为齐所灭。 甗(yǎn):礼器。 磬(qìng):乐器。 纪甗、玉磬,是齐灭纪国时所得到的珍宝。 4 客:指晋国。

宾媚人致赂¹,晋人不可,曰:"必以萧同叔子²为质,而使齐之封内尽东其亩³。"对曰:"萧同叔子非他,寡君之母也。若以匹敌,则亦晋君之母也。吾子布大命于诸侯,而曰必质其母以为信,其若王命⁴何?且是以不孝令也。《诗》曰:'孝子不匮,永锡尔类。'⁵若以不孝令于诸侯,其无乃非德类乎?

宾媚人献上礼物,晋人不答应,说道:"必须拿萧同叔子做人质,并且把齐国境内的田地垄亩以及道路、沟渠全改为东西向。"宾媚人回答说:"萧同叔子不是别人,是我们国君的母亲。如果以同等地位相看待,那也相当于晋君的母亲。您向诸侯宣布重大的命令,偏说必须以他的母亲为人质才能当作凭信,这符合先王以孝治天下的遗命吗?况且这是拿不孝来号令诸侯。《诗经》说:'孝子的孝心没有穷尽,永远以孝道影响和感化同类的人。'要是拿不孝来号令诸侯,恐怕不是符合道德准则的吧?

注释 1 赂:赠送的财物。 2 萧同叔子:萧,当时的一个小国;同叔,萧国君主的名;子,女儿。萧君同叔的女儿,即齐顷公的母亲。 3 封内:国境内。 尽东其亩:田地垄亩全改为东西向,道路、沟渠也相应地变为东西向。因为齐、晋是东西相邻,这样一改,以后晋国的兵车进入齐境便易于通行。古代亩制,一亩宽一步,长百步,有东西向和南北向的不同。
4 王命:先王以孝治天下的遗命。　　5 此二句出自《诗经·大雅·既醉》。

"先王疆理[1]天下,物土之宜而布其利,故《诗》曰:'我疆我理,南东其亩。'[2]今吾子疆理诸侯,而曰'尽东其亩'而已,唯吾子戎车是利,无顾土宜,其无乃非先王之命也乎?反先王则不义,何以为盟主?其晋实有阙[3]!四王之王也[4],树德而济[5]同欲焉。五伯[6]之霸也,勤而抚之,以役王命[7]。今吾子求合诸侯,以逞无疆之欲。

"先王划分天下的疆界和田地垄亩,要观察土地适宜于种植哪种农作物,使它得到合理的安排,所以《诗经》说:'我划分疆界和垄亩,有的南北向,有的东西向。'现在您替诸侯划分疆界和田地垄亩,偏说全部都要东西向,只图对您的兵车前进有利,不顾土地的适宜,这恐怕也不是先王的遗命吧?违反先王的遗命是不义的,怎么能够做诸侯的领袖呢?晋国实在也有缺点吧!四王能够成就王业,都树立了恩德而又能满足诸侯的共同愿望。五伯能够成就霸业,都辛勤地安抚诸侯,使他们共同服从王命。现在您希望集合诸侯,却只图满足您那无止境的贪欲。

[注释]　1 疆理:指划分疆界和沟渠小路。　2 此二句出自《诗经·小雅·信南山》。　3 阙:缺点,过失。　4 四王:指夏禹、商汤、周文王、周武王。后一"王"字读 wàng。　5 济:满足的意思。　6 五伯:一说指夏的昆吾,商的大彭、豕韦,周的齐桓公、晋文公。一说指春秋的五霸:齐桓公、宋襄公、晋文公、秦穆公、楚庄王。　7 役王命:从事于王命。

"《诗》曰：'敷政优优，百禄是遒'¹，子实不优而弃百禄，诸侯何害焉？不然，寡君之命使臣，则有辞²矣。曰：'子以君师辱于敝邑，不腆敝赋，以犒从者。³畏君之震，师徒挠败⁴。吾子惠徼⁵齐国之福，不泯其社稷，使继旧好，唯是先君之敝器、土地不敢爱⁶，子又不许，请收合余烬，背城借一。⁷敝邑之幸，亦云从也；况其不幸，敢不唯命是听！'"

"《诗经》说：'施政宽和，百福归聚。'您不讲宽和而先丢弃百福，这对于诸侯有什么损害呢？您要是不答应讲和，我们国君派遣我来时，还有另外的话。国君说：'您带领贵国军队屈驾来到我国，我们有一些单薄、疲弱的军队，来和你们周旋。由于畏惧您的声威，我们的军队被打败了。由于您的恩惠，肯为齐国求福，不灭亡齐国，使两国能继续以前的友好，那我们先君留下来的甗、磬、土地，都不敢吝惜，您再不答应讲和，那么，我们只好收拾集合残余部队，在城下和您决一死战。我国幸而战胜，也还会跟随您的；如果不幸又打败了，哪里还敢不听从您的命令！'"

注释　1 此二句出自《诗经·商颂·长发》。敷，布，施。优优，和缓宽大的样子。遒(qiú)，聚。　2 辞：言辞，话。　3 不腆(tiǎn)：不丰厚。敝赋：自称其兵卒的谦辞。　犒(kào)：慰劳。　4 挠败：挫败。挠，一作"桡"。　5 徼(yāo)：同"邀"。求取。　6 敝器：指纪甗、玉磬等。爱：吝惜。　7 余烬(jìn)：这里指残余部队。烬，火灰。　背城借一：背靠着城，再打一仗。意即在城下决一死战。

楚归晋知罃

《左传·成公三年》

导读 宣公十二年(前597)晋楚邲之战时,楚俘虏了知罃。知罃的父亲荀首被提拔为中军副统帅后,晋要用楚国谷臣和襄老的尸体换回知罃,楚王答应了。本文就是知罃临走时和楚王的一席对话。知罃虽为累囚,但在楚王面前,毫无卑躬屈膝的表现。文中楚王的问话句句紧逼,知罃的答话处处巧妙,结果,楚王反而被知罃折服。

原文

　　晋人归楚公子谷臣与连尹襄老之尸于楚[1],以求知罃[2]。于是荀首佐中军矣[3],故楚人许之。

译文

　　晋人送还被俘的楚公子谷臣和连尹襄老的尸体给楚国,要求换回知罃。这时,知罃的父亲荀首已是中军副统帅了,所以楚国答应了。

注释 1 谷臣:楚庄王的儿子,被囚在晋。　连尹:楚官名。　襄老:楚臣,邲之战时被晋射死。　2 知罃:又称荀罃,晋楚邲之战被楚俘虏。3 荀首:即知庄子,晋卿,知罃的父亲。荀,姓;首,名;知,封邑;庄子,死后谥号。　佐中军:中军的副职。

　　王[1]送知罃,曰:"子其怨我乎?"对曰:"二国治戎,臣不才,不胜其任,以

　　楚共王送别知罃说:"你怨恨我吗?"知罃回答说:"两国打仗,我不中用,不能胜任所担当的职务,以致当了

为俘馘²。执事不以衅鼓³，使归即戮，君之惠也。臣实不才，又谁敢怨？"王曰："然则德我乎？"对曰："二国图其社稷而求纾⁴其民，各惩其忿以相宥也⁵，两释累囚⁶以成其好。二国有好，臣不与及，其谁敢德？"王曰："子归，何以报我？"对曰："臣不任受怨，君亦不任受德，无怨无德，不知所报。"

俘虏。您不把我杀掉，用我的血涂鼓祭祀，让我回晋国接受诛戮，这是您的恩惠。我实在不中用，还敢怨谁呢？"楚王说："那么将感激我吗？"知䓨回答说："两国都为自己国家考虑，设法减轻人民的痛苦，各自克制怒气而互相宽恕，双方释放俘虏而实现和好。两国和好，我没参与这事，那又感谢谁呢？"楚王说："你回去以后，用什么报答我呢？"知䓨回答说："我没有怨您，您也没有给我恩德，无怨无德，不知道怎样报答。"

注释 1 王：指楚共王。 2 俘馘(guó)：俘虏。 3 衅鼓：古代杀牲(牛、羊、猪)将其血涂在鼓上，也有杀人涂鼓的。这里是说杀死他。 4 纾(shū)：缓和，解除。 5 惩：抑止。 忿：怒气，怨恨。 宥：赦免。 6 累(léi)囚：被捆绑起来的俘虏。

王曰："虽然，必告不穀¹。"对曰："以君之灵，累臣得归骨于晋²，寡君之以为戮，死且不朽。若从君惠而免之，以赐君之外臣³首，首其请于寡君而以戮于宗⁴，亦死且不朽。若

楚王说："尽管是这样，你一定要告诉我你的想法。"知䓨回答说："托您的福，我能活着回到晋国，我们的国君会将我杀死，虽然我死了，但气节不会腐朽。要是因为您的恩惠赦免了我，把我交给您的外臣荀首，荀首向晋君请命，把我杀死在祖宗面前，我也死而不朽了。如果没有得到国君杀我的命令，却要我继承祖宗的官

不获命而使嗣宗职⁵，次及于事，而帅偏师以修封疆⁶，虽遇执事⁷，其弗敢违⁸。其竭力致死⁹无有二心，以尽臣礼，所以报也。"王曰："晋未可与争。"重为之礼而归之。

爵，轮到我担任军职，并且带领一支人马保卫边疆，那时，即使遇到您的军队，我也是不敢逃避的。哪怕竭尽全力直到战死，我也不会有背叛国家之心，这才是尽我做臣子所应尽的职责，也是我用来报答您的方法。"楚王说："晋国是不可以和它相争的。"于是隆重地举行了仪式，把他送回晋国。

[注释] 1 不穀：古代诸侯的谦称。 2 累臣：这是知罃自称，意为被俘虏的臣子。 归骨于晋：骨头能回到晋国。意即能活着回到晋国。 3 外臣：一国的臣子对他国国君自称外臣。 4 戮于宗：执行家法，在宗族内处死。 5 宗职：家族世袭的官职。 6 帅：同"率"。 偏师：副师、副将所属的军队。这里是客气话。 修封疆：指保卫边疆。修，治理。封疆，边界。 7 执事：办事人员。这也是客气话，实指楚王。 8 违：躲避。 9 致死：效死，贡献生命。

吕相绝秦

《左传·成公十三年》

[导读] 鲁成公十三年(前 578)，晋统率诸侯的军队进攻秦国，先派遣吕相到秦国绝交，宣布秦的罪状。秦晋一直互相倾轧，正义并不全在晋方。但这篇绝交辞令，却把罪过全推给秦方，在行文上步步紧逼，变化错综，深文曲笔，堪称辞令方面的代表作。

原文

晋侯使吕相绝秦¹，曰："昔逮我献公及穆公相好²，戮力³同心，申之以盟誓，重之以昏姻⁴。天祸晋国⁵，文公如齐，惠公如秦。

译文

晋厉公派遣吕相去跟秦国绝交，说："从前我国献公和秦穆公开始互相交好，合力同心，用盟约誓言来明确两国关系，又用婚姻来加深两国关系。上天降祸给晋国，发生内乱，以致文公奔往齐国，惠公奔往秦国。

注释 1 晋侯：晋厉公。 吕相：晋大夫魏锜的儿子。 2 逮(dài)：自从。 献公：晋献公。 穆公：秦穆公。 3 戮力：合力，勉力。 4 重(chóng)：又。 昏：同"婚"。此指晋献公的女儿为秦穆公夫人。 5 天祸晋国：指骊姬之乱。

"无禄¹，献公即世²，穆公不忘旧德，俾我惠公用能奉祀于晋³。又不能成大勋而为韩之师⁴。亦悔于厥心，用集我文公⁵，是穆之成⁶也。

"不幸献公去世，秦穆公不忘往日的恩德，使我惠公因此能够回国即位，主持祭祀。秦国又不能把好事做到底，却和我们发生了韩原之战。后来穆公心里也有些懊悔，因此帮助我文公回国，这是穆公的成全结果。

注释 1 无禄：无福，不幸。 2 即世：去世，死。 3 俾(bǐ)：使。晋惠公是由秦穆公送回晋国即位为国君的。 4 韩之师：指鲁僖公十五年(前645)秦伐晋，战于韩原，晋惠公被俘事。 5 指秦穆公帮助重耳(晋文公)回国做国君。 6 成：成全。

"文公躬擐甲胄¹，跋履山川，逾越险阻，征东之诸侯虞、夏、商、周之胤²而朝诸秦，则亦既报旧德矣。郑人怒君之疆埸³，我文公师诸侯及秦围郑。秦大夫不询于我寡君，擅及郑盟，诸侯疾之，将致命于秦⁴。文公恐惧，绥靖⁵诸侯，秦师克还无害，则是我有大造于西也⁶。

"文公亲自穿戴着铠甲、头盔，登山涉水，经历各种艰难险阻，率领东方的诸侯虞、夏、商、周的后代，去朝见秦国，也就已经报答了你们旧时的恩德了。郑人侵犯您的边界，我们文公率领诸侯和秦国共同包围郑都。你们的大夫不同我们国君商量，私自和郑国订立盟约，诸侯都痛恨这事，要和秦拼命。文公怕秦国受害，安抚诸侯，秦军才得以平安回国，这是我们对秦国有重大的恩德啊！

注释 1 躬擐(huàn)甲胄：亲自穿戴着铠甲与头盔。 2 胤(yìn)：后代。 3 疆埸(yì)：边境。 4 致命于秦：和秦拼命。 5 绥靖：安抚。 6 造：成就，贡献。这里作恩德讲。 西：指秦，因秦在晋西方。

"无禄，文公即世，穆为不吊¹，蔑死²我君，寡我襄公，迭³我殽地，奸绝我好，伐我保城⁴，殄灭我费滑⁵，散离我兄弟，挠乱我同盟⁶，倾覆我国家。

"不幸，文公去世，秦穆公不来吊丧，对我们去世的国君无礼，欺我们的襄公孤弱，突然侵犯我们的殽地，断绝和我们的友好关系，又攻打我们边境城邑，灭掉我们的费滑，离间我兄弟国的关系，扰乱我们的同盟，妄图颠覆我们的国家。

注释 1 不吊：不来吊丧慰问。 2 蔑死：对死者(晋文公)不礼貌。 3 迭：通"轶"。突然侵犯。 4 保城：边防上的城市。 5 殄(tiǎn)灭：灭绝。

费:滑国的都城,在今河南偃师附近。滑国都费,故连称费滑。 6 挠乱:
扰乱。郑、滑都和晋同姓,又是同盟之国,故称"兄弟""同盟"。

"我襄公未忘君之旧
勋,而惧社稷之陨¹,是以
有殽之师²。犹愿赦罪于
穆公,穆公弗听,而即楚
谋我³。天诱其衷,成王
陨命⁴,穆公是以不克逞
志于我。

"我们襄公没有忘掉穆公以前的
功勋,但惧怕国家灭亡,因此有殽地的
战争。即使这样,我们还是希望穆公
能够赦免我们,穆公不听,却亲近楚国
来谋害我们。只是上天显示它的心意,
保佑我国,而使楚成王被杀丧命,穆公
因此侵犯我国的阴谋未能得逞。

[注释] 1 陨(yǔn):死亡,灭亡。 2 殽之师:鲁僖公三十三年(前627),
晋败秦军于殽。 3 即楚:亲近楚国。此指秦释放鬬克回楚,同谋伐晋事。
4 成王陨命:指鲁文公元年(前626)楚成王被杀之事。

"穆、襄即世,康、灵即
位¹。康公,我之自出²,又
欲阙剪我公室,倾覆我社
稷,帅我蟊贼³,以来荡摇我
边疆,我是以有令狐之役⁴。

"秦穆公、晋襄公去世,秦康公、
晋灵公即位。康公是我们晋国的外
甥,又想削弱我们的公室,颠覆我们
的国家,带领我国的内奸,来扰乱我
们的边疆,我们因此才有令狐之战。

[注释] 1 康:秦康公。 灵:晋灵公。 2 秦康公的母亲是晋献公的
女儿,秦康公是晋的外甥,所以说"我之自出"。 3 蟊(máo)贼:两种吃
庄稼的害虫。此处是指晋国的公子雍。 4 令狐:晋地名。在今山西临
猗西。令狐之役在鲁文公七年(前620)。晋襄公死后,晋国的执政大臣
赵盾主张立公子雍。这时公子雍在秦国,便派了使者去迎接。不料襄公

夫人坚持要立原定的太子,赵盾不得已立了晋灵公。秦国还不知道这消息,派了军队送公子雍回国,晋出兵迎击,于是发生令狐之战。

"康犹不悛[1],入我河曲[2],伐我涑川[3],俘我王官[4],剪我羁马[5],我是以有河曲之战[6]。东道之不通,则是康公绝我好也。

"康公还不悔改,侵入我河曲,攻打我涑川,掳掠我王官地方,占领我羁马,我国因此和秦又有河曲之战。秦晋两国不通往来,那是你们康公断绝和我们的友好关系所造成的。

[注释] 1 悛(quān):悔改。 2 河曲:晋地名,在今山西永济西南一带。此地是黄河转折之处,故名"河曲"。 3 涑(Sù)川:水名。源出山西绛县,至永济流入黄河。 4 王官:晋地名,在今山西闻喜南。 5 羁马:地名。在今山西永济南。 6 河曲之战,胜负未分,秦军连夜撤走。

"及君[1]之嗣也,我君景公,引领西望曰:'庶抚我乎!'君亦不惠称盟,利吾有狄难[2],入我河县[3],焚我箕、郜[4],芟夷我农功[5],虔刘[6]我边陲,我是以有辅氏之聚[7]。

"到了您即位,我国君景公,伸长着脖子向西盼望说:'秦国也许会安抚我们吧!'可是您也不考虑我们的希望和我们缔结盟约,却利用我有赤狄之战的困难,侵入我河县,焚烧我箕、郜,割掉我们的庄稼,杀戮我们边境的人民,我们因此有辅氏的聚众抵御。

[注释] 1 君:指秦桓公。 2 有狄难(nàn):指鲁宣公十五年(前594)晋灭赤狄潞国一事。 3 河县:靠近黄河的县邑。即下文的箕、郜等地。 4 箕:今山西蒲县东北有箕城,即其地。 郜:在今山西祁县西。 5 芟(shān)夷:铲除。 农功:指庄稼。 6 虔(qián)刘:屠杀。 7 辅

氏之聚:辅氏之战在宣公十五年。辅氏,地名,在今陕西大荔朝邑镇。

"君亦悔祸之延,而欲徼福于先君献、穆[1],使伯车[2]来命我景公曰:'吾与女同好弃恶,复修旧德,以追念前勋。'言誓未就,景公即世,我寡君是以有令狐之会[3]。君又不祥,背弃盟誓。

"您也懊悔不该使战祸延长,而想向先君晋献公、秦穆公求得福佑,派遣伯车来向我景公说:'我和您重新和好,抛弃以前的仇怨,恢复、发展过去的友好关系,来追念先君献公、穆公的功勋。'盟约还没有订立,景公就去世了,我国国君因此和秦有令狐的会盟。您又不安好心,违背、废弃了盟约。

注释 1 献、穆:晋献公、秦穆公。 2 伯车:秦桓公的儿子。 3 令狐之会:在鲁成公十一年(前580)。

"白狄[1]及君同州,君之仇雠而我之昏姻[2]也。君来赐命曰:'吾与女伐狄。'寡君不敢顾昏姻,畏君之威而受命于使[3]。君有二心于狄,曰:'晋将伐女。'狄应且憎,是用告我。楚人恶君之二三其德也,亦来告我曰:'秦背令狐之盟而来求盟于我,昭告昊天上帝、秦三公、楚三王曰[4]:

"白狄和您秦国同属雍州,是您的冤家,却是我们的亲戚。您来吩咐说:'我和你一起征讨白狄。'我们的国君不敢顾及亲戚,害怕您的威势,听从了您使者的命令。您却对狄耍两面派,说:'晋国将要攻打你。'白狄表面上答应您,骨子里却十分憎恶,因此告诉了我们。楚国人讨厌您三心二意,反复无常,也告诉我们说:'秦国违背了令狐的盟约,却来向我要求结盟。他们还向皇天上帝以及秦国的三公、楚国的三王宣誓说:"我们秦国虽然和晋国有往来,但我

"余虽与晋出入⁵,余唯利是视。"不縠恶其无成德,是用宣之,以惩不一。'诸侯备闻此言,斯是用痛心疾首,昵就寡人。寡人帅以听命,唯好是求。君若惠顾诸侯,矜哀寡人,而赐之盟,则寡人之愿也,其承宁诸侯以退,岂敢徼乱?君若不施大惠,寡人不佞⁶,其不能以诸侯退矣。敢尽布之执事,俾执事实图利之。"

们只是为了追求利益。"我厌恶秦国没有道德,因此把这件事公开宣布,来惩戒那些言行不一致的人。'诸侯们全都听到了这话,因此都痛恨异常,和我亲近。现在我率领诸侯来听候您的答复,只求和您永结友好。您如看得起诸侯,并且怜悯我,而跟诸侯订立盟约,那是我的愿望。我也当承受秦君的命令,安定诸侯,然后退去,岂敢来扰乱您呢?您要是不施大恩,我没有什么才能,那就不能使诸侯退兵了。我大胆地把所有的意见都向您宣布,请您好好考虑利害关系吧。"

注释 1 白狄:狄族中的一支。 2 我之昏姻:白狄和赤狄同属狄族,而赤狄女季隗是晋文公的一位夫人,所以说是婚姻。 3 使:指秦使臣。 4 昊(hào)天:上天。 秦三公:秦穆公、秦康公、秦共公。 楚三王:楚成王、楚穆王、楚庄王。 5 出入:有来往。 6 不佞:不才。

驹支不屈于晋
《左传·襄公十四年》

导读 中国自古以来就是一个多民族的大国。各个民族都在中华民族的开发史上作出了自己的贡献。驹支所言,就反映了这方面的一些情况。

文中范宣子责难驹支的话，气势汹汹，但是驹支逐句批驳，理直辞婉，使得范宣子不得不向他道歉。这也看出怎样运用辞令进行外交斗争。

[原文]

会于向¹……将执戎子驹支²。范宣子亲数诸朝曰³："来，姜戎氏！昔秦人迫逐乃祖吾离于瓜州⁴，乃祖吾离被苫盖、蒙荆棘⁵，以来归我先君。我先君惠公有不腆之田⁶，与女剖分而食之。今诸侯之事我寡君不如昔者，盖言语漏泄，则职⁷女之由。诘朝⁸之事，尔无与⁹焉！与，将执女。"

[译文]

晋国在向地会集诸侯……打算把姜戎的首领驹支抓起来。范宣子亲自在大堂上数落驹支的罪状说："来，姜戎氏！从前秦人逼迫你的祖宗吾离到瓜州，你的祖宗吾离编茅草做衣服，戴着荆条编的帽子，来归附我们先君。我们先君惠公只有少量的土地，仍和你们平分享受。现在诸侯侍奉我们国君不及以前了，大概是走漏了什么机密，而这主要是由于你的原因。明天会盟的事，你不要参加了！如果参加，就把你抓起来。"

[注释] 1 向：地名，在今安徽怀远。 2 戎：姜戎。附属于晋的一个少数民族。 驹(jū)支：姜戎的首领。 3 范宣子：晋大夫，又叫士匄(gài)。朝(cháo)：指当时会集的大堂。 4 瓜州：在今甘肃敦煌。 5 被：同"披"。苫(shān)：编茅草盖屋。这里是指编茅草做衣服穿。 盖：苫的别名。蒙：冒。 荆：灌木名。 棘：多刺的木。 6 不腆(tiǎn)之田：不多的土地。7 职：主要。 8 诘朝(jiézhāo)：明早。 9 与(yù)：参加。

对曰："昔秦人负恃其众，贪于土地，逐我诸

驹支回答说："从前秦人自恃他们人多，贪婪地侵占土地，赶跑我们

戎。惠公蠲[1]其大德,谓我诸戎是四岳之裔胄也[2],毋是剪弃[3]。赐我南鄙之田,狐狸所居,豺狼所嗥[4]。我诸戎除剪其荆棘,驱其狐狸豺狼,以为先君不侵不叛之臣,至于今不贰。

戎族。惠公显示了他的大恩德,认为我们戎族是四岳的后代,不应当灭绝。赐给我们南部边界的土地,那是一块狐狸居住、豺狼嗥叫的地方。我们戎人砍掉那里的荆棘,赶跑那里的狐狸豺狼,做你们先君既不内侵又不外叛的臣子,到现在也没有二心。

注释 1 蠲(juān):昭明,显示。 2 四岳:尧时诸侯之长。 裔胄(yìzhòu):远代子孙。 3 剪弃:灭绝。 4 嗥(háo):吼叫。

"昔文公与秦伐郑,秦人窃与郑盟而舍戍焉,于是乎有殽之师。晋御其上,戎亢[1]其下,秦师不复,我诸戎实然。譬如捕鹿,晋人角之[2],诸戎掎之[3],与晋踣之[4],戎何以不免?

"过去你们文公跟秦国攻打郑国,秦人私自跟郑订立盟约,并留人驻守,于是发生了殽的战争。在这次战争中,你们晋兵在上面抵御,我们戎人在下面攻击,秦兵全军覆没,这是因为我们戎人效力,才能取得这样大的胜利。好比捕鹿,晋国从正面抓住它的角,我们戎人在后面抓住它的脚,和晋国共同把它弄倒,我们戎人有这么大的功劳,为什么还不能免罪呢?

注释 1 亢:同"抗"。 2 角之:从正面抓住其角。 3 掎(jǐ)之:从后面抓住其足。 4 踣(bó):同"仆",跌倒。

"自是以来,晋之百役,与我诸戎相继于

"自从这次打败秦国以来,晋国的各次战争,我们戎人都随时跟从,听从你们

时，以从执政，犹殽志也，岂敢离逷[1]？今官之师旅[2]，无乃实有所阙，以携诸侯，而罪我诸戎。我诸戎饮食衣服不与华同，贽币不通[3]，言语不达，何恶之能为？不与于会，亦无瞢[4]焉。"赋《青蝇》[5]而退。

宣子辞焉，使即事于会，成恺悌[6]也。

执政的命令，仍像殽之战那样，丝毫没有变心，怎么敢背叛、疏远你们？现在晋国官府的将帅、大臣，恐怕确实有什么差错吧，以致疏远了诸侯，却怪罪我们戎人。我们戎人所吃的、所穿的与华夏不相同，也没有使者往来，言语也不通，还能做什么坏事呢？不要我参加明天的会议，我心里也没有什么不舒畅的。"他念完《青蝇》这首诗便退下了。

范宣子向他道歉，请他参加会盟，成全了自己和乐友爱的美名。

注释　1 逷(tì)：远。　2 官之师旅：指晋国群臣。　3 贽(zhì)币不通：意思是没有来往。贽币，古人见面时所赠送的礼物。币指车、马、玉、帛等。4 瞢(méng)：闷，不舒畅。　5《青蝇》：《诗经·小雅·甫田之什》中的一篇，大意是说君子不应相信谗言。　6 恺悌(kǎitì)：和乐友爱。

祁奚请免叔向
《左传·襄公二十一年》

导读　乐王鲋(fù)本是一个看国君眼色行事的小人，却要装出一副慷慨相助的样子，以讨好别人。祁奚为国家利益着想，爱惜人才，不顾自己已告老还乡而且路途遥远，急忙赶来营救叔向，事成则"不见而归"，根本不希图别人的报答。两人的品格形成鲜明的对比。叔向临危不惧，善于识别人物，也给人留下深刻印象。

原文

栾盈出奔楚[1]。宣子杀羊舌虎，囚叔向。[2]人谓叔向曰："子离于罪，其为不知乎?"[3]叔向曰："与其死亡若何?《诗》曰:'优哉游哉，聊以卒岁。'[4]知也。"

译文

栾盈被范宣子驱逐，逃到楚国。范宣子杀了他的同党羊舌虎，囚禁了羊舌虎的哥哥叔向。有人对叔向说："你遭了罪，这恐怕是你不够明智吧?"叔向说："我虽然被囚禁，但和那些死亡的人比较起来又怎么样呢?《诗经》说:'多么悠闲自得啊，姑且以此来度过我的岁月。'这也是明智啊。"

注释　1 栾盈:晋大夫。他因与晋国的另一大夫范鞅不和，谋害范鞅。事败被驱逐，故曰奔楚。　2 宣子:即范鞅。　羊舌虎:栾盈的同党。叔向:羊舌虎的哥哥，叫羊舌肸(xī)。　3 离:通"罹"，遭遇。　知:同"智"。　4 优游:闲暇而快乐自得的样子。这两句出自逸诗。

乐王鲋[1]见叔向曰:"吾为子请。"叔向弗应，出不拜。其人皆咎叔向。叔向曰:"必祁大夫[2]。"室老[3]闻之，曰:"乐王鲋言于君无不行，求赦吾子，吾子不许。祁大夫所不能也，而曰必由之，何也?"叔向曰:"乐王鲋从君者也，何能行?祁大夫外举不弃仇[4]，内举不失亲[5]，其独遗

乐王鲋去见叔向说:"我替您请求国君，免您的罪。"叔向不答理他，他出去时也不拜谢。人们都责怪叔向不对。叔向说:"能让我免罪的，一定是祁大夫。"他的家臣头领听了这话说:"乐王鲋在国君面前说话，没有不被采纳的，他要向国君请求赦免您，您不答应。祁大夫是无能为力的，您却说一定只有他能做到，这是什么缘故呢?"叔向说:"乐王鲋是一个顺着国君心意行事的人，哪里能做这救人的事呢?祁大夫为国家推荐人才，对外不抛开自己的仇人，对内不遗漏自己

我乎？《诗》曰：'有觉德行，四国顺之。'[6] 夫子，觉者也。"

的亲人，难道会独独丢弃我吗？《诗》上说：'有正直的德行，天下都会顺从。'祁大夫这个人，就是有正直德行的人。"

注释 1 乐王鲋：即乐桓子，晋大夫。 2 祁大夫：即祁奚。 3 室老：古时卿大夫家中有家臣，室老是家臣之长。 4 不弃仇：祁奚曾经向晋君推荐过他的仇人解狐。 5 不失亲：祁奚曾经向晋君推荐过他的儿子祁午。 6 此二句出自《诗经·大雅·荡之什·抑》。觉，正直。

晋侯[1]问叔向之罪于乐王鲋，对曰："不弃其亲，其有焉。"于是祁奚老矣，闻之，乘驲[2]而见宣子，曰："《诗》曰：'惠我无疆，子孙保之。'[3]《书》曰：'圣有谟勋，明征定保。'[4]夫谋而鲜过，惠训不倦者，叔向有焉，社稷之固也。犹将十世宥之[5]，以劝能者。今壹[6]不免其身，以弃社稷，不亦惑乎？

晋平公向乐王鲋问及叔向的罪状，乐王鲋回答说："叔向是个不会背弃他的亲人的人，可能有和他弟弟同谋的事。"这时祁奚已经告老了，听到叔向被囚禁的消息，便急忙坐了传车去见范宣子，说："《诗经》上有句话：'文王、武王给的恩惠没有止境，子孙要世世代代保持。'《尚书》上说：'圣人有谋略功勋，应当明守信用安定他们。'谋划而很少有过失，给人恩惠、给人教诲而不知道疲倦，叔向是具备这种品格的，国家就依赖这样的人来得到安定巩固。对于这样的人，即使他十代之后的子孙犯了罪，也要加以宽宥，以此来鼓励那些贤能的人。现在仅为了羊舌虎这一件事就使他自身也不能免于罪责，抛弃了国家所依靠的人，不也太糊涂了吗？

注释 1 晋侯:指晋平公。 2 驲(rì):驿传所用的车。 3 此二句出自《诗经·周颂·清庙之什·烈文》。保,依赖。 4 谟:谋略。《伪古文尚书·胤征》篇袭用此二句。 5 十世:指远代子孙。 宥:赦宥。 6 壹:指因羊舌虎这一件事。

"鲧殛而禹兴[1]。伊尹放大甲而相之[2],卒无怨色。管、蔡[3]为戮,周公右王[4]。若之何其以虎也弃社稷?子为善,谁敢不勉?多杀何为?"

宣子说[5],与之乘,以言诸公而免之[6]。不见叔向而归,叔向亦不告免[7]焉而朝。

"从前鲧虽然被杀,他的儿子禹却被舜重用。伊尹放逐太甲,后来仍辅佐他,太甲也从不流露出怨恨的神色。管叔、蔡叔被杀,周公虽然是他们的兄弟,仍然辅佐成王。为什么要因羊舌虎的缘故而抛弃国家的贤臣呢?您做善事,谁敢不努力?多杀人又为的什么呢?"

宣子听了很高兴,便和祁奚同坐一辆车去向晋平公说情,免去了叔向的罪。事情办妥之后,祁大夫没有见叔向就回去了,叔向也不面谢祁大夫就去朝见晋平公。

注释 1 鲧:夏禹的父亲。 殛(jí):诛杀。 2 伊尹:商初大臣。名伊,尹是官名。 大甲:商代王,汤的嫡长孙,太丁之子。大,同"太"。传说太甲破坏汤法,不理国政,被伊尹放逐。三年后,他悔过,又被接回复位。 3 管、蔡:管叔、蔡叔,周公的弟弟。 4 周公:周武王的弟弟,名旦,亦称叔旦。曾助武王灭商。武王死后,成王年幼,由他摄政。 右王:指辅佐成王。 5 说:同"悦"。 6 诸:"之于"的合音。 公:即晋平公。 免之:免去了叔向的罪。 7 告免:告诉祁奚自己被免了罪。意即向祁奚道谢。

子产告范宣子轻币

《左传·襄公二十四年》

导读 春秋时代,弱小的诸侯国要向强大的诸侯国进贡,而且漫无止境。这是弱小诸侯国一项很沉重的负担。本文采取对比的手法,子产以"令德""令名"和"重币"两相对照,阐明利害关系,终于说服了范宣子,减轻了小诸侯国的一些负担。

原文

范宣子为政,诸侯之币¹重。郑人病²之。二月,郑伯³如晋。子产寓书于子西以告宣子⁴,曰:"子为晋国,四邻诸侯不闻令德,而闻重币,侨⁵也惑之。

译文

范宣子执掌晋国的政权,诸侯贡纳的礼物加重了。郑国很忧虑这件事。鲁襄公二十四年二月,郑简公到晋国去。子产托子西带书信告诉范宣子,说:"您当晋国的执政,四周的诸侯没有听到您的美德,却听到您加重贡物,我感到疑惑不解。

注释 1 币:礼物。 2 病:这里作动词用,忧虑。 3 郑伯:郑简公。 4 子产:即公孙侨,春秋时杰出政治家。郑简公十二年(前554)为卿,十三年(前543)执政。 寓:寄,传书。 子西:郑大夫,当时随从郑简公去晋国。 5 侨:子产自称。

"侨闻君子长国家者,非无贿¹之患,而无

"我听说执掌国家政权的人,并不愁没有财物,只担忧没有好的名声。如

令名²之难。夫诸侯之贿，聚于公室³，则诸侯贰。若吾子赖⁴之，则晋国贰。诸侯贰，则晋国坏；晋国贰，则子之家坏。何没没⁵也，将焉用贿？

果诸侯的财物，都集中在晋国，那么诸侯就要叛离。如果您贪图这些财物，那么晋国的人民就要叛离。诸侯叛离，那晋国就要崩溃；晋国人民叛离，那您的家就要崩溃。您为什么要这样贪恋财物呢？贪图得来的财物又有什么用呢？

[注释] 1 贿：财物。 2 令名：好的名声。 3 公室：指晋君。 4 赖：恃，凭借。 5 没没：沉溺，贪恋。

"夫令名，德之舆¹也。德，国家之基也。有基无坏，无亦是务乎？有德则乐，乐则能久。《诗》云：'乐只君子，邦家之基。'²有令德也夫！'上帝临女，无贰尔心。'³有令名也夫！恕思以明德，则令名载而行之，是以远至迩⁴安。毋宁使人谓子'子实生我'，而谓'子浚⁵我以生'乎？象有齿以焚其身⁶，贿也。"

宣子说，乃轻币。

"好的名声，是装载德的车子。德，是国家的根本。有了根本，国家才不致败坏，为什么不去尽力追求那好名声呢？求好名声才有德，有德才能和别人同乐，和别人同乐才能在位长久。《诗经》说：'君子能和别人同乐，这是国家的根本啊。'这是说有美好的德行呀！《诗经》又说：'上帝看顾着你，你不要三心二意。'这是说有好名声呀！只有心存恕道来显示德行，那美好的名声才能随着德行传播到各地，于是远方的人闻风而至，近处的人得到安宁。宁可叫人议论您'您实在是生养了我'，不可叫人议论您'您夺取了我的财物而自己享受'。大象有牙而被杀，因为象牙也是财物呀。"

宣子听了很高兴，就减轻了诸侯贡纳的礼物。

[注释] 1 舆:车子。 2 此二句出自《诗经·小雅·南山有台》。只,语助词,没有意义。 3 此二句出自《诗经·大雅·文王之什·大明》。无贰尔心,使尔心无贰。 4 迩(ěr):近。 5 浚(jùn):取。 6 焚其身:丧身。

晏子不死君难
《左传·襄公二十五年》

[导读] 齐庄公因为荒淫被崔杼杀死,晏子不为庄公殉身,同时发表了对事件的看法。晏子的言论,着眼点在国家,认为无论是做国君的还是做臣子的,都应对国家负责。文章从"死""亡""归"三个方面设问,最后归结到"社稷"(国家)两字,既波澜起伏,又中心突出。

[原文]

崔武子见棠姜而美之 ¹,遂取 ² 之。庄公通焉 ³,崔子弑 ⁴ 之。

[译文]

崔武子看见棠姜很美丽,于是娶了她。齐庄公和棠姜私通,崔武子就把庄公杀死了。

[注释] 1 崔武子:齐卿,即崔杼。 棠姜:棠公的妻子。棠公是齐国棠邑大夫。棠邑在今山东金乡东。 2 取:通"娶"。棠公死,崔杼去吊丧,见棠姜美,于是就娶了她。 3 庄公:齐庄公。 通:私通。 4 弑(shì):古时称臣杀君、子杀父为弑。

晏子 ¹ 立于崔氏之门外。其人 ² 曰:"死乎?"曰:"独吾君也

晏子听到齐庄公被杀,站在崔家的门外。左右的人说:"要为国君殉死吗?"晏子说:"只是我一个人的国君吗?我为什么

乎哉？吾死也？"曰："行乎？"曰："吾罪也乎哉？吾亡也？"曰："归乎？"曰："君死安归？君民者[3]，岂以陵民？社稷是主。臣君者，岂为其口实[4]？社稷是养。故君为社稷死则死之，为社稷亡则亡之。若为己死，而为己亡，非其私昵[5]，谁敢任之？且人有君而弑之，吾焉得死之，而焉得亡之？将庸何[6]归？"

要为他去死呢？"左右的人说："逃走吗？"晏子说："是我的罪过吗？我为什么要逃走呢？"左右的人说："回家去吗？"晏子说："国君死了，回到哪里去？做百姓君主的人，难道是要凌驾在百姓之上？是要他来治理国家的。做国君臣子的人，难道是为了自己的俸禄吗？是要扶持国家啊。所以国君为国家而死，那么做臣子的就应该和他同死；国君为了国家而逃走，做臣子的就应该跟他一起逃走。如果国君是为一己之私而死，或为一己之私而逃走，不是他最宠爱、亲近的人，谁敢承担这个责任呢？况且人家是深得国君信任的大臣却把国君杀了，我不过是一般的臣子，我怎么能为国君死又怎么能为国君逃走呢？现在国君已经死了，我又能回到哪里去呢？"

[注释] 1 晏子：即晏婴，字平仲，夷维（今山东高密）人，齐国大夫。齐灵公二十六年（前 556），其父晏弱死后，继任齐卿，历仕灵公、庄公、景公三世。 2 其人：晏子左右的人。 3 君民者：做人民的君主的人。 4 口实：这里指俸禄。 5 昵（nì）：亲近。 6 庸何：即"何"，哪里。

门启而入，枕尸股而哭。兴，三踊而出。[1] 人谓崔子必杀之。崔子曰："民之望[2]也，舍[3]之得民。"

崔家开了门，晏子便走进去，一脚跪地把庄公的尸体枕在自己的大腿上哭了一回。站起来，跳跃了三下才走出来。有人说崔子一定会把晏婴杀掉。崔子说："他是百姓所敬仰的人呀，放了他可以得民心。"

注释　1 兴:起立。　三踊:跳跃了三下,表示哀痛。踊,跳跃。　2 望:为人所敬仰的、有声望的人。　3 舍:释放。

季札观周乐
《左传·襄公二十九年》

导读　中国的音乐、舞蹈,自古就很盛行,不同时代、不同地域的音乐、舞蹈,往往反映出不同的时代风貌和地域特色。所以季札在鲁国闻歌见舞,就能对政事作出推断。这篇文章为了解春秋时期音乐、舞蹈的发展状况提供了重要的文献依据,同时也是一篇出色的关于歌舞的评论。

原文

　　吴公子札来聘[1]……请观于周乐[2]。

译文

　　吴公子季札来访问鲁国……请求观赏周王室的音乐、舞蹈。

注释　1 公子札:即季札。封于延陵(今江苏常州),所以又称延陵季子。后又封州来(今安徽凤台),故也称延州来季子。他是吴王寿梦最小的儿子。寿梦死,国人欲立季札为王,他固辞不受。鲁襄公二十九年(前544),季札到鲁、齐、晋、郑、卫诸国进行访问。　聘:古代国与国之间派使者访问。　2 周乐:周天子的音乐、舞蹈。周成王曾把周天子的音乐、舞蹈赐给周公,鲁为周公的后代,所以保存有这套乐舞。

　　使工为之歌《周南》《召南》[1]。曰:"美哉! 始

　　鲁侯叫乐工给他歌唱《周南》《召南》。季札听了说:"好啊! 周的教化已

基²之矣，犹未也。然勤而不怨³矣。"为之歌《邶》《鄘》《卫》⁴。曰："美哉，渊⁵乎！忧而不困者也。吾闻卫康叔、武公之德如是⁶，是其《卫风》乎？"

经奠定基础了，还不算完善。人民虽则劳苦却不怨恨了。"给他歌唱邶、鄘、卫三国的歌曲。季札说："好啊，多么深沉呀！百姓虽有忧伤，但还不至于困顿。我听说卫康叔和卫武公的教化就是这样的，这不就是《卫风》吗？"

注释 1《周南》《召(Shào)南》：周及以南诸侯国(包括今陕西、河南、湖北一带)的歌曲。《诗经》十五国风之首。 2 基：奠基。 3 勤而不怨：劳苦而不怨恨。指《周南》《召南》乐歌中所体现的民情。 4《邶(Bèi)》《鄘》《卫》：殷商地区的歌曲。见于《诗经》十五国风。邶、鄘、卫是周初在殷商地区(今河南北部)所封的三个诸侯国。 5 渊：深远。 6 卫康叔：周公的弟弟。 武公：康叔的九世孙。传说二人均为卫的贤君。

为之歌《王》¹。曰："美哉！思而不惧，其周之东²乎？"为之歌《郑》³。曰："美哉！其细⁴已甚，民弗堪也，是其先亡乎？"为之歌《齐》⁵。曰："美哉！泱泱⁶乎，大风也哉！表东海⁷者，其大公乎？国未可量也。"

给他歌唱《王风》。季札说："好啊！虽有忧思，但没有恐惧，这是周室东迁以后的作品吧？"给他歌唱《郑风》。季札说："好啊！可惜太烦琐，百姓受不了呀，这个国家恐怕要先被灭亡吧？"给他歌唱《齐风》。季札说："好啊！多洪大的声音，真是大国之风啊！东方诸侯国的表率，是太公的国家吧？它的前途是不可限量的。"

注释 1《王》：东周首都洛阳一带的歌曲。《诗经》中有《王风》。 2 周之东：指周室东迁。 3《郑》：郑(今河南郑州一带)的歌曲。《诗经》中有《郑风》。 　4 细：乐曲烦琐细碎。季札说这象征着郑国政令过于烦琐。 　5《齐》：齐(今山东一带)的歌曲。《诗经》中有《齐风》。 　6 泱泱(yāngyāng)：洪大。 　7 表东海：东方各诸侯国的表率。

为之歌《豳》[1]。曰：
"美哉，荡[2]乎！乐而不
淫，其周公之东[3]乎？"
为之歌《秦》[4]。曰："此
之谓夏声[5]。夫能夏则
大，大之至也，其周之旧[6]
乎？"为之歌《魏》[7]。曰：
"美哉，沨沨[8]乎！大而
婉[9]，险而易行，以德辅
此，则明主也。"

给他歌唱《豳风》。季札说："好啊！
声音多坦荡呀！既使人欢乐又不敢荒
淫，是周公东征时的歌曲吧？"给他歌
唱《秦风》。季札说："这就叫作华夏的
音调。只有夏声才有那么洪大，大到极
致了，这不就是周王室旧地的音乐么？"
给他歌唱《魏风》。季札说："好啊，多么
悠扬啊！声音虽大却委婉，节拍虽急促
却流畅，用德教来辅佐他，那就是个开
明的君主了。"

[注释] 　1《豳(Bīn)》：豳地(今陕西彬州、旬邑一带)的歌曲。《诗经》中
有《豳风》。 　2 荡：坦荡无邪。 　3 周公之东：指周公东征。 　4《秦》：
秦(今陕西一带)歌曲。《诗经》中有《秦风》。 　5 夏声：华夏的
声调。 　6 周之旧：秦地在陕、甘一带，本西周旧地。 　7《魏》：魏(今山
西芮城一带)的音乐。《诗经》中有《魏风》。 　8 沨沨(féngféng)：乐声
悠扬。 　9 婉：委婉。

为之歌《唐》[1]。曰：
"思[2]深哉！其有陶唐氏
之遗民[3]乎？不然，何忧之

给他歌唱《唐风》。季札说："忧思
多么深远啊！莫非有唐尧的遗风么？
否则，为什么忧虑得这么深、想得这么

远也？非令德[4]之后，谁能若是？"为之歌《陈》[5]。曰："国无主[6]，其能久乎？"自《邻》[7]以下，无讥焉。

远呢？不是有美德的人的后代，哪能像这样呢？"给他歌唱《陈风》。季札说："国家没有好的君主，还能长久吗？"从《桧风》以后，季札就没有评论了。

注释　1《唐》：唐（今山西曲沃、绛县一带）的歌曲。《诗经》中有《唐风》。2 思：忧思。　3 陶唐氏之遗民：晋本唐地，故说有尧之遗风。陶唐氏，即尧，史称唐尧。民，《史记·吴世家》作"风"。　4 令德：美德。5《陈》：陈（今河南淮阳一带）的歌曲。《诗经》中有《陈风》。　6 国无主：陈的音乐淫乱放荡，百姓没有畏忌，所以说是国无主。　7《邻(Kuài)》：邻（今河南新密一带）的歌曲。《诗经》中有《桧风》。"邻""桧"互通。

为之歌《小雅》[1]。曰："美哉！思而不贰，怨而不言，其周德之衰乎？犹有先王之遗民焉。"为之歌《大雅》[2]。曰："广哉！熙熙[3]乎！曲而有直体[4]，其文王之德乎？"

给他歌唱《小雅》。季札说："好啊！思旧德而无二心，虽有怨恨，但不说出来，大概是周朝的德教开始衰败时的歌曲吧？还有先王的遗民在呢。"给他歌唱《大雅》。季札说："声音多宽广啊！多和美啊！既委婉曲折又有正直的节操，这不就是周文王的盛德么？"

注释　1《小雅》：多数是周王室贵族的音乐。见于《诗经·国风》之后。2《大雅》：大多是西周初期的歌曲。见于《诗经·小雅》之后。　3 熙熙：和美、融洽。　4 直体：正直的节操。

为之歌《颂》[1]。曰："至矣哉！直而

给他歌唱《颂》。季札说："好极了！刚劲而不放肆，委婉曲折而不卑下靡弱；紧凑

不倨[2]，曲而不屈；迩而不逼，远而不携；迁而不淫，复而不厌；哀而不愁，乐而不荒[3]；用而不匮，广而不宣；施而不费，取而不贪；[4]处而不底[5]，行而不流。五声[6]和，八风[7]平，节有度，守有序[8]，盛德之所同也。"

而不急促，宏放而不散漫游离；变化多端而不杂乱，反复重叠而不使人感到厌倦；有哀思而不至于忧伤，欢乐而不过度；乐调丰富而有余味，有如用不完的物品，又如藏着大量的东西，却不完全表露；乐调节奏匀称而收放自如，又如施物给人，但是本身并不见减少，又如向人取物，但是并不过分；声音静止了却并未停滞，声音流动不定却有一定的归宿。五声和谐，八风平静，节奏符合规范，鸣奏乐器有次序。有盛德的人的音乐都是这样的。"

【注释】 1《颂》：指周王室的祭祀歌曲。《诗经》有《周颂》《鲁颂》《商颂》。 2 倨(jù)：傲慢。 3 荒：过度。 4"用而不匮"至"取而不贪"：这几句是以物资作比喻。第一句，言声音如物资的用之不竭，比喻乐调的丰富多彩。第二句，言声音如大量的物资，但不完全表露，比喻乐调含蓄有余味。第三句，言声音如施物与人，但物的本身不见减少。第四句，言声音如向人取物，但所取之物并不过分。后两句用以比喻乐调的节奏匀称，无畸轻畸重之病。 5 底：停滞。 6 五声：宫、商、角(jué)、徵(zhǐ)、羽。 7 八风：指八方之风。 8 守有序：各种乐器交相鸣奏，但都有一定的次序，相守不乱。

见舞《象箾》《南籥》者[1]。曰："美哉！犹有憾[2]。"见舞《大武》[3]者。曰："美哉！周之盛也，其若此乎？"见舞

见到舞《象箾》《南籥》。季札说："好啊！但还有点美中不足。"见到舞《大武》。季札说："好啊！周王室的盛德，竟达到了如此地步吗？"见

《韶濩》[4]者。曰："圣人之弘也。而犹有惭德[5]，圣人之难也。"

到舞《韶濩》。季札说："汤的德行宽宏，但是还有感到惭愧的行为，可见圣人的难处啊！"

注释 1《象箾(shuò)》：武舞，持箾而舞。箾，古代武舞所执的竿。《南籥(yuè)》：文舞，持籥而舞。籥，古代一种管乐器。 2 有憾：有遗憾，感到美中不足。 3《大武》：周武王的舞蹈。 4《韶濩(huò)》：商王汤的舞蹈。 5 惭德：指商汤的天下是用武力得的，不是凭德教得的。

见舞《大夏》[1]者。曰："美哉！勤而不德，非禹其谁能修之？"见舞《韶箾》[2]者。曰："德至矣哉！大矣，如天之无不帱[3]也，如地之无不载也。虽甚盛德，其蔑[4]以加于此矣。观止矣！若有他乐，吾不敢请已。"

见到舞《大夏》。季札说："好啊！为百姓的事勤劳而不自以为功，如果不是禹，还有谁能做得到呢？"见到舞《韶箾》。季札说："德行达到极致啦！伟大极了，好像天没有什么不覆盖的，好像大地没有什么不承载的。虽有极盛的德行，也无以复加了。看到这里已经尽善尽美！如果还有别的音乐，我不敢请求欣赏了。"

注释 1《大夏》：夏禹的舞蹈。 2《韶箾(xiāo)》：舜的舞蹈。 3 帱(dào)：覆盖。 4 蔑(miè)：无，没有。

子产坏晋馆垣

《左传·襄公三十一年》

导读 郑为小国,晋是盟主,郑国大臣子产竟拆毁晋国的馆舍围墙。当晋君派人责问子产时,子产句句针锋相对,义正而不阿,词强而不激,说得士文伯无话可答,赵文子只好虚心接受意见。子产靠巧妙的辞令获得了一次外交胜利,也为郑国争得了荣誉和尊严。

原文

子产相郑伯以如晋[1]。晋侯以我丧故[2],未之见也。子产使尽坏其馆之垣[3],而纳车马焉。

译文

子产辅佐郑简公去晋国。晋平公借口有鲁襄公的丧事,没有接见。子产让人将晋国馆舍的围墙全部拆毁,把自己的车马放进去。

注释 1 子产:公孙侨,郑国执政大臣。 相(xiàng):辅佐。 郑伯:郑简公。 2 晋侯:晋平公。 我丧:指鲁襄公死了才不久。据《春秋》载,襄公死于三十一年(前542)六月。 3 馆:招待外宾的馆舍。 垣(yuán):围墙。

士文伯让之曰[1]:"敝邑以政刑之不修,寇盗充斥,无若诸侯之属辱在寡君者何[2]?是以令吏人完客所馆,高其

士文伯责备子产说:"我国因政事和刑法都不够完善,以至盗贼很多,无奈诸侯常屈驾来访问我们的国君,又怎么办呢?因此派了官吏修缮好宾客住的馆舍,加高它的大门,增厚它的墙壁,使外国使

闲闳[3]，厚其墙垣，以无忧客使。今吾子坏之，虽从者能戒，其若异客[4]何？以敝邑之为盟主，缮完葺墙[5]，以待宾客；若皆毁之，其何以共[6]命？寡君使匄请命。"

者不担忧盗贼。现在您把围墙拆毁了，虽然您的手下人能够自行戒备，可是别国的宾客又怎么办呢？因为我国是盟主，所以把馆舍修得坚固、盖好围墙，用来接待宾客；如果都把围墙拆毁了，那将怎么供给宾客的需要呢？我们的国君派我士匄来请问您拆毁围墙的用意。"

注释　1 士文伯：晋大夫，名匄(gài)，字伯瑕。　让：责备。　2 无若……何：无奈……怎么办。　诸侯之属：诸侯的卿、大夫。这和"执事"一样，是客气的说法，实指来晋输纳贡物的诸侯。　3 闲闳(hànhóng)：指馆舍的大门。　4 异客：别国的宾客。　5 缮：修治。　完：修好。　葺：此处指以草盖墙。　6 共：同"供"。

对曰："以敝邑褊[1]小，介于大国，诛求[2]无时，是以不敢宁居，悉索敝赋[3]，以来会时事。逢执事之不闲，而未得见；又不获闻命，未知见时。不敢输币，亦不敢暴露。其输之，则君之府实[4]也，非荐陈[5]之，不敢输也。其暴露之，则恐燥湿之不时而朽蠹[6]，以重敝邑之罪。

子产回答说："由于我国地方狭小，夹在大国的中间，而大国索求贡纳物品又没有定时，因此不敢安居，尽量搜索我国的财物，随时来朝见。碰上你们的国君没有闲暇，不能见面；又没有得到命令，不知什么时候才能接见。我们既不敢把财物献上，又不敢把它摆在外面。要是把它献上了，那就成了你们国君府库中的财物，没有把它陈列在庭中献给你们的国君，我们是不敢献上的。要是把这些财物摆在外面，又怕它因晴雨不常而腐烂损伤，从而加重我国的罪过。

【注释】 1 褊(biǎn)：狭。　2 诛求：责求，需索。　3 赋：指财物。
4 府实：府库中的物品。　5 荐陈：古时宾主相见，客人把礼物陈列在庭中献给主人，叫荐陈。荐，献，进。　6 朽蠹(dù)：腐烂、损伤。

"侨闻文公[1]之为盟主也，宫室卑庳[2]，无观台榭[3]，以崇大诸侯之馆。馆如公寝[4]，库厩缮修[5]，司空[6]以时平易道路，圬人以时塓馆宫室[7]。

"我听说晋文公做盟主的时候，宫室矮小，没有什么楼、台、亭、阁，却把诸侯住的馆舍建得又高又大。馆舍如同文公的寝宫一样，仓库和马棚都修得好好的，司空又及时地修治道路，泥水匠也按时来粉刷墙壁。

【注释】 1 文公：晋文公。　2 卑：低。　庳(bì)：小。　3 观(guàn)：供游赏的高楼。　台：楼台。　榭(xiè)：周围有树木的台。　4 公寝：国君的寝宫。　5 库：仓库。　厩(jiù)：马棚。　6 司空：负责兴造土木工程的官吏。　7 圬(wū)人：泥水匠。　塓(mì)：粉刷墙壁。

"诸侯宾至，甸设庭燎[1]，仆人巡宫，车马有所，宾从有代[2]，巾车脂辖[3]，隶人牧圉[4]，各瞻[5]其事，百官之属，各展[6]其物。公[7]不留宾，而亦无废事[8]，忧乐同之，事则巡[9]之，教其不知，而恤其不足。宾至如

"诸侯各国的宾客来了，有甸人在庭院中设置照明物，有仆人在馆舍巡逻，车马有一定的地方安置，宾客的仆从有人代为服役，管车的官为车轴涂油，清扫的人、看守牛羊的人、喂马的人，各自做他们分内的事，各个部门的官吏，各自陈列出待客的物品。文公不把宾客久留，因而也不荒废宾客国内的事，忧乐和宾客同享，有意外的事发生就派人巡查，宾客不知道的事情，他教导，宾客不周到的地方，他体谅。因此宾客

归,无宁菑[10]患,不畏寇盗,而亦不患燥湿。

到了晋国,如同在自己家里一样,不顾虑灾祸,不怕盗贼,也不担心天气燥热或潮湿。

[注释] 1 甸:甸人,管理柴薪的官吏。 庭燎:庭院中设置的照明物。 2 有代:有人代为服役。 3 巾车:管车的官。 脂辖:用油脂涂车轴。 4 隶人:管打扫房屋、清除厕所的人。 牧:看守牛羊的人。 圉:看马的人。 5 瞻:照管、看顾。 6 展:陈列。 7 公:指晋文公。 8 无废事:指不会耽误诸侯的政事。 9 巡:巡察。 10 菑(zāi):同"灾"。

"今铜鞮之宫[1]数里,而诸侯舍于隶人。门不容车,而不可逾越,盗贼公行,而夭厉不戒[2]。宾见无时,命不可知。若又勿坏,是无所藏币,以重罪也。敢请执事,将何所命之?虽君之有鲁丧[3],亦敝邑之忧也。若获荐币,修垣而行,君之惠也,敢惮勤劳?"

"现在贵君的别宫宽广数里,而诸侯住在奴隶住的房子里,大门进不了车,而又有围墙拦着,无法越过,盗贼公然偷窃抢劫,瘟疫不设法预防。宾客要会见晋君没有一定的时间,接见的命令,不知要到什么时候才能得到。假如又不能把墙壁拆毁,这就没有地方收藏我们的财物,如果财物损毁了,那就加重我们的罪过了。我请问您,将对我有什么指示?虽然你们国君有鲁国的丧事,同样也是我国的忧伤。如果能够得到晋君接见进献贡物,我们会把围墙修好再走的,那就是晋君的恩惠了,我们还害怕修围墙的辛劳吗?"

[注释] 1 铜鞮(dī)之宫:晋君的离宫(临时居住的宫室)。故址在今山西沁县南十里。 2 夭厉:瘟疫。此句说瘟疫流行,不加戒备和预防。一作"天疠"。 3 有鲁丧:指借口有鲁侯去世的事。

文伯复命。赵文子[1]曰:"信!我实不德,而以隶人之垣,以赢[2]诸侯,是吾罪也。"使士文伯谢不敏焉。

晋侯[3]见郑伯,有加礼,厚其宴好[4]而归之。乃筑诸侯之馆。

士文伯回报。赵文子说:"确实是这样。我们确实德行有亏,用奴隶居住的地方去接待诸侯。这是我的过错。"他派士文伯去向子产道歉并说明自己办事不周到。

晋平公接见郑简公,更加礼敬,举行丰厚的宴会表示友好,然后送他们回去。于是改建了诸侯住的馆舍。

〔注释〕 1 赵文子:名武,赵盾的孙子。晋国的执政大臣。 2 赢:受,接待,容纳。 3 晋侯:即晋平公。 4 厚其宴好:隆重款待,表示友好。

叔向[1]曰:"辞之不可以已也如是夫[2]!子产有辞,诸侯赖之。若之何其释辞[3]也?《诗》曰:'辞之辑矣,民之协矣;辞之怿矣,民之莫矣。'[4]其知之矣。"

叔向评论这件事情说:"辞令不可以废止,竟有这样大的关系啊!子产善于辞令,诸侯也靠他得到好处。怎么能够放弃辞令呢?《诗经》说:'辞令和协,人民团结;辞令动听,人民安定。'诗人是懂得善于辞令的好处的。"

〔注释〕 1 叔向:晋大夫。 2 辞:辞令,应酬的言辞。 已:废止。 夫:语气词。 3 释辞:放弃辞令。 4 此四句出自《诗经·大雅·生民之什·板》。 辑:和睦。 协:原作"洽"。 怿:喜悦。 莫:安定。

子产论尹何为邑

《左传·襄公三十一年》

导读 子产劝阻子皮不要任命完全没有政治经验的尹何去做自己封地的长官,他态度诚恳,倾心吐露,又能用浅显的比喻,从不同角度说明道理,因而能使子皮从善如流,更加信任子产。

原文

子皮欲使尹何为邑[1]。子产曰:"少[2],未知可否。"子皮曰:"愿[3],吾爱之,不吾叛也。使夫[4]往而学焉,夫亦愈知治矣。"

译文

子皮想派尹何担任自己采邑(封地)的长官。子产说:"年纪轻,不知道能不能胜任。"子皮说:"尹何忠厚老实,我很喜欢他,他是不会背叛我的。让他过去学习学习,他也就更加懂得治理政事了。"

注释 1 子皮:名罕虎,郑国的上卿,子产前任执政大臣。 尹何:子皮的小臣。 2 少(shào):年轻。 3 愿:老实。 4 夫(fú):他,指尹何。

子产曰:"不可。人之爱人,求利之也。今吾子爱人则以政,犹未能操刀而使割也,其伤实多。子之爱人,伤之而已,其谁敢求爱于子? 子于郑国,栋也。

子产说:"不能这么办。大凡爱护一个人,总希望对他有利。现在您爱护一个人,却把政事交给他,就好像还不会拿刀却要他去割东西,那对他的伤害实际上很多。您爱护人,只能让他受到伤害,那还有谁敢来求得您的爱护呢? 您对于郑国来说,好比国家的栋梁。栋梁折断了,屋

栋折榱[1]崩,侨将厌焉[2],敢不尽言? 子有美锦[3],不使人学制焉。大官大邑,身之所庇[4]也,而使学者制焉。其为美锦,不亦多乎? 侨闻学而后入政,未闻以政学者也。若果行此,必有所害。譬如田猎[5],射御贯[6],则能获禽;若未尝登车射御,则败绩厌覆是惧[7],何暇思获?"

椽自然要崩塌,我也将被压在下面。我怎敢不把这些话全说出来? 您有一块美丽的丝绸,一定不让人拿它去学着做衣服。大官、大邑,那是您自身的依仗,您却要学习政事的人去管理。这岂不是把美丽的丝绸看得比大官大邑还重要吗? 我只听说学习好了然后去管理政事,没有听说过拿政事去叫人学习的。如果真的这样做,一定有危害。譬如打猎,只有习惯于射箭、驾车,才能获取禽兽;要是从没有上车射过箭,那就只会担心翻车被压,还有什么心思去考虑获取禽兽呢?"

注释 1 榱(cuī):屋椽。 2 侨:子产自称其名。 厌:同"压"。 3 美锦:美丽的丝织物。 4 庇:寄托,依赖。 5 田猎:打猎。 6 贯:同"惯",习惯。 7 败绩:翻车。 厌覆:翻车被压。

子皮曰:"善哉! 虎[1]不敏。吾闻君子务知大者远者,小人务知小者近者。我,小人也。衣服附在吾身,我知而慎之;大官大邑,所以庇身也,我远而慢[2]之。微[3]子之言,吾不知也。他日[4]我曰:'子为郑国,我为吾家,以庇焉其可也。'今而后知

子皮说:"说得真好啊! 我考虑不周到。我听说君子一定要懂得大的、远的事情,小人则只懂得小的、近的事情。我,是一个小人。衣服穿在我的身上,我知道小心爱护它;大官大邑是我自身的依仗,我却把它疏忽了,看轻了。不是你这么一说,我还不知道啊! 前些时候我曾经说过:'你治理郑国,我只治理我的家邑,使我自己有所寄托,也就足够了。'现在听了你说的这番话之后,才知道这

不足。自今请,虽吾家,听子而行。"

样还不够。从现在起,虽然是我的家族之事,也听从你的意见去办。"

注释 1 虎:子皮自称其名。 2 慢:轻视。 3 微:无,没有。 4 他日:前日。

子产曰:"人心之不同,如其面焉。吾岂敢谓子面如吾面乎? 抑[1]心所谓危,亦以告也。"

子皮以为忠,故委[2]政焉。子产是以能为郑国。

子产说:"每个人的想法不同,正如每个人的脸面不同一样。我难道敢认为您的脸面就像我的脸面吗? 只不过我心里觉得您这样做很危险,就据实相告罢了。"

子皮认为子产很忠诚,所以把郑国的政事完全交给他。子产因此能够治理郑国。

注释 1 抑:只不过。 2 委:付托,交给。

子产却楚逆女以兵
《左传·昭公元年》

导读 春秋中叶以后,楚国国势强盛,开始争取霸主地位,经常攻伐周围弱小国家。郑国是小国,老是在楚国的威胁下过日子,所以采取了结为婚姻的政策。然而郑国对于楚国的这次访问和迎亲是感到厌恶和忧虑的,因为知道楚国不怀好意。文中着重写了子羽和伯州犁的对话。伯州犁的话说得头头是道,看起来郑国无法反驳。子产索性直截了当地揭穿他们的阴谋,才使得楚国人不得不让步。

原文

楚公子围¹聘于郑，且娶于公孙段氏²，伍举为介³。将入馆，郑人恶⁴之。使行人⁵子羽与之言，乃馆⁶于外。

译文

楚国的公子围到郑国进行访问，并且迎娶公孙段氏的女儿，伍举做他的副使。将要进入郑都宾馆，郑国的君臣很厌恶楚国人，派行人子羽去跟他们交涉，于是公子围一行人才在城外住下来。

注释 1 公子围：楚康王的弟弟，当时担任令尹。 2 公孙段氏：郑大夫，名子石。 3 伍举：伍子胥的祖父。 介：副使。 4 恶(wù)：讨厌，憎恨。 5 行人：官名，管朝觐聘问之事。 6 馆：止宿。

既聘，将以众逆¹。子产患之，使子羽辞曰："以敝邑褊小，不足以容从者，请埠²听命。"

聘问礼毕，楚国的使者想带众多随从进城迎亲。子产担忧这事，派了子羽去推辞说："因为我们国都狭小，不能够容纳你们这么多的随从人员，请在城外的祭祀场地，听从你们的命令成礼吧！"

注释 1 逆：迎接。 2 埠(shàn)：郊外的祭祀场地。

令尹使太宰伯州犁对曰¹："君辱贶寡大夫围²，谓围'将使丰氏抚有而室'³。围布几筵⁴，告于庄、共⁵之庙而来。若野赐之⁶，是委君贶于草莽也，是寡

公子围派太宰伯州犁回答说："蒙你们的国君厚赐我国大夫公子围，对公子围说'将使公孙家的女儿做你的妻子'。公子围设置了祭席，到庄王、共王的庙里祭告之后才来的。如果是在城外举行婚礼，那就是把你们国君的厚赐抛弃在野草中了，也使我国大夫不能够排列在诸卿的位

大夫不得列于诸卿也。不宁唯是，又使围蒙其先君[7]，将不得为寡君老[8]。其蔑以复矣。唯大夫图之。"

次里了。不仅仅这样，又使公子围欺蒙了先君，将不能够再做我们国君的大臣。这样我们就没法回国了。请您好好考虑这件事吧。"

注释 1 令尹：指公子围。 太宰：官名，掌管王家内外事务。 2 贶(kuàng)：赠送，赐予。 寡大夫：对于他国自称本国大夫的谦辞。 3 丰氏：即公孙段氏。公孙段食邑于丰，故称丰氏。 而：同"尔"，你。 4 布：设置。几筵：古时的一种祭席。 5 庄、共：楚庄王、共王。庄王是公子围的祖父，共王是他的父亲。 6 若野赐之：意谓在城外成婚礼。 7 蒙：欺。 先君：指庄王、共王。 8 老：大臣。

子羽曰："小国无罪，恃[1]实其罪。将恃大国之安靖[2]己，而无乃包藏祸心[3]以图之。小国失恃而惩[4]诸侯，使莫不憾者。距违君命而有所壅塞不行是惧[5]。不然，敝邑馆人[6]之属也，其敢爱丰氏之祧[7]？"

伍举知其有备也，请垂櫜[8]而入，许之。

子羽说："小国没有什么罪过，依靠大国而自己毫无防备才是它的罪过。我们和楚通婚，本想依靠大国来安定自己，怎奈大国包藏祸心来暗算我们。要是我国失去依靠被灭亡了，那就警诫了诸侯，使诸侯没有一个不恨楚国的。从此各诸侯违抗楚君的命令，使楚君的命令阻塞不能通行，这是我们郑国所最担心的。要不是这样，我们郑国就像是楚国客舍的馆人，还敢爱惜公孙氏的祖庙，不让你们进城来成礼吗？"

伍举知道郑国有了防备，只好请求允许他们倒挂着空箭袋进城。子产才答应了他们。

注释　1 恃：指依靠大国而自己无防备。　2 靖(jìng)：安定。　3 包藏祸心：外表和好，心怀恶意。　4 惩：警诫。　5 距：同"拒"。拒绝，违抗。壅塞：阻塞不通。　6 馆人：管理客馆、招待宾客的人。　7 祧(tiāo)：远祖的庙。　8 垂櫜(gāo)：倒挂箭袋。櫜，盛弓箭的袋子。

子革对灵王

《左传·昭公十二年》

导读　对于楚灵王一番野心勃勃的话，子革毫不置辩，只随声附和，但已寓有深意；最后引诗点明：如果不顾民力而这样做，是很危险的。这种进谏方式，欲擒先纵，外顺内戒，很奇妙。无奈灵王听了虽受震动，却不能克制自己，消除野心，以致后来引起祸乱，自取灭亡。

原文

　　楚子狩于州来 [1]，次于颍尾 [2]。使荡侯、潘子、司马督、嚣尹午、陵尹喜帅师围徐 [3]，以惧吴。楚子次于乾溪 [4]，以为之援。

译文

　　楚灵王在州来打猎，驻扎在颍尾。派了荡侯、潘子、司马督、嚣尹午、陵尹喜带领军队围攻徐国，用这个来威胁吴国。后来楚灵王又移驻乾溪，作为荡侯等五人的后援。

注释　1 楚子：楚灵王。他是楚共王庶出的儿子，公元前540年至公元前529年在位。　狩：冬季打猎叫狩。此处泛指楚王出游。　州来：古小国名，春秋时属楚，后为吴所灭，故址在今安徽凤台。　2 颍尾：颍水下游入淮河处，在今安徽颍上东南。　3 徐：小国名，在吴、楚之间，其境相当于今江苏徐州一带，是吴的同盟国。　4 乾溪：在今安徽亳(Bó)州。

雨雪[1]，王皮冠、秦复陶、翠被、豹舄[2]，执鞭以出，仆析父[3]从。右尹子革夕[4]，王见之。去冠、被，舍[5]鞭，与之语曰："昔我先王熊绎[6]，与吕伋、王孙牟、燮父、禽父并事康王[7]。四国皆有分[8]，我独无有。今吾使人于周，求鼎以为分，王其与我乎？"

那时天正下雪，楚灵王戴着皮帽子，穿着秦国的羽衣，翠羽装饰的披肩、豹皮鞋子，手里拿着鞭子走出来，仆析父跟在他的后面。右尹子革在傍晚时去朝见，楚灵王接见了他。楚灵王摘掉皮帽子，卸了披肩，放下鞭子，跟子革说："从前我们的祖先熊绎，和吕伋、王孙牟、燮父、禽父一同服侍周康王，齐、卫、晋、鲁四国都有分器，唯独我们没有。现在我想派人到周室去，要求把九鼎赐给我们做分器，周王会肯给我吗？"

注释 1 雨(yù)雪：下雪。 2 皮冠：皮帽子。秦复陶：秦国所赠的羽衣。 翠被(pī)：用翠羽做装饰的披肩。 豹舄(xì)：用豹皮做的鞋。 3 仆析父：楚大夫。 4 右尹：官名。春秋时楚国的长官多称尹。 子革：即郑丹。 夕：晚上谒见。 5 舍(shě)：放下。 6 熊绎：楚国始封的君主。 7 吕伋：齐太公姜尚的儿子。 王孙牟：卫始封之君康叔的儿子。 燮(xiè)父：晋始封之君唐叔的儿子。 禽父：周公的儿子，名伯禽，始封于鲁。 康王：即周康王，周成王的儿子。 8 四国：指齐、卫、晋、鲁。 分：分器。古代天子分封诸侯时所赐的宝器叫分器。

对曰："与君王哉！昔我先王熊绎，辟在荆山[1]，筚路蓝缕[2]，以处草莽。跋涉山林，以事天子，唯是桃弧棘矢[3]，以共御王事。

子革回答说："会给您的啰！从前我们先王熊绎，住在荆山那偏僻的地方，坐的是柴车，穿的是破衣，住在杂草丛中。在山林之间奔走，来服侍周天子，只有桃弓棘箭贡给周天子抵御不

齐,王舅也;晋及鲁卫,王母弟也。[4] 楚是以无分,而彼皆有。今周与四国,服事君王,将唯命是从,岂其爱鼎？"

吉祥的事物。齐君是周王的舅父;晋和鲁、卫,是周王的同母弟弟。楚国关系疏远,因此没有分器,而他们都有。现在周和这四国都服侍您了,都要听从您的命令,难道周王还敢爱惜九鼎？"

【注释】 1 辟:同"僻"。 荆山:楚人的发祥地,在今湖北南漳西。 2 筚(bì)路:柴车。 蓝缕:破烂的衣服。 3 桃弧棘矢:桃木做的弓,棘木做的箭。 4 "晋及鲁卫"二句:晋、鲁、卫三国国君都姓姬,和周王是同姓。而且他们的始封君主,是周王的兄弟辈。晋的开国君主唐叔虞是周成王的弟弟。鲁的始封君主是周公旦的儿子伯禽,周公旦是周武王的弟弟。卫的开国君主康叔也是周武王的弟弟。所以统说"王母弟也"。

王曰:"昔我皇祖伯父昆吾[1],旧许[2]是宅。今郑人贪赖其田,而不我与。我若求之,其与我乎？"对曰:"与君王哉! 周不爱鼎,郑敢爱田？"

灵王说:"从前我们的先祖伯父昆吾,原是居住在许这块地方的。现在郑人贪婪地夺取了许国的土地,而不交给我。我如果向郑国索取,他们肯给我吗？"子革回答说:"会给您的啊! 周王不敢爱惜九鼎,郑国还敢爱惜原是许国的土地？"

【注释】 1 昆吾:陆终氏生六子,长名昆吾,少名季连。季连是楚的远祖,所以称昆吾为"皇祖伯父"。昆吾曾住在许地,故下文说"旧许是宅"。 2 许:周初所分封的诸侯国之一。在今河南许昌。

王曰："昔诸侯远我而畏晋，今我大城陈、蔡、不羹[1]，赋[2]皆千乘，子与有劳焉。诸侯其畏我乎？"对曰："畏君王哉！是四国[3]者，专足畏也，又加之以楚，敢不畏君王哉！"

灵王说："从前诸侯疏远我国而畏惧晋国，现在我大筑陈、蔡、不羹的城池，它们都有兵车千乘。——这件事你也是有功劳的。——诸侯会畏惧我吗？"子革回答说："会畏惧您的啰！单是这四个小国的力量就已足够使诸侯畏惧的了，再加上楚国的力量，诸侯还敢不畏惧您吗？"

【注释】 1 陈、蔡：本为周武王灭商后所封的诸侯国，后来都为楚所灭。不羹(láng)：地名，有东西二邑。东不羹在今河南舞阳北，西不羹在今河南襄城东南。 2 赋：指兵车。当时是按田赋出兵车，故称。 3 四国：指陈、蔡和东、西不羹。

工尹路请曰[1]："君王命剥圭以为戚柲[2]，敢请命。"王入视之。析父谓子革："吾子，楚国之望也。今与王言如响[3]，国其若之何？"子革曰："摩厉以须[4]。王出，吾刃将斩矣！"

这时，工尹路来请示说："您命令我剖开圭玉做斧柄的装饰，请问怎么装饰法？"灵王进里面察看去了。析父对子革说："您是楚国有声望的人。现在您和王谈话，只随声附和，我们的国家将怎么办呢？"子革说："我已磨快了刀口等着。王出来，我的刀锋就要砍下去了。"

【注释】 1 工尹：官名，楚国的工官之长。 路：人名。 2 剥：破开。 圭：一种玉制礼器。 戚：斧头。 柲(bì)：柄。 3 今与王言如响：指子革回答灵王，每句话都好像回声一样。这是责备子革随声附和。 4 摩厉：

同"磨砺"。厉,磨刀石。　　须:等待。

王出,复语。左史倚相趋过[1]。王曰:"是[2]良史也!子善视之。是能读《三坟》《五典》《八索》《九丘》[3]。"对曰:"臣尝问焉,昔穆王欲肆其心[4],周行天下,将皆必有车辙马迹焉。祭公谋父作《祈招》之诗以止王心[5],王是以获没于祗宫[6]。臣问其诗而不知也。若问远焉,其焉能知之?"

灵王出来,又和子革谈话。左史倚相从灵王跟前快步走过去。灵王说:"这是一个很好的史官啊!你要好好对待他。他能读懂《三坟》《五典》《八索》《九丘》等古书。"子革回答说:"我曾经问过他,从前周穆王想随心所欲地行动,周游天下,使到处都留下他的车轮印和马蹄迹。祭公谋父作了一首《祈招》诗来制止周穆王的野心,周穆王因此能够在祗宫善终。我问他这首诗,他竟然不知道。如果要问更远的事,他怎么能知道呢?"

[注释]　1 左史:官名。周代史官有左史、右史之分。左史记言,右史记事。春秋时晋、楚两国都设有左史。　倚相:人名。　2 是:此,这。代指倚相。3《三坟》《五典》《八索》《九丘》:皆上古书名,早已佚失。　4 穆王:周穆王,名满,昭王的儿子。　肆:放纵。　5 祭(Zhài)公谋父:周朝的卿士。《祈招(sháo)》之诗:此诗已失传。祈招,人名,即周的司马祈招。6 祗(zhī)宫:穆王的别宫,故址在今陕西汉中南郑区。

王曰:"子能乎?"对曰:"能。其诗曰:'祈招之愔愔[1],式昭德音[2]。思我王度[3],式如玉,

灵王说:"你能够吗?"子革回答说:"能够。祭公谋父所作的诗说:'祈招多么和乐镇静,传扬着美好的名声。我们君王的行为,温润得像玉,坚重得像金。他使

式如金。形⁴民之力，而无醉饱之心。'"

用民力从不过度，总是反复权衡，就像对待饮食一样，从没有过于醉饱的贪心。'"

【注释】 1 愔愔(yīnyīn)：镇静和乐的样子。 2 式：语首助词，无义。 昭：明。 3 度：仪表、行为。 4 形：同"型"，有衡量的意思。

王揖而入。馈¹不食，寝不寐，数日。不能自克，以及于难²。

仲尼曰："古也有志³：'克己复礼，仁也。'信⁴善哉！楚灵王若能如是，岂其辱于乾溪？"

灵王知道子革是劝诫他的，作一个揖就进去了。送上的食物吃不下，夜里睡不着，这样过了几天。但是他不能克制自己的欲望，后来终于遭到祸难而死。

孔子说："古书上有记载：'克制自己，遵循先王的礼法，就是仁。'讲得真好啊！楚灵王要是能够这样，难道他会在乾溪受辱自杀吗？"

【注释】 1 馈(kuì)：向尊长进食物。 2 以及于难：子革对答灵王后的第二年，楚公子比、公子弃疾等率领陈、蔡、不羹、许、叶的军队反对灵王，灵王兵溃逃走，在途中自缢而死。 3 志：记载。 4 信：真正，的确。

子产论政宽猛

《左传·昭公二十年》

【导读】 本篇提出了"宽猛相济"的政治主张，即宽政和猛政并行。子产主张的"猛"，是指立法要严，但他把"宽"（德政）放在"猛"之上，仍符合儒家的观点，所以得到了孔子的称赞。这种政治主张在封建社会影响很大。

[原文]

郑子产有疾,谓子大叔¹曰:"我死,子必为政。唯有德者能以宽服民,其次莫如猛。夫火烈,民望而畏之,故鲜死焉。水懦弱,民狎而玩之²,则多死焉,故宽难。"疾数月而卒。

[译文]

郑国子产有病,对子太叔说:"我死了以后,你一定会做执政大臣。只有有德的人能够施行宽政使人民服从,那次一等的就不如行猛政。火势很猛烈,人民望见就畏惧它,所以很少人被火烧死。水性很柔弱,人民看轻它,玩弄它,所以很多人被水淹死。因此施行宽政很难。"子产病了几个月就去世了。

[注释] 1 大叔:游氏,名吉,郑简公、定公时为卿。郑定公八年(前522)继子产执政。大,同"太"。 2 狎(xiá):轻忽。 玩:玩弄。

[原文]

大叔为政,不忍猛而宽。郑国多盗,取人于萑苻之泽¹。大叔悔之,曰:"吾早从夫子,不及此。"兴徒兵以攻萑苻之盗,尽杀之。盗少止。

[译文]

太叔执政,不忍心行猛政而行宽政。郑国的盗贼很多,在萑苻泽劫取行人。太叔后悔行了宽政,说:"如果我早听从那人的话,就不会弄成这样。"于是调动步兵攻打萑苻的盗贼,把他们全都杀了。盗贼也就稍稍平息了。

[注释] 1 取人:劫取行人。一说"取",通"聚"。 萑苻(Huánfú):泽名,即圃田泽,在今河南中牟西北。

仲尼曰:"善哉!政宽则民慢,慢则纠之以猛。猛则民残,残则施之以宽。宽以济猛,猛以济宽,政是以和。《诗》曰[1]:'民亦劳止,汔[2]可小康。惠此中国,以绥四方。[3]'施之以宽也。'毋从诡随[4],以谨无良。式遏[5]寇虐,惨不畏明[6]。'纠之以猛也。'柔远能迩,以定我王。[7]'平之以和也。

孔子说:"好啊! 施政太宽百姓就会轻慢,轻慢就用猛政来纠正。施政太猛百姓就要受摧残,受了摧残再施以宽政。以宽调济猛,以猛调济宽,政治因此平和。《诗经》说:'老百姓也太劳累了,且让他们能够稍稍安宁。虽然受惠的是中原一带,四方国家也会得到安抚。'这是说施以宽政。'对小恶不要宽容放纵,坏人就会约束收敛。对盗贼暴行坚决制止,难道他们就不怕天的明命?'这是说用猛政来纠正偏差。'怀柔了远方,安抚了国内,周王室得到巩固安定。'这是讲的行宽猛相济的平和政治。

注释 1 这四句诗和下面所引六句诗是连在一起的,是《诗经·大雅·生民之什·民劳》的第一段。 2 汔(qì):庶几,表示希望。 3 中国:指中原,即今陕西中部一带,当时是周的腹心地区。 绥:安抚。 4 从:通"纵"。诡随:不顾是非盲目追随别人,也就是"小恶"。 5 遏:制止。 6 惨:语助词,犹"曾""乃"。 明:上天的明命。 7 能:顺习(依朱熹注),意即安抚。 迩:近。这两句诗是总结上面八句的。

"又曰[1]:'不竞不絿[2],不刚不柔。布政优优[3],百禄是遒[4]。'和之至也。"

及子产卒,仲尼

《诗经》又说:'不过于强劲也不过于急躁,不威猛也不软弱。施政宽和,众多的福禄都在这里聚集。'这是说平和政治到了极点。"

等到子产死后,孔子听了这个消息,流

闻之,出涕曰:"古之
遗爱也!"

着眼泪说:"子产是古时能够给百姓留下恩
惠的那种人啊!"

注释　1 所引四句出自《诗经·商颂·长发》。　2 竞:强劲。　絿(qiú):
急躁。　3 优优:宽和。　4 遒(qiú):集聚。

吴许越成
《左传·哀公元年》

导读　春秋末年的吴越两国,自吴王阖闾和越王允常起,即互相攻伐,
结为世仇。本篇所记载的是吴王夫差战胜越王勾践之后,越为了保存实
力,以便东山再起,向吴求和。本篇突出的重点是伍员劝阻吴王不要讲
和的一席话。他先以夏少康比勾践,以历史做借鉴,再分析勾践的为人,
然后分析两国"同壤而世为仇雠"的利害关系,以古喻今,从今时推断将
来,层层剖析不可讲和的道理,曲折详尽。

原文

　　吴王夫差败越于夫
椒[1],报檇李[2]也,遂入越。
越子以甲楯五千保于会
稽[3],使大夫种因吴太宰
嚭以行成[4]。

译文

　　吴王夫差在夫椒打败了越国,为的
是报复前年在檇李被越国打败的仇恨,
并趁势攻入了越国。越王勾践率领披
甲执盾的五千人退保会稽,派大夫文种
通过吴国的太宰嚭去向吴国求和。

注释　1 夫差:吴国国君,吴王阖闾的儿子。　夫椒:在今江苏苏州太
湖中,即包山。　2 檇(zuì)李:吴、越边界地名。在今浙江嘉兴一带。定

公十四年(前496),越曾大败吴军于此地。　3 越子:越王勾践。　楯(dùn):盾牌。　会稽:山名。在今浙江绍兴。　4 种:文种,越大夫。　太宰:官名。嚭(pǐ):吴国大臣名,楚大夫伯州犁的孙,出亡奔吴,以功任为太宰。因善于逢迎,深得吴王夫差宠信。

吴子将许之。伍员[1]曰:"不可。臣闻之:'树德莫如滋,去疾莫如尽。'[2]昔有过浇[3],杀斟灌以伐斟鄩[4],灭夏后相[5]。

吴王夫差打算答应讲和。伍员知道了,劝阻吴王夫差说:"不可以跟越国讲和。我听说:'树立德行越多越好,去除毒害越彻底越好。'从前有一个过国,国君叫浇,他杀掉斟灌国的君主,攻灭了斟鄩国,然后杀了夏朝的君王相。

注释　1 伍员(yún):即伍子胥,吴国大夫。　2 此二句典出《尚书·泰誓》。尽:断根。　3 过(Guō):夏时国名,在今山东莱州。浇(ào):人名。寒浞(zhuó)的儿子。　4 斟(zhēn)灌:夏时国名,在今山东寿光东北四十里。　斟鄩(xún):夏时国名,在今山东潍坊西南五十里。　5 夏后相:夏禹的曾孙,少康的父亲。

"后缗方娠[1],逃出自窦[2],归于有仍[3],生少康[4]焉,为仍牧正[5],惎浇能戒之[6]。浇使椒[7]求之,逃奔有虞[8],为之庖正[9],以除其害。

"当时相的妻子缗正在怀孕期间,从墙洞里逃了出去,回到她的娘家有仍国,生了一个儿子少康,少康长大后,做了有仍国的畜牧长,他憎恨浇并能对浇保持警惕。后来浇果然派了他的臣子椒来寻找少康,想把他杀害,少康只好逃奔到有虞国,当了有虞国掌管膳食的官,才得以免除祸害。

注释 1 后缗(mín):夏后相的妻子。 娠(shēn):怀孕。 2 窦:孔穴。 3 有仍:国名,在今山东济宁。后缗是有仍国的女儿,所以逃归娘家。 4 少康:夏后相的遗腹子。 5 牧正:主管畜牧的长官。 6 惎(jì):憎恨。 戒:警诫。 7 椒:浇臣。 8 有虞:姚姓国,在今山西永济。 9 庖正: 掌管膳食的官。

"虞思¹于是妻之以二姚,而邑诸纶²。有田一成³,有众一旅⁴,能布其德,而兆其谋。以收夏众,抚其官职。使女艾谍浇⁵,使季杼诱豷⁶。遂灭过、戈⁷,复禹之绩,祀夏配天,不失旧物。

"虞国的国君思这时又把自己的两个女儿嫁给了他,并把纶这个地方作为少康的封邑。这时,少康仅有方圆十里的土地,有人民五百人,但少康能广布德行并开始他的复国计划。他招收夏朝的遗民,抚慰原来有官职的人。又派女艾暗地察看浇的行止,叫自己的儿子季杼诱骗浇的弟弟豷。于是灭掉了浇的过国和豷的戈国,恢复了夏禹的业绩,祭祀夏朝的祖宗,配享天帝,不失夏朝的天下。

注释 1 虞思:虞国的国君。 2 纶(Lún):有虞地名,在今河南虞城东南。 3 成:方十里。 4 众:指人民。 旅:五百人。 5 女艾:少康臣。 谍:暗地察看。 6 季杼(zhù):少康的儿子。 豷(yì):浇的弟弟。 7 戈:豷的封国。

"今吴不如过,而越大于少康,或将丰之,不亦难乎? 勾践能亲而务施,施不失人,

"现在,我们吴国的势力不及当时的过国,而越国却大于当时的少康,如果再使越国壮大起来,要对付它不就困难了吗? 再说,越王勾践能亲近他的臣民而又

亲不弃劳,与我同壤,而世为仇雠。于是乎克而弗取,将又存之,违天而长[1]寇仇,后虽悔之,不可食[2]已。姬[3]之衰也,日可俟也[4]。介在蛮夷而长寇仇,以是求伯[5],必不行矣。"

能给人民以实惠,给予实惠就不会失去民心,亲近臣民就不会抹煞别人的功劳,越和我们同住在这块地方,却又是我们的世仇。现在打了胜仗却不把它灭掉,反而要保存它,违背天意去助长仇敌,以后虽然后悔,也不可能把它消灭了。姬家(指吴)的衰败,也就为期不远了。我们处在蛮夷之间却又助长自己的仇敌,用这样的办法来谋求霸主地位,是一定行不通的。"

[注释] 1 长:助长。 2 不可食:吃不消。 3 姬:吴为姬姓国之一。 4 日可俟(sì)也:犹言指日可待。俟,等待。 5 伯:同"霸"。

弗听。退而告人曰:"越十年生聚,而十年教训,二十年之外,吴其为沼乎!"

吴王夫差没有听子胥的话。子胥出来告诉别人说:"越国只要用十年的时间养育人民,积聚物资,再用十年对百姓进行教育和训练,二十年之后,吴国的宫室恐怕要被越国毁掉变成池沼了!"

卷之三　周文

祭公谏征犬戎
《国语¹·周语上》

导读　周穆王是一个野心勃勃的人,总想自己的车辙马迹遍布天下,犬戎本无什么过失,却要出兵征讨。祭公谋父为了制止周穆王的错误行为,进行了苦心的劝谏。他从"先王耀德不观兵"的基本观点出发,引经据典,回环往复,作了很有说服力的分析。无奈穆王不听,仍然出兵征讨犬戎,结果,得到的只是四只白狼、四头白鹿,真是对穷兵黩武者的绝妙讽刺。

原文

穆王将征犬戎²,祭公谋父³谏曰:"不可。先王耀德不观兵。夫兵戢而时动⁴,动则威;观则玩,玩则无震⁵。

译文

周穆王要去征讨犬戎,祭公谋父劝阻说:"不行。先王只彰明美德,不炫耀兵力。兵力聚集,按时行动,一动就显出威势;炫耀就会滥用,滥用了就没有什么可怕的。

注释　1《国语》:相传为春秋时左丘明所作,以记西周末年和春秋时期周、鲁等国君臣的言论为主,可与《左传》相参证,故有《春秋外传》之称。　2 穆王:周天子,名满。康王之孙,昭王的儿子。　犬戎:我国古代西方民族名,即昆戎。　3 祭(Zhài)公谋父(fǔ):周穆王的大臣,封于祭,故叫祭公。谋父是他的字。　4 戢(jí):聚集、收藏。　时动:按照一定的季节行动。 　5　震:惧怕。

"是故周文公之《颂》曰[1]:'载戢干戈[2],载櫜[3]弓矢。我求懿德[4],肆于时夏[5]。允王保之[6]。'先王之于民也,茂正其德[7],而厚其性,阜[8]其财求,而利其器用;明利害之乡[9],以文修之,使务利而避害,怀德而畏威,故能保世以滋[10]大。

"所以周公作的诗中说:'收起干戈,藏好弓箭。我寻求美好的德行,施行到全中国。相信我王能永远保持这种美德。'先王对于人民,勉励他们端正品德,而使他们性情纯厚,增加他们的财富,使他们有称心的器物用具;让他们懂得利和害的所在,用礼法陶冶他们,使他们从事有利的事务而避免有害的行为,感戴恩德而又惧怕刑威,所以能够世代保有天下,并且日益光大。

【注释】　1　周文公:即周公,"文"是谥号。此处所引《颂》诗,见《诗经·周颂·时迈》。　2　干戈:兵器名。　3　櫜(gāo):收藏弓箭的袋子。这里作动词用,把弓箭收藏起来的意思。　4　懿德:美德。　5　时:是,这。 夏:指中国。　6　允:相信。 王:周武王。　7　茂:通"懋",勉励。 德:道德。　8　阜(fù):大,多。　9　乡(xiàng):所在。　10　滋:增益。

"昔我先世后稷[1],以服事虞、夏[2]。及夏之衰[3]也,弃稷弗务,我先王不窋[4]用失其官,而自窜于戎翟之间[5]。不敢怠业,时序其德,纂修其绪[6],修其训典[7],朝夕

"从前我们周的先代后稷,父子相继做农官,服侍虞、夏两朝。到夏朝衰败的时候,废除农官,不再注意农事,我们祖先不窋因此失去了这个官职,只好自己逃避到戎、狄之间。他不敢荒废农业,经常发扬祖先的美德,继续他的事业,改进他的教化法度,早晚恭敬勤奋,以淳厚的

恪⁸勤,守以惇⁹笃,奉以忠信,奕世¹⁰载德,不忝¹¹前人。

品性来坚守他的职责,以忠信的美德来奉行他的事业,自后世世代代相传,继承了这优良的品德,没有对不起祖先的地方。

[注释] 1 先世:先代。 后:君主。 稷:农官。 周族的始祖弃,因于舜时掌农事,所以也称弃为后稷。 2 虞、夏:虞,指虞舜;夏,指夏朝。弃为舜的农官,弃子不窋(kū)又继为夏启的农官,故称"服事虞、夏"。3 夏之衰:指夏启的儿子太康的时代。 4 不窋:弃的儿子。 5 窜:逃走,隐藏。 戎翟:即戎狄,我国古代对西北部民族的统称。 6 纂(zuǎn):继续。 绪:事业。 7 修:有增进、加强等意思。本文中的"修"字,均随上下文意去译,不一一注明。 训典:教化法度。 8 恪(kè):恭敬,谨慎。 9 惇(dūn):淳厚。 10 奕(yì)世:累世。 11 忝(tiǎn):辱。

"至于武王,昭前之光明而加之以慈和,事神保民,莫不欣喜。商王帝辛¹,大恶于民,庶民弗忍,欣戴²武王,以致戎于商牧³。是先王非务武也,勤恤民隐⁴,而除其害也。

"到了武王,发扬从前的光辉业绩,再加上慈爱和善,侍奉神明,抚育人民,神明与百姓莫不欢欣喜悦。商王帝辛,对人民非常残暴,人民忍受不了他的虐待,高兴地拥戴武王,因此武王在牧野用兵打败了帝辛。这可见先王并不是要崇尚武力,而是怜恤人民的痛苦,去除人民的祸害啊。

[注释] 1 辛:商代最后一个君主纣王的名。 2 戴:尊奉,拥护。3 商牧:商地牧野。牧野,地名。在今河南淇县西南。 4 隐:痛苦。

"夫先王之制,邦内

"先王的制度:天子都城近郊的地

甸服[1]，邦外侯服[2]，侯卫宾服[3]，夷蛮要服[4]，戎翟荒服[5]。

区，叫甸服；城郊以外的地区，叫侯服；侯服以外是宾服；属于蛮夷的地方是要服；戎、狄所居之地是荒服。

【注释】 1 邦内：指国都四面近郊五百里内地区。 甸(diàn)服：国都近郊地区的人，以耕作田地、交粮食、出兵车服侍天子，故称甸服。甸，田，即耕作田地。 2 邦外：国都近郊四面五百里之外的地区。 侯服：设立诸侯国服侍天子。 3 侯卫：诸侯国的外卫，也是五百里。 宾服：因不是诸侯，而是以宾客的身份服侍天子，故称宾服。 4 夷蛮：是古代对边远民族的称呼。 要(yāo)服：距国都极远，依靠立约结盟以服侍天子，故称要服。要，约。 5 荒服：因其地区更远，处于荒野，所以称荒服。

"甸服者祭，侯服者祀，宾服者享[1]，要服者贡[2]，荒服者王[3]。日祭、月祀、时享、岁贡、终王，先王之训也。

"甸服的诸侯参与祭祀天子的祖父、父亲，侯服的诸侯参与祭祀天子的高祖、曾祖，宾服的君主要献上祭祀天子始祖的祭物，要服的君长要贡纳祭祀天子远祖和天地之神的祭物，荒服的首领只入朝天子。祭祀祖父、父亲是每天一次，祭祀高、曾祖是每月一次，祭祀始祖是每季一次，祭祀远祖、天地之神是每年一次，入朝天子则终身一次。这是先王的训示啊。

【注释】 1 享：献。指献上祭品祭祀始祖。 2 贡：指贡纳祭品祭祀远祖、天地之神。 3 王：指戎、狄的首领承认周朝的正统，按时去朝见天子。

"有不祭，则修意；有不祀，

"如果有不来参与祭祀祖考的，天子就要端正自己的思想意念；如果有不来参与祭祀高、曾祖

则修言；有不
享，则修文；有
不贡，则修名；有
不王，则修德[1]；
序[2]成而有不
至，则修刑。

的，天子就要检点自己的语言；如果有不进献祭祀
始祖的祭物的，天子就要修明他的政令教化；如果
有不贡纳祭祀远祖、天地之神的祭物的，天子就要
正尊卑职贡的名分；如果有不来朝见的，天子就要
加强仁义礼乐的政教；以上五方面都做到了，而有
的仍然不来，那就要考虑用刑法了。

[注释] 1 德：文德，指仁义礼乐。 2 序：次序。

"于是乎有刑不祭，
伐不祀，征不享，让不
贡，告不王。于是乎有
刑罚之辟[1]，有攻伐之
兵，有征讨之备，有威让
之令，有文告之辞。布
令陈辞而又不至，则又
增修于德，无勤民于
远。是以近无不听，远
无不服。

"于是，不祭的人，要依法惩治；不祀
的人，要派军队去讨伐；不享的人，要命令
诸侯去征剿；不贡的人，要派遣使者去责
备；不朝的人，要用文辞去晓喻。这样，有
刑罚的律条，有讨伐的军队，有征剿的武
备，有诘责的命令，有告喻的文辞。如果
发出了诘责的命令或告喻的文辞还是不
来，就要再修明自己的礼乐政教，断不可
使百姓劳苦，到远方进行战争。因此，近
处没有人不听从，远方没有人不归服的。

[注释] 1 辟：法令、条例。

"今自大毕、伯仕之
终也[1]，犬戎氏以其职来
王。天子曰：'予必以不
享征之，且观之兵。'其

"现在，自从大毕、伯仕这两位君主
归服后，犬戎氏都按照他们的职守来朝
见。您却说：'我定要以不享的罪名征讨
他，并向他们显示兵威。'这不是废弃先

无乃废先王之训而王几顿²乎？吾闻夫犬戎树³惇，能帅旧德，而守终纯固⁴，其有以御⁵我矣。"

王不听，遂征之，得四白狼、四白鹿以归。自是荒服者不至。

王的教诲，破坏'终王'之礼吗？我听说犬戎树立了淳厚的风尚，能够遵循他先代的德行，始终如一地守卫国家，他们必定有了抵抗我们的准备了。"

穆王不听谋父的话，就去征伐犬戎。结果，仅得了四头白狼、四头白鹿回来。从此以后，边远的戎、狄等族，再也不来朝见了。

注释 1 大毕、伯仕：犬戎氏的两个君主的名。 终：即"终王"的意思。 2 顿：败坏。 3 树：树立。 4 纯固：专一。 5 御：抵御。

召公谏厉王止谤
《国语·周语上》

导读 召公主张对群众的非议只可疏导，不可压制。他指出"防民之口，甚于防川"，危害甚大；"宣之使言"，大为有利。厉王不听劝告，终于得到了被国人驱逐的惩罚。本文气势充沛，能将恰当的比喻与透辟的说理有机结合起来，很有见地。

原文

厉王¹虐，国人谤²王。召公³告王曰："民不堪⁴命矣！"王

译文

周厉王暴虐无道，国内的人民指责他的过失。他的大臣召公告诉厉王说："人民受不了你暴虐的政令了！"厉王听了很生

怒，得卫巫⁵，使监谤者，以告，则杀之。国人莫敢言，道路以目⁶。

气，找来一个卫国的巫祝，叫他监视指责自己过失的人，只要把指责的人报告给厉王，就把指责的人杀掉。从此，国内的人民谁也不敢说话了，在路上相遇，只用眼神示意。

【注释】 1 厉王：周厉王，名胡。周夷王的儿子，周穆王的四世孙。 2 谤：议论，责备。 3 召(Shào)公：召穆公，名虎，国王的卿士。 4 不堪：受不了。堪，忍受。 5 卫巫：卫国的巫者。 6 道路以目：人们在道路上相遇，以眼神示意。形容敢怒而不敢言。

王喜，告召公曰："吾能弭¹谤矣。乃不敢言。"召公曰："是障²之也。防民之口，甚于防川。川壅³而溃，伤人必多，民亦如之。是故为川者⁴，决之使导；为民者，宣⁵之使言。

厉王高兴了，告诉召公说："我能制止谤言了。他们不敢说话了。"召公说："这只不过是堵塞起来罢了。堵塞人民的嘴巴，比堵塞江河的后果还要严重。河水堵塞起来一旦决口，伤害的人必然很多，堵人民的嘴巴也是一样。所以，治水的人，应该疏通河道，使河水畅行无阻；治理人民的人，也应该开导他们，使他们知无不言。

【注释】 1 弭(mǐ)：止，消除。 2 障：筑堤防水叫障。引申为阻隔。 3 壅(yōng)：堵塞。 4 为川者：治水的人。 5 宣：放，开导。

"故天子听政¹，使公卿至于列士献诗²，瞽献曲³，史献书⁴，师箴⁵，瞍赋⁶，

"所以天子办理政务，要大臣以及有地位的士人进献讽谏的诗篇，乐官进献反映民意的歌曲，史官进献可资借鉴的史书，乐官进献寓有劝诫意义的文辞，盲人朗诵公卿列士所献的

蒙诵[7]，百工[8]谏，庶人传语[9]，近臣尽规[10]，亲戚补察[11]，瞽、史教诲[12]，耆、艾修之[13]，而后王斟酌焉，是以事行而不悖[14]。

诗，诵读讽谏的文辞，各种手工艺人向天子进谏，一般人的意见则间接地传达给王，左右近臣各尽规谏的职责，同宗的大臣弥补和监督王的行为、过失，乐师和史官用歌曲、史事对王进行教诲，王的师傅和朝中老臣再把乐师、史官的教诲加以修饰整理，然后由王斟酌取舍，付之实行，因此王的行事就不至违背情理。

注释　1 听政：处理政事。　2 公卿：三公九卿，指朝廷的大臣。　列士：古代一般官员都称为士，较高的称为列士。　诗：这里是指讽喻朝政得失的诗篇。　3 瞽：盲人。古时乐官多由盲人充当。此言乐官进献反映民意的歌曲。　4 史献书：史官献书于王，使知往古政治得失，作为借鉴。　5 师箴(zhēn)：少师进献箴言。师，少师，一种乐官。箴，寓有劝诫意义的文辞，与后世的格言相近。　6 瞍(sǒu)：没有眸子的盲人。　赋：朗诵。指朗诵公卿列士所献的诗。　7 蒙：有眸子而看不见东西的盲人。诵：指不配合乐曲的诵读。　8 百工：指各种手工艺者。一说百工即指百官。　9 庶人：平民，老百姓。老百姓是没有机会见到国王的，所以只能把意见间接地传达给国王，叫"传语"。　10 尽规：尽规谏的职责。规，进谏，规劝。　11 亲戚：指与国王同宗的大臣。　补察：弥补王的过失，监督王的行动。　12 瞽：太师，掌音乐的官。　史：太史，掌礼法的官。13 耆、艾：古称六十岁的人为耆，五十岁的人为艾。这里是指国王的师傅和朝中老臣。　修：修饰整理。　14 悖(bèi)：违背，谬误。

"民之有口也，犹土之有山川也，财用于是乎出；犹其有原隰衍

"人民有嘴巴，就好像大地有高山河流一样，人类的财富用度都从这里出来；又好像大地有高低平洼各种类型的土地

沃也[1]，衣食于是乎生。口之宣言也，善败于是乎兴，行善而备败，所以阜[2]财用衣食者也。夫民，虑之于心，而宣之于口，成而行之[3]，胡可壅也？若壅其口，其与能几何？"

王弗听，于是国人莫敢出言。三年，乃流王于彘[4]。

一样，人类的衣食资源都从这里产生。放手让人民讲话，政事的善恶好坏都能从这里反映出来，好的加以推行，坏的加以防范，这是使财用衣食能够大大增多的办法。人民，在心里想，用嘴巴说，想好了就自然要说出来，怎么可以堵塞呢？如果堵塞人民的口不让说话，那又能堵塞多久呢？"

厉王不听召公的劝告。这样，国内的人民都不敢说话了。只过了三年，大家就把厉王放逐到彘地去了。

注释　1 原：高爽而平坦的土地。　隰(xí)：低下而潮湿的土地。　衍：低下而平坦的土地。　沃：肥美的土地。　2 阜：增多，丰富。　3 成而行之：考虑成熟后，自然流露出来。行，这里有自然流露之意。　4 流：放逐。　彘(zhì)：晋地名，在今山西霍州境内。

襄王不许请隧

《国语·周语中》

导读　晋文公请求周襄王赐给他天子的葬礼，本有看轻周王室的意思，而周襄王则回答他：没有做天子，就不能有天子的葬礼。通篇没有一句直接说不许其请，只是利用"亲亲""尊尊"的宗法等级思想和旁敲侧击的方式，但句句都在说不能允许的理由，而且一步紧一步，一直说到晋文公不敢再请求为止。

原文

晋文公既定襄王于郏[1]，王劳之以地[2]，辞，请隧[3]焉。

译文

晋文公在郏地使周襄王复位后，周襄王用田地来赏赐他，文公不接受田地，而请求允许他死后采用掘墓道的天子葬礼。

注释 1 郏(Jiá)：周王城地名，在今河南洛阳西。 惠后借狄人的势力立自己的儿子叔带为周王，襄王出奔。晋文公带领军队消灭叔带，仍立襄王。"晋文公既定襄王"即指此。 2 劳：犒劳，赏赐。襄王因晋文公立了功，把阳樊、温原、櫕茅之田赏给他。 3 隧：墓道，此指挖墓道而葬，当时是天子的一种葬礼。

王弗许，曰："昔我先王之有天下也，规方千里，以为甸服[1]，以供上帝山川百神之祀，以备百姓[2]兆民之用，以待不庭不虞之患[3]。其余[4]，以均分公侯伯子男[5]，使各有宁宇[6]，以顺及天地，无逢其灾害。先王岂有赖[7]焉？

襄王不答应，说："从前我们先王得了天下，划定王都周围千里的地方为甸服，作为直接征收谷物的地方，来供给天地山川百神的祭祀，来准备百姓万民的财用，来防止诸侯不朝和意外的祸患。其余的土地拿来分给公、侯、伯、子、男，使他们各有安宁的住处，得以恭顺地服侍天地，不致遭遇灾害。先王自己难道还有什么好处吗？

注释 1 甸服：畿内之地。 2 百姓：有世功的百官。 3 不庭：不来朝贡。 不虞：意外的事故。 4 其余：指甸服以外的土地。 5 均分公侯伯子男：据《周礼》记载，公封地方五百里，侯四百里，伯三百里，子二百里，男一百里。 6 宁宇：安居。 7 赖：利。

"内官不过九御[1]，外官不过九品[2]，足以供给神祇而已[3]，岂敢厌纵其耳目心腹[4]，以乱百度[5]？亦唯是死生之服物采章[6]，以临长百姓而轻重布之[7]，王何异之有？

"天子的官制：内官不过九嫔，外官不过九卿，仅够供奉天神地神的祭祀罢了，天子难道敢放纵声色嗜欲来扰乱法度吗？天子只不过是生前死后的服饰葬礼不同，用来统率百姓，表明贵贱等级罢了，此外，天子和诸侯又有什么两样呢？

注释 1 九御：即九嫔。嫔，女官。 2 九品：即九卿。指冢宰、司徒、宗伯、司马、司寇、司空以及少师、少傅、少保。据《周礼》："内有九室，九嫔居之；外有九室，九卿朝焉。" 3 神：天神。 祇(qí)：地神。 4 耳目：指声色。 心腹：指嗜欲。 5 度：法度。 6 服物：使用的器物及礼仪，包括隧葬。 采章：彩色花纹。 7 轻重：贵贱等差。 布：展示。

"今天降祸灾[1]于周室，余一人仅亦守府[2]，又不佞以勤叔父[3]，而班先王之大物[4]，以赏私德，其叔父实应且憎，以非余一人，余一人岂敢有爱也？先民有言曰：'改玉改行[5]。'叔父若能光裕大德，更姓改物[6]，以创制天下，自显庸也，而缩取备物[7]，以镇抚百姓，余一人其流辟于裔土[8]，何辞之与有？

"现在上天降灾祸给我周室，我这个人仅能守成，又没有才干，以致劳累叔父，如果为这件事，拿先王的重典来报我的私恩，那叔父即使接受了也会憎恶我，责怪我，我个人又何尝舍不得把这葬礼赏给叔父呢？不过前人有话说：'改变佩玉，就必须改变地位。'叔父如果能光大发扬美德，改了朝代姓氏，换了服色，创立制度，自己向天下宣布，再把死生的服物采章都取了去，用来镇抚百姓，我就是被流放、杀戮在边远的地方，还有什么话同你说呢？

注释 1 天降祸灾:指叔带之乱。 2 余一人:我,周襄王的自称。 府:先王的府藏。 3 叔父:天子称同姓诸侯叫叔父。 4 班:分给。 大物:指隧。 5 玉:佩玉。 改行:改变地位。 6 更姓:易姓。 改物:改正朔,易服色。更姓改物的意思是说改变姬姓的周王朝为他姓王朝。 7 缩:收。 备物:指服物采章。 8 流:流放。 辟:戮。裔土:边远的地方。

"若犹是姬姓也,尚将列为公侯,以复先王之职,大物其未可改也。叔父其茂昭明德,物将自至。余敢以私劳¹变前之大章,以忝²天下,其若先王与百姓何?何政令之为也?若不然,叔父有地而隧焉,余安能知之?"

文公遂不敢请,受地而还。

"如果天下还是姬姓的,叔父仍旧做周室的公侯,执行先王所给予的职责,那么,这种葬礼是不可轻易更改的。叔父如能勤修德行,这种葬礼也许会自然来的。我怎敢凭着私恩改变先王的重要制度,来取辱天下,怎么对得住先王和百姓?还能推行什么政事命令呢?假如不是这样的话,叔父在自己的地方,挖掘墓道,实行天子的葬礼,我又怎么能知道呢?"

文公听了,便不敢再提起隧葬的请求,只好接受田地回去了。

注释 1 私劳:私德。 2 忝:辱。

单子知陈必亡

《国语·周语中》

导读 单襄公作为东周王朝的使臣,路过陈国,看到一些不良现象,断定陈侯必有大的灾难,国家也一定会灭亡。在论述过程中,单襄公针对陈侯违背农事季节,不注重生产建设,不执行国与国间的往来原则,以及荒淫逸乐等四个方面,引古证今,逐层剖析,错综变化,细致淋漓,最后归结出"其能久乎"的结论,具有较强的逻辑性和说服力。

[原文]

定王使单襄公聘于宋[1],遂假道于陈,以聘于楚。火朝觌矣[2],道茀[3]不可行也,候[4]不在疆,司空[5]不视涂,泽不陂[6],川不梁[7],野有庾积[8],场功[9]未毕,道无列树[10],垦田若蓺[11],膳宰不致饩[12],司里[13]不授馆,国无寄寓[14],县无旅舍,民将筑台于夏氏[15]。及陈,陈灵公与孔宁、仪行父南冠以如夏氏[16],留宾弗见。

[译文]

周定王派单襄公到宋国访问,于是向陈国借路,再去访问楚国。这时,心星已在早晨出现,是夏历十月了,进入陈国,杂草塞路,不好行走,迎送宾客的人不在边境上,主管路政的司空不巡视道路,水塘不设堤坝,河上不架桥梁,田野有露天堆积的谷米,庄稼也没有收获完毕,路旁没有排列做标记的树木,已经种了的田像块草地,膳夫不供应食物给宾客,司里不把宾客引入住所,国都没有宾馆,县邑没有旅店,老百姓却要去替夏氏筑台。到了国都,陈灵公和孔宁、仪行父,戴着楚国式的帽子去夏氏家,丢下宾客不见面。

[注释] 1 定王:周定王。 单(Shàn)襄公:名朝,定王的卿士。 2 火:即二十八宿中的心宿,又叫商星,是一颗恒星。 觌(dí):见。此指夏历十月,心宿早晨见于东方。 3 道茀(fú):野草塞路。 4 候:候人。路上迎送宾客的官吏。 5 司空:官名。西周始置,春秋、战国时沿用,其职责是掌管工程建设,包括修治道路。 6 泽:水积聚的地方。这里指水塘。

陂(bēi):泽边堵水的堤岸。　**7** 梁:桥梁。　**8** 庾(yǔ):露。　积:积聚之物。
9 场功:指收割庄稼。场,打粮、晒粮的场地。　**10** 列树:古时候在道路
两旁种树作为标记。　**11** 垦田:已开垦的田地。　藙(yì):茅芽。
12 膳宰:即膳夫,宣达王命以及主管王的饮食等事的官吏。　饩(xì):活
的牲畜;粮食或饲料。此指食物。　**13** 司里:掌管客馆的官。　**14** 寄寓:
犹言旅馆。　**15** 夏氏:指陈大夫夏征舒家。陈灵公与征舒母夏姬公开
淫乱,所以要百姓给夏氏筑台。　**16** 陈灵公:名平国。　孔宁、仪行父(fǔ):
都是陈国的大夫。　南冠:楚国的帽子。

单子归,告王曰:"陈侯不有大咎¹,国必亡。"王曰:"何故?"对曰:"夫辰角见而雨毕²,天根见而水涸³,本见而草木节解⁴,驷⁵见而陨霜,火见而清风戒寒。	单襄公回来,报告周定王说:"陈侯即使没有杀身之祸,国家也一定会灭亡。"定王说:"什么原因?"襄公回答说:"大凡角星早晨出现,雨水就要稀少;天根星早晨出现,河水就要枯竭;氐星出现,草木枯落;房星出现,寒霜下降;心宿出现,冷风预告人们准备御寒。

[注释]　**1** 咎:凶灾。　**2** 辰角:星名。九月初寒露节早晨在东方出现。
见:同"现",下同。　**3** 天根:星名。在寒露后五天的早晨出现。　涸(hé):
水干。　**4** 本:氐星,在寒露后十天早晨出现。　节解:指草枯萎、树叶落。
5 驷:星名,又叫房星,在九月中霜降节早晨出现。

"故先王之教曰:'雨毕而除道,水涸而成梁,草木节解而备藏,陨霜而冬裘具¹,清风至而修城郭宫	"所以先王的遗教说:'雨水稀少,就修整道路;河水干枯,就修建桥梁;草枯叶落,就预备储藏粮食;严霜下降,就准备好冬衣;冷风吹来,就修筑城郭

室。'故《夏令》曰：'九月除道，十月成梁。'其时儆曰：'收而²场功，偫而畚挶³。营室之中，土功其始。⁴火之初见，期⁵于司里。'此先王之所以不用财贿，而广施德于天下者也。今陈国火朝觌矣，而道路若塞，野场若弃，泽不陂障，川无舟梁，是废先王之教也。

宫室。'所以《夏令》说：'九月修道路，十月架桥梁。'到时候还要告诫百姓说：'收拾好你的农活，预备好你的盛土抬土器具。室星出现在天空正中的时候，开始营造宫室。心星初次出现的时候，到司里那里会合集中。这就是先王不浪费财物，却能大施恩德给天下的缘故。现在的陈国，心星在早晨出现了，道路还堵塞不通，田野、场院好像被遗弃，湖泊不修筑堤防，河上没有船和桥，这是废弃了先王的遗教啊！

注释　1 裘:皮衣,这里泛指冬天穿的衣物。　具:完备,准备好了。2 而:同"尔",你。　3 偫(zhì):预备。　畚(běn):盛土的器具。　挶(jú):通"梮",抬土的器具。　4 营室:星名,即室星。夏历十月黄昏时,出现在南方的正中。　土功:指土木建筑工程。　5 期:会。

"周制¹有之曰：'列树以表道²，立鄙食以守路³；国有郊牧⁴，疆有寓望⁵。薮有圃草⁶，囿⁷有林池，所以御灾也。其余无非谷土，民无悬耜⁸，野无奥⁹草，不夺农时，不蔑¹⁰民功。有优¹¹无

"周的法制规定说：'栽种树木来标明道路的远近，边远地区备有饮食供应来往的行人；国都郊外有放牧的地方，边境上有客舍和接待宾客的人。无水的湖里有茂盛的草，园囿里有林木和池塘，这都是用来防御灾害的。其余的地方无不是种粮食的土地，农家没有农具闲置着，田野没有茂盛的野草，不妨害农事季节，不浪费人民劳力。这样才能使人民富裕而不

匮,有逸无罢¹²。国有班事¹³,县有序民¹⁴。'今陈国道路不可知,田在草间,功成而不收,民罢于逸乐,是弃先王之法制也。

困乏,安逸而不疲劳。城里的土建工程有条理地开展,地方的力役有秩序地进行。'现在的陈国,道路找不到,农田埋没在野草里,庄稼成熟了也不收割,百姓被陈侯的荒淫逸乐弄得很疲劳,这是废弃了先王的法制啊。

[注释] 1 制:法制。 2 表道:标识道路。 3 鄙:四面边邑。 食:每十里有庐,庐有饮食。 守路:守候过路的人,给他们食用。 4 郊:城外。 牧:放牧牲畜。 5 疆:同"疆"。 寓:客舍。 望:候望,接待。 6 薮(sǒu):泽无水叫薮。 圃草:茂盛的草。 7 囿(yòu):畜养禽兽、种植树木的园林。多数是供君主贵族打猎游乐的场地。 8 悬:挂。 耜(sì):犁上的铧。此泛指农具。 9 奥:深。 10 蔑:弃,废掉。 11 优:宽裕。 12 罢(pí):同"疲"。 13 班事:指土功有条理。 14 序民:指人民轮番从事力役,有次序。

"周之《秩官》有之曰:'敌国¹宾至,关尹²以告,行理³以节逆之,候人为导,卿⁴出郊劳,门尹除门⁵,宗祝⁶执祀,司里授馆⁷,司徒⁸具徒,司空视涂,司寇⁹诘奸,虞人¹⁰入材,甸人¹¹积薪,火师¹²监燎,水师¹³监濯,膳宰致餐¹⁴,廪人

"周的《秩官》篇有这样的规定:'对等国家的使者到了,守关的官员便去报告国君,国君派行理拿符节去迎接,迎送宾客的官员做引导,卿士出城去慰劳,管门的人打扫门庭,管祭祀的陪同来宾到宗庙行礼,司里安排馆舍,司徒分派服役的人,司空巡察道路,司寇盘问有无奸盗,虞人供应木材,甸人准备柴薪,火师监察大庭火烛,水师料理洗濯事宜,膳宰送来熟食,廪人献上谷米,马官摆出马

献饩¹⁵,司马陈刍¹⁶,工人展车,百官各以物至。宾入如归。

料,匠人检查车辆,各种官吏都按照各自担负的职责来供应物品。宾客来了,就好像回到了自己的家中一样。

[注释] 1 敌国:地位相等的国家。 2 关尹:主管出入关口的官吏。 3 行理:官名。行人(主管外交事务)的助手。 4 卿:天子、诸侯所属的高级长官。周代把卿分为上卿、中卿、下卿三级。 5 门尹:管门的人。 除:打扫。 6 宗祝:宗,宗伯;祝,太祝。都是官名,掌管宗庙祭祀等礼仪。 7 授馆:安排宾客馆舍。 8 司徒:官名。西周始置,掌管国家的土地和人民。 9 司寇:官名。西周始置,掌管刑狱、纠察等事。 10 虞人:掌管山泽的官吏。 11 甸人:主管照明柴薪的官吏。 12 火师:管火的人。 13 水师:管水的人。 14 餐:熟食。 15 廪人:掌管出纳米谷的官。 饩:这里指谷和米。 16 司马:官名。西周始置,掌管军政和军赋。但这里是指主管养马的官吏。 刍(chú):喂马的草料。

"'是故大小莫不怀爱。其贵国¹之宾至,则以班加一等²,益虔³。至于王使,则皆官正莅⁴事,上卿监之。若王巡守⁵,则君亲监之。'今虽朝⁶也不才,有分族⁷于周,承王命以为过宾⁸于陈,而司事⁹莫至,是蔑先王之官也。

"'所以不论大小来宾,没有不感激盛情的。如果是大国的贵宾来到,那么管事的官吏,位次还要加高一级,更为恭敬。要是天子的使节到了,那么都是官长到职管事,由一位上卿监督他们。如果是天子亲自巡视,那就要由国君亲自监督办理。'我单朝虽然没有才能,但也是周王的亲族,奉天子的命令,做陈国的过路宾客,可是陈国的主管官吏竟不到场,这是轻视先王的制度啊。

注释 1 贵国:大国。 2 班:位次。 加一等:尊一级。 3 虔(qián): 恭敬。 4 莅(lì):临,到。 5 巡守:天子巡行诸国。守,同"狩"。 6 朝: 单襄公自称。 7 分族:周王的亲族。分,位分。 8 过宾:过路的宾客。 9 司事:百官通称,指各种主管事务的人。

"先王之令有之曰:'天道赏善而罚淫,故凡我造国,无从匪彝[1],无即慆[2]淫,各守尔典,以承天休[3]。'今陈侯不念胤续[4]之常,弃其伉俪妃嫔[5],而帅其卿佐[6]以淫于夏氏,不亦渎姓[7]矣乎?陈,我大姬之后也[8]。弃衮冕[9]而南冠以出,不亦简彝乎?是又犯先王之令也。

"先王的训令有这样的记载:'天道是奖励善良而惩罚淫恶的,所以我们治理国家,不要做违背常规的事情,不要有轻慢淫乱的行为,各自遵守着自己的法度,来承受上天赐给的幸福。'现在陈侯不考虑继嗣常法,抛弃他的妻妾,带领他的臣下到夏氏家里去干淫乱的事,不也是侮辱了自己的姓氏么?陈国,本是我武王的女儿太姬的后代,陈侯抛弃周的礼服,戴起楚国的帽子外出,不也是太随便了么?这又触犯了先王的法令啊。

注释 1 匪彝(yí):违背常规。匪,同"非",不是。彝,常。这里指常规。 2 慆(tāo):轻慢。 3 休:吉庆,美善。 4 胤(yìn)续:续嗣。胤,后代。 5 伉俪:配偶。指陈灵公的夫人。 妃嫔:次于夫人的妾。 6 卿佐:指孔宁、仪行父。 7 渎(dú)姓:亵渎姓氏。因夏氏是妫姓,陈也是妫姓,所以说渎姓。渎,亵渎。 8 大姬:周武王的女儿,虞胡公的妃子,为陈的远祖母。所以说"我大姬之后"。大,同"太"。 9 衮冕(gǔnmiǎn):衮衣和冕。是古代帝王和上公的礼服。衮衣,画有龙的衣。冕,礼帽。

"昔先王之教,茂[1]帅其德也,犹恐陨越[2];若废其教而弃其制,蔑其官而犯其令,将何以守国? 居大国[3]之间,而无此四者,其能久乎?"

六年[4],单子如楚。八年,陈侯杀于夏氏。九年,楚子[5]入陈。

"从前先王的教导,国君尽力遵循德政,还害怕坠落;如果废弃先王的教导,抛开先王的制度,轻视先王的官职,干犯先王的法令,又拿什么来保住国家呢? 陈国夹在大国中间,而没有以上这四条,还能长久得了吗?"

定王六年,单襄公到楚国。八年,陈灵公被夏徵舒所杀。九年,楚庄王攻入陈国。

注释 1 茂:勉力,努力,尽力。 2 陨越:颠仆,坠落。 3 大国:指晋、楚。陈处于晋、楚之间。 4 六年:周定王六年(前601)。 5 楚子:楚庄王。

展禽论祀爰居

《国语·鲁语上》

导读 臧文仲叫国人去祭祀海鸟"爰居",引起展禽的一番大议论。这番议论反映出:祭祀是当时国家的大事,但只有为人民建立了功劳的人以及有益于人民的事物,大家才把它当作神来祭祀。虽然有迷信色彩,但反对"淫祀",在古代却是颇有见地的。

原文

海鸟曰"爰居",止于鲁东门之外二日[1]。臧文仲[2]

译文

有一只海鸟叫爰居,停在鲁都东门外已经有两天了。臧文仲叫

使国人祭之。展禽³曰："越哉，臧孙之为政也！夫祀，国之大节也，而节，政之所成也。故慎制祀以为国典⁴。今无故而加典，非政之宜也。

国都的居民去祭祀它。展禽说："臧孙处理政事太超越礼了！祭祀是国家的重要制度，而制度是政事所以有效的缘由。所以要慎重地制定祭祀的制度，作为国家的常法。现在无缘无故地增加祭祀，这不是治理政事所应该做的。

注释 1 二日：《国语》原本作"三日"。 2 臧文仲：鲁大夫，即下文的"臧孙"。 3 展禽：即柳下惠，又叫柳下季。 4 国典：国家的常法。

"夫圣王之制祀也，法施于民则祀之，以死勤事则祀之，以劳定国则祀之，能御大灾则祀之，能捍大患则祀之。非是族¹也，不在祀典。昔烈山氏²之有天下也，其子曰柱³，能植百谷百蔬。夏之兴也，周弃⁴继之，故祀以为稷。共工氏之伯九有也⁵，其子曰后土⁶，能平九土⁷，故祀以为社。

"圣王创制祀典：凡是立法对人民有利的，就祭祀他；为事业勤劳而死的，就祭祀他；凭着劳苦使国家安定的，就祭祀他；能够抵御大灾大难的，就祭祀他；能够阻止大祸患发生的，就祭祀他。不是这几类，不在祭祀法典之列。从前烈山氏掌管天下的时候，他的后世子孙有个叫柱的，能够种植各种谷物和蔬菜。夏朝兴起，周弃继续他的事业，所以后来便供祀他为谷神。共工氏称霸九州的时候，他的儿子叫后土，能平治九州的土地，所以后来便供祀他为土神。

注释 1 族：类。 2 烈山氏：即神农氏。 3 子：子孙。 柱：古代传说中人名。 4 弃：即后稷，周的始祖。传说中尧舜时代的农官。

5 共工氏:古代传说中伏羲、神农之间的水官。　九有:即九州。　6 后土:名句龙,传说在黄帝时为土官,后世便祀他为土神。　7 九土:九州的土地。

"黄帝能成命百物[1],以明民共财[2];颛顼能修之[3];帝喾能序三辰以固民[4];尧能单均刑法以仪民[5];舜勤民事而野死[6];鲧障洪水而殛死[7];禹[8]能以德修鲧之功;契为司徒而民辑[9];冥[10]勤其官而水死;汤以宽治民而除其邪[11];稷勤百谷而山死[12];文王以文昭;武王去民之秽。

"黄帝能为百物制定名称,使百姓都能明白物用,并且供给国家财用;颛顼能继续黄帝的功业;帝喾能根据日月星运行的次序,使百姓安定;尧能尽力公平行使刑法,使百姓向善;舜为民事勤劳而死在苍梧之野;鲧用堵塞的办法治洪水而被杀;禹能靠德行继续完成鲧的事业;契做司徒教化百姓而使人民和睦;冥勤恳地履行水官的职责而死在水中;商汤用宽大的政治治理百姓,除掉邪恶的夏桀;稷辛勤地种植百谷而死在山上;文王以文德著称;武王去掉百姓的祸害商纣。

注释　1 黄帝:传说是中原各族的共同祖先。姬姓,号轩辕氏、有熊氏。成命:定百物之名。命,名。　2 明民:使民不迷惑。　共财:供给赋敛。　3 颛顼(Zhuānxū):传说中古代帝王名。号高阳氏,黄帝的孙子。能修之:能继续完成黄帝的事业。　4 帝喾(Kù):传说中古代帝王名。号高辛氏,黄帝的曾孙。　三辰:日、月、星。　5 尧:传说中古代帝王名。号陶唐氏,名放勋,史称唐尧。　单:通"殚",尽。　仪:善。　6 舜:传说中古代帝王名。姚姓,号有虞氏,名重华,继尧即位。史称虞舜。　野死:传说舜征有苗死在南方的苍梧之野。　7 鲧(Gǔn):禹的父亲。尧命他治水,他用筑堤的方法,九年没治好,被尧杀死在羽山。　殛(jí):杀死。　8 禹:姒姓,名文命,亦称大禹、夏禹、戎禹。　9 契(Xiè):传说中商族的始祖,帝喾的儿子,曾协助夏禹治水有功。 辑:和。 **10** 冥:契的六世孙,夏代的水官,勤于职守而死在水中。 **11** 汤:又称成汤、武汤、天乙,商朝的建立者。 除其邪:指放逐夏桀。 **12** 山死:传说后稷死在黑水之山。

"故有虞氏禘黄帝而祖颛顼,郊尧而宗舜;¹夏后氏禘黄帝而祖颛顼,郊鲧而宗禹;商人禘舜而祖契,郊冥而宗汤;周人禘喾而郊稷,祖文王而宗武王。

"所以有虞氏禘祭黄帝,祖祭颛顼,郊祭尧,宗祭舜;夏后氏禘祭黄帝,祖祭颛顼,郊祭鲧,宗祭禹;商人禘祭舜,祖祭契,郊祭冥,宗祭汤;周人禘祭帝喾,郊祭后稷,祖祭文王,宗祭武王。

[注释] 1 "禘(dì)""祖""郊""宗"都是祭礼名。古代帝王世系,始祖称祖,继祖称宗。始祖、继祖都立庙祭祀。始祖的祖或父,则不立庙,而在始祖庙中祭,以始祖配祭,称为禘。又祖先中有功业者,按祭法不能另立庙,也不能去祖庙、宗庙中祭,就在郊祭天地时祭祀,称为郊。

"幕,能帅颛顼者也,有虞氏报焉;¹杼²,能帅禹者也,夏后氏报焉;上甲微³,能帅契者也,商人报焉;高圉、太王⁴,能帅稷者也,周人报焉。凡禘、郊、祖、宗、报,此五者,国之典祀也。

"幕是能遵循颛顼的德业的人,所以有虞氏报祭他;杼是能遵循禹的德业的人,所以夏后氏报祭他;上甲微是能遵循契的德业的人,所以商人报祭他;高圉、太王是能遵循稷的德业的人,所以周人报祭他。以上所说的禘祭、郊祭、祖祭、宗祭和报祭,这五项是国家祭祀的常法。

注释 1 幕:舜的后人虞思。　帅:遵循。　报:报德的祭祀。　2 杼:禹的后代,少康的儿子,即季杼。　3 上甲微:契的八世孙,商汤的六世祖。4 高圉(yǔ):稷的十世孙。　太王:高圉的曾孙,即古公亶父。

"加之以社稷山川之神,皆有功烈于民者也;及前哲令德之人,所以为民质[1]也;及天之三辰,民所以瞻仰也;及地之五行[2],所以生殖也;及九州名山川泽,所以出财用也。非是,不在祀典。

"再就是社稷山川的神灵,都是对人民有功绩的;还有以前的圣哲和有美德的人,是能导民以诚信的;还有天上的日、月、星,是百姓所仰望的;还有地上的金、木、水、火、土,是百姓要依靠它生活的;还有九州的名山大川是能生产财物用器的。除掉这些以外,都不在祭祀常法之内。

注释 1 质:信。　2 五行:金、木、水、火、土。

"今海鸟至,已不知而祀之,以为国典,难以为仁且知矣。夫仁者讲功,而知者处物。无功而祀之,非仁也;不知而不问,非知也。今兹海其有灾乎?夫广川之鸟兽,恒知而避其灾也。"

是岁也,海多大风,冬暖。文仲闻柳下季之言,曰:"信吾过也。季子

"现在海鸟飞来,因为自己不认识就去祭祀它,作为国家祭祀的大礼,这实在是算不得仁爱与智慧啊。仁爱的人,重视功德;有智慧的人,注意考虑、处理事物的道理。没有功德就去祭祀它,不是仁爱;不知道,又不去问,不是明智。如今只怕海里也有灾祸吧? 那些生活在大海的鸟兽,往往能预知并躲避灾祸。"

这一年,海中多大风,冬季又很暖和。臧文仲听到柳下季(展禽)的话,便说:"这确实是我的过失。季子所说的话,

之言,不可不法也。"使书以为三策[1]。

是不可不取法的。"他叫人把这些话记在竹简上,一共写了三份。

注释 1 策:古代写字用的竹片或木片。

里革断罟匡君
《国语·鲁语上》

导读 人类需要注意保护自然资源,古人很早就从实践中觉察了这一点,所以对于有益于人类的鸟兽虫鱼,总是采取有节制的捕获政策。里革能够不怕君主的权势,维护这种政策;鲁宣公能及时醒悟,虚心纳谏;师存进言,又意味深长。三者皆有可取之处。

原文

宣公夏滥于泗渊[1]。里革断其罟而弃之[2],曰:"古者大寒降[3],土蛰[4]发,水虞于是乎讲罛罶[5],取名鱼[6],登川禽[7],而尝之寝庙[8],行诸国人,助宣气也。

译文

夏天,鲁宣公在泗水深处下网捕鱼。里革割断他的网,并且把它丢掉,说道:"古时候,要等大寒转暖之后,冬眠在土中的虫类苏醒振动起来了,管理河水禁令的官才整理网钩,捕捉大鱼,捞取鳖蜃,拿到宗庙里举行祭祀,再叫百姓也照着去做,这是帮助阳气的上升。

注释 1 宣公:即鲁宣公。 滥:这里是沉浸的意思。 泗:水名。源出山东蒙山南麓,四源并发,故名。 渊:水深处。 2 里革:鲁太史。罟(gǔ):网。 3 大寒:二十四节气之一。 降:减少。 4 土蛰(zhé)

冬眠的虫类,伏藏在土中,所以叫土蛰。　5 水虞:官名。掌管川泽禁令。　罛(gū):捕鱼的大网。　罶(liǔ):捕鱼的用具。　6 名鱼:大鱼。　7 川禽:鳖蜃一类的水产。　8 尝:秋祭。寝庙:宗庙。

"鸟兽孕,水虫成,兽虞于是乎禁罝罗[1],獭[2]鱼鳖,以为夏槁[3],助生阜[4]也。鸟兽成,水虫孕,水虞于是乎禁罝䍡[5],设阱鄂[6],以实庙庖[7],畜[8]功用也。

"等到鸟兽怀孕,水生物已经长成,掌管鸟兽禁令的官,就要禁止上山网罗鸟兽,只刺取鱼鳖,做成夏天食用的干鱼,这是为了帮助鸟兽的繁殖。等到鸟兽已经成长,水生物正在怀孕,掌管河水禁令的官,就要禁止小网下水,只设陷阱捕捉禽兽,拿来祭祀祖宗,款待宾客,这是为了保护鱼鳖,以备国家积蓄需用。

【注释】 1 兽虞:掌管鸟兽禁令的官。　罝(jū,又读jiē):捕兽的网。　罗:捕鸟的网。　2 獭(cè):刺取。　3 槁(gǎo):枯干。　4 助生阜:助其生长。阜,长。　5 罝䍡(lù):小渔网。"罝"当作"罜"(zhǔ)。　6 阱:陷阱。鄂:捕兽器。　7 庙庖:宗庙里的厨房。庖,厨房。　8 畜:储藏。

"且夫山不槎蘖[1],泽不伐夭[2],鱼禁鲲鲕[3],兽长麑麋[4],鸟翼鷇卵[5],虫舍蚳蝝[6],蕃庶物也。古之训也。今鱼方别孕,不教鱼长,又行网罟,贪无艺[7]也。"

"并且,山上不砍重生的嫩条,湖泽里不采伐还没有长成的草木,捕鱼禁捕小鱼,要让小鹿等幼兽好好成长,保护小鸟、鸟卵,杀虫不要把有益于人类的幼虫全部杀掉,这都是为了使自然界的万物繁殖生长。这是古人的准则。现在,鱼正在产子,不仅不叫它生长,反而用网去捕它,这是贪得无厌啊!"

注释 1 槎(chá):用刀或斧砍。 蘖(niè):树木被砍伐后又生出的嫩条。 2 夭:夭折。这里是指还没有长成的草木。 3 鲲鲕(kūn'ér):没有长成的小鱼。 4 麑(ní):小鹿。 麌(ǎo):麋(mí)子,一种形似鹿而身体庞大的野兽。 5 翼:辅育。 觳(kòu):须母鸟哺食的雏鸟。 6 蚳(chí):虫卵。 蝝(yuán):没有翅膀的幼虫。 7 无艺:没有限度。

公闻之曰:"吾过而里革匡我,不亦善乎! 是良罟也,为我得法。使有司藏之,使吾无忘谂¹。"师存侍²,曰:"藏罟不如置里革于侧之不忘也。"

鲁宣公听了说道:"我有过失,里革纠正我,这不很好吗! 这是一张有用的网,使我得到了古人的良法。主管官员要把这网收藏好,使我以后看着,不忘记里革所劝告的话。"乐师存在旁,说:"收藏这张网,还不如把里革安置在您的身旁,就更不会忘记了!"

注释 1 谂(shěn):劝告。 2 师:乐师。 存:乐师的名字。

敬姜论劳逸

《国语·鲁语下》

导读 敬姜作为一位贵族妇女,能用前朝勤劳从政的业绩和当时的礼法来教育她的儿子,宣传劳动的重要,反对好逸恶劳,是难能可贵的。

原文

公父文伯¹退朝,朝²其母,其母方绩³。文伯曰:"以歜⁴之家,而主⁵犹绩,

译文

公父文伯退朝回来,去拜见他的母亲,他的母亲正在绩麻。公父文伯说:"像我们这样的人家,做主母的还

惧干季孙之怒也⁶,其以歜
为不能事主乎?"

要绩麻,恐怕要惹季孙发脾气,以为我
不能服侍母亲吧!"

[注释] 1 公父(fǔ)文伯:鲁大夫。季悼子的孙子,公父穆伯的儿子。
2 朝:古时候去见君王叫朝,谒见尊敬的人也可以叫朝。 3 母:公父文
伯的母亲,即敬姜。 绩:绩麻,即纺织。 4 歜(chù):文伯自称其名。
5 主:主母。 6 干:犯。 季孙:即季康子。当时担任鲁国的正卿,是
季悼子的曾孙。

其母叹曰:"鲁其
亡乎。使僮子备官¹,
而未之闻邪²?居³!
吾语女。昔圣王之处
民也,择瘠土⁴而处
之,劳其民而用之,故
长王天下。

他的母亲敬姜听了,长叹一声说:"鲁国
将要亡了吧!叫没有知识的人去做官,连治
国的道理也没有听过呀!你坐下,我来告诉
你。从前圣王治理百姓的方法,选择那些不
肥沃的土地,叫他们居住在那里,使他们经
常劳累,然后支配他们,所以就能长久地保
有天下。

[注释] 1 僮子:即童子。一说,僮是愚昧无知的意思。 备官:充任官职。
2 邪:同"耶"。 3 居:坐下。 4 瘠土:不肥沃的土地。

"夫民劳则思,
思则善心生;逸则
淫,淫则忘善,忘善
则恶心生。沃土之
民不材,淫也;瘠土
之民莫不向义,劳

"因为人民劳累就会去思考怎么节俭和
约束自己,经常思考就会产生善良的心理。
没有事做就会放荡,一放荡就会忘掉善心,
一忘掉善心,恶心也就产生了。居住在肥沃
土地上的人,多半是不成材的,就是因为放
荡;贫瘠地方的人没有不向往义理的,就是

也。是故天子大采朝日[1]，与三公、九卿祖识地德[2]。日中考政，与百官之政事，师尹、惟旅、牧、相宣序民事[3]；少采夕月[4]，与太史、司载纠虔天刑[5]；日入监九御[6]，使洁奉禘、郊之粢盛[7]，而后即安[8]。

勤劳的缘故。所以，天子在春分的早晨就要穿着五彩衣服去祭日，并与三公九卿共同熟习、体验大地生育万物的规律。中午，要考察国家的政治，以及百官所做的事务。师尹、众士、州牧、国相，都要宣布政教使百姓有条不紊。到了秋分时节，穿了三彩的衣服去祭月，并和掌管天文的太史、司载恭恭敬敬地观察上天显示的吉凶景象。到了晚上，要监视九御，叫他们把祭祀的物品弄得干干净净，然后才去休息。

注释 1 大采：五彩。　朝日：天子以春分朝日。　2 祖：熟习。　识：知。　地德：古人认为地能生产百物，养育人民。这便是地之德。 3 师尹：官名。一说是大夫官，一说是公。　惟旅：众士。　牧：州牧，地方官。　相：国相。　宣：布。　序：次第。　4 少采：三彩。　夕月：秋分祭月。　5 太史：官史。西周、春秋时的太史掌管起草文书，策命诸侯卿大夫，记载史事，编写史书，兼管国家典籍、天文历法、祭祀等，是朝廷大臣。　司载：指司天文的冯相氏、保章氏同掌天文。　纠：恭。　虔：敬。天刑：天法，此指上天显示的吉凶景象。　6 九御：九嫔之官，主持祭祀的。7 禘(dì)：大祭。　郊：祭天。　粢(zī)：黍稷。　盛(chéng)：祭祀用的黍稷盛在祭器内。　8 即安：休息。

"诸侯朝修天子之业命[1]，昼考其国职[2]，夕省其典刑[3]，夜儆百工[4]，使无慆淫[5]，而后即安。

"诸侯呢，早上要研究天子的命令和所应办的事务，白天要考察国家大事，傍晚要熟习国家的常法，夜里要告诫手下百官，使他们不要怠惰放荡，然后才去休息。

注释　1 业:事。　命:命令。　2 国职:国家大事。　3 典刑:常法。
4 儆:告诫。　百工:百官。　5 慆淫:怠慢放荡。

"卿大夫朝考其职，昼讲其庶政，夕序其业，夜庀[1]其家事，而后即安。士朝受业，昼而讲贯[2]，夕而习复，夜而计过，无憾[3]而后即安。自庶人以下，明而动，晦[4]而休，无日以怠。

"卿大夫呢，早上要考察他的职责，白天要办理各种事情，傍晚要整理他一天来所做的工作，夜里料理他的家务，然后才能去休息。士人呢，早晨接受学业，白天讲习，傍晚复习，夜里反省自己有没有过失，要是没有什么值得悔恨的，然后才去休息。自庶人以下，天亮就起来工作，晚上休息，没有一天可以怠惰。

注释　1 庀(pǐ):治理。　2 贯:习。　3 憾:悔恨。　4 晦:夜。

"王后亲织玄紞[1]，公侯之夫人加之以纮綖[2]，卿之内子[3]为大带，命妇成祭服[4]，列士[5]之妻加之以朝服。自庶士以下，皆衣其夫。社而赋事[6]，烝而献功[7]，男女效绩，愆则有辟[8]，古之制也。

"就是皇后也要亲织黑色的、悬挂在帽子上的丝带，公侯的夫人要加做系帽子的小丝带和冕上的方板外包的布，卿的妻子要做大带，大夫的妻子要做祭服，列士的妻子再加做朝服。自庶人以下的妻子，都要替她的丈夫做衣服。春祭要向神明祷告农事开始，冬祭要禀告农事成功，男男女女各自陈述功绩，要是有了过失，就要加以责罚，这是古代的制度。

注释　1 玄:黑色。　紞(dǎn):悬挂在帽上的丝绳。　2 纮(hóng):从颌下绕过的小丝带。　綖(yán):冕上长方形的板外包的布。冕是一种最尊贵的礼帽,和一般帽子不同。 **3** 内子:古时称卿的嫡妻叫内子。
4 命妇:大夫的妻子。 祭服:祭祀时所穿的黑色礼服。 **5** 列士:上士。
6 社:春祭名。 赋事:向神祷告农事。 **7** 烝:冬祭名。 献功:报告
农事成功。 **8** 愆:过失。 辟:罪。

"君子劳心,小人劳力,先王之训也。自上以下,谁敢淫心舍力?今我,寡也,尔又在下位[1],朝夕处事,犹恐忘先人之业。况有怠惰,其何以避辟?吾冀而朝夕修我[2],曰:'必无废先人。'尔今曰:'胡不自安?'以是承君之官,余惧穆伯之绝祀也。"

仲尼闻之曰:"弟子志[3]之,季氏之妇不淫矣。"

"'君子'劳心,'小人'劳力,这是先王的遗训。从上到下,哪一个敢心思放荡而不努力劳动呢?现在我是个寡妇,你又处于下大夫的职位,就是从早到晚做事,还怕忘了先人的事业。要是怠惰,怎么可以躲避责罚呢?我希望你每天要自己自勉说:'一定不要废弃先人的事业。'你现在却说:'为什么不自己安逸?'凭这样的思想担任国君的官职,我怕穆伯将要无人祭祀了!"

孔子听了敬姜的话说:"弟子们记着,季家的这位妇人,可算是勤劳而不放荡了。"

注释 **1** 下位:下大夫之位。 **2** 冀:希望。 而:你。 **3** 志:记住。

叔向贺贫

《国语·晋语八》

导读 韩宣子因贫困而发愁,叔向却去庆贺他。他举出栾武子、郤昭子

作为借鉴,两相对比,反复说明忧德不忧贫的道理。叔向的这番言论,虽然是为了卿大夫自身的长治久安,但对"骄泰奢侈,贪欲无艺""恃其富宠"的行为进行了批判鞭挞,是有一定积极意义的。

原文

　　叔向见韩宣子[1],宣子忧贫,叔向贺之。宣子曰:"吾有卿[2]之名,而无其实[3],无以从[4]二三子,吾是以忧,子贺我,何故?"

译文

　　叔向去见韩宣子,宣子正在为自己的贫困发愁,叔向反而庆贺他。宣子说:"我空有正卿的虚名,却没有正卿的收入,不够和其他卿大夫交际往来,我正为这个发愁,你为什么反而要庆贺我?"

注释　1 叔向:晋国大夫,羊舌氏,名肸(xī)。　韩宣子:晋国的正卿韩起。　2 卿:天子、诸侯所属的高级官员。　3 实:财物。　4 从:追随,与之交往。

　　对曰:"昔栾武子无一卒之田[1],其官不备其宗器[2],宣其德行,顺其宪则[3],使越[4]于诸侯,诸侯亲之,戎狄怀[5]之,以正晋国。行刑不疚[6],以免于难[7]。

　　叔向回答说:"从前栾武子做上卿,田产很少,家里连祭器都不完备,却能发扬德行,遵循法制,名声传到诸侯各国,诸侯都来亲近他,戎狄也归附他,因此使晋国得到了安定。他执行法制没有什么差错,因此他自己没有遭受祸患。

注释　1 栾武子:栾书,晋国上卿。上卿的待遇是一旅(五百人)之田,即五百顷。　一卒之田:即一百顷,这是上大夫的待遇。卒,百人。　2 官:

一本作"官"。 宗器:宗庙中的祭器。 3 宪则:法制。 4 越:超越。 5 怀:归附。 6 刑:法。 疚:病。 7 以免于难:栾武子曾杀晋厉公,立晋悼公,因为他行为公正,所以没有受到"弑君"的责难。

"及桓子[1],骄泰奢侈,贪欲无艺,略[2]则行志,假贷居[3]贿,宜及于难,而赖武之德,以没其身。及怀子[4],改桓之行,而修武之德,可以免于难,而离[5]桓之罪,以亡[6]于楚。

"到了桓子,就骄傲奢侈起来了,他贪财没有止境;忽视法制而一意孤行,放债取利,积蓄财物。这样的人,本来应该遭受祸难,由于凭借栾武子的功德,他才得到善终。到了怀子,改变他父亲桓子的行为,而继承他祖父武子的德行,本来是可以免于祸难的,但由于受到桓子罪恶的连累,以致逃亡到楚国。

注释 1 桓子:栾武子的儿子栾黡(yǎn)。 2 略:犯。 3 居:蓄。 4 怀子:栾黡的儿子栾盈。 5 离:同"罹",遭受。 6 亡:逃奔。

"夫郤昭子[1],其富半公室,其家[2]半三军,恃其富宠以泰于国[3],其身尸于朝,其宗灭于绛[4]。不然,夫八郤五大夫三卿[5],其宠大矣,一朝而灭,莫之哀也,惟无德也。今吾子有栾武子之贫,吾以为能其德[6]矣,是以贺。若

"再说郤昭子吧,他的家私,抵得上半个晋国;他的家臣,有三军的一半。他凭借富有和地位,在晋国横行霸道。结果,尸体摆在朝廷上示众,他的同族也在绛被诛灭。要不是这样,那姓郤的八人,五个做大夫,三个做卿,他们的官职、权势够大了,怎么会一旦被灭,没有一个人去哀怜他们呢? 就是因为他们没有德行啊。现在,你有栾武子一样的贫困,我以为你是能实行他的德行了,因此向你庆贺。如果

不忧德之不建,而患货之不足,将吊不暇,何贺之有?"	不担心德行不能建立,只担心钱财不足,那我要吊你还来不及,还有什么可贺的呢?"

注释 1 郤昭子:名至,晋国的正卿。 2 家:家臣。 3 宠:尊荣。 泰:骄傲放肆。 4 宗:宗族。 绛:晋的故都,在今山西省翼城县东南。 5 八郤:郤氏八人。 五大夫:郤文、郤豹、郤芮、郤谷、郤溱,五人皆为晋大夫。 三卿:郤锜、郤犫、郤至,三人皆为晋卿。 6 能其德:能行栾武子之德。

宣子拜,稽首[1]焉,曰:"起[2]也将亡,赖子存之。非起也敢专承之,其自桓叔以下[3],嘉[4]吾子之赐。"	宣子听了,跪拜说:"我将要灭亡了,全仗你的开导,得以保存。不仅我韩起个人承受你的恩惠,就是先祖桓叔的后代,都要拜谢你的恩赐!"

注释 1 稽首:古时一种跪拜礼,叩头至地,是九拜中最恭敬者。 2 起:韩宣子自称其名。 3 桓叔:韩宣子的祖先。 以下:指桓叔的后代。 4 嘉:赞许,这里是感谢的意思。

王孙圉论楚宝

《国语·楚语下》

导读 国家应把什么当作宝?这是本篇的主题。赵简子把佩戴在身上的装饰品——佩玉当作宝;王孙圉则认为,国家的宝是人才,其次是对国家和百姓有利的事物,玩物不能算宝。重人才还是重玩物,正是一个国家能否强大的关键。本文写赵简子"鸣玉"的骄态和王孙圉回答的从容气概,笔法褒贬分明。

原文

王孙圉[1]聘于晋,定公飨之[2],赵简子鸣玉以相[3],问于王孙圉曰:"楚之白珩[4]犹在乎?"对曰:"然。"简子曰:"其为宝也几何矣?"

译文

王孙圉到晋国进行访问,晋定公设宴招待他。赵简子做陪客,故意弄响身上佩带的玉器问王孙圉说:"楚国的白珩还保留着吧?"王孙圉回答说:"是的。"简子说:"这种宝贝能值多少钱?"

注释 1 王孙圉(yǔ):楚大夫。 2 定公:晋顷公的儿子,名午。 飨:大宴宾客。 3 赵简子:晋大夫,名鞅。 鸣玉:使身上的佩玉发出响声。相:相礼,在礼仪中辅助定公。 4 白珩(héng):楚国最美的佩玉。

曰:"未尝为宝。楚之所宝者,曰观射父[1],能作训辞,以行事于诸侯,使无以寡君为口实[2]。又有左史倚相[3],能道训典[4],以叙百物[5],以朝夕献善败于寡君,使寡君无忘先王之业。又能上下说乎鬼神[6],顺道其欲恶,使神无有怨痛于楚国。

王孙圉说:"并没有把它当作宝贝。楚国所宝贵的是观射父。他善于辞令,出使各诸侯国,使各诸侯国不会把我君作为话柄。还有个左史名叫倚相,能说出先王的遗训和各种典章制度,用来有条不紊地处理各种事情,并在清晨和傍晚把善恶说给我们的君王听,使我们君王不忘记先王的功业。还能取得天地鬼神的好感,顺从他们的好恶,使神明不怨恨楚国。

注释 1 观射父:楚大夫。 2 口实:话柄。 3 左史:官名。周代史官有左史、右史之分。左史记言,右史记事。春秋时,晋楚两国都设有左史。 倚相:左史名。 4 训典:先王传下的典籍。 5 叙:次第。 百物:百事。 6 上下:指天神和地祇(地神)。 说:同"悦"。

"又有薮曰云,连徒洲[1],金、木、竹、箭[2]之所生也,龟、珠、角、齿、皮、革、羽、毛[3],所以备赋,以戒不虞者也。所以共币帛,以宾享[4]于诸侯者也。若诸侯之好币具,而导之以训辞。有不虞之备,而皇神相之[5],寡君其可以免罪于诸侯,而国民保[6]焉。此楚国之宝也。若夫白珩,先王之玩也,何宝焉?

"此外,还有个大湖叫云梦,接连徒洲,是金、木、竹、箭、龟、珠、角、齿、皮、革、羽、毛等出产的地方,用这些来供给兵赋,防备意外的祸患;又用它们作为礼品,奉献给诸侯各国。如果诸侯喜爱这些礼品,再用好的辞令来开导他们。即使有意料不到的事情发生,就是皇神也会帮助我们的,因此我们的国君可以不致得罪诸侯,国家和人民也就安定了。这就是楚国的宝贝。至于白珩,不过是先王的玩物罢了,怎么算得宝贝呢?

注释 1 薮(sǒu):生长着很多草的大湖泽。 云:即云梦泽。 连:连接。 徒洲:洲名。 2 箭:小竹。 3 齿:象齿。 革:去了毛的兽皮。 羽:鸟羽。 毛:牦牛尾。 4 享:献。 5 皇:大。 相:帮助。 6 保:安定。

"圉闻国之宝,六而已。圣能制议百物,以辅相国家,则宝之;玉足以庇荫嘉谷[1],使无

"我听说国家的宝贝只有六样:明白事理、能够讨论各种大事、帮助治理国家的人,那就应该算是宝贝;祭祀的玉器,如果能够保护庄稼好好生长,使它不遭受水

水旱之灾,则宝之;龟足以宪臧否[2],则宝之;珠[3]足以御火灾,则宝之;金[4]足以御兵乱,则宝之;山林薮泽,足以备财用,则宝之。若夫哗嚣[5]之美,楚虽蛮夷,不能宝也。"

灾旱灾,就应该算是宝贝;大龟如果能卜出善恶来指导人们,应该算是宝贝;珍珠宝玉如果能防御火灾,就应该算是宝贝;金属制成的武器能够防御战乱,也应该算是宝贝;山林湖泊能够供给人们财物,也应该算是宝贝。至于仅能发出响声的佩玉,楚国虽是蛮夷之地,也不能把它当作宝贝啊。"

注释 1 玉:祭祀的玉器。 嘉谷:好庄稼。 2 宪:法。 臧否(pǐ):善恶。 3 珠:珍珠之类。 4 金:古人把金属制成的器物都叫金。如刀剑戈矛之类。 5 哗嚣:喧哗的声音,这里指玉佩发出的声音。

诸稽郢行成于吴

《国语·吴语》

导读 春秋末年的吴、越两国,经常发生战争。越国知道自己的力量暂时敌不过吴国,为了保存实力,于是派诸稽郢向吴国求和,作为缓兵之计,诸稽郢的求和辞令,主要是利用和助长吴王夫差骄傲自大的心理。

原文

吴王夫差[1]起师伐越,越王勾践起师逆之江[2]。大夫种[3]乃献谋曰:"夫吴

译文

吴王夫差起兵去攻打越国,越王勾践便带领军队到江边迎战。越国的大夫文种献计说:"吴国和越

之与越，唯天所授，王其无庸战。

国，存亡决定于天，君王可以不必和它打仗。

"夫申胥、华登[1]，简服[2]吴国之士于甲兵，而未尝有所挫[3]也。夫一人善射，百夫决拾[4]，胜未可成。

"吴国的伍子胥和华登，他们替吴国所训练出来的士兵，从没有打过败仗的。一个人会射箭，成百的人都会拉起弓弦仿效他。我们要想取胜，恐怕不可能。

"夫谋，必素[1]见成事焉，而后履之[2]，不可以授命[3]。王不如设戒，约辞行成，[4]以喜其民，以广侈[5]吴王之心。

"讲到计谋，必须预见到有成功的可能性才去实行，不可以轻举妄动去拼命。君王不如一面自己积极准备防御，一面去向吴国卑辞求和，使吴国的人民喜悦，使吴王心中更加骄傲。

设兵自守。戎,兵。 约辞:卑下的言辞。 行成:请求讲和。 5 侈:
骄傲自大。

"吾以卜之于天,天若弃吴,必许吾成而不吾足[1]也,将必宽然有伯[2]诸侯之心焉。既罢弊[3]其民,而天夺之食[4],安受其烬[5],乃无有命矣。"

"我们可以向上天占卜这件事:天意如果要弃掉吴国,吴国一定会答应同我们讲和,而且不把我们放在心上了,就一定会慢慢产生称霸诸侯的思想,等他们把老百姓已经弄得疲惫不堪了,上天就会剥夺他们的生活物资,而我们则安然地承受那个残破的摊子,他们就没命了。"

注释 1 不吾足:不以我为足虑,瞧不起我们。 2 伯:同"霸"。 3 罢弊:困苦穷乏。罢,通"疲"。 4 天夺之食:上天夺去他的生活物资,即灭亡。 5 烬:灰烬,比喻残留下来的东西。

越王许诺,乃命诸稽郢[1]行成于吴,曰:"寡君勾践使下臣郢,不敢显然[2]布币行礼,敢私告于下执事曰:昔者越国见祸,得罪于天王[3]。天王亲趋玉趾[4],以心孤[5]勾践,而又宥赦之。君王之于越也,繄起死人而肉白骨也[6]。孤不敢忘天灾,其敢忘君王之大赐乎?

越王采纳了文种的建议,于是派诸稽郢去向吴国求和说:"我们的国君勾践叫小臣郢来到这里,不敢公然按外交礼节呈献礼物,只好私下告诉您的手下人说:从前越国遭受了灾祸,得罪了天王,天王亲自带兵打到我国,是从心里抛弃了勾践,但后来又赦免了他。天王对越国的恩情,就好像是使死人复活,枯骨长肉了。我君勾践不敢忘掉天降的灾祸,还敢忘掉天王的大恩大德吗?

注释 1 诸稽郢(yǐng)：越大夫。 2 显然：公开地。 3 得罪于天王：指槜李之役。天王，尊称吴王。 4 玉趾：敬辞。犹言贵步。 5 孤：弃。6 繄(yī)：语助词。 起死人：使死人复活。肉白骨：使白骨长肉。

"今勾践申祸无良[1]，草鄙之人，敢忘天王之大德，而思边陲之小怨，以重得罪于下执事？勾践用帅二三之老[2]，亲委重罪，顿颡[3]于边。今君王不察，盛怒属[4]兵，将残伐[5]越国。越国固贡献之邑也，君王不以鞭棰[6]使之，而辱军士使寇令[7]焉。

"现在勾践重受灾殃，自作自受。但我们这些粗野鄙陋的人，又怎敢忘记天王的大德，记着边界上的小怨，以致再得罪您的手下人呢？因此，勾践带了他的几个老臣，亲自前来，承担重罪，在边境上叩头求饶。不料君王不加细察，大发雷霆，带领军队要消灭越国。越国本是一个向您献纳物品的地方，天王不用鞭子驱使它，却辛苦兵士，命令他们像对待敌人一样地来攻打它。

注释 1 申祸：重受灾祸。 无良：自己不好，自作自受。 2 老：家臣。这里是谦辞。 3 顿颡(sǎng)：叩头而以额触地。颡，额。 4 属：会聚。5 残伐：即杀伐。 6 棰：鞭子。 7 寇令：防御盗寇的号令。

"勾践请盟：一介嫡女，执箕帚以晐姓于王宫[1]；一介嫡男，奉槃匜以随诸御[2]；春秋贡献，不解于王府[3]。天王岂辱

"现在勾践请求讲和订立盟约：愿意献上一个嫡亲的女儿，叫她拿着撮箕扫帚，在王宫里侍奉天王；一个嫡亲的男孩，叫他捧着托盘、脸盆，跟随其他近臣听您使唤。每逢春秋两季前来贡献，将物品送到天王的府库里，决不懈怠。难道还值得天王亲自处

裁之？亦征⁴诸侯之礼也。

理他？况且，这也是符合天子向诸侯征税的礼啊！

[注释] 1 箕:撮箕。 晐(gāi):备。 姓:庶姓。《曲礼》:"纳女于天子，曰备百姓。"这里是纳女于吴的意思。 2 槃:同"盘"。盛盥洗的用具。匜(yí):洗手脸用的器具。 御:近臣宦竖之属。 3 解:同"懈"，怠。 王府:王的府库。 4 征:征税。

"夫谚曰:'狐埋之而狐搰¹之，是以无成功。'今天王既封殖²越国，以明闻³于天下，而又刈⁴亡之，是天王之无成劳⁵也。虽四方之诸侯，则何实⁶以事吴？敢使下臣尽辞，唯天王秉⁷利度义焉！"

"俗话说:'无主见的狐狸，自己藏好了东西自己又弄出来，所以终究不能成功。'现在天王既已扶植了越国，使天下的人都知道了，却又要去灭亡它，这样，你便是徒劳没有成果了。今后即使四方的诸侯国，又怎么敢再相信吴国并和吴国打交道呢？因此越国派遣小臣来转达这几句话，希望天王从道理和利益两方面，细细衡量吧！"

[注释] 1 搰(hú):发掘，挖出。 2 封殖:培植。这是以草木自喻。 3 明闻:公开宣布。 4 刈(yì):割草。 5 成劳:成功。 6 实:信。 7 秉:拿。

申胥谏许越成

《国语·吴语》

导读 这篇文章在事件发展上是紧接上篇的。文种与申胥的分析竟不谋而合,利害所关,明若观火。吴王夫差由于不用申胥而亡国丧命,越王勾践由于用了文种而灭吴称霸。说明能否虚心采纳下属的正确意见,有时是关系国家兴亡成败的大事。申胥,即伍子胥。申,是他的封地。

原文

吴王夫差乃告诸大夫曰:"孤将有大志于齐¹,吾将许越成,而无拂吾虑²。若越既改,吾又何求? 若其不改,反行吾振旅焉³。"

译文

吴王夫差因越王请求讲和,便告诉手下诸大夫说:"我将要对齐国采取大的行动,所以我准备答应越国讲和,你们不要违背我的意志。如果越国既已改正了过去的行为,我还要求什么呢? 假如他不悔改,等我回来,再整顿军队去攻打它。"

注释 1 孤:王侯的自谦之词。 有大志于齐:要攻打齐国,北上称霸。2 而:你们。 拂:违背。 3 反:同"返",指伐齐回来。 振旅:整顿部队。

申胥谏曰:"不可许也。夫越非实忠心好吴也,又非慑¹畏吾甲兵之强也。大夫种²勇而善谋,将还³

伍子胥劝阻说:"不能答应讲和。因为越国并不是真心实意同吴国友好,又不是怕我们军队的强悍。越国的大夫文种是一个既勇敢又善于谋略

玩吴国于股掌之上，以得
其志。

的人，他将把吴国放在大腿和手掌上
玩弄，用来满足越国的心愿。

注释 1 慑(shè):恐惧，害怕。 2 种:越大夫文种。 3 还(xuán):转动。

"夫固知君王之盖[1]
威以好胜也，故婉约[2]其
辞，以从[3]逸王志，使淫乐
于诸夏[4]之国，以自伤也。
使吾甲兵钝弊[5]，民人离
落[6]，而日以憔悴[7]，然后
安受吾烬[8]。

"他本来就知道您是一个特强好
胜的人，所以言语上显得特别谦逊，用
以迎合您的思想，使您过分乐观地去和
中原诸国争霸，从而伤害自己；使我们
的军队在争霸中拖得筋疲力尽，人民离
散，国家一天比一天困苦，然后就可以
坐享其成地来占领我们的国家了。

注释 1 盖:崇尚。 2 婉约:委婉而谦卑。 3 从:同"纵"。 4 诸夏:
中原的其他诸侯国。 5 钝:不利。 弊:困。 6 离落:离散。 7 憔悴:
困苦。 8 安受吾烬(jìn):是说越国乘吴国残破之余吞灭吴国。

"夫越王好信以爱
民，四方归之，年谷时熟，
日长炎炎[1]。及吾犹可
以战也，为虺[2]弗摧，为
蛇将若何?"吴王曰:"大
夫奚隆于越[3]?越曾足
以为大虞[4]乎?若无越，
则吾何以春秋曜[5]吾军
士?"乃许之成。

"那越王是一个既有信用，又爱护
人民的君主，各地人心都向着他，年成又
好，大有蒸蒸日上的气势。要抓住我们
还有力量战胜他们的时机。小蛇不除掉
它，等它长成大蛇了，我们将怎么对付它
呢?"吴王说:"你为什么这样看重越国?
越国竟然值得这样忧虑吗?要是没有越
国，我怎么能在春秋两季炫耀我的武力
呢?"于是答应了越国讲和。

[注释] 1 炎炎:势盛的样子。 2 虺(huǐ):小蛇。 3 奚隆于越:为什么对越国这样看重。奚,何,为什么。 4 虞:忧虑。 5 曜:同"耀",炫耀。

将盟,越王又使诸稽郢辞曰:"以盟为有益乎,前盟口血未干[1],足以结信矣。以盟为无益乎,君王舍甲兵之威以临使之,而胡重于鬼神而自轻也?"吴王乃许之,荒[2]成不盟。

将要歃血结盟的时候,越王勾践又叫诸稽郢来推辞说:"如果认为盟约是有益的,那前盟尚在,口里喝的血酒还没有干,尽可以取信了;如果认为盟约是无益的,您却放弃用武力来和我们订立盟约。您何必这样看重鬼神而不相信自己呢?"吴王竟同意了。因此,这次谈判的结果,仅仅是口头上讲和而没有订立盟约。

[注释] 1 口血未干:古人歃血为盟,口血未干是说刚刚订盟不久。 2 荒:空。

春王正月

《公羊传[1]·隐公元年》

[导读] 《春王正月》是《公羊传》的第一篇,是作者对《春秋》鲁隐公元年第一句经文"元年,春王正月"的解释。本篇反映出:当时的统治阶级,为了调整内部关系,规定了"立適以长不以贤,立子以贵不以长"的宗法制度。《公羊传》是专门阐发微言大义的,从本篇可见一斑。

〔原文〕

元年[2]者何？君之始年也。春者何？岁之始也。王者孰谓？谓文王[3]也。曷[4]为先言王而后言正月？王正月[5]也。何言乎王正月？大一统[6]也。

〔译文〕

元年是什么意思？就是国君即位的第一年。春是什么意思？就是一年四季中的第一季。王是指什么人？是指的周文王。为什么先说王而后说正月？那是表明这个正月是周王确定的正月。为什么叫做王正月？是说天下统一，都必须奉行周的正朔。

〔注释〕 1《公羊传》：相传为齐人公羊高所作。公羊高，春秋时代齐国人，相传是子夏的学生，曾作《春秋传》，世称《春秋公羊传》。《公羊传》初为口头流传，直到西汉景帝时才由后学著录成书，它用问答体逐层剖析《春秋》经文的所谓微言大义。 2 元年：人君即位的第一年。这里指鲁隐公元年。 3 文王：即周文王。 4 曷(hé)：什么。 5 王正月：每年的头一个月叫正月，每月的第一天叫朔。古时候王者受命，必改正朔。周历以建子之月（即夏历的十一月）为岁首。这里讲的"王正月"是说奉周王的正朔，以周历纪年月。 6 大一统：古时候王者受命改正朔以后，要命令天下远近臣民都遵守它，这就叫作大一统。

公[1]何以不言即位？成公意也。何成乎公之意？公将平国而反之桓[2]。曷为反之桓？桓幼而贵[3]，隐长而卑[4]。其为尊卑也微[5]，国人莫知，隐长又贤，诸大夫扳[6]隐而立之。

记载隐公为什么不说即位？这是成全隐公的意思。成全隐公的意思是怎么回事呢？原来隐公想治理好国家以后，仍把政权归还桓公。为什么要归还桓公呢？是由于桓公虽年幼但尊贵，隐公虽年长但地位低。不过他们尊卑的区别很微小，国都里的人都不了解。隐公既长又贤能，所以这些大夫拥护隐公，立他做国君。

注释 1 公:鲁隐公。 2 平:治的意思。 反:同"返",归还的意思。桓:鲁桓公,隐公的异母弟。此句是说隐公想要平治鲁国后,把政权归还给桓公。 3 桓幼而贵:桓公虽年幼却比隐公显贵。因为桓公的母亲仲子是鲁惠公的夫人。 4 隐长而卑:隐公虽年长但不如桓公显贵。因为隐公的母亲声子只是鲁惠公嫡夫人孟子随嫁来的姐妹,所以地位较低一等。 5 其为尊卑也微:贵贱差别并不大。他们的母亲都不是嫡夫人。
6 扳(pān):同"攀",牵,援引。这里是拥护的意思。

隐于是焉而辞立,则未知桓之将必得立也。且如桓立,则恐诸大夫之不能相¹幼君也。故凡隐之立,为桓立也。隐长又贤,何以不宜立? 立適²以长不以贤,立子³以贵不以长。桓何以贵? 母贵也。母贵则子何以贵? 子以母贵,母以子贵。

隐公如果在这时候推辞,那就很难说桓公将来还一定能够立为国君。如果现在立桓公,又怕这些大夫不诚心辅助这位年幼的君主。所以隐公做国君,实际上是为着桓公将来能够做国君。隐公既长又贤,为什么不应该继位呢? 这是因为周朝的制度规定:立嫡子根据年龄的大小而不根据才能,立庶子则根据地位的高低而不根据年龄大小。桓公凭什么地位高? 因为他的母亲地位高。母亲地位高为什么儿子就一定地位高? 这是因为儿子可以因母亲而地位高,母亲也可以因儿子而地位高。

注释 1 相(xiàng):辅助。 2 適(dí):同"嫡"。封建宗法制度称正妻为嫡,正妻所生的儿子叫嫡子。 3 立子:立庶子。嫡夫人没有儿子,则从媵人、侄娣所生的儿子(庶子)中选择继承人。

宋人及楚人平

《公羊传·宣公十五年》

导读 本篇标题是《春秋》中的一句经文,文中反映了当时诸侯国之间的战争给人民所带来的极大灾难,尤其是弱小诸侯国的人民更是如此。楚王围宋,即是这种情况。通篇全用对话口气和重复笔调写出,显得非常传神。全文推崇子反与华元以诚相见和在这次讲和中的作用。

原文

外平不书[1],此何以书? 大其平乎己[2]也。何大其平乎己? 庄王[3]围宋,军有七日之粮尔,尽此不胜,将去而归尔。于是使司马子反乘堙而窥宋城[4],宋华元[5]亦乘堙而出见之。

译文

关于他国讲和的事,鲁史是不记载的。这次为什么记载? 是因为称赞这回的讲和全在华元与子反两人做主促成的。为什么要称赞华元与子反自己做主讲和? 楚庄王围攻宋国,军中只有七天的粮食了。吃完这些粮食而攻不下城池,也就要解围回去了。当时,庄王叫司马子反登上攻城的土山去偷看宋城内情,宋国的华元也在此时登上守城的土山去偷看城外的动静,恰巧遇见了。

注释 1 外平不书:《春秋》是鲁史,对于他国都称外。外平是他国和他国之间的讲和。这不关鲁国的事情,所以不记载。 2 己:指宋国的华元和楚国的子反。 3 庄王:楚庄王。 4 司马:官名。掌管军政和军赋。 子反:公子侧。 堙(yīn):为登上城墙而筑的土山。 5 华元:宋大夫。

司马子反曰:"子之国何如?"华元曰:"惫¹矣!"曰:"何如?"曰:"易子²而食之,析骸而炊之³。"司马子反曰:"嘻,甚矣惫!虽然,吾闻之也,围者柑马而秣之⁴,使肥者应客,是何子之情也?"

司马子反问道:"您贵国的情况怎么样?"华元回答说:"已经疲惫不堪了。"子反说:"疲惫到什么程度?"华元说:"已经到了互换儿子当食物,分剖尸骨做燃料的程度了。"司马子反说:"唉!真是疲惫到极点了!虽然如此,但我听得人家说:被围的人,往往在饲马时,用木衔住马嘴,使它不能吃,表示已经吃得很饱;一方面又牵肥马出来给人看,表示很有蓄积。为什么您却要诚实地说出实情呢?"

注释 1 惫(bèi):疲惫,极度疲乏。 2 易子:交换儿子。 3 析:分开。骸:尸骨。 炊:用火烧熟物品,这里是做燃料的意思。 4 柑:同"钳",用东西夹住。这里是指以木衔马口。 秣(mò):喂牲口。

华元曰:"吾闻之,君子见人之厄,则矜之;¹小人见人之厄,则幸之²。吾见子之君子也,是以告情于子也。"司马子反曰:"诺,勉之³矣!吾军亦有七日之粮尔。尽此不胜,将去而归尔。"揖⁴而去之。

华元说:"我也听得人家说:君子见到人家的痛苦,就怜悯它;小人见到人家的痛苦,就幸灾乐祸。我知道您是君子,所以把实情告诉您。"司马子反说:"啊!是这样吗!你们再勉力坚守吧!我们军队也只有七天的粮食了。吃完这些粮食而不能取胜,我们也将退兵回去了。"说完,二人拱一拱手就告别了。

注释 1 厄(è):困苦,灾难。 矜:怜悯。 2 幸之:把它当作高兴的事。 3 勉之:勉力坚守。 4 揖(yī):古时的拱手礼。

反[1]于庄王。庄王曰：
"何如？"司马子反曰：
"惫矣！"曰："何如？"曰：
"易子而食之，析骸而炊
之。"庄王曰："嘻，甚矣
惫！虽然，吾今取此，然
后而归尔。"司马子反
曰："不可。臣已告之矣，
军有七日之粮尔。"庄王
怒曰："吾使子往视之，
子曷为告之？"司马子
反曰："以区区[2]之宋，犹
有不欺人之臣，可以楚
而无乎？是以告之也。"
庄王曰："诺，舍而止！
虽然，吾犹取此然后归
尔。"司马子反曰："然
则君请处于此，臣请归
尔。"庄王曰："子去我而
归，吾孰与处于此？吾
亦从子而归尔。"引师而
去之。故君子大其平乎
己也。此皆大夫也，其
称"人"何？贬。曷为贬？
平者在下[3]也。

子反回到庄王那里。庄王问："情况
怎么样？"司马子反回答说："已经疲惫
不堪了。"庄王说："疲惫到什么程度？"
子反说："已经到互换儿子当食物，分割
尸骨做燃料的程度了。"庄王说："唉，真
是疲惫到极点了！既然是这样，我现在一
定要攻破城池才回去。"司马子反说："不
能这样做。我已经告诉了他：我军也只有
七天的粮食了。"庄王气愤地说："我叫你
去察看城内的情况，你为什么要把我军的
实情告诉他？"司马子反说："以小小的宋
国，尚且有不欺骗别人的大臣，我们楚是
大国，难道还可以没有吗？所以我也把实
情告诉了他。"庄王说："好吧！你且筑间
房子住在这里。尽管我们粮食将尽，我
还是要攻下城池才回去的。"司马子反说：
"那么，请您留在这里吧，我要回去了。"
庄王说："你离开我而回去，叫我同谁住在
这里呢？我也跟你一起回去算了。"于是
带领军队离开了宋国。所以君子称赞这
次讲和，全在华元与子反自己做主。这
些人都是"大夫"，为什么称之为"人"
（"宋人""楚人"）？有贬他们的意思。为
什么要贬他们？因为两方主和的人，都是
在下的臣子，总不免有点侵犯君权。

[注释] 1 反:同"返"。　2 区区:小的意思。　3 平者在下:是说主和的人都是在下的臣子。

吴子使札来聘

《公羊传·襄公二十九年》

[导读]　季札兄弟让国,古时传为美谈。但所导致的结果,仍然是一场兄弟之间的互相残杀。这反映出剥削阶级内部之间的矛盾是不可能靠某一两个人的品德而得到解决的。本文既高度赞扬了吴季札的品德,却又强调所谓"华夷之辨"。本文标题是《春秋》中的一句经文。

[原文]

吴无君无大夫[1],此何以有君有大夫?贤季子也[2]。何贤乎季子?让国[3]也。其让国奈何?

[译文]

《春秋》记载吴国的事,总是称吴国,而不记载它的国君和大夫。这里为什么又称君,又称大夫呢?这是赞美季子呀。为什么要赞美季子?是因为他让国啊。他让国是怎么回事呢?

[注释]　1 吴无君无大夫:这是说《春秋》记载吴国的事情,一向只称国,不言及它的君与大夫,以表示它与中国不同的意思。　2 贤:赞美的意思。季子:即季札,吴王诸樊的弟弟。　3 让国:吴王寿梦要传国给季子,寿梦死,季子不受而让国给他的哥哥。

谒也,餘祭也,夷昧也,与季子同母者四。[1]

原来是这样:谒、餘祭、夷昧和季子,是同母所生的四兄弟。季子最小却有才

季子弱而才，兄弟皆爱之，同欲立之以为君。谒曰："今若是迮²而与季子国，季子犹不受也。请无与子而与弟。弟兄迭为君，而致国乎季子。"皆曰："诺。"故诸为君者，皆轻死为勇，饮食必祝曰："天苟有吴国，尚速有悔³于予身！"故谒也死，餘祭也立；餘祭也死，夷昧也立；夷昧也死，则国宜之季子者也。

季子使而亡焉。僚⁴者，长庶⁵也，即之⁶。季子使而反，至而君之尔。

干，兄弟们都喜欢他。大家都要立他做国君。谒说："现在要是仓促间把国家让给季子，季子还是不肯接受的。我想请大家都不要把君位传授给自己的儿子，而传给弟弟，兄弟依次做国君，最后就可以把君位让给季子了。"大家都同意说："好的。"所以这几个做国君的，都把不怕死看作勇敢，吃饭时一定祷告说："上天如果还要保佑吴国，那就快些把灾祸降到我的身上。"所以谒死了，餘祭做国君；餘祭死了，夷昧做国君；夷昧死了，就应当轮到季子做国君了。

可是那时季子出使他国，不肯回来。有个叫僚的，是庶子中最大的，即位做了国君。季子以使臣的身份回来了。回到吴国，把他的侄儿僚当作君主。

【注释】 1 "谒也"四句：谒、餘祭(zhài)、夷昧三人，都是吴王寿梦的儿子，季札的哥哥。他们四人是同母四兄弟。 2 迮(zé)：仓促。 3 悔：这里指灾祸。 4 僚：夷昧的儿子。 5 长庶：在谒、餘祭、夷昧三人的儿子中他是最大的。 6 即之：即位为君。

阖庐¹曰："先君之所以不与子国而与弟者，凡为季子故也。将从先君之命与，则国宜之季子者也。如不从

谒的儿子阖庐说："先君之所以不传位给儿子却传给弟弟，都是为了季子的缘故。如果听从先君的命令嘛，那么国君应当传给季子；如果

先君之命与,则我宜立²者也。僚恶³得为君乎?"于是使专诸⁴刺僚,而致国乎季子。

不听从先君的命令嘛,那么我就应该做国君。僚怎么能做国君呢?"于是派专诸刺死僚,要把国家让给季子。

[注释] 1 阖庐:谒的儿子,即公子光。 2 我宜立:阖庐是谒的儿子,谒是吴王寿梦的长子。按照当时立嫡以长的原则,那么阖庐应该继承他父亲的王位。 3 恶(wū):何。 4 专诸:吴国堂邑(今江苏南京六合北)人。春秋时著名刺客。吴王僚十二年(前515),光设宴请僚,他藏匕首在鱼腹中进献,刺杀僚,自己也当场被杀。

季子不受,曰:"尔弑吾君,吾受尔国,是吾与尔为篡¹也;尔杀吾兄,吾又杀尔,是父子兄弟相杀,终身无已也。"去之延陵,终身不入吴国。故君子以其不受为义,以其不杀为仁。

贤季子,则吴何以有君有大夫?以季子为臣,则宜有君者也。"札"者何?吴季子之名也。《春秋》贤者不名,此何以名?许夷狄者,不壹而足也。季子者,所贤

季子不肯接受说:"你杀掉我的君,我接受你的国,这是我和你共同谋篡了。你杀掉我哥哥的儿子,我又把你杀掉,这是父子兄弟互相残杀,那就没有个完了。"于是就离开吴国,到了延陵,并且终身不进吴国国都。所以君子认为他不受国是义,认为他不杀阖庐是仁。

赞美季子,为什么就说吴国有君、有大夫?这是因为季子既然做了臣子,那就应该有君了。札是什么?是吴国季子的名字。按照《春秋》书法,凡是贤人是不直书其名的,这里为什么直书其名呢?对待夷狄,不能因为一件事好,就算是完美无缺的。季子既然被认为是贤人,那么还有什么不完美的?这是由于称赞人臣是

也,曷为不足乎季子? 许人臣者必使臣,许人子者必使子也。

要他始终做人的臣子;称赞人子是要他始终做人的儿子。直书季子的名字,也就是要他永远不忘自己是吴国的臣子。

注释 1 篡(cuàn):用非法手段夺取地位或权力。下句"吾兄",吾兄之子的意思,指吴王僚。

郑伯克段于鄢

《穀梁传 1 · 隐公元年》

导读 本书所选两篇《郑伯克段于鄢》:一为《左传》,一为《穀梁传》。两相对照,就可看出前者是从事实方面加以叙述;后者只是从字的解释和所谓义理方面加以说明。

原文

"克"者何? 能也。何能也? 能杀也。何以不言杀? 见段 2 之有徒众也。

译文

"克"是什么意思? 是能够战胜。能够战胜又是什么意思? 就是能够杀人。为什么《春秋》经上不说杀? 是因为段有一些拥护者,不容易杀呀。

注释 1《穀梁传》:为《春秋》三传(《左传》《公羊传》《穀梁传》)之一。相传为穀梁赤所作。穀梁赤,鲁国人,相传是子夏的学生。据唐朝杨士勋《春秋穀梁传疏》说:"穀梁子,名俶,字元始,一名赤。受经于子夏,为经作传。" 2 段:即共叔段,郑庄公的弟弟。

段，郑伯弟也。何以知其为弟也？杀世子、母弟目君[1]，以其目君，知其为弟也。[2]段，弟也，而弗谓弟；公子也，而弗谓公子，贬之也。段失子弟之道矣[3]。贱段而甚郑伯也[4]。

段是郑伯的弟弟。怎么知道他是郑伯的弟弟呢？凡是杀死天子、诸侯的长子和同母弟弟的，经文上都按国君称呼，现在经文上称他为郑伯，就可知道段是弟弟了。段既是弟弟，却不称弟；既是公子，却不称公子，这是贬抑他的意思。也是因为段不遵守做子弟的规矩。但轻视段也就格外强调了轻视郑伯。

注释　1 世子：天子、诸侯的长子。　母弟：同母弟。　目君：凡是杀世子和同母弟的，《春秋》经文上都按国君称呼。目，称的意思。　2 以其目君，知其为弟也：因为称他为郑伯，所以知道被杀的段是他的弟弟。　3 段失子弟之道矣：共叔段恃宠骄横，贪得无厌，失去了做子弟的本分和规矩。　4 贱段而甚郑伯也：贱视共叔段也是加重郑伯的罪责。

何甚乎郑伯？甚郑伯之处心积虑[1]，成于杀[2]也。于鄢[3]，远也；犹曰取之其母[4]之怀中而杀之云尔，甚之也。然则为郑伯者，宜奈何？缓追、逸贼[5]，亲亲之道也。

强调轻视郑伯干什么？强调郑伯平日处心积虑要置自己的弟弟于死地的罪责。经文上说"于鄢"是表示路远的意思；说郑伯追到很远的地方去杀他弟弟，等于说从他母亲的怀中拖出来杀掉一样，这是强调他罪责深重的意思。那么做郑伯的应该怎样呢？不要去穷追，并且放掉他，这才是把亲兄弟当作亲兄弟对待的正确方法啊。

注释　1 处心积虑：存心而又蓄意很久。这句是说段的不义，都是由于郑伯平日处心积虑造成的。　2 成于杀：犹言置于死地。　3 鄢(Yān)：

郑国地名,在今河南鄢陵境内。 **4** 其母:指武姜。这句是说郑伯所以要杀共叔段,是恨武姜爱共叔段而厌恶自己,所以虽然共叔段逃奔到了鄢地,仍然是像从母亲怀中拖出来杀掉一样。 **5** 缓追:不要穷追。逸贼:放掉作乱的人(指共叔段)。

虞师晋师灭夏阳

《穀梁传·僖公二年》

[导读] 只图眼前的小利,不顾以后的大患,这就是虞国很快被晋国灭亡的原因。文章对荀息的献计与分析写得具体生动,因他对虞国的事务了如指掌。写宫之奇的劝谏和虞公的态度,为荀息的分析做了极好的印证。最后用荀息的诙谐作结,更显示了他的老谋深算。

[原文]

　　非国而曰灭,重夏阳[1]也。虞无师[2],其曰师,何也? 以其先晋[3],不可以不言师也。其先晋何也? 为主乎灭夏阳也。夏阳者,虞、虢之塞邑也[4]。灭夏阳而虞、虢举[5]矣。

[译文]

　　夏阳不是国家,而《春秋》却说灭,这是重视夏阳。虞国并没有出动军队攻打夏阳,而要连带说及它的军队,这是什么意思呢? 因为它比晋国先存有贪心,所以不可不说它也出动了军队。为什么说虞国比晋国先存有贪心呢? 因为它在灭夏阳这件事情上负有主要责任,否则,夏阳是不会被灭的。夏阳是虞、虢的边境要地,灭掉了夏阳,虞、虢两国就易于攻取了。

注释 1 夏阳:《左传》作"下阳",虢邑,在今山西平陆北。 2 虞无师: 晋灭夏阳,虞没有军队参加。虞,周文王时所建立的诸侯国,姬姓,开国 君主是古公亶父之子虞仲的后代。 3 先晋:虞国答应借道给晋国以攻 打虢国,是虞国比晋国先有灭虢之心。 4 虢(Guó):西周初年所封的诸 侯国之一。姬姓。有东虢、西虢之分。这里所指为西虢。 塞(sài):边 界上的险要地方。 5 举:拔取。

虞之为主乎灭夏 阳,何也? 晋献公[1]欲 伐虢,荀息[2]曰:"君何 不以屈[3]产之乘,垂棘 之璧[4],而借道乎虞[5] 也?"公曰:"此晋国之 宝也。如受吾币[6]而不 借吾道,则如之何?"

说虞国在灭夏阳这件事情上负有主 要责任是怎么回事呢? 原来晋献公想要 攻打虢国,他的大夫荀息献计说:"您为什 么不拿屈地产的好马,垂棘出的好玉,去 贿赂虞国,向虞国借道呢?"献公说:"好 马、好玉是晋国的宝贝,如果虞国收下了 我的礼物而不肯借给道路通过,那将怎么 办呢?"

注释 1 献公:晋国的君主,晋文公的父亲。 2 荀息:晋大夫。 3 屈:晋地名,在今山西石楼东南,出产良马。 4 垂棘:晋地名,故地在 今山西境内,出产美玉。 璧:玉的通称。 5 借道乎虞:虞夹在晋与虢 之间,晋要攻打虢国,必须向虞国借道。 6 币:古时候玉、马、皮、圭、璧、 帛,都称为币。这里指美玉和良马。

荀息曰:"此小国 之所以事大国也。彼 不借吾道,必不敢受吾 币。如受吾币而借吾

荀息说:"按小国侍奉大国的道理,他 要是不肯借路让我们通过,一定不敢收下 我们的礼物;要是收下我们的礼物而借路 让我们通过,那我们就好比从中府里取出

道,则是我取之中府而藏之外府,取之中厩而置之外厩[1]也。"公曰:"宫之奇[2]存焉,必不使受之也。"荀息曰:"宫之奇之为人也,达心[3]而懦,又少长于君。达心则其言略,懦则不能强谏,少长于君,则君轻之。且夫玩好[4]在耳目之前,而患在一国之后,此中知[5]以上乃能虑之。臣料虞君,中知以下也。"

宝物藏放到外府里去,从中厩里牵出良马拴在外厩里一样。"献公说:"虞国有个贤大夫宫之奇,他一定会要阻止虞君接受这份礼物的。"荀息说:"宫之奇这个人,心里虽然很通晓事理,但很懦弱,况且他从小就是在虞君身边长大的。由于他自己通晓事理,以为旁人也会像他一样通晓,所以说话就很简略;又由于他处事懦弱,不听就不能力争;再加以他从小就在虞君身边长大的,虞君轻视他,不会听他的话。况且这些玩好的东西就在虞君的眼前,而祸患却在虢国的后面,这需要有中等智慧以上的人才能想到这一点,我预料虞君,是中智以下的人。"

注释 1 厩(jiù):马棚。 2 宫之奇:虞大夫。 3 达心:心里很明白。达,通晓。 4 玩好:此指璧和马。 5 知:同"智"。下同。

公遂借道而伐虢。宫之奇谏曰:"晋国之使者,其辞卑而币重,必不便于虞。"虞公弗听,遂受其币而借之道。宫之奇又谏曰:"语曰:'唇亡则齿寒[1]。'其斯之谓与!"挈其妻子

献公听了荀大夫的话,就去向虞国借路攻打虢国。宫之奇进谏说:"晋国派来的使者,他的言辞很谦虚,而礼物却又厚重,一定是不利于虞国的。"虞公不听他的话,就收下了晋国送来的礼物,把道路借给晋国。宫之奇又进谏说:"俗话讲:'嘴唇没有了,牙齿就要受寒的。'就是说的这个意思吧!"便带了他的妻子儿女逃到曹国

以奔曹²。

献公亡虢五年，而后举虞。荀息牵马操³璧而前曰："璧则犹是也，而马齿加长⁴矣。"

去了。

献公灭虢国，在僖公五年，然后又把虞国灭了。荀息牵着马，拿着玉，走到献公面前说："玉还是原来的样子，不过马的年纪却增大了些。"

注释 1 唇亡则齿寒：唇在外，齿在内，唇亡故齿寒，比喻休戚相关。2 挈(qiè)：带，领。 曹：西周初年所封的诸侯国之一，建都陶丘(今山东菏泽定陶区)。 3 操：拿着。 4 马齿加长：是说马的年岁增大了。

晋献公杀世子申生
《礼记·檀弓上》¹

导读 本文篇幅虽小，却写得委婉曲折，塑造了申生这个念念不忘君国的忠臣孝子的形象。作者也在宣扬"亲亲"的宗法思想。

原文

晋献公将杀其世子申生²，公子重耳³谓之曰："子盖⁴言子之志于公乎？"世子曰："不可。君安骊姬⁵，是我伤公之心也。"曰："然则盖行乎？"世子曰："不可。君谓我欲

译文

晋献公将要杀他的太子申生。公子重耳对申生说："你何不把你的心意向国君讲明呢？"太子说："不可。君上没有骊姬，就不安逸；如果我把真相讲明，那是我伤君上的心了。"公子重耳说："那么，你为什么不逃走呢？"太子说："不可。那样君上会说我想要杀

弑君也。天下岂有无父之国哉！吾何行如之？”

害他。天下难道存在没有父亲的国家吗？我能够逃到哪里去？”

注释 1《礼记·檀弓上》:《礼记》是儒家经书之一,记述儒家礼教学说及先秦典章制度、风俗习惯等。《汉书·艺文志》称为“七十子后学者所记”。可见此书并非成于一人之手。现在所保存的《大戴礼记》相传为汉朝人戴德所选辑,《小戴礼记》相传为戴德的侄儿戴圣所选辑。《小戴礼记》共四十九篇,即今日通行的《礼记》。《檀弓》是《礼记》中的篇名。 2 世子申生:即长子申生。晋献公听信骊姬的谗言,将要杀死申生。 3 重耳:申生的异母弟。后为晋文公。 4 盖:此处同“盍”,何不。 5 骊姬:晋献公的宠妃。

使人辞于狐突[1]曰:“申生有罪,不念伯氏[2]之言也,以至于死。申生不敢爱其死。虽然,吾君老矣,子少[3],国家多难。伯氏不出而图[4]吾君,伯氏苟出而图吾君,申生受赐而死。”再拜稽首,乃卒。是以为恭[5]世子也。

太子派人去辞别狐突说:“申生得了罪,这是不听您的话,所以弄到性命也保不住了。我申生不敢贪生怕死,不过君上年纪大了,他所宠爱的儿子又小,国家的患难正多。伯氏如不肯出来为君上图谋安定国家的方法,那就罢了;伯氏如肯出来为君上图谋安定国家的方法,那么我申生就等于受了你的恩惠,死了也是甘心的。”于是拜了两拜,叩头到地,就自杀了。因此后世称他为恭世子。

注释 1 狐突:申生的师傅。 2 伯氏:即指狐突。鲁闵公二年(前660),晋献公派遣申生伐东山时,狐突曾劝他趁此机会逃到别的地方去,申生没有听从。“不念伯氏之言”即指此。 3 子少:指骊姬的儿子奚齐年纪还小。 4 图:图谋安国之策。 5 恭:亦作“共”,申生的谥号。

曾子易箦

《礼记·檀弓上》

导读 本篇主要之点在于说明："君子之爱人也以德,细人之爱人也以姑息。"但曾子的换席做法是在宣扬他严守封建礼制的精神。

原文

曾子寝疾,病。[1]乐正子春[2]坐于床下,曾元、曾申[3]坐于足,童子隅[4]坐而执烛。

童子曰:"华而睆[5],大夫之箦[6]与?"子春曰:"止!"曾子闻之,瞿然[7]曰:"呼?"曰:"华而睆,大夫之箦与?"曾子曰:"然!斯季孙[8]之赐也,我未之能易也。元,起易箦!"

译文

曾子卧病在床,病势很严重了。他的学生乐正子春坐在床下,他的儿子曾元、曾申坐在他的脚边,服侍的家童坐在屋角,手里拿了一支蜡烛。

家童说:"美好而且光滑,是大夫的床席吗?"子春说:"不许多说!"曾子听到了,感到很吃惊,说:"啊?"童子又说:"美好而且光滑,是大夫的床席吗?"曾子说:"是的!这是季孙赠送我的,我自己已无力把它更换了。元儿,把我扶起来,换掉这席子。"

注释 1 曾子:孔子的学生,名参。 寝:卧床。 疾:指一般的病。病:重病。 2 乐正子春:曾子的学生。 3 曾元、曾申:都是曾子的儿子。4 隅(yú):角落,边侧。 5 睆(huǎn):光滑。 6 箦(zé):床席。 7 瞿(jù)然:惊动的样子。 8 季孙:鲁大夫季孙氏。

曾元曰:"夫子之病革[1]矣,不可以变[2]。幸而至于旦[3],请敬易之。"曾子曰:"尔之爱我也不如彼[4]。君子之爱人也以德,细人之爱人也以姑息[5]。吾何求哉?吾得正而毙焉,斯已矣。"举扶而易之,反席未安而没。

曾元说:"父亲的病很重,现在不能更换,且等到天亮时,我们再更换它。"曾子说:"你爱护我呀,还不如这小孩。君子爱护人要用道德开导他,小人爱护人则对人姑息迁就。我还希望得到什么呢?我只要能够死得不背礼,就算满足了。"大家只好把他扶起来,换掉席子;再扶他睡下,还没有睡安稳,曾子就死了。

注释 1 病革(jí):病危。革,急。 2 变:移动。 3 旦:天亮。 4 彼:指童子。 5 细人:小人,器量小的人。 姑息:姑且偷安于目前。

有子之言似夫子
《礼记·檀弓上》

导读 本篇的章法很别致:第一段写有子的否定,但不完全说出否定的根据;第二段写子游的解释;最后一段有子才把否定的根据说出来。写得层次分明,灵活跌宕。有子根据孔子自己的行为来判断孔子的言论,就不会犯断章取义的错误。

原文

有子[1]问于曾子曰:"问丧于夫子乎[2]?"曰:"闻之矣。丧欲速贫,死欲速朽。"

译文

有子问曾子道:"你向老师问过一个人失去官位以后,应该怎么办吗?"曾子说:"只听他说过:丢官位

有子曰:"是非君子之言也。"曾子曰:"参[3]也闻诸夫子也。"有子又曰:"是非君子之言也。"曾子曰:"参也与子游[4]闻之。"有子曰:"然。然则夫子有为言之也。"

以后要快些贫穷,死了以后要快些腐烂。"有子说:"这不是君子所说的话。"曾子说:"我确实是亲耳听老师讲的。"有子还是说:"这不是君子所说的话。"曾子说:"我与子游一同听到的。"有子说:"如果是真的,那么老师一定是另有所指而说的。"

注释 1 有子:孔子的学生,名若。 2 问:一说应作"闻",听到。 丧:这里指失去官位。 夫子:指孔子。 3 参:曾子自称其名。 4 子游:孔子的学生,姓言,名偃。

曾子以斯言告于子游。子游曰:"甚哉,有子之言似夫子也![1]昔者夫子居于宋,见桓司马自为石椁[2],三年而不成。夫子曰:'若是其靡[3]也,死不如速朽之愈也。'死之欲速朽,为桓司马言之也。南宫敬叔反[4],必载宝而朝[5]。夫子曰:'若是其货[6]也,丧不如速贫之愈也。'丧之欲速贫,为敬叔言之也。"

曾子把这些话告诉子游。子游说:"像得很啊!有子的话确实像夫子。以前夫子住在宋国,看见桓司马替自己用石头做一副外棺,三年还没有做好。夫子便说:'像这样奢靡浪费,死了不如快些烂掉才好呢。'死了要快些腐烂的话,是为桓司马说的。南宫敬叔失去官位回家后,总是载着宝物入朝行贿赂以求复位。夫子说:'像这样的行使贿赂,丢了官位还不如快些贫穷的好呢。'丢了官位要快些贫穷这句话,是为敬叔说的。"

注释 1 "甚哉"二句:平日孔子的学生都认为有子之言有点像夫子,即懂得夫子谈话的用意,所以子游发出这样的感叹。甚,极。 2 桓司马:即宋国的桓魋,司马是官名。 椁:棺材外面套的大棺材。 3 靡:奢侈。 4 南宫敬叔:即仲孙阅,鲁大夫,孟僖子的儿子。 反:指失去官位回国。 5 载宝而朝:装载着宝物入朝行贿赂,以求复位。 6 货:行贿赂。

曾子以子游之言告于有子。有子曰:"然。吾固曰非夫子之言也。"曾子曰:"子何以知之?"有子曰:"夫子制于中都[1],四寸之棺,五寸之椁,以斯知不欲速朽也。昔者夫子失鲁司寇[2],将之荆[3],盖先之以子夏[4],又申之以冉有[5],以斯知不欲速贫也。"

曾子又把子游的话告诉有子。有子说:"对的。我原说这不是夫子所说的话。"曾子说:"你怎么知道的?"有子说:"夫子做中都宰时,定下棺椁的规格,棺四寸,椁五寸,由此我就知道他不主张人死了要快些腐烂。从前夫子失了鲁国司寇的官位,将到楚国去,先叫子夏去接洽,又叫冉有去致意,由此我知道他并不主张丢了官位要快些贫穷。"

注释 1 制:制定。鲁定公九年(前501),孔子为中都宰,曾制定了棺椁的规格,即下文所说的"四寸之棺,五寸之椁"。 中都:鲁地名,在今山东汶上西。 2 司寇:官名,掌管刑狱、纠察等事。鲁定公十四年(前496),孔子曾为鲁国的司寇,后失位。 3 荆:楚的旧号。 4 子夏:孔子的学生,姓卜,名商。 5 申:再。 冉有:孔子的学生,名求。

公子重耳对秦客

《礼记·檀弓下》

导读　公子重耳流亡到狄国,适逢晋献公死了。秦穆公派人去吊丧并传话给他,实际上是窥探公子重耳的动向。重耳君臣有所戒备,因而用一番大道理来应付,并且非常得体,以至秦穆公也上了当。

原文

晋献公之丧,秦穆公使人吊公子重耳[1],且曰:"寡人闻之:'亡国恒[2]于斯,得国恒于斯。'虽吾子俨然[3]在忧服之中,丧[4]亦不可久也,时亦不可失也,孺子[5]其图之!"

译文

晋献公死了,秦穆公派人去狄国慰问公子重耳,并且要使者对他说:"我听人家说:'失国也常是在这个时候,得国也常是在这个时候。'虽然你很庄重地处于丧期,可是失位出亡也不可太久,时机也不可错过啊,你好好考虑吧!"

注释　1 秦穆公:秦国国君,名任好。春秋五霸之一。　吊:慰问死者家属。　公子重耳:晋献公的儿子,即后来的晋文公。时重耳在狄避难,穆公使人致吊,有劝他回国即位的意思。　2 恒:常。　3 俨然:庄重、恭敬的样子。　4 丧:指失去国内地位逃亡在外。　5 孺子:通指年幼者。这里是指嫡长子后面的儿子。晋献公的几个儿子中,除世子申生外,重耳为最长,当嗣君位,所以秦穆公这样称呼他。

以告舅犯[1]。舅犯曰:"孺子其辞焉。丧人无宝,仁亲[2]以为宝。父死之谓何?又因以为利[3],而天下其孰能说之。孺子其辞焉。"

公子重耳对客曰:"君惠吊亡臣[4]重耳,身丧父死,不得与[5]于哭泣之哀,以为君忧。父死之谓何?或敢有他志[6]以辱君义?"稽颡[7]而不拜。哭而起,起而不私[8]。

重耳把这话告诉舅犯。舅犯说:"你必须辞谢他啊!失位出亡的人没有什么可以宝贵,仁爱和思亲才算是宝贵。父亲死去是何等的不幸,又借这个时机去图私利,那么天下的人谁能说你没有罪呢?你必须辞谢他啊!"

公子重耳回答秦使说:"承蒙你国君慰问我亡臣重耳。我失位出亡在外,父亲又死了,不能够回国参加丧礼在父亲身边悲哀痛哭,劳你国君替我担忧。父亲死去是何等的不幸,我怎敢有别的想法,辜负你国君慰问的好意呢?"说完,对秦使叩头而不拜谢。哭着站起来,起来以后就不再和使者私下谈话了。

注释 1 舅犯:即狐偃,字子犯,重耳的舅父。 2 仁亲:仁爱和怀念亲人。 3 利:指父死时回国即位。 4 亡臣:出亡在外之臣。 5 与(yù):参加。 6 他志:指回国即位的野心。 7 稽颡(sǎng):古人守丧时拜客的一种礼节。拜时以额触地。 8 私:私谈。

子显以致命于穆公[1]。穆公曰:"仁夫公子重耳!夫稽颡而不拜,则未为后[2]也,故不成拜;哭而起,则爱父也;起而不私,则远[3]利也。"

秦使子显把这些情况回报给穆公。穆公说:"多仁爱的公子重耳!对使者叩头而不拜谢,表明他还没有做晋君的继位人,所以用不着拜谢。哭着站起来,表明他对父亲的爱慕思恋;起来后不再和使者私下谈话,表明他避开了自己的利益。"

注释 1 子显:即公子絷,秦穆公派去吊重耳的使者。致命:回报。
2 后:后嗣,继承人。根据古时候的丧礼,先稽颡而后拜,那是继承人答谢客人的敬礼。现在重耳还不是晋献公的继承人,所以只稽颡而不拜。
3 远:避开。

杜蒉扬觯

《礼记·檀弓下》

导读 杜蒉进谏,如果当时直接指出平公的不是,平公未必能接受。于是在罚酒三杯之后,即快步走出,引起平公的好奇;待平公主动问及,他才一一说出,平公也就不得不接受了。本文对杜蒉的举止言谈及其精明幽默的描写,都给人留下了深刻的印象。

原文

知悼子[1]卒,未葬。平公[2]饮酒,师旷、李调侍[3],鼓钟[4]。杜蒉[5]自外来,闻钟声,曰:"安在?"曰:"在寝[6]。"

译文

知悼子死了,还没有下葬,晋平公就喝酒,师旷和李调作陪,敲钟奏乐。这时厨师杜蒉从外面走进宫来,听到钟声,问道:"他们在哪儿?"有人说:"在寝宫内。"

注释 1 知(Zhì)悼子:晋大夫,名罃,知庄子的儿子。悼是他的谥号。
2 平公:晋平公,名彪。 3 师旷:晋国的乐官。 李调:晋平公的近臣。侍:作陪。 4 鼓钟:敲钟。钟,乐器。 5 杜蒉(kuài):《左传》作"屠蒯",晋国的宰夫。蒯,读 kuǎi。 6 寝:寝宫。

杜蒉入寝,历阶而升,酌[1]曰:"旷饮斯!"又酌曰:"调饮斯!"又酌,堂上北面坐饮之[2]。降,趋而出。[3]

杜蒉走进寝宫,从石阶上去,到了席前。斟了一杯酒,说:"师旷喝了这杯。"再斟了一杯,说:"李调喝了这杯。"再斟了一杯,自己在堂上朝北跪下,一口喝干,就起身下阶,快步走出去了。

注释 1 酌:斟酒。 2 堂上北面坐饮之:古时人君朝南坐,臣子则面向北。杜蒉北面而坐,就可以面向国君行臣礼了。坐,即跪。因为古时席地而坐,坐时两膝跪在席上,屁股坐在脚后跟上,屁股稍稍离开脚后跟就成为跪了,所以跪也叫坐,但坐不可叫跪。 3 降:下阶。 趋:快走。

平公呼而进之,曰:"蒉!曩者[1]尔心或开予,是以不与尔言。尔饮旷何也?"曰:"子卯不乐[2]。知悼子在堂[3],斯其为子卯也大矣[4]!旷也,太师[5]也,不以诏[6],是以饮之也。"

平公喊他进来问道:"杜蒉!刚才你的用意可能是要开导我,所以我没有先问你。你叫师旷喝酒是什么意思?"杜蒉说:"平常遇到子卯的日子,国君尚且不奏乐;现在知悼子死了还没有下葬,这比子卯忌日更重要了。师旷是乐官之长,他不把这层意思对您说,所以要罚他。"

注释 1 曩者:刚才。 2 子卯不乐:夏桀以乙卯日死,商纣以甲子日亡,古人把它叫做疾日,所以做国君的不举乐。 3 在堂:指知悼子的灵枢还放在家里没有下葬。 4 斯其为子卯也大矣:古时候国君对于卿大夫,人刚死不举乐,人刚下葬不吃肉。悼子是亲近的大臣,死了还没有下葬,人君的哀痛,应当甚于桀纣的疾日,所以说大于子卯。 5 太师:乐官之长。 6 诏:告诉。

"尔饮调何也？"曰："调也，君之亵臣[1]也，为一饮一食忘君之疾[2]，是以饮之也。""尔饮何也？"曰："蒉也，宰夫[3]也。非刀匕[4]是共，又敢与知防[5]，是以饮之也。"平公曰："寡人亦有过焉，酌而饮寡人。"杜蒉洗而扬觯[6]。

公谓侍者曰："如我死，则必毋废斯爵[7]也。"至于今，既毕献，斯扬觯，谓之杜举。

平公又问："你要李调喝酒又是什么意思呢？"杜蒉说："李调是您宠信的近臣，但为了自己贪图吃喝，竟忘了君主应忌讳的事情，所以要罚他。"平公说："那么，你喝酒又是什么意思呢？"杜蒉说："我不过是一个厨师，不专心拿着刀子、勺子来供给饮食，竟敢参与诤谏防闲的事情，所以也要罚我自己。"平公说："我也有过失啊，你也倒一杯酒来罚我吧！"杜蒉把酒器洗了以后，举着罚酒献上。

平公对左右侍从说："如果我死后，一定不要扔掉这个酒杯。"所以到现在，晋国每逢宴饮将完，一定要举起这酒杯，叫做"杜举"。

注释　1 亵(xiè)臣：轻慢的近臣。　2 疾：疾日，犹言恶日、忌日。 3 宰夫：主管国君膳食的小官。　4 匕(bǐ)：古代指饭勺。　5 与(yù)：参与，与闻。　知：知谏。　防：防闲。这里是说杜蒉不过一个宰夫，又敢参与谏诤防闲之事，这是越级行为。　6 扬：举起。　觯(zhì)：古时饮酒用的器皿。　7 爵：酒器，和"觯"意思相同。

晋献文子成室

《礼记·檀弓下》

导读　本篇所反映的虽然只是当时卿大夫之间的应酬之辞，但张老的颂辞，别出心裁，文子的答话，居安思危都与众不同。

【原文】

晋献文子成室[1]，晋大夫发[2]焉。张老[3]曰："美哉轮[4]焉，美哉奂[5]焉！歌[6]于斯，哭[7]于斯，聚国族[8]于斯。"

【译文】

晋国赵献文子新建一所住屋落成，晋国的大夫们都送礼物去恭贺他。其中有一个叫张老的，看了屋称赞道："好极了，这屋多高大呀！多鲜明有文采呀！祭祀奏乐在这里，死丧哭泣在这里，宴享国宾、聚集宗室也都在这里。"

【注释】 1 献文子：即赵武，晋卿。献文是他的谥号。 成室：新屋落成。 2 发：送礼祝贺。 3 张老：晋大夫。 4 轮：指官室高大。 5 奂(huàn)：文采鲜明。 6 歌：祭祀奏乐。 7 哭：死丧哭泣。 8 聚国族：宴集国宾，聚会宗族。

文子曰："武[1]也得歌于斯，哭于斯，聚国族于斯，是全要领以从先大夫于九京也[2]。"北面再拜稽首。君子谓之善颂善祷[3]。

献文子说："我如果真能够在这里祭祀奏乐，在这里死丧哭泣，在这里宴享国宾、聚集宗族，那就是我能够保全身躯，不会死于非命，得以追随祖宗于九泉之下了。"说完，向北连拜了两拜，叩头感谢张老。评论这件事情的君子认为：张老善于祝颂，献文子善于祷告，都是很得体的。

【注释】 1 武：文子自称其名。 2 全要领：要，通"腰"。古时候罪重处以腰斩的刑罚。领，颈。罪稍轻就处以割颈的刑罚。全要领，是指免于遭受上述刑罚。 先大夫：文子自称他的父亲和祖父。 九京：即九原，晋国卿大夫的墓葬地，后世因称墓为九京。"京"与"原"通。 3 善颂：指张老的颂言。 善祷：指文子的答话。

卷之四　战国文

苏秦以连横说秦[1]
《国策》[2]

导读　本篇分为两个部分:第一部分写苏秦主张连横,想帮助秦国兼并六国,秦惠王没有采纳他的意见。第二部分写苏秦推行"合纵",在政治上获得成功的经过。前后对比,把苏秦从失败困顿到成功显达的情景淋漓尽致地展现在读者面前。本文反映了战国时代"逞干戈,尚游说"的历史面貌;同时塑造了苏秦这样一个生动形象:他醉心功名利禄,没有坚定的政治主张("连横""合纵"完全对立),但聪明善辩,刻苦自信。对苏秦父母妻嫂的刻画也极传神,暴露了人情世态,显示了苏秦思想所由产生的社会背景。本文标题是后人摘取文章的第一句加上的。

原文

　　苏秦始将连横说秦惠王曰[3]:

译文

　　苏秦起初用连横的主张游说秦惠王,说:

注释　1《苏秦以连横说秦》:本篇选自《战国策·秦策一》。原书无小标题。这个篇名是选文者定的。　2《国策》:即《战国策》。这是一部战国时代的史料汇编,作者无考。流传到现在的本子是经西汉学者刘向编辑的,分为东周、西周、秦、齐、楚、赵、韩、魏、燕、宋、卫、中山十二国,共三十三篇,可细分为四百九十七章。书名也是刘向所定。此书主要记载战国策士的言论和活动,肯定了他们在政治上的地位和作用。它记事上继《春秋》，下迄楚汉之际，保存了许多重要史料，但也有夸张和虚构的地方，不尽与史实相符。《战国策》又是一部历史文学的杰作，在人物形象的描写上，深刻具体而有个性，达到了较高的艺术水平。语言生动形象，气势充沛。 **3** 苏秦：战国时东周洛阳（今河南洛阳东）人，字季子。连横：西方的秦国与太行山以东的个别国家联结起来，以打击其他国家。这是一种分化六国，使之服从秦国的策略。 秦惠王：秦国的国君，名驷（公元前337年至公元前311年在位）。

"大王之国，西有巴、蜀、汉中之利[1]，北有胡貉、代马之用[2]，南有巫山、黔中之限[3]，东有殽、函之固[4]。田肥美，民殷富，战车万乘，奋击[5]百万，沃野千里，蓄积饶多，地势形便，此所谓天府[6]，天下之雄国也。以大王之贤，士民之众，车骑之用，兵法之教，可以并诸侯，吞天下，称帝而治。愿大王少留意，臣请奏其效。"

秦王曰："寡人闻之：毛羽不丰满者，不可以高飞；文章[7]不成者，不可以诛罚；道德不厚者，不可以使民；政教不顺者，不可以烦

"大王的国家，西边有巴、蜀、汉中的财富，北边有胡貉、代马可以使用，南边有巫山、黔中的险阻，东边有殽山、函谷关的牢固。土地肥美，百姓富足，出战的兵车有万辆，精锐的士卒有百万，土地肥沃，蓄积很多，地理形势险要，可攻可守，这正是所说的'天府之国'，是天下最强的国家。凭着大王的贤明，士兵百姓的众多，车骑的听命用力，兵法的普遍教练，可以并吞诸侯，统一天下，称帝号治理天下。希望大王稍微留意，让我陈述这样做所收到的功效。"

秦王说："我听说过，毛羽还没有长丰满的，不能高飞，礼乐法度还没有完备的，不可以用刑罚；道德修养还不够深厚的，不可以役使百姓；政治教化还不修明的，不可以烦劳大臣。现在

大臣。今先生俨然不远千里而庭教之，愿以异日。"

先生郑重其事地不远千里来到秦国并且在朝廷上教诲我，请改日再说吧！"

注释 1 巴：今重庆、湖北东部地区。 蜀：今四川地区。 汉中：今陕西南部地区。 2 胡：这里指北方匈奴族居住地区。 貉(hé)：兽名，毛可制裘(皮衣)。 代：今山西、河北二省北部，其地产马。 3 巫山：山名，在今重庆巫山以东。 黔(Qián)中：地名，战国时楚地，后为秦所有，在今湖南西北部和贵州东部地区。 4 崤：山名，在今河南洛宁西北。 函：函谷关，在今河南灵宝西南。 5 奋击：奋勇作战的武士，即精锐的军队。 6 天府：自然条件优越，形势险固，物产富饶的地方。 7 文章：指礼乐法度。

苏秦曰："臣固疑大王之不能用也。昔者神农伐补遂¹，黄帝伐涿鹿而禽蚩尤²，尧伐骧兜³，舜伐三苗⁴，禹伐共工⁵，汤伐有夏⁶，文王伐崇⁷，武王伐纣，齐桓任战而霸天下。由此观之，恶有不战者乎？

苏秦说："臣本来就怀疑大王不能采纳我的主张。从前神农讨伐补遂，黄帝讨伐涿鹿，擒杀蚩尤，唐尧讨伐骧兜，虞舜讨伐三苗，夏禹讨伐共工，商汤讨伐夏桀，周文王讨伐崇侯虎，周武王讨伐商纣，齐桓公用战争手段成为诸侯霸主。从这些情况看来，哪里有不用战争的呢？

注释 1 补遂：国名。 2 涿鹿：山名，在今河北涿鹿东南。 蚩尤：传说中的九黎部落首领，与黄帝战，兵败被杀。 3 骧(Huān)兜：尧的臣，因作乱而被放逐。 4 三苗：古族名，也称苗、有苗，分布在今河南南部到湖南洞庭、江西鄱阳一带。传说舜迁有苗至三危(今甘肃敦煌一带)。 5 共工：古代传说人物。 6 有夏：指夏桀。有，语助词，无实义。 7 崇：指崇侯虎，为殷纣的卿士，助纣为虐，被文王诛杀。

"古者使车毂击驰[1]，言语相结，天下为一；约从[2]连横，兵革不藏；文士并饬[3]，诸侯乱惑；万端俱起，不可胜理；科条既备，民多伪态[4]；书策稠浊[5]，百姓不足；上下相愁，民无所聊[6]；明言章理，兵甲愈起；辩言伟服，战攻不息；繁称文辞，天下不治；舌敝耳聋，不见成功；行义约信，天下不亲。

"古时候，使者的车子络绎不绝地来往，用语言相互联结，天下连成一体。现在讲合纵讲连横，武器并没有收藏起来；文士都善于花言巧语，诸侯被他们游说得昏乱迷惑，因而各种事态都发生了，理也理不清；法令条文越完备，百姓应付的办法就越多；法规制度繁乱，老百姓的日子不好过；上上下下都发愁，人民没法活下去；话说得漂亮，道理讲得堂皇，战争反而越加频繁；能说会道，鲜衣华服的辩士到处奔走，可是战争并不停息；繁杂浮夸的文辞，使天下得不到安宁；讲的人舌头讲累了，听的人耳朵震聋了，却看不见成功；实行道义，提倡信用，天下反而不亲近。

注释 1 古者使车毂(gǔ)击驰：使者的车子多得互相碰击来往奔驰，形容来往的使者很多。毂，车轮中心突出部分。 2 约从：从，同"纵"。南北为纵。山东六国从南到北结成联盟共同御秦称为"合纵"。 3 饬(chì)：巧饰，指花言巧语。 4 伪态：虚假奸诈。态，通"慝"，欺诈。 5 书策：记载法令政事的书籍。这里是指法规制度。 稠浊：繁密混乱。 6 聊：依赖。

"于是乃废文任武，厚养死士[1]，缀甲厉兵[2]，效胜于战场。夫徒处[3]而致利，安坐而广地，虽

"于是废除文辞，崇尚武力，用优厚的待遇收养敢死之士，制好衣甲，磨快兵器，在战场上决定胜负。什么也不做却能获得利益，安坐不动却能扩充土地，即使是

古五帝、三王、五霸,明主贤君,常欲坐而致之,其势不能,故以战续之。宽则两军相攻,迫则杖戟相撞,然后可建大功。

古代的五帝、三王、五霸以及其他明主贤君,也经常想坐着求得,但是形势却不能让他们做到,所以要用战争去继续求取。距离远就摆开阵势两军相攻,距离近就兵器对兵器互相拼杀,这样才可建立大功。

注释 1 死士:不怕死的勇士。 2 缀甲厉兵:缝好衣甲,磨快武器。意即做好战争准备。 3 徒处:无所事事地坐着。

"是故兵胜于外,义强于内;威立于上,民服于下。今欲并天下,凌万乘[1],诎[2]敌国,制海内,子元元[3],臣诸侯,非兵不可。今之嗣主[4],忽于至道,皆惛[5]于教,乱于治,迷于言,惑于语,沉于辩,溺于辞。以此论之,王固不能行也。"

"因此在外面打胜了战争,名声也就在国内加强;在上面树立了声威,百姓也就在下面服从。如今想要并吞天下,凌驾在大国之上,征服敌国,控制海内,抚有百姓,臣服诸侯,没有武力是不行的。现在有些继承王位的国君,忽视这最重要的道理,都不明教化,不懂治国,被花言巧语所迷惑,沉溺于能说会道。照这样看来,大王本来就不会采纳我的主张的。"

注释 1 万乘(shèng):指古代能出兵车万辆的国家。一车四马为一乘。 2 诎:屈服。 3 子元元:子,有爱护、统治的意思。元元,人民。 4 嗣主:继承王位的国君。暗指秦惠王。 5 惛:同"昏",昏暗不明。

说秦王书十上,而说不行,黑貂之裘敝,黄金

苏秦向秦惠王上书十次,而连横的主张没有被采纳。黑貂皮裘穿破了,

百斤尽,资用乏绝,去秦而归。嬴縢履蹻[1],负书担囊[2],形容枯槁,面目黧[3]黑,状有愧[4]色。归至家,妻不下纴[5],嫂不为炊,父母不与言。

携带的百斤黄金用完了,生活费用没有了,只得离开秦国回家。裹着绑腿,穿着草鞋,背着书籍,挑着行李,容貌憔悴,脸色又黑又黄,流露出惭愧的样子。回到家里,妻子不下织机迎接,嫂嫂不给做饭,父母不跟他说话。

注释 1 嬴(léi):通"缧",缠束。或作"嬴",误。 縢(téng):绑腿布。蹻(jué):通"屩",草鞋。 2 囊:一本作"橐(tuó)"。 3 黧(lí):黑而带黄的颜色。 4 愧:一本作"归",误。 5 纴:织布帛的丝缕,借作织机。

苏秦喟然[1]叹曰:"妻不以我为夫,嫂不以我为叔,父母不以我为子,是皆秦之罪也。"乃夜发书,陈箧[2]数十,得太公《阴符》[3]之谋,伏而诵之,简练以为揣摩[4]。读书欲睡,引锥自刺其股,血流至足。曰:"安有说人主不能出其金玉锦绣,取卿相之尊者乎?"期年[5],揣摩成,曰:"此真可以说当世之君矣。"

苏秦叹着气说:"妻子不认我做丈夫,嫂嫂不认我做叔子,父母不认我做儿子:这都是我自己的过错啊!"就连夜翻出书籍,打开几十个箱箧把书摆出来,找到一部太公《阴符》的兵法书,伏案诵读,选择重要的熟记,结合当时形势,反复研究它的意义。读书疲倦想睡的时候,就拿个锥子刺自己的大腿,鲜血直流到脚上。说道:"哪会有游说人主不能得到他的金玉锦绣、获取卿相尊位的呢!"过了一年,揣摩透了,说:"这回真正可以说服当世的君主了。"

注释 1 喟然:叹息的样子。 2 箧(qiè):书箱。 3 《阴符》:相传是太公所作的兵书。 4 简:选择。 练:熟悉。 5 期(jī)年:满一年。

于是乃摩燕乌集阙[1]，见说赵王于华屋之下[2]，抵掌而谈[3]，赵王大说[4]，封为武安君[5]，受相印。革车百乘，锦绣千纯[6]，白璧百双，黄金万镒[7]，以随其后。约从散横，以抑强秦。故苏秦相于赵而关不通[8]。

于是，苏秦走到燕乌集阙，在华丽的宫殿里游说赵肃侯，两人谈得拍起手掌来，情投意合。赵王非常高兴，封苏秦为武安君，授给相印，还有兵车百辆，锦绣千捆，白璧百双，黄金二十万两，跟在他的后面，去约集六国合纵，拆散连横，抑制强暴的秦。所以苏秦做了赵的相国之后，秦国通过函谷关与诸国联系的交通就断绝了。

注释 1 摩：逼近。 燕乌集阙：赵都的关塞名。 2 赵王：赵肃侯，名语。 华屋：高大华丽的宫舍。 3 抵(zhǐ)掌而谈：形容谈得投机。抵掌，击掌。 4 说：同"悦"。 5 武安君：苏秦的封号。武安，赵国城邑，故地在今河北武安。 6 纯(tún)：束，捆。 7 镒(yì)：古代重量单位，二十两为一镒。一说二十四两为一镒。 8 关不通：指与六国断绝了来往。关，指函谷关。函谷关是秦与六国来往要塞。

当此之时，天下之大，万民之众，王侯之威，谋臣之权，皆欲决于苏秦之策。不费斗粮，未烦一兵，未战一士，未绝一弦，未折一矢，诸侯相亲，贤于兄弟。夫贤人任而天下服，一人用而天下从。故曰：式于政，不式[1]于勇；式于

这个时候，以天下的大，百姓的多，王侯的威风，谋臣的权变，统统要由苏秦的计策来决定。这样，不费一斗粮食，不用一件兵器，不用一个士兵打仗，不断一张弓，不折一支箭，六国的诸侯就互相亲善，比兄弟还好。真是贤人当政，天下信服；一人任用，天下顺从。所以说：靠政治，不靠勇敢；靠在朝廷决策，不靠在国境之外打仗。苏秦最得势的时候，

廊庙之内，不式于四境之外。当秦之隆，黄金万镒为用，转毂连骑，炫煌[2]于道，山东之国，从风而服，使赵大重。且夫苏秦特穷巷掘门、桑户棬枢之士耳[3]。伏轼撙衔[4]，横历天下，庭说诸侯之主，杜左右之口，天下莫之伉。[5]

有二十万两黄金作为费用，车子一辆接一辆，马匹成群，威风显赫地在大路上奔驰。山东各诸侯国，顺随着这种气势表示服从，使赵国的地位大大提高。原先苏秦不过是一个居住在穷街僻巷、低门陋屋里的穷士罢了，拜相以后，出入都是坐车骑马，横行天下，在各国的朝廷上游说诸侯，国君左右的亲信都被辩得哑口无言，天下的人没有一个敢同他抗衡。

注释 1 式：用。 2 炫煌：显耀。煌，同"煌"，火光。 3 掘(kū)门：窟门，就是墙上挖的小门。掘，通"窟"。 桑户：用桑木作门。 棬(quān)枢：用弯木作门轴。这都形容房屋的简陋，说明苏秦出身贫寒。 4 伏轼撙(zǔn)衔：意为坐着高车大马，洋洋得意。轼，车前横木。撙，节制。衔，马勒口。 5 杜：塞。 伉：同"抗"。

将说楚王，路过洛阳。父母闻之，清宫[1]除道，张乐设饮，郊迎三十里；妻侧目而视，侧耳而听；嫂蛇行匍伏[2]，四拜自跪而谢。苏秦曰："嫂，何前倨[3]而后卑也？"嫂曰："以季子位尊而多金。"苏秦曰："嗟乎！贫穷则父母不

苏秦将要去游说楚王，路过洛阳。他的父母听说他来了，就收拾房屋，打扫道路，敲锣打鼓，备办酒席，到三十里外的郊野去迎接；他的妻子不敢正面望他，侧着眼睛看他的颜色，侧着耳朵听他讲话；他的嫂嫂，像蛇一样地爬行，伏在地上，向苏秦跪拜，口称请罪。苏秦说："嫂嫂，你为什么前头那样傲慢，而现在又这样卑下呢？"嫂嫂说："因为你现在地位尊贵，又有很多黄金。"苏秦感叹地说："唉呀！贫穷的时候，

子,富贵则亲戚畏惧,人生世上,势位富厚,盖⁴可以忽乎哉!"

连父母都不把自己当作儿子;富贵的时候,连亲属都畏惧。人生存在世界上,那权势地位金钱,怎么能够忽视呢?"

注释 1 宫:房屋。 2 匍伏:爬行。 3 倨:傲慢。 4 盖:通"盍",何。

司马错论伐蜀[1]
《国策》

导读 这是秦国关于外交军事政策的一次"伐蜀"与"伐韩"的争论。张仪主张伐韩,司马错主张伐蜀,各陈己见。司马错能从当时的形势出发,提出扩充实力的主张,详细陈述利害,句句驳倒张仪,因而得到惠王采纳。

原文

司马错与张仪[2]争论于秦惠王前。司马错欲伐蜀。张仪曰:"不如伐韩。"王曰:"请闻其说。"

译文

司马错和张仪在秦惠王面前争论。司马错主张伐蜀,张仪说:"不如伐韩。"惠王说:"愿听听你的主张。"

注释 1 本篇选自《战国策·秦策一》。司马错,秦人。 2 张仪:战国时魏人,入秦任秦惠王相,封武信君。

对曰:"亲魏善楚,下兵三川[1],塞轘辕、缑

张仪回答说:"亲近魏国,友善楚国,发兵东下三川,阻塞轘辕和缑氏险要

氏之口[2]，当屯留[3]之道，魏绝南阳，楚临南郑，[4] 秦攻新城[5]、宜阳，以临二周[6]之郊，诛周主之罪，侵楚、魏之地[7]。周自知不救，九鼎宝器必出。据九鼎，按图籍[8]，挟天子以令天下，天下莫敢不听，此王业也。

的出口，挡着屯留的道路，魏国断绝南阳，楚国兵临南郑，秦军进攻新城、宜阳，逼近东西二周的郊外，声讨二周君主的罪行。这样，逐渐进展到楚国和魏国的地方，周自知不能得救，必然把九鼎宝器交出来。我占有了九鼎，按照地图和户籍，挟持周天子来号令天下，天下没有谁敢不听从的，这是帝王的事业啊。

[注释] 1 三川：在今河南宜阳附近。因境内有河（黄河）、雒（洛）、伊三条河流而得名。　2 辕(huán)辕：山名。在今河南偃师东南。　缑氏：一作"侯氏"，古地名。在今河南偃师。　3 屯留：在今山西屯留。 4 南阳：在今河南南阳。　南郑：在今河南新郑。　5 新城：故地在今河南襄城。　6 二周：指都洛阳的周王室（东周）和附近的一个小国西周。 7 侵楚、魏之地：这句与上面"亲魏善楚"的策略矛盾，疑是后人误抄入的句子。　8 图籍：地图和户籍。

"今夫蜀，西僻之国，而戎狄之长也。敝名[1]劳众，不足以成名；得其地，不足以为利。臣闻：'争名者于朝，争利者于市。'今三川、周室，天下之市朝也，而王不争焉，顾争于戎狄，去王业远矣。"

"现在，蜀是西方一个偏僻的国家，是戎狄的首领。伐蜀，士兵疲乏，百姓劳苦，却不能成名；得到它的土地，也没有什么用处。臣听说过：'争名的人必须在朝堂，争利的人必须在市井。'如今三川、周室，就是天下的市井朝廷，大王却不去争夺，反而去争夺戎狄，这样离王业就很远了。"

司马错曰:"不然。臣闻之,欲富国者,务²广其地;欲强兵者,务富其民;欲王者,务博其德。三资者备,而王随之矣。今王之地小民贫,故臣愿从事于易³。夫蜀,西僻之国也,而戎狄之长也,而有桀、纣之乱。以秦攻之,譬如使豺狼逐群羊也。取其地,足以广国也;得其财,足以富民;缮⁴兵不伤众,而彼已服矣。故拔一国,而天下不以为暴;利尽四海⁵,诸侯不以为贪。是我一举而名实两附,而又有禁暴止乱之名。

司马错说:"不是这样。臣听说,想富国的人,要专力扩充他的领土;想强兵的人,要专力富裕他的百姓;想做天下帝王的人,要专力传播他的恩德。这三条都具备了,王业就跟着来了。如今大王的地方小,百姓贫穷,因此我愿意做那容易成功的事。蜀,西方一个偏僻的国家,是戎狄的首领,而且出现了夏桀、商纣那样的乱政。如果用秦国的兵力进攻它,就像豺狼追逐羊群一样。夺取了它的土地,可以扩充秦国的土地;得到它的财富,可以富裕秦国的百姓。用兵并未伤害百姓,它就已经降服了。因此灭亡一国,天下不认为我们残暴;取得了西海的财富,诸侯不认为我们贪婪,这是我们一举而名实两得的事,并且又有禁暴止乱的好名声。

注释 1 敝名:一本作"敝兵"。 2 务:专力。 3 故臣愿从事于易:易,容易,平易,与"险"对言。司马错认为伐韩是危险的,而伐蜀就比较容易取得成功。 4 缮:补,治。 5 四海:应作"西海"。指蜀国。

"今攻韩,劫天子。劫天子,恶名也,而未必利也,又有不义之名,而攻天下之所不欲,危¹。

"如今进攻韩国,威胁周天子,这是坏名声,而且未必有利,还会得个不义的名声。况且攻取天下所反对攻取的,危险!请让我再陈述这个道理。

臣请谒[2]其故:周,天下之宗室[3]也;韩,周之与国[4]也。周自知失九鼎,韩自知亡三川,则必将二国并力合谋,以因[5]乎齐、赵,而求解乎楚、魏。以鼎与楚,以地与魏,王不能禁。此臣所谓'危',不如伐蜀之完[6]也。"

惠王曰:"善! 寡人听子。"卒起兵伐蜀,十月取之,遂定蜀。蜀主更号为侯,而使陈庄相蜀。蜀既属[7],秦益强富厚,轻诸侯。

周,是天下共同宗奉的王室;韩,是周的盟国。周自己知道会丧失九鼎,韩自己知道会丢掉三川,那么必定会把两国的力量联合,共同商讨对策,而且利用齐、赵去离间楚、魏和我们的联盟。这时候,周把九鼎送给楚国,韩把三川割给魏国,大王是不能禁止的。这就是我所说的危险,不如伐蜀万全。"

惠王说:"很对。我听你的主张。"秦国终于起兵伐蜀,用了十个月的时间攻克,最终平定了蜀地。蜀的君主改名号为侯,秦王派陈庄去做蜀相。蜀归附了,秦国更加强盛富裕,轻视各诸侯国。

注释 1 危:应为"危矣"。 2 谒:陈述。 3 宗室:共同宗奉的王室。 4 与国:盟国。 5 因:利用。 6 完:犹言万全。 7 属:附属。

范雎说秦王[1]

《国策》

导读 本文记载了秦昭王初次接见范雎时两人的谈话。范雎先对秦王进行试探,看看他是否愿意摆脱骨肉之亲和左右大臣的羁绊,听信自己的主张,所以三问而不对。在谈话中,范雎开始强调交疏与言深的关系,再强调尽忠不避死。范雎的话抓住了秦国统治者的内部矛盾,因而也抓住了秦昭王的心,使昭王很快接受了他的政治主张。

原文

范雎至秦,王庭迎范雎,敬执宾主之礼,范雎辞让。

是日见范雎,见者无不变色易容者。秦王屏左右,宫中虚无人。秦王跪而进曰:"先生何以幸教寡人?"范雎曰:"唯唯[2]。"有间,秦王复请,范雎曰:"唯唯。"若是者三。秦王跽[3]曰:"先生不幸教寡人乎?"

译文

范雎到了秦国,秦昭王在朝廷上欢迎他,以宾主的礼节恭恭敬敬地接待,范雎辞让不受。

这天秦昭王接见范雎,凡是见到接见场面的人没有不改变脸色,感到惊奇的。秦王命令左右的人离开,宫中空无一人。这时,秦昭王跪坐着向范雎说:"先生用什么指教我呢?"范雎应了一声:"是是。"过了一会,秦王再次请求,范雎又应了一声:"是是。"像这样反覆了三次。秦王长跪着说:"先生不愿意指教我吗?"

注释 1 本篇选自《战国策·秦策三》。范雎(jū),字叔,魏人。起初随魏臣须贾使齐,私受齐襄王赏赐。回魏后,须贾将此事报告魏相魏齐,范雎因此受到鞭笞,装死方得逃脱。后来潜随秦国的谒者王稽逃到秦国,上书给秦昭王,昭王用他为相,取代了穰侯(昭王的舅父)。雎,一作"睢(suī)"。 2 唯唯:应诺的声音,如同"嗯嗯""是是"。 3 跽:长跪。古人坐在席子上,臀部离开脚跟便成了跪的姿势;伸直上身,便是长跪。

范雎谢曰:"非敢然也!臣闻昔者吕尚[1]之遇文王也,身为渔父而钓于渭

范雎谦谢说:"不敢这样啊。我听说,从前吕尚遇到周文王时,还是个渔父,在渭水边钓鱼。他们之间竟

阳²之滨耳。若是者交疏³也。已,一说而立为太师,载与俱归者,其言深也。故文王果收功于吕尚,卒擅天下,而身立为帝王。即使文王疏吕望而弗与深言,是周无天子之德,而文、武无与成其王也。

是这样的生疏。但不久,一经交谈,便被立为太师,乘车与文王一同归周,这是因为他谈的道理很深透。所以文王果真依靠吕尚取得成功,最终统一天下,做了帝王。假使文王疏远吕望,不同他深谈,那就是周没有做天子的德行,文王、武王也没法成就他们的王业。

注释 1 吕尚:即姜太公,也称太公望,封于吕,又称吕望。   2 渭阳:渭水之北,在今陕西岐山。   3 交疏:交情不深。

“今臣,羁旅¹之臣也,交疏于王,而所愿陈者,皆匡²君臣之事,处人骨肉之间³。愿以陈臣之陋忠,而未知王心也,所以王三问而不对者是也。臣非有所畏而不敢言也,知今日言之于前,而明日伏诛于后,然臣弗敢畏也。大王信⁴行臣之言,死不足以为臣患,亡不足以为臣忧,漆身而为厉⁵,被发而为狂⁶,不足以为臣耻。

“现在,我是一个外来的客卿,同大王交情不深,但是我所愿意陈说的,又都是匡正君臣的事情,处在别人的骨肉亲属之间。我希望表达自己的愚忠,却不知大王的心思如何,这就是大王三问我不回答的原因。我不是畏惧什么不敢说,我知道今天在大王面前说了,到明天也许被诛杀,可是我不敢有所畏惧。大王果真实行我的话,死亡不足以成为我的祸害,放逐不足以使我感到忧伤,即使漆身为癞,披发为狂,也不足成为我的耻辱。

1 羁(jī)旅:也作"羁旅",他乡作客。羁,同"羁",寄。旅,客。
2 匡:正,救助。 3 处人骨肉之间:指自己处在昭王与太后、穰侯之间。
太后与昭王是母子,太后与穰侯是姊弟,都是极近的亲属关系。 4 信:
果真。 5 漆身而为厉:以漆涂身,使皮肤肿癞,改变形貌。厉,通
"癞"。 6 被发而为狂:披散头发,假装疯癫。被,同"披"。这是为避人
耳目,不得已改变形体,使人不易辨认。据下文,当指箕子、接舆的事。

"五帝之圣而死,三王之仁而死,五霸之贤而死,乌获¹之力而死,奔、育²之勇而死。死者,人之所必不免。处必然之势,可以少有补于秦,此臣之所大愿也,臣何患乎?伍子胥橐³载而出昭关,夜行而昼伏,至于菱水⁴,无以糊其口,膝行蒲伏,乞食于吴市,卒兴吴国,阖闾为霸。使臣得进谋如伍子胥,加之以幽囚不复见,是臣说之行也,臣何忧乎?

"五帝那么圣明,还是死了;三王那么仁爱,也死了;五霸那么贤能,也死了;乌获是大力士,也死了;孟奔、夏育是有名的勇士,也死了。死这件事,是人不能避免的。如果我处在这种必然招来死亡的境地,而可以对秦国稍微有些补益,这便是我最大的愿望了,我又有什么可忧虑的呢?从前伍子胥藏在袋子里逃出昭关,白天躲藏,夜间赶路,到达溧水,没有糊口的办法了,便跪着爬着,在吴市讨饭,后来终于辅佐吴王复兴吴国,使吴王阖闾成为霸主。如果大王信任我的话,就像吴王用伍子胥一样,即使把我关进监牢,终身不见,只要我的主张已施行了,我又有什么可忧虑的呢?

1 乌获:秦武王时的大力士。 2 奔、育:指孟奔、夏育,都是古代的勇士。 3 橐(tuó):袋子。 昭关:在今安徽含山西北。 4 菱水:

即溧水,在今江苏溧阳。《史记》作"陵水"。

"箕子、接舆[1],漆身而为厉,被发而为狂,无益于殷、楚。使臣得同行于箕子、接舆,可以补所贤之主,是臣之大荣也,臣又何耻乎?臣之所恐者,独恐臣死之后,天下见臣尽忠而身蹶[2]也,是以杜口裹足,莫肯向秦耳。足下上畏太后之严,下惑奸臣之态,居深宫之中,不离保傅[3]之手,终身暗惑,无与照奸[4],大者宗庙灭覆,小者身以孤危,此臣之所恐耳。若夫穷辱之事,死亡之患,臣弗敢畏也。臣死而秦治,贤于生也。"

"箕子、接舆两人,漆身成为肿癞,披发成为狂人,但他们对于殷朝和楚国,并没有什么益处。如果我能够跟箕子、接舆那样,而又可以帮助您这位贤明的君主,这就是我的最大荣誉了,我又有什么可耻辱的呢?我所恐惧的,只是怕我死了以后,天下的贤士看到我尽忠却被杀,因而都闭口不言、停了脚步,不肯到秦国来了。大王上怕太后的威严,下被奸臣的奸邪所迷惑,住在深宫里面,没有离开宫中保傅的手,所以终身迷惑不明,没有人跟大王一起洞察奸邪。这样,大则宗庙覆灭,小则自身孤危,这是我所担心的啊!至于穷困受辱的事,死亡的祸患,我是不怕的。我死了而秦国得到治理,这比我活着还好呢。"

注释 1 箕子:商纣的叔父,名胥余,封于箕。因谏纣而被囚,假装疯癫为奴隶。 接舆:春秋时楚国的隐者。曾披发佯狂以避世。 2 蹶(jué):颠仆。 3 保傅:指女保女傅等宫内女官,不是指大臣。 4 照奸:辨别奸邪。照,察觉出。

秦王跪曰："先生是何言也！夫秦国僻远，寡人愚不肖，先生乃幸至此，此天以寡人恩[1]先生，而存先王之庙也。寡人得受命于先生，此天所以幸先王而不弃其孤也。先生奈何而言若此！事无大小，上及太后，下至大臣，愿先生悉以教寡人，无疑寡人也。"范雎再拜，秦王亦再拜。

秦昭王跪坐着说道："先生，这是说什么啊！秦国处在偏僻边远的地方，我愚蠢没能力，先生幸而到了这里，这是上天要我打扰先生，保存我先王的宗庙啊！我能够接受先生的教导，是上天希望先生不抛弃我这个孤危的人。先生为什么说这样的话呢！国家的事，不论大小，上从太后，下到大臣，希望先生全都说出来教导我，不要怀疑我了。"范雎拜了两拜，秦王也拜了两拜。

注释 **1** 恩(hùn)：烦扰。

邹忌讽齐王纳谏[1]
《国策》

导读 邹忌从家庭亲友间的微妙关系领悟到政治上的一番大道理，因而讽谏齐王，说明国君必须广开言路，虚心纳谏。现身说法，类比真切，语言幽默，形象生动。虽然浅近，却有启发性。

原文

邹忌修[2]八尺有余，而形貌昳丽[3]。朝服[4]衣冠，窥

译文

邹忌身高八尺多，仪表容貌漂亮有风度。一天早上，他穿戴好了衣

镜,谓其妻曰:"我孰与城北徐公美?"其妻曰:"君美甚,徐公何能及君也!"城北徐公,齐国之美丽者也。忌不自信,而复问其妾曰:"吾孰与徐公美?"妾曰:"徐公何能及君也!"旦日[5],客从外来,与坐谈,问之:"吾与徐公孰美?"客曰:"徐公不若君之美也。"

帽,照着镜子,对他的妻子说:"我跟城北的徐公相比,谁漂亮?"他的妻子说:"你漂亮极了,徐公哪能比得上你呀!"城北徐公,是齐国的美男子。邹忌自己不相信,又问他的妾说:"我跟徐公比,谁漂亮?"妾说:"徐公哪能比得上您呀!"第二天,有位客人从外边进来,邹忌坐着同他聊天,问客人:"我和徐公谁漂亮?"客人说:"徐公不如您漂亮啊。"

注释 1 本篇选自《战国策·齐策一》。邹忌:齐威王相,有辩才,善鼓琴。讽:讽喻,用比喻、隐语或故事来打动对方,使对方自觉地接受意见。 2 修:长。 3 昳(yì)丽:漂亮有风度。 4 服:穿戴。 5 旦日:明日。

明日,徐公来,熟视之,自以为不如;窥镜而自视,又弗如远甚。暮,寝而思之,曰:"吾妻之美我者,私我也;妾之美我者,畏我也;客之美我者,欲有求于我也。"

于是入朝见威王,曰:"臣诚知不如徐公美。臣之妻私臣,臣之妾畏臣,臣之客欲有求于臣,皆以

明天,徐公来了,邹忌仔细地看他,自己认为不如。照着镜子看自己,更觉得不如,相差很远。晚上,他躺在床上左思右想,终于悟出了一番道理:"我的妻子说我漂亮,是因为偏爱我;我的妾说我漂亮,是因为怕我;客人说我漂亮,是因为想求我帮忙。"

于是,邹忌上朝去进见威王,说:"我确实知道自己不如徐公漂亮。可是,我的妻子偏爱我,我的妾怕我,我的客人有求于我,都说我比徐公漂亮。如今

美于徐公。今齐,地方千里,百二十城,宫妇左右[1]莫不私王,朝廷之臣莫不畏王,四境之内莫不有求于王:由此观之,王之蔽甚矣!"

齐国方圆一千里,城池一百二十座。宫里的后妃和左右侍候的人,没有谁不偏爱大王;朝廷上的臣子,没有谁不怕大王;国境之内,没有谁不想向大王请求帮助:从这点看起来,大王受到的蒙蔽可厉害啊。"

【注释】 1 宫妇左右:宫廷里面的后妃以及左右侍候的太监宫女等。

王曰:"善。"乃下令:"群臣吏民能面刺[1]寡人之过者,受上赏;上书谏寡人者,受中赏;能谤议于市朝[2],闻寡人之耳者,受下赏。"令初下,群臣进谏,门庭若市,数月之后,时时而间进,期年之后,虽欲言,无可进者。

燕、赵、韩、魏闻之,皆朝于齐。此所谓"战胜于朝廷"。

齐威王说:"好!"就下了一道命令:"文武百官和百姓能够当面指出我的过错的,受上等赏;写信规劝我的,受中等赏;能够在公共场所指责议论我让我听到的,受下等赏。"命令刚下达时,群臣纷纷进谏,宫门口和院子里像闹市一样人来人往;几个月以后,要隔一些时候,才间或有人进谏;一年之后,虽然有人想说却没有什么可以进谏了。

燕、赵、韩、魏各国听到这情况,都向齐国朝见。这就是人们所说的"在朝廷里战胜了别人"。

【注释】 1 刺:指责。 2 谤议:指责议论。 市朝(cháo):指公共集会场所。市,做买卖的场所。朝,百官集会的地方。

颜斶说齐王[1]

《国策》

导读 战国时代，许多文士游说诸侯，以猎取高官厚禄。但也有一些人，如本篇的颜斶，他们不慕利禄，不畏横强，洁身自爱，在当时是难能可贵的。全篇由对话组成，简洁精练，饶有风趣，写颜斶不畏权势的气节和齐宣王以富贵骄人的习态，都活灵活现。

原文

齐宣王见颜斶，曰："斶前！"斶亦曰："王前！"宣王不说。左右曰："王，人君也；斶，人臣也。王曰'斶前'，斶亦曰'王前'，可乎？"斶对曰："夫斶前为慕势，王前为趋士[2]；与使斶为慕势，不如使王为趋士。"王忿然作色曰："王者贵乎？士贵乎？"对曰："士贵耳，王者不贵。"王曰："有说乎？"斶曰："有。昔者秦攻齐，令曰：'有敢去柳下季[3]垄五十步而樵

译文

齐宣王召见颜斶，说："颜斶，到我跟前来！"颜斶也说："大王，到我跟前来！"宣王不高兴。左右的人说："大王，是人君；颜斶，是人臣。大王说颜斶到我跟前来，你也说大王到我跟前来，这可以吗？"颜斶回答说："我到国王跟前去，是贪慕权势；国王到我跟前来，则是礼贤下士。与其使我做个贪慕权势的人，不如让大王做个礼贤下士的君。"宣王忿忿地板起脸孔，说："当王的尊贵呢，还是士尊贵呢？"颜斶回答说："士尊贵啊，当王的不尊贵。"宣王说："有依据吗？"颜斶说："有。从前秦国攻打齐国，下命令说：'有谁敢在

采者,死不赦!'令曰:'有能得齐王头者,封万户侯,赐金千镒!'由是观之,生王之头,曾不若死士之垄也。"

柳下季墓前五十步范围内砍柴的,判处死罪,不赦免。'又下命令说:'有能够得到齐王的头的,封为万户侯,赏黄金一千镒。'从这里来看,活着的君王的头,还不如死了的贤士的墓呢。"

注释　1 本篇选自《战国策·齐策四》,中间删去一大段,有些地方删去几句。 颜斶(chù):齐国的隐士。　2 趋士:指礼贤下士。　3 柳下季:见《展禽论祀爰居》注。春秋时著名的高士。

宣王曰:"嗟乎,君子焉可侮哉!寡人自取病耳。愿请受为弟子。且颜先生与寡人游[1],食必太牢[2],出必乘车,妻子衣服丽都[3]。"颜斶辞去,曰:"夫玉生于山,制则破焉;非弗宝贵矣,然太璞[4]不完。士生乎鄙野,推选则禄焉;非不尊遂[5]也,然而形神不全。斶愿得归,晚食以当肉[6],安步以当车,无罪以当贵,清净贞正以自虞[7]。"则再拜而辞去。

宣王说:"啊呀!君子怎么可以侮辱呢!我自讨没趣了。我希望您收我做弟子。只要颜先生同我交往,吃的一定是太牢,出门一定乘车马,您的妻子儿女都穿上华丽的衣服。"颜斶告辞,要离开,说:"玉生在山上,一经制作,便把璞弄破了;加工后并非不宝贵,然而它的本来面貌不完整。士生长在穷乡僻壤,一经推荐选拔便得到禄位;这并非不尊贵,可是士的形体精神已经不能保持本色。我情愿回去,晚点吃饭,可以抵得上吃肉;慢步走路,可以抵得上乘车;不做官就不容易获罪,也抵得上富贵;清净不染,保持纯正的节操,使自己得到快乐。"他拜了两拜,便告辞离开了。

君子曰:"颙知足矣,归真反璞,则终身不辱。"

君子说:"颜颙知道满足了。能够保持自己的本色,那就终身不会蒙受羞辱。"

[注释] 1 游:交往。 2 太牢:一牛、一羊、一猪,三牲具备,叫做"太牢"。 3 丽都:华美。 4 璞:蕴藏着玉的石块。 5 尊遂:尊贵显达。遂,达。 6 晚食以当肉:把饭吃得迟一点,虽没有好吃的,但是因为饥饿而感到香甜,抵得上吃肉。 7 虞:同"娱"。乐。

冯煖客孟尝君[1]

《国策》

[导读] 战国时期,齐国的孟尝君田文好士,门下有食客数千。本文记述孟尝君门下一个普通食客冯煖的故事。冯煖帮助孟尝君收债市义,游说诸侯,巩固了孟尝君的地位,从而表现了冯煖卓越的政治才能,也反映了"士"在当时政治生活中的重要作用。文章始终抓住孟尝君与冯煖的关系展开描述,情节典型而波澜起伏,语言细腻生动而性格化,塑造了一个足智多谋而又敢做敢当的形象。

[原文]

齐人有冯煖者,贫乏不能自存,使人属[2]孟尝君,愿寄食[3]门下。孟尝君曰:"客何好?"曰:"客无好也。"曰:"客何能?"

[译文]

齐国有个叫冯煖的人,穷困得没法养活自己,托人把自己介绍给孟尝君,希望在孟尝君的门下混口饭吃。孟尝君问:"客人有什么爱好?"来人说:"没有什么爱好。"又问:"客人有

曰:"客无能也。"孟尝君笑而受之,曰:"诺[4]。"

什么才能?"来人说:"没有什么才能。"孟尝君笑着答应道:"好吧。"

注释 1 本文节选自《战国策·齐策四》。 冯煖(xuān):一本作"冯谖",《史记·孟尝君列传》作"冯驩"。孟尝君:姓田,名文,齐王室贵族,任相国。孟尝君是封号,封地在薛。 2 属:同"嘱"。嘱托,介绍。 3 寄食:依靠别人吃饭。此指到孟尝君门下做食客。 4 诺(nuò):答应的声音。

左右以君贱之也,食以草具[1]。居有顷,倚柱弹其剑,歌曰:"长铗[2]归来乎,食无鱼!"左右以告。孟尝君曰:"食之比门下之客。"居有顷,复弹其铗,歌曰:"长铗归来乎,出无车!"左右皆笑之,以告。孟尝君曰:"为之驾,比门下之车客[3]。"于是乘其车,揭[4]其剑,过[5]其友曰:"孟尝君客我!"后有顷,复弹其剑铗,歌曰:"长铗归来乎,无以为家!"左右皆恶之,以为贪而不知足。孟尝君问:"冯公有亲乎?"对曰:"有老母。"

左右管事的人因为孟尝君不重视冯煖,便把粗劣的食物给他吃。过了不久,冯煖靠在厅堂的柱上弹着他的剑,唱道:"长铗啊,咱们回去吧!吃饭没有鱼。"管事的人把这件事报告孟尝君。孟尝君说:"按照一般门客的待遇给他饭菜。"过了不久,冯煖又弹着他的剑,唱道:"长铗啊,咱们回去吧!出门没有车子。"管事的人都笑话他,又把这件事报告了。孟尝君说:"给他车马吧,按照门下车客的待遇!"于是冯煖坐上他的车子,举起他的剑去拜访他的朋友,说:"孟尝君把我当成门客了!"后来过了一段时间,冯煖又弹着他的剑,唱道:"长铗啊,咱们回去吧!没有什么可以养家啊!"管事的人都厌恶他,认为他贪心重,不知足。孟尝君听了,问管事的人:"冯先生有亲人吗?"管事的人回答说:

孟尝君使人给其食用，无使乏。于是冯煖不复歌。

"有位老母亲。"孟尝君派人供应她的吃用，不让她缺少什么。从此，冯煖不再弹剑唱歌了。

[注释] 1 食(sì):给……吃。 草具:粗劣的食物。 2 长铗(jiá):指长剑。铗,剑把。 3 车客:出门可以乘车的食客。 4 揭:高举。 5 过:拜访。

后孟尝君出记[1]，问门下诸客："谁习计会[2]，能为文收责于薛者乎[3]？"冯煖署[4]曰："能。"孟尝君怪之，曰："此谁也?"左右曰："乃歌夫'长铗归来'者也。"

后来，孟尝君出了个通告，询问府里的宾客："有谁熟悉算账理财，能够替我到薛地去收债?"冯煖在通告上书写："我能。"孟尝君看了，感到奇怪，就问："这是谁呀?"管事的人说："就是唱'长铗啊，咱们回去吧'的那个人啊!"

[注释] 1 记:通告。 2 计会(kuài):算账,管理财务。 3 文:田文。孟尝君自称其名。 责(zhài):通"债"。 薛:孟尝君的封邑,故城在今山东滕州。 4 署:书写姓名。

孟尝君笑曰："客果有能也! 吾负[1]之，未尝见也。"请而见之。谢[2]曰："文倦于事[3]，惯[4]于忧，而性懦[5]愚，沉于国家之事，开罪于先生。先生不羞，乃有意欲为

孟尝君笑着说："这位客人果然有才能啊，我亏待了他，还没跟他见过面呢。"就派人去请他来相见，道歉说："我被政事缠扰得疲倦已极，被忧虑折磨得心烦意乱，而且生性懦弱愚笨，完全淹没在国家大事之中，得罪了先生，先生不以为羞辱，还有意替我到薛地去收债

收责于薛乎？"冯煖曰：
"愿之。"于是约车治装，
载券契⁶而行。

吗？"冯煖说："愿意去办这件事。"于是
准备车马，整理行装，装好借债的契约
就要出发。

注释 1 负：亏待。 2 谢：道歉。 3 事：指政事。 4 愦(kuì)：困扰。
5 懦(nuò)：懦弱。 6 券契：指债券，关于债务的契约。

辞曰："责毕收，以
何市而反¹？"孟尝君曰：
"视吾家所寡有者。"驱
而之薛²，使吏召诸民
当偿者，悉来合券。券
遍合，起矫命，以责赐
诸民。因烧其券，民称
万岁。

辞行的时候，冯煖问道："债款全部收
齐，用它买些什么东西回来？"孟尝君说：
"看我家里缺少什么东西。"冯煖赶着马
车到了薛城，派出官吏召集那些应当还债
的百姓都来核对债券。借约都核对完了，
冯煖站起来假传孟尝君的命令，把借款赐
给百姓，于是烧掉他们的债券，百姓齐声
欢呼万岁。

注释 1 市：买。 反：同"返"。 2 驱：赶着车子。 之：往。

长驱到齐，晨而求
见。孟尝君怪其疾也，衣
冠而见之¹，曰："责毕收
乎？来何疾也？"曰："收
毕矣。""以何市而反？"
冯煖曰："君云'视吾家
所寡有者'，臣窃²计，君
宫中积珍宝，狗马实外

冯煖马不停蹄地赶回齐国都城，大
清早就求见孟尝君。孟尝君奇怪他回来
得这么快，便穿戴好衣帽出来接见他，问
道：债款全收齐了吗？怎么回来得这样
快呀？"冯煖回答说："收齐了。""用它
买了些什么回来呢？"冯煖说："您说'看
我家里缺少什么东西'，我私下考虑，您
府里堆满了珍珠宝贝，好狗好马挤满了

厩,美人充下陈³,君家所寡有者,以义耳。窃以为君市义。"孟尝君曰:"市义奈何?"曰:"今君有区区之薛,不拊爱子其民,因而贾利⁴之。臣窃矫君命,以责赐诸民,因烧其券,民称万岁,乃臣所以为君市义也。"孟尝君不说,曰:"诺。先生休矣。"

牲口棚,美丽的女子站满了堂下。您府里缺少的东西要算'义'了。因此我私自做主替您买了'义'。"孟尝君问:"买'义'怎么个买法?"冯谖说:"如今您只有一块小小的薛地,却不能抚育爱护那里的百姓,反用商贾的手段向百姓取利息。我私自假传您的命令,把借款赐给百姓了,并烧掉了他们的借约,百姓齐声欢呼万岁,这就是我给您买的'义'啊。"孟尝君不高兴,说:"好吧。先生算了罢!"

注释 1 衣冠而见之:穿戴整齐,表示恭敬。 2 窃:私自。谦辞。 3 下陈:古代统治阶级堂下陈放礼品、站列婢妾的地方。 4 贾(gǔ)利:用商人的手段去取利。指向百姓放债榨取利息。

后期年,齐王谓孟尝君曰:"寡人不敢以先王之臣为臣!"¹孟尝君就国于薛²。未至百里,民扶老携幼,迎君道中。孟尝君顾谓冯谖:"先生所为文市义者,乃今日见之!"

冯谖曰:"狡兔有三窟,仅得免其死耳!今有一窟,未得高枕而卧也。

过了一年,齐湣王对孟尝君说:"我不敢拿先王的臣子作为自己的臣子。"孟尝君只好回到封邑薛城去住。走到离薛城还有一百里的地方,百姓扶老携幼,在大路上迎接孟尝君。孟尝君回头对冯谖说:"先生替我田文买的'义',今天才看到。"

冯谖说:"聪明的兔子有三个洞穴才能够避免死亡。如今您只有一个洞穴,还不能垫高枕头睡大觉呀。请让

请为君复凿二窟。"孟尝君予车五十乘,金五百斤,西游于梁[3]。谓梁王曰:"齐放其大臣孟尝君于诸侯,先迎之者,富而兵强。"于是梁王虚上位,以故相为上将军,遣使者,黄金千斤,车百乘,往聘孟尝君。冯煖先驱,诚孟尝君曰:"千金,重币[4]也;百乘,显使也。齐其闻之矣。"梁使三反,孟尝君固辞[5]不往也。

我替您再凿两个洞穴!"孟尝君给他车子五十辆,金五百斤,往西方游说梁国。冯煖对梁惠王说:"齐王放逐他的大臣孟尝君给诸侯,先迎接他的,就能使自己的国家富足,军队强大。"于是梁惠王空出最高的官位,把原来的丞相调做上将军,派遣使者带着千斤黄金,赶着百辆马车去薛城聘请孟尝君。冯煖抢先回薛,嘱告孟尝君说:"黄金千斤是一份厚重的聘礼啊!有马车百辆,是一位显贵的使节啊。齐王大概听到这个消息了。"梁国的使节往返了三趟,孟尝君坚决推辞不肯到梁国去。

注释 1 "寡人"句:这是罢免孟尝君职务的一种辞令。孟尝君在齐宣王时任丞相,齐宣王死后,齐湣王继位。湣王是宣王的儿子,所以这么说。 2 就:归,回。 国:指封邑。 3 梁:即魏国。魏都于大梁(今河南开封),所以又称"梁"。 4 重币:贵重的礼物。 5 固辞:坚决推辞。

齐王闻之,君臣恐惧。遣太傅赍黄金千斤[1],文车二驷[2],服剑一,封书谢孟尝君曰:"寡人不祥,被于宗庙之祟[3],沉于谄谀[4]之臣,开罪于君。寡人不足为[5]也,愿君顾先

齐湣王听到这消息,君臣都惊慌害怕起来。便派太傅携带千斤黄金,两辆华丽的车子,一把佩带的宝剑,还写了一封亲笔信向孟尝君道歉,说:"我不好,遭受祖宗降给的灾祸,偏信阿谀逢迎的奸臣,得罪了您。我是不值得您辅佐了,只希望您念在先王宗

王之宗庙,姑反国统⁶万 | 庙的分上,暂且回到国都来治理广大
人乎!" | 的老百姓吧!"

注释 1 太傅:辅佐国君的最高官员之一。 赍(jī):带着。 2 文车:华丽的车子。驷:四匹马拉的车。此处作量词用。 3 祟(suì):灾祸。 4 谄谀(chǎnyú):阿谀逢迎。 5 为:帮助,辅佐。 6 统:治理,统率。

冯煖诫孟尝君曰: "愿请先王之祭器,立宗庙于薛。"¹庙成,还报孟尝君曰:"三窟已就,君姑高枕为乐矣。" | 冯煖嘱告孟尝君说:"希望您向齐王请求分一部分先王的祭器,在薛建立宗庙。"宗庙建成了,冯煖赶回向孟尝君报告说:"三个洞穴已经凿好,您且垫高枕头过快乐日子吧!"

孟尝君为相数十年,无纤介²之祸者,冯煖之计也。 | 孟尝君担任齐相几十年,没有一星半点的灾祸,都是由于冯煖的精心谋划啊。

注释 1 "愿请"二句:孟尝君是齐王室成员之一,因此可以请求立宗庙。古人重视宗庙,如果在薛立了宗庙,就可以巩固孟尝君的地位。 2 纤(xiān)介:细小。纤,细。介,通"芥",小草。

赵威后问齐使¹
《国策》

导读 本篇主要写赵威后的政治见解。她连续七问,都表现了治国应以民为本的观点,但对于异己者又主张要杀掉,却是一种专制思想。用

人物自己的话以及询问方式来表现文章主旨,是本文的写作特点。

原文

齐王²使使者问赵威后。书未发³,威后问使者曰:"岁⁴亦无恙耶?民亦无恙耶?王亦无恙耶?"使者不说,曰:"臣奉使使威后,今不问王,而先问岁与民,岂先贱而后尊贵者乎?"威后曰:"不然。苟无岁,何有民?苟无民,何有君?故有问舍本而问末者耶?"

译文

齐王建派遣使者问候赵威后。信还没有启封,威后就问齐使,说:"今年的收成好吗?百姓好吗?君王好吗?"齐使听了不高兴,说:"我奉王的使命出使到威后这里来,现在您不先问候我王,却先问收成和百姓,难道可以把卑贱的摆在前面,却把尊贵的搁在后头吗?"威后说:"不是这样。假如没有收成,哪里还有百姓?如果没有百姓,哪里还有君主呢?为什么有所询问不先问根本而先问末节呢?"

注释 1 本篇选自《战国策·齐策四》。 赵威后:赵惠文王的王后。惠文王死时,其子孝成王尚幼,由威后执政。 2 齐王:齐襄王子,名建。 3 书:指齐王给赵威后的信。 发:启封。 4 岁:一年的农业收成。

乃进而问之曰:"齐有处士曰钟离子¹,无恙耶?是其为人也,有粮者亦食,无粮者亦食;有衣者亦衣,无衣者亦衣。是助王养其民者也,何以至今不业²也?叶阳子³无恙乎?是

威后又进一步问齐使说:"齐国有个处士叫钟离子的,他好吗?他的为人啊,有粮的人给吃,没粮的人也给吃;有衣服的人给穿,没衣服的人也给穿。这是帮助王养育百姓的呀,为什么直到现在还没有任用他呢?叶阳子好吗?他的为人啊,怜悯鳏夫寡

其为人,哀鳏寡⁴,恤孤独⁵,振⁶困穷,补不足,是助王息⁷其民者也,何以至今不业也?

妇,抚养孤儿孤老,救济贫穷的人,帮助衣食不足的人。这是帮助王安定百姓的呀,为什么直到现在还没有任用他呢?

注释 1 钟离子:人名。钟离,复姓。 2 不业:不使他成就功业,意即不用他。 3 叶阳子:齐国的处士。叶阳,复姓。 4 鳏(guān):年老无妻的男子。 寡:寡妇。 5 恤(xù):救济,抚养。 孤:少年无父。 独:年老无子。 6 振:同"赈(zhèn)",救济。 7 息:安定,繁殖。

"北宫之女婴儿子无羞耶¹?撤其环瑱²,至老不嫁,以养父母,是皆率民而出于孝情者也,胡为至今不朝³也?此二士弗业,一女不朝,何以王齐国、子万民乎?於陵子仲尚存乎⁴?是其为人也,上不臣于王,下不治其家,中不索⁵交诸侯,此率民而出于无用者,何为至今不杀乎?"

"北宫氏的女儿婴儿子,她好吗?她摘掉身上的首饰,到老不嫁人,来奉养父母。这是带动百姓推行孝道的呀,为什么直到现在还不加封号让她上朝呢?这两个人不被任用,这个女子不加封号,又凭什么治理齐国、做百姓的父母官呢?於陵子仲还活着吗?他的为人啊,上不肯向君主称臣,下不能治理他的家业,中不求跟诸侯交往,这是带动百姓什么也不干,毫无用处的人呀,为什么到现在还不把他杀掉呢?"

注释 1 北宫:复姓。 婴儿子:姓北宫的女子的名字,齐国有名的孝女。 2 环:耳环、臂环。 瑱(tiàn):作为耳饰的玉。 3 不朝:古代妇女有封号的才能上朝,所以这里的"不朝"实际上是指不加封号。 4 於陵:齐邑名,在今山东邹平东南。 子仲:齐国的隐士。 5 索:求。

庄辛论幸臣[1]

《国策》

导读 本文记载了楚顷襄王在郢都失守逃到城阳后,庄辛告诫他的话。这篇劝谏之辞很有特点。它实际上是一篇寓言,运用了一系列生动的故事进行类比,说明居安忘危,只图眼前享乐,丧失警惕,必将招致严重后果。引喻从小到大,从物及人,远远说来,渐渐逼入,直到打中顷襄王的要害,很有感染力和说服力。

原文

臣闻鄙语曰:"见兔而顾犬,未为晚也;亡羊而补牢,未为迟也。"臣闻昔汤、武以百里昌,桀、纣以天下亡。今楚国虽小,绝长续短,犹以数千里,岂特百里哉!

王独不见夫蜻蛉[2]乎?六足四翼,飞翔乎天地之间,俯啄蚊虻而食之,仰承甘露而饮之,自以为无患,与人无争也。不知夫五尺童子,方将调饴胶

译文

我听俗话说:"见到兔子才回头唤猎犬,并不算太晚;丢了羊才修羊圈,并不算太迟。"我听说,从前商汤和周武王凭着百里的领土昌盛起来,夏桀和商纣拥有整个天下却被灭亡了。现在楚国虽然小,取长补短,还有方圆几千里的地方,岂只有百里呢!

大王难道没有见过那蜻蜓吗?六条腿四个翅膀,在天地之间自由地飞翔,向下啄食蚊、虻,向上喝甜美的露水。它自以为没有什么祸患,跟世人没有争夺。它哪知道那五尺高的孩子正在调制糖浆粘在丝绳上,从四仞高的空

丝³,加己乎四仞之上⁴,而下为蝼蚁食也。

中加害自己,掉下来成为蝼蛄、蚂蚁的食物呢!

注释 1 本篇节选自《战国策·楚策四》。 庄辛:楚臣,楚庄王的后代。楚襄王,即楚顷襄王,名横,怀王子,怀王被骗死在秦国,襄王继位,"淫逸侈靡,不顾国政",庄辛于是进谏。幸臣:君主宠爱的臣子。 2 蜻蛉:即蜻蜓。 3 饴(yí):糖浆。 胶:粘。 4 加:加害。 仞:八尺,或说七尺。

夫蜻蛉其小者也,黄雀因是以¹。俯噣白粒²,仰栖茂树,鼓翅奋翼,自以为无患,与人无争也。不知夫公子王孙,左挟弹,右摄丸,将加己乎十仞之上,以其类为招³。昼游乎茂树,夕调乎酸咸⁴,倏忽之间,坠于公子之手。⁵

那蜻蜓还是小的例子呢,黄雀也是这样的。它低头啄食雪白的米粒,飞上去栖息在茂盛的树林里,展翅奋飞,自以为没有什么祸患,跟世人没有争夺。它哪知道那些公子王孙,左手握着弹弓,右手安上弹丸,将从十仞高的空中加害自己,正把它们这类小鸟作为弹射的目标。它白天还在茂密的树林里飞来飞去,晚上就已经被人们用酸咸调味做成美食了。顷刻之间,就落入公子手中。

注释 1 黄雀因是以:黄雀仍然是这样啊。即不以蜻蜓为鉴戒。因,犹。是,此。以,通"已",语助词。 2 噣:同"啄"。 白粒:米。 3 以其类为招:类,同类。招,招诱。清王念孙以为"类当为'颈'"。招,靶子,目标。意思是拿它的颈部作为射击的目标。 4 调乎酸咸:用酸咸调味,指被烹煮。 5 "倏忽"二句:清王念孙认为这十个字是"后人妄加"的。

夫黄雀其小者也,黄鹄[1]因是以。游乎江海,淹乎大沼,俯喝鳝鲤,仰啮菱衡[2],奋其六翮[3],而凌清风,飘摇乎高翔,自以为无患,与人无争也。

那黄雀还是小的例子呢,天鹅也是这样的。它在大江大海上浮游,在广阔的湖沼边停歇,低头吞吃鳝、鲤,仰头咀嚼菱角水草,掀动它那强有力的翅膀,乘着清风,飘飘荡荡地在高空中飞翔,自以为没有什么祸患,跟世人也没什么争夺。

注释 1 黄鹄(hú):俗名天鹅。 2 衡:同“蘅”,水草。 3 六翮(hé):翅膀。翮,本指羽毛的茎,代指鸟翼。

不知夫射者,方将修其磻卢[1],治其矰缴[2],将加己乎百仞之上,被噣磻[3],引微缴,折清风而抎[4]矣。故昼游乎江湖,夕调乎鼎鼐[5]。

它哪里知道那猎人正在修整他的石镞和黑弓,收拾他的系有生丝线的箭,将要从百仞高的空中加害自己。它被锋利的石镞射中,拖着箭上轻细的丝线,从清风中坠落到地上死了。白天,它还在江湖上游泳,夜晚,已经被放在鼎锅里烹调了。

注释 1 磻(bō):石镞,即石制箭头。 卢:通作“旟”,上了黑漆的弓。 2 矰(zēng):短箭。 缴(zhuó):系在箭上的生丝线。矰缴是捕鸟的用具。 3 被噣(jiān)磻:被,遭,受。噣,锋利。磻,同“磻”,石镞。 4 抎(yǔn):同“陨”,坠落。 5 鼎:古代烧煮食物的器具。 鼐(nài):大型的鼎。

夫黄鹄其小者也,蔡灵侯[1]之事因是以,南游乎高陂,北陵乎巫山,饮茹溪[2]之流,食湘波之鱼,

那天鹅还是小的例子呢,蔡灵侯的事也是这样的。他往南漫游了高陵,向北攀登了巫山,喝的是茹溪的水,吃的是湘江的鱼,左手抱着年轻的姬妾,

左抱幼妾,右拥嬖女,与之驰骋乎高蔡[3]之中,而不以国家为事。不知夫子发[4]方受命乎灵王,系己以朱丝而见之也。

右手搂着宠爱的美女,跟她们在上蔡的原野上放马奔驰,却不把国家政务当作一回事。他哪知道子发正从楚灵王那里接受攻打蔡国的命令,最后自己被红绳绑着去见楚灵王。

[注释] 1 蔡灵侯:蔡国国君,名班,公元前531年被楚灵王诱杀。 2 茹溪:源出巫山,在今重庆巫山以北。 3 高蔡:即上蔡。 4 子发:楚大夫。据《左传·昭公十一年》,接受灵王命令围蔡的是公子弃疾,不是子发。

蔡灵侯之事其小者也,君王之事因是以。左州侯[1],右夏侯[2],辇从鄢陵君与寿陵君[3],饭封禄[4]之粟,而载方府[5]之金,与之驰骋乎云梦[6]之中,而不以天下国家为事。而不知夫穰侯方受命乎秦王[7],填黾塞之内,而投己乎黾塞之外。[8]

那蔡灵侯的事情还是小的例子呢,君王的情况也是这样。您左边有州侯,右边有夏侯,车后跟随着鄢陵君和寿陵君,吃的是封地里进贡的粮食,车上装的是四方贡入府库的金钱,跟他们在云梦泽中放马奔驰,却不把天下国家的政务当成一回事情。您不知道穰侯正从秦王那儿接受攻打楚国的命令,将要把军队开进楚国,把您自己俘虏到秦国去。

[注释] 1 州侯:楚襄王的宠臣。 2 夏侯:楚襄王的宠臣。 3 辇(niǎn):上古指用人拉的车子,秦汉后才专指帝王坐的车子。 鄢陵君、寿陵君:都是襄王的宠臣。 4 封禄:封地。 5 方府:方,四方;府,府库。 6 云梦:古泽名,在今湖北中部,跨长江两岸,包括湖南的洞庭湖。 7 穰(Rǎng)侯:魏冉,秦昭王舅父,封于穰(在今河南邓州)。 秦王:指秦昭王。

8 "填黾(méng)塞"两句:这里是说秦国将要用重兵进攻黾塞以南,把楚王俘虏送到黾塞以北即秦国去。黾塞,在今河南信阳西南平靖关,当时是楚国北部的要塞。所以黾塞之内是指楚国境内,黾塞之外是指秦国。

触詟说赵太后¹

《国策》

导读 这篇文章的主旨即:"父母之爱子,则为之计深远。"文章成功地塑造了一位忠诚为国,又富于生活经验、善于进谏的老臣形象和一个气盛偏执、溺爱幼子的女统治者的形象。作者善于用轻松、细致的笔触刻画人物的言谈举止,传神地表现了人物性格。

原文

赵太后新用事²,秦急攻之。赵氏求救于齐。齐曰:"必以长安君为质³,兵乃出。"太后不肯。大臣强谏。太后明谓左右:"有复言令长安君为质者,老妇必唾其面!"

译文

赵太后新近执政,秦国便加紧进攻赵。赵国向齐王求救。齐王说:"一定要以长安君作为人质,军队才能派出来。"太后不答应,大臣们极力劝谏。太后明确地对左右的人宣布:"有再说让长安君做人质的,我这个老婆子一定把唾沫吐在他脸上!"

注释 **1** 本篇选自《战国策·赵策四》。 触詟(zhé):据马王堆汉墓帛书及《史记·赵世家》,应为触龙。文中"触詟"是"触龙言"之误,故译文中均作"触龙"。 赵太后:即赵威后。 **2** 用事:即任事,执掌政事。当时赵孝成王年幼,由赵太后执政。 **3** 长安君:赵太后宠爱的小儿子。质:人质,以人作抵押。

左师¹触詟愿见,太后盛气而揖之²。入而徐趋,至而自谢³,曰:"老臣病足,曾不能疾走,不得见久矣,窃自恕,恐太后玉体之有所郄⁴也,故愿望见。"太后曰:"老妇恃辇⁵而行。"曰:"日食饮得无衰⁶乎?"曰:"恃鬻⁷耳。"曰:"老臣今者殊不欲食,乃自强步⁸,日三四里,少益嗜食,和于身。"曰:"老妇不能。"太后之色少解。

左师触龙要求拜见太后。太后怒气冲冲地等候着他。触龙一进宫门便慢慢地向前小跑,到了太后面前请罪说:"老臣的脚有病,没法快走,不能来拜见您已经很久啦。我私下里根据自己的情况推想,担心太后的贵体有不舒服的地方,因此很想看望您。"太后说:"我靠人用车子推着走。"触龙问:"每天饮食该不曾减少吧?"太后说:"靠喝粥罢了。"触龙说:"老臣近来特别不想吃东西,便自己勉强步行,每天走三四里,逐渐地增加了食欲,对于身体很有益。"太后说:"我做不到。"太后的神色略微缓和了。

注释 1 左师:官名。 2 盛气:怒气冲冲地。 揖:应作"胥",同"须",等待。 3 谢:谢罪,道歉。 4 郄(xì):同"隙",病,不舒适。 5 辇(niǎn):用人拉着走的车。后来多指国君乘的车。 6 衰:减少。 7 鬻(zhōu):"粥"的本字。 8 强(qiǎng)步:勉强走动。

左师公曰:"老臣贱息¹舒祺,最少,不肖,而臣衰,窃爱怜之,愿令补黑衣²之数,以卫王宫。没死³以闻。"太后曰:"敬诺。年几何矣?"对曰:"十五岁矣。

左师公说:"我那儿子舒祺,年纪最小,没什么出息。可是我年纪大了,内心总疼爱他,希望您让他充当一名卫士,来保卫王宫。我冒着死罪把这件事禀告您。"太后说:"好吧。年纪多大呢?"左师公回答说:"十五岁啦。

虽少,愿及未填沟壑[4]而托之。"太后曰:"丈夫[5]亦爱怜其少子乎?"对曰:"甚于妇人。"太后曰:"妇人异甚。"对曰:"老臣窃以为媪之爱燕后[6],贤于长安君。"曰:"君过矣,不若长安君之甚!"左师公曰:"父母之爱子,则为之计深远。媪之送燕后也,持其踵[7],为之泣,念悲其远也,亦哀之矣。已行,非弗思也,祭祀必祝之,祝曰:'必勿使反[8]。'岂非计久长有子孙相继为王也哉?"太后曰:"然。"

虽说还小,我希望趁自己还没有死,便把他托付给您。"太后说:"男人也疼爱他的小儿子吗?"触龙回答说:"比女人还厉害。"太后说:"女人爱得特别厉害啊。"触龙回答说:"我私下认为您爱燕后,超过了爱长安君。"太后说:"你错了!我爱燕后远远比不上爱长安君。"左师公说:"父母爱子女,就要为他们作长远打算。您送燕后出嫁的时候,紧跟在她身后哭泣,想起她远嫁异国就伤心,也确实够悲哀的了。她走了以后,您不是不想念她呀,可是祭祀时一定要为她祈祷,祈祷说:'必定不要使她回来。'这难道不是为她考虑长远,希望有子孙相继当君王吗?"太后说:"是啊!"

注释 1 息:儿子。 2 黑衣:战国时王宫卫士穿黑色军服,这里代指卫士。 3 没死:冒着死罪。 4 填沟壑(hè):指死。这是谦称。意思是死后无人埋葬,尸体被扔在山沟里。 5 丈夫:对男子的通称。
6 媪(ǎo):对老年妇女的尊称。 燕后:赵太后之女,嫁到燕国为后,故称燕后。 7 持其踵:指燕后出嫁时,太后跟在她身后不忍分别。
8 必勿使反:古代诸侯之女出嫁他国,只有被废或亡国时才返回父母之国。这里是说太后常为燕后祈祷,希望她不要遭到不幸而返回本国。

左师公曰:"今三世以前,至于赵之为赵[1],赵王之子孙侯者,其继有在者乎?"曰:"无有。"曰:"微独赵,诸侯有在者乎?"曰:"老妇不闻也。""此其近者祸及身,远者及其子孙,岂人主之子孙则必不善哉!位尊而无功,奉[2]厚而无劳,而挟重器[3]多也。今媪尊长安君之位,而封以膏腴之地,多予之重器,而不及今令有功于国;一旦山陵崩[4],长安君何以自托于赵?老臣以媪为长安君计短也,故以为其爱不若燕后。"太后曰:"诺,恣君之所使之。"于是为长安君约车百乘,质于齐,齐兵乃出。

左师公说:"从现在算起,三世以前一直上推到赵氏建成赵国的时候,赵王子孙封了侯的,他们的继承人还有存在的吗?"太后说:"没有。"触龙说:"不单是赵国,各诸侯国内还有继续存在的吗?"太后说:"我没有听说过。"触龙说:"这就是说他们之中近则自身便遭了祸,远则祸患便落到他们子孙身上了。难道说君王的子孙就一定不好吗?不是。只不过由于他们地位很高却没有什么功勋,俸禄很丰厚没有什么劳绩,却拥有很多贵重的东西罢了。如今您尊显长安君的地位,封给他富庶的土地,赐给他很多贵重的东西,却不趁着现在让他为国立功,一旦太后您百年之后,长安君凭什么在赵国安身呢?老臣认为您替长安君打算得太短浅了,所以说您对他的爱不如对燕后的爱。"太后说:"好吧,任凭你怎么调派他吧!"于是给长安君整治好百辆车子,到齐国去做人质。齐国的援兵就派出来了。

[注释] 1 赵之为赵:前赵字指赵氏,后赵字指赵国。赵氏本是晋国大夫赵衰之后,公元前403年,韩、赵、魏三家分晋,周天子正式封他们为诸侯。赵的第一个国君是赵烈侯。 2 奉:同"俸",即俸禄。 3 重器:宝物,贵重的东西。 4 崩:古代称帝王死为崩。山陵崩是喻指赵太后死去。

子义¹闻之曰："人主之子也,骨肉之亲也,犹不能恃无功之尊,无劳之奉,以守金玉之重²也,而况人臣乎!"

子义听到这件事,说："君王的儿子,是亲生骨肉,尚且不能依靠没有功勋的高位,没有劳绩的俸禄,来保持他的富贵,何况是人臣呢!"

注释　1 子义:赵国的贤士。　2 金玉之重:指富贵的地位。

鲁仲连义不帝秦¹
《国策》

导读　秦军围赵,魏派辛垣衍劝赵尊奉秦王为帝,鲁仲连挺身而出,反对投降,和辛垣衍进行了一场单刀直入的辩论。文章通过"帝秦""抗秦"的论辩和鲁仲连在事成之后不居功受赏的行动,表现了鲁仲连反投降的立场和功成不居的高尚品德。鲁仲连的议论,具有远见卓识;分析利害,入情入理,又善于运用历史事实与生动的比喻,因而有很强的说服力。

原文

秦围赵之邯郸²,魏安釐王使将军晋鄙救赵³,畏秦,止于荡阴⁴,不进。

译文

秦军包围了赵国的都城邯郸,魏安釐王派大将晋鄙率军救赵,因害怕秦国,把部队驻扎在汤阴,不再前进。

注释　1 本篇选自《战国策·赵策三》。　鲁仲连:齐国高士。　2 邯郸:赵国国都,今河北邯郸。　3 魏安釐(xī)王:魏国国君。　晋鄙:魏国大将。　4 荡阴:地名,在今河南汤阴,是当时魏赵两国交界处。

魏王使客将军辛垣衍间入邯郸[1]，因平原君谓赵王曰[2]："秦所以急围赵者，前与齐闵王争强为帝[3]，已而复归帝，以齐故。[4]今齐闵王益弱[5]，方今唯秦雄天下，此非必贪邯郸，其意欲求为帝。赵诚发使尊秦昭王为帝，秦必喜，罢兵去。"平原君犹豫未有所决。

魏王又派客将军辛垣衍从小路进入邯郸，通过平原君会见赵王，说："秦所以急忙围攻赵国，是因为从前秦昭王同齐闵王互相争强称帝，不久齐闵王不称帝，秦昭王也取消了帝号。现在的齐国比闵王时候更加衰弱了，当今只有秦国称雄天下。这次不是一定贪图邯郸，它的意图是想取得帝号。赵国如果派遣使臣尊奉秦昭王为帝，秦国必然高兴，撤兵离开。"平原君对这事犹豫得很，没有作出决断。

注释 1 客将军：原籍不是魏国而在魏国做将军，故称客将军。 辛垣衍：复姓辛垣，名衍。 间入：潜入，从小路进入。 2 因：作"通过"解。 平原君：赵国的公子赵胜，封平原君。 赵王：赵孝成王，名丹。 3 "前与"句：指公元前288年秦昭王和齐湣王同时称帝。闵，通"湣"。 4 "已而"二句：齐湣王后来取消了帝号，秦昭王因此也不称帝。归帝，归还自封的帝号。 5 今齐闵王益弱：秦围邯郸时，闵王已死。故鲍彪注认为："湣王"二字是衍文。吴师道说，此句应解为"今之齐，视湣王已益弱"。意思是：现在齐国的形势，比起齐湣王时已越发衰弱了。

此时鲁仲连适游赵，会秦围赵。闻魏将欲令赵尊秦为帝，乃见平原君曰："事将奈何矣？"平原君曰："胜[1]也何敢言事！百万之

这时，鲁仲连正巧来到赵国，遇上秦军围赵。听说魏国想让赵国尊奉秦昭王为帝，就会见平原君说："事情将怎么办呢？"平原君说："我哪里还敢谈论国家大事！赵国百万

众折于外²,今又内³围邯郸而不去。魏王使客将军辛垣衍令赵帝秦。今其人在是。胜也何敢言事!"鲁连曰:"始吾以君为天下之贤公子也,吾乃今然后知君非天下之贤公子也。梁客辛垣衍安在?吾请为君责而归之!"平原君曰:"胜请为召而见之于先生。"平原君遂见辛垣衍曰:"东国有鲁连先生,其人在此,胜请为绍介而见之于将军。"辛垣衍曰:"吾闻鲁连先生,齐国之高士⁴也。衍,人臣也,使事有职,吾不愿见鲁连先生也。"平原君曰:"胜已泄之矣。"辛垣衍许诺。

大军在外战败,如今秦军又深入国境围攻邯郸不退。魏王派客将军辛垣衍来劝赵国尊秦王为帝,现在这个人还在这里。我哪里还敢谈论国家大事!"鲁仲连说:"当初我把你看成是天下的贤明公子,今天才知道你并不是天下的贤明公子啊!梁国客人辛垣衍在哪里?我替你责备他,叫他回去。"平原君说:"让我召他来见先生。"平原君就去见辛垣衍,说:"东方齐国有位鲁连先生,这个人在这里,让我介绍他会见将军。"辛垣衍说:"我听说鲁连先生是齐国的高士。我辛垣衍,是个做臣子的,出使到赵国有自己的职责,我不愿见鲁连先生。"平原君说:"我已把你的活动透露给他了。"辛垣衍只好答应。

注释 1 胜:即平原君赵胜。 2 "百万"句:指秦赵长平之战。 折:损伤。 3 内:深入国内。 4 高士:品行高尚而不做官的人。

鲁连见辛垣衍而无言。辛垣衍曰:"吾视居此围城之中者,皆有求于平原君者

鲁仲连见到辛垣衍,却不说话。辛垣衍说:"我观察居住在这个被围城市里的人,都是向平原君有所要

也。今吾视先生之玉貌，非有求于平原君者，曷为久居此围城之中而不去也？"鲁连曰："世以鲍焦无从容而死者[1]，皆非也。今众人不知，则为一身。彼秦，弃礼义、上首功[2]之国也。权使其士，虏使其民，彼则肆然而为帝，过而遂正于天下[3]。则连有赴东海而死耳，吾不忍为之民也！所为见将军者，欲以助赵也。"

辛垣衍曰："先生助之奈何？"鲁连曰："吾将使梁及燕助之，齐、楚固助之矣。"辛垣衍曰："燕则吾请以从矣。若乃梁，则吾乃梁人也，先生恶能使梁助之耶？"鲁连曰："梁未睹秦称帝之害故也，使梁睹秦称帝之害，则必助赵矣。"辛垣衍曰："秦称帝之害，将奈何？"

求的。如今我观察先生的样子，并不是对平原君有所要求的人，为什么久住在这个被围的城市里而不离开呢？"鲁仲连说："那些认为鲍焦是由于心地狭窄而死的看法，都是不对的。如今大家不了解鲍焦死的意义，还以为他只是为了个人。那秦国，是个抛弃礼义、崇尚战功的国家。秦王用权术去使唤他的士人，用对待奴隶的办法去驱使他的百姓。他若是肆无忌惮地自称为帝，甚至统治天下，那么我鲁仲连只有跳进东海里死掉，当他秦国的百姓我忍受不了！我之所以要见将军，是想救助赵国。"

辛垣衍说："先生怎么样救助赵国？"鲁连说："我将使梁和燕救赵，齐、楚本来就会帮助赵国的。"辛垣衍说："燕国嘛，那我相信它会听从你的，至于梁，我便是梁国人，你怎能使梁救助赵国呢？"鲁连说："这是梁国没有看清秦称帝的危害的缘故啊。假使梁国看清了秦称帝的危害，那就必定救助赵国了。"辛垣衍说："秦称帝的危害，将是怎么样的？"

注释 1 鲍焦：春秋时隐士，因对现实不满，抱树饿死。 无从容：指心地不开阔。 2 上首功：崇尚战功。上，同"尚"，崇尚。首功，斩首之功。 3 "过而"句：甚至要统治整个天下。过，甚至。正于天下，统治天下。

鲁仲连曰："昔齐威王[1]尝为仁义矣，率天下诸侯而朝周。周贫且微，诸侯莫朝，而齐独朝之。居岁余，周烈王崩[2]，诸侯皆吊，齐后往，周怒，赴[3]于齐曰：'天崩地坼[4]，天子下席[5]。东藩[6]之臣田婴齐，后至则斮[7]之。'威王勃然怒曰：'叱嗟[8]！而母，婢也！'卒为天下笑。故生则朝周，死则叱之，诚不忍其求也。彼天子固然，其无足怪。"

鲁仲连说："从前齐威王曾行过仁义，他率领天下的诸侯朝见周天子。周贫穷弱小，诸侯没有谁理睬，只有齐国朝见他。过了一年多，周烈王死了，诸侯都去吊丧，齐威王后去。周天子发怒，派人到齐国报丧，说：'天子去世，新天子离开宫室在守丧，你东方的臣子田婴齐，到得最晚，该杀！'齐威王听了勃然大怒，说：'呸！你母亲是个婢女！'终于被天下的人耻笑。所以，周天子活着的时候去朝拜他，死了就斥骂他，这实在是齐威王忍受不了周天子的苛求啊。那做天子的本来就是如此，并不奇怪。"

注释 1 齐威王：姓田，名婴齐。 2 周烈王：名喜，在位七年。 崩：古代帝王死曰崩。 3 赴：同"讣"，报丧。 4 天崩地坼(chè)：指周烈王死。坼，裂。 5 天子下席：天子指周烈王太子周安王。下席，走下坐席，古时居丧要睡草席、枕土块，以示哀悼。 6 东藩：指齐国。 7 斮(zhuó)：杀，斩。 8 叱嗟：怒斥声。

辛垣衍曰:"先生独未见夫仆乎? 十人而从一人者,宁力不胜、智不若邪? 畏之也。"鲁仲连曰:"然梁之比于秦若仆耶?"辛垣衍曰:"然。"鲁仲连曰:"然则吾将使秦王烹醢[1]梁王。"辛垣衍快然不说曰[2]:"嘻! 亦太甚矣,先生之言也! 先生又恶能使秦王烹醢梁王?"

辛垣衍说:"先生独独没见过做奴仆的么? 十个人服从一个人,难道是力气不胜、智慧不及吗? 是害怕他啊。"鲁仲连说:"对。可是梁国跟秦国比,像奴仆吗?"辛垣衍说:"是的。"鲁仲连说:"既然这样,我将叫秦王烹煮梁王,把他剁成肉酱。"辛垣衍满脸不高兴,说:"唉! 先生说得太过分了! 你又怎么能叫秦王烹煮剁杀梁王呢?"

注释 1 烹醢(hǎi):古代酷刑。烹,煮杀。醢,斩成肉酱。 2 快(yàng)然:不高兴的样子。 说:同"悦"。

鲁仲连曰:"固也。待吾言之:昔者鬼侯、鄂侯、文王[1],纣之三公也。鬼侯有子[2]而好,故入之于纣。纣以为恶,醢鬼侯。鄂侯争之急,辨之疾,故脯[3]鄂侯。文王闻之,喟然[4]而叹,故拘之于牖里之库百日[5],而欲令之死。曷为与人俱称帝王,卒就脯醢之地也?

鲁仲连说:"本是如此,待我说来。从前鬼侯、鄂侯、文王,是纣王的三公。鬼侯有个女儿很美,所以献给纣王。纣王认为她长得丑,就把鬼侯剁成肉酱。鄂侯为这件事争得很厉害,辩得很急切,因此纣王杀了鄂侯做成肉干。文王听到这事,叹了一口气,就被囚禁在牖里的监狱一百天,纣王想把他置于死地。为什么梁王和秦王都称帝王,却要尊秦为帝,走向被做成肉干、剁成肉酱的地步呢?

注释 1 鬼侯、鄂侯、文王：商朝纣王时的三个诸侯。 2 子：此处指女儿。 3 脯（fǔ）：古代酷刑。把人杀死后，做成肉干。 4 喟（kuì）然：叹息的声音。 5 牖（yǒu）里：地名，在今河南汤阴北。 库：监牢。

"齐闵王将之鲁，夷维子执策而从[1]，谓鲁人曰：'子将何以待吾君？'鲁人曰：'吾将以十太牢待子之君。'夷维子曰：'子安取礼而来待吾君？彼吾君者，天子也。天子巡狩，诸侯避舍[2]，纳管键[3]，摄衽抱几[4]，视膳于堂下，天子已食，退而听朝也。'鲁人投其籥[5]，不果纳。不得入于鲁。将之薛，假涂于邹[6]。

"齐闵王要到鲁国去，夷维子拿着马鞭跟从他，对鲁国人说：'你们将用什么礼节接待我的君主？'鲁国人说：'我们将用十头牛接待你的君主。'夷维子说：'你们根据什么礼节这样接待我们的君主呢？我的君主，是天子啊。天子出来巡视，诸侯要退出自己住的宫殿，避居别处，交出钥匙，提起衣襟，捧着几案，站在堂下伺候天子吃饭。天子吃完了饭，诸侯才退下，回到自己的朝廷上处理政事。'于是鲁国人关了城门下了锁，不让齐闵王入境。齐闵王没能进入鲁国，要往薛城，向邹国借路通过。

注释 1 夷维子：齐闵王的臣子。 策：马鞭。 2 诸侯避舍：天子到了诸侯国里，诸侯要退出原住的宫舍，让给天子。 3 纳管键：纳，交纳。管键，锁钥，类似现在的钥匙。意即把管理权交给天子。 4 几：设在座侧的小桌子。 5 籥（yuè）：同"钥"。 6 邹：邹国，在今山东邹城。

"当是时，邹君死。闵王欲入吊。夷维子谓邹之孤[1]曰：'天子吊，主

"正当这个时候，邹的国君死了。闵王打算进去吊丧。夷维子告诉邹国的新君说：'天子吊丧，主人必须把灵柩

人必将倍殡枢[2]，设北面于南方，然后天子南面吊也。'邹之群臣曰：'必若此，吾将伏剑而死。'故不敢入于邹。邹鲁之臣，生则不得事养，死则不得饭含[3]，然且欲行天子之礼于邹、鲁之臣，不果纳。今秦万乘之国，梁亦万乘之国，交有称王之名，睹其一战而胜，欲从而帝之，是使三晋之大臣，不如邹、鲁之仆妾也。[4]

换个方向，放在南边面向北方，然后天子朝南吊丧。'邹国的群臣说：'一定要这样，我们不如用剑自刎而死。'因此闵王不敢进入邹国。邹、鲁两国的臣子，在国君活着的时候，不能按礼侍奉，死了不能按礼办理丧事，贫弱到了这个程度，尚且在齐闵王要求他们向自己行天子之礼的时候，而拒绝不肯接纳呢！如今秦是拥有万辆兵车的大国，梁也是拥有万辆兵车的大国，互相有称王的名，看到秦国打一仗得到胜利，就想服从他尊他为帝，这是要使魏、赵、韩的大臣，还不如邹、鲁两国的奴仆呢！

注释 1 邹之孤：指邹国的新君，因丧父，故称孤。 2 "主人"句：古代丧礼，灵枢停在西阶，主人站在东阶，正面对着灵枢；天子来吊丧，主人要站在西阶，面向北哭，不正面对着灵枢，叫倍殡枢。 倍：同"背"，换个相反方向。 3 饭含：古时的殡礼，人死后，把粟米放在口中叫"饭"，把珠玉放在口中叫"含"。这里是说：邹鲁二国贫弱，大臣们对他们的国君生前不能侍养，死后不能尽礼，然而他们却不肯用天子的礼节接待齐王。 4 "是使三晋"句：这里是批评辛垣衍劝赵帝秦的行为，是要使魏、赵、韩的大臣丧失气节，还不如邹鲁两国的奴仆有骨气。前面辛垣衍自比梁为仆，所以鲁仲连不说邹鲁之臣，而说邹鲁之仆妾。 三晋：韩氏、赵氏、魏氏原系春秋时晋国的大夫，后来三家势力扩大，瓜分了晋国，自立为侯，所以习惯称它们为"三晋"。 妾：女奴隶。

"且秦无已¹而帝,则且变易诸侯之大臣,彼将夺其所谓不肖,而予其所谓贤;夺其所憎,而予其所爱;彼又将使其子女谗妾²,为诸侯妃姬,处梁之宫,梁王安得晏然³而已乎?而将军又何以得故宠乎?"

于是辛垣衍起,再拜,谢曰:"始以先生为庸人,吾乃今日而知先生为天下之士也!吾请去,不敢复言帝秦。"

"况且,秦由于无人阻止而称了帝,那就要变换诸侯的大臣,他将撤掉他认为不好的,安插他认为贤能的;撤掉他所讨厌的,换上他所宠爱的,他又会把他的女儿及专门挑拨是非的姬妾去做诸侯的后妃,她们住在梁国的宫室里,梁王怎么能平安无事呢?而将军你又凭什么能保持原有的宠幸呢?"

于是辛垣衍站起来,拜了几拜,谢罪说:"起初以为先生是个平庸的人,我今天才知道先生是天下的贤士啊!我就离开这里,不敢再说尊秦为帝的事了。"

[注释] 1 无已:无人阻止。 2 谗妾:指善于进谗言,毁贤嫉能的妾妇。
3 晏然:平安地,安适地。

秦将闻之,为却¹军五十里。适会公子无忌夺晋鄙军²,以救赵击秦,秦军引而去。

于是平原君欲封鲁仲连。鲁仲连辞让者三,终不肯受。平原君乃置酒,酒酣,起,前,以千金为鲁连寿。鲁连笑曰:"所贵于

秦军的大将听说这件事,因此退兵五十里。恰好赶上魏公子无忌夺取了晋鄙的军权,来援救赵国,进攻秦军,秦军便撤退离开了。

当时,平原君打算封鲁仲连。鲁仲连再三辞谢推让,始终不肯接受。平原君便为他摆酒设宴。酒喝得很畅快的时候,平原君起身走到鲁仲连面前,捧上千金厚礼,赠给鲁连。鲁连笑着说:

天下之士者，为人排患释难，解纷乱，而无所取也。即有所取者，是商贾³之人也，仲连不忍为也。"遂辞平原君而去，终身不复见。

"天下之士最宝贵的地方，是为人排除祸患、消除危难、解除纷乱，而不求取任何报答。如果有所求取，那就是做生意的商人了，仲连不忍做这种人。"于是辞别平原君，离开赵国，终身不再与平原君见面。

[注释]　1 却：退。　2 "适会"句：魏公子无忌，安釐王异母弟，封号信陵君。他托魏王的爱姬如姬盗出兵符，假传魏王命令夺得晋鄙的兵权，带兵击退秦军，救了赵国。　3 商贾(gǔ)：商人的统称。

鲁共公择言¹
《国策》

[导读]　本文记述了鲁共公在梁王魏婴宴席上的即兴发言。就内容而论，劝诫酒、味、色、乐，自有意义；就语句而论，整齐、重复而又注意变化。

[原文]

梁王魏婴²觞诸侯于范台。酒酣，请鲁君举觞³。鲁君兴，避席择言⁴曰："昔者，帝女令仪狄作酒而美⁵，进之禹，禹饮而甘之，遂疏仪狄，绝旨酒⁶，

[译文]

梁惠王魏婴在范台设酒宴会诸侯。当酒饮到畅快的时候，惠王请鲁共公举杯祝酒。鲁共公站起来，离开座位，选择了一番有意义的话，说："从前，帝女叫仪狄酿酒，味道很美，就进献给禹，禹喝了，觉得很甜美，于是疏远了仪狄，戒

曰：'后世必有以酒亡其
国者。'

了酒。他说：'后世必定有因为饮酒而
亡掉自己国家的人。'

注释　1 本篇选自《战国策·魏策二》。鲁共公，鲁国国君，名奋。
2 梁王魏婴：即梁惠王。　3 觞(shāng)：古代喝酒用的器物。一本
作"觚(gū)"，酒器。　4 择言：择善而言，即选择有意义的话。　5 帝女：
可能是尧或舜之女。　仪狄：美女名。一本无"令"字。如无"令"字，帝
女与仪狄当为一人。　6 旨酒：美酒。

"齐桓公夜半不嗛[1]，
易牙乃煎熬燔炙[2]，和调
五味[3]而进之，桓公食之
而饱，至旦不觉，曰：'后
世必有以味亡其国者。'
晋文公得南之威[4]，三日
不听朝，遂推南之威而远
之，曰：'后世必有以色亡
其国者。'楚王登强台而
望崩山[5]，左江而右湖[6]，
以临彷徨，其乐忘死，遂
盟强台而弗登，曰：'后
世必有以高台陂池[7]亡其
国者。'

"齐桓公半夜里不舒服，易牙就把
食物煎熬烧炒，调和五味，进献桓公，
桓公吃得饱饱的，睡到第二天早晨还没
醒。他说：'后世必定有因为贪图美味
而亡掉自己国家的人。'晋文公得了美
女南威，整整三天忘记上朝处理政事，
就推开南威，并且疏远她。他说：'后
世必定有因为女色而亡掉自己国家的
人。'楚庄王登上强台，眺望崩山，左边
是长江，右边是洞庭湖，他站在高处往
下看，来回走动，快乐得忘记了死亡。
于是在台上发誓再也不登。他说：'后
世必定有因为大修宫殿园林而亡掉自
己国家的人。'

注释　1 嗛(qiè)：舒服，快意。　2 "易牙"句：易牙，一作狄牙。春秋
时齐桓公宠臣，善调味。煎、熬、燔(fán)、炙均为烹饪方法。　3 五味：甜、

酸、苦、辣、咸。　4 南之威:美女名。一本无"之"字。　5 楚王:指楚庄王。春秋五霸之一。　强台:章华台。　崩山:一作"崇山"。　6 左江而右湖:江,长江;湖,洞庭湖。　7 陂(bēi)池:池塘。这里的高台陂池,泛指宫殿园林。

今主君之尊[1],仪狄之酒也;主君之味,易牙之调也;左白台而右闾须[2],南威之美也;前夹林而后兰台[3],强台之乐也。有一于此,足以亡其国。今主君兼此四者,可无戒与[4]!"梁王称善相属[5]。

如今您的酒器里,就是仪狄的美酒;您的饮食,就是易牙调和的美味;左边的白台,右边的闾须,就是南威一样的美女;这前面的夹林,后面的兰台,就是强台那样的令人快乐的景色。只要有一条,就能够亡掉自己的国家,现在您兼有这四条,可以不警惕吗?"梁王听了,连声称好。

注释　1 主君:对国君的尊称。　尊:酒器。　2 白台、闾须:皆美人名。3 夹林、兰台:魏国的林、台名。　4 与:同"欤"。　5 相属(zhǔ):相互连接,这里指连声说好。

唐雎说信陵君[1]

《国策》

导读　本文写的是唐雎在信陵君即将受到赵王的隆重欢迎时,对他提出的忠告。话虽不多,却有启发意义,如"人之有德于我也,不可忘也;吾有德于人也,不可不忘也"。

原文

信陵君杀晋鄙,救邯郸,破秦人,存赵国,赵王自郊迎[2]。唐雎谓信陵君曰:"臣闻之曰:事有不可知者,有不可不知者;有不可忘者,有不可不忘者。"信陵君曰:"何谓也?"

译文

魏信陵君杀了晋鄙,救了邯郸,打败了秦军,保存了赵国,赵王亲自到邯郸郊外迎接。唐雎对信陵君说:"我听人说过事情有些是不可以知道的,有些是不可以不知道的;有些是不可以忘记的,有些是不可不忘记的。"信陵君说:"怎么说啊?"

注释 1 本篇选自《战国策·魏策四》。 唐雎(jū):魏臣。有的本子写作"唐且"。 2 郊迎:到郊外迎接。

对曰:"人之憎我也,不可不知[1]也;我憎人也,不可得而知[2]也。人之有德于我也,不可忘[3]也;吾有德于人也,不可不忘[4]也。今君杀晋鄙,救邯郸,破秦人,存赵国,此大德也。今赵王自郊迎,卒然[5]见赵王,臣愿君之忘之也。"信陵君曰:"无忌[6]谨受教。"

唐雎回答说:"人家憎恶我,是不可以不知道的;我憎恶人家,是不可以知道的;人家对我有恩德,是不可以忘记的;我对人家有恩德,是不可不忘记的。如今您杀了晋鄙,救了邯郸,打败了秦军,保存了赵国,这是很大的恩德。现在赵王亲自到郊外迎接,您马上就要会见他,我希望您把这件事情忘掉。"信陵君说:"无忌真诚地接受您的教导。"

注释 1 不可不知:意即应该知道,以便对付。 2 不可得而知:意即人家的反应如何没法知道,要警惕。 3 不可忘:意即要永远记在心上。 4 不可不忘:意即应该忘掉,不记在心上。 5 卒然:同"猝然",突然。

这里有"马上"的意义。 6 无忌:信陵君的名。自称其名,表示恭敬。

唐雎不辱使命[1]

《国策》

[导读] 本文赞扬了唐雎这位不畏强暴、敢于斗争的使臣,揭露了蛮横狡诈、色厉内荏的秦王。本文对照手法较突出,秦王与唐雎是一种对照,秦王前面的骄横,与后面的窘态,也是一种对照。

[原文]

秦王使人谓安陵君曰[2]:"寡人欲以五百里之地易安陵,安陵君其许寡人!"安陵君曰:"大王加惠,以大易小[3],甚善。虽然,受地于先王,愿终守之,弗敢易。"秦王不说。安陵君因使唐雎使于秦。

[译文]

秦王派人对安陵君说:"我想拿五百里的土地来换安陵,安陵君可要答应我啊。"安陵君说:"承蒙大王施给恩惠,拿大面积的土地来换小小的安陵,实在好得很。虽说这样,可是我从祖先那里继承了这块封地,希望能够永远守住它,不敢拿来调换。"秦王不高兴。安陵君因此派唐雎出使秦国。

[注释] 1 本篇选自《战国策·魏策四》。 不辱使命:奉命出使外国,能维护本国的尊严,不被威势压服。 2 秦王:即秦始皇嬴政。 安陵君:安陵的国君。 3 以大易小:安陵只有方圆五十里,秦假说用五百里调换,所以这么说。

秦王谓唐雎曰："寡人以五百里之地易安陵，安陵君不听寡人，何也？且秦灭韩亡魏[1]，而君以五十里之地存者，以君为长者[2]，故不错意[3]也。今吾以十倍之地请广于君，而君逆[4]寡人者，轻寡人欤？"唐雎对曰："否！非若是也。安陵君受地于先王而守之，虽千里不敢易也，岂直[5]五百里哉！"

秦王责问唐雎说："我拿五百里的土地去换安陵，安陵君却不听从我，这是什么原因呢？再说，秦国灭了韩国，亡了魏国，可是安陵君凭着五十里的地方能够幸存到现在，因为我把安陵君当作忠厚长者，才不把他放在心上。如今我拿十倍的土地请安陵君扩大点领土，可是安陵君却违抗我，这不是轻视我吗？"唐雎回答说："不！并不是这样。安陵君继承祖先的封地要守住它，即使有方圆千里的地方也不敢调换，何况只有方圆五百里呢！"

注释　1 灭韩：在秦王政十七年（前230）。　亡魏：在秦王政二十二年（前225）。　2 长者：忠诚厚重的人。也指年高有德行的人。　3 错意：同"措意"，放在心上。　4 逆：不顺从，违背。　5 直：只。

秦王怫然[1]怒，谓唐雎曰："公亦尝闻天子之怒乎？"唐雎对曰："臣未尝闻也。"秦王曰："天子之怒，伏尸百万，流血千里。"唐雎曰："大王尝闻布衣[2]之怒乎？"秦王曰："布衣之怒，亦免冠徒跣[3]，以头抢[4]地耳。"

秦王变了脸色，怒气冲冲地对唐雎说："你也曾听说过天子的发怒吗？"唐雎回答说："我没有听说过。"秦王说："天子一发怒，仆倒在地上的尸体上百万，千里的地面血水流淌。"唐雎说："大王您也曾听说过平民百姓的发怒吗？"秦王说："平民百姓发怒，不过摘下帽子，光着两脚，拿脑袋撞撞地罢了。"

【注释】 1 怫(fú)然:发怒的样子。 2 布衣:平民。古代没有官职的平民不能穿丝织品制的衣服,只能穿粗布衣服,故称平民为布衣。 3 徒跣(xiǎn):赤脚步行。 4 抢(qiāng):撞。

唐雎曰:"此庸夫之怒也,非士[1]之怒也。夫专诸之刺王僚[2]也,彗星袭月[3];聂政之刺韩傀[4]也,白虹贯日[5];要离之刺庆忌[6]也,苍鹰击于殿上[7]。此三子皆布衣之士也,怀怒未发,休祲降于天[8],与臣而将四矣。若士必怒,伏尸二人,流血五步,天下缟素[9],今日是也。"挺剑而起。

唐雎说:"这是庸人发怒,不是勇武的人发怒啊。当专诸刺杀吴王僚的时候,扫帚星冲击月亮;当聂政刺杀韩傀的时候,白虹贯穿太阳;当要离刺杀庆忌的时候,突然老鹰在殿堂上空搏斗。他们这三位,都是平民中的勇士,他们郁积的愤怒还没发作,老天爷就降下了吉凶的兆头。加上我唐雎,将要成为四位了。如果勇武的人真的发了怒,倒下的不过两个人,血水淌过的地面只有五步,但是普天之下都得穿白戴孝,今天就要发生这种情况。"说着,拔出宝剑,站了起来。

【注释】 1 士:含义很广。这里指勇武的人。 2 专诸之刺王僚:专诸,人名。王僚,吴王名僚。春秋时吴国的公子光想夺吴王僚的王位,阴养勇士专诸。一日,公子光设宴请王僚,专诸把匕首藏在鱼腹中献上,乘机刺杀了吴王僚。 3 彗星袭月:扫帚星袭击月亮。这是说专诸刺王僚时,感应了上天,使得彗星袭月。 4 聂政之刺韩傀:聂政,战国时齐人。韩大夫严仲子跟韩傀有仇,便请聂政去刺杀了韩傀。韩傀,又名侠累,韩国的丞相。 5 白虹贯日:白虹贯穿太阳。也是说因人事而引起天变的景象。 6 要(Yāo)离之刺庆忌:庆忌,吴王僚的儿子。吴王阖闾夺了王位后,庆忌逃往魏国。阖闾怕庆忌借魏兵复国,便指使勇士要离投奔庆忌,趁机刺死庆忌。　**7** 苍鹰击于殿上：要离刺庆忌时，突然有苍鹰飞到殿上搏斗。　**8** 休：吉祥的预兆。　祲(jìn)：凶险的预兆。　**9** 天下缟素：意指国君死亡，全国的人都穿孝服。缟，白绢。素，白绸。

秦王色挠[1]，长跪[2]而谢之曰："先生坐，何至于此！寡人谕矣：夫韩、魏灭亡，而安陵以五十里之地存者，徒以有先生也。"	秦王害怕了，现出屈服的神色，伸直身子跪着向唐雎道歉说："先生请坐，哪里要到这个地步！我明白了，那韩国、魏国灭亡，可是安陵君凭五十里地却还保存下来，只是因为有先生啊。"

注释　**1** 挠：屈服。　**2** 长跪：古代没有凳椅，人坐在铺有席子的地面上，坐的姿势是两个膝盖跪在地上，臀部靠在脚后跟上。为了向对方表示敬重，把腰挺直，臀部离开脚后跟，就是长跪。

乐毅报燕王书[1]
《国策》

导读　《报燕王书》全文包含着深沉的忧愤，表达出乐毅对燕昭王的一片赤忱。文章紧扣奔赵的目的，反复论述，旁征博引，步步深入，是一封经过苦心构思的著名书信。

原文	译文
昌国君乐毅，为燕昭王合五国之兵而攻齐[2]，下七十余城，尽郡县之以属燕。	昌国君乐毅，替燕昭王联合五个国家的军队共同攻打齐国，连下七十多座城池，全都改为郡县归属于燕。

注释 1 本篇选自《战国策·燕策二》。 乐毅:战国时著名军事家。燕王:指燕惠王,昭王子。 2 "为燕昭王"句:燕昭王伐齐是有历史原因的。燕王哙欲效法尧舜禅让,把王位让给大臣子之,遭到王族反对,国内混乱。齐宣王乘机伐燕,大败燕军。燕昭王即位,决心报复齐国,于是筑黄金台招揽人才,人才纷纷从各地来燕。齐宣王死后,湣王骄横,结怨诸侯,臣民离心,故燕能联合五国伐齐,取得大胜。

三城[1]未下,而燕昭王死。惠王即位,用齐人反间[2],疑乐毅,而使骑劫[3]代之将。乐毅奔赵,赵封以为望诸[4]君。齐田单诈骑劫[5],卒败燕军,复收七十余城以复齐。

还有三座城池没有攻下,燕昭王就死了。燕惠王即位,听信了齐人的离间,怀疑乐毅,就派骑劫代替乐毅做大将。乐毅逃奔到赵国,赵国封他做望诸君。齐国将军田单诈骗骑劫,最后大败燕军,又收复七十多座城池,恢复了齐国的领土。

注释 1 三城:聊城、莒、即墨。 2 用齐人反间:齐将田单放出谣言,说乐毅想反叛燕国,自己做齐王。燕惠王信以为真。 3 骑劫:原误作"骑却"。 4 望诸:古泽名。 5 田单:齐国大将,为齐收复失地,封安平君。诈骑劫:田单派人向燕军诈降,使燕军麻痹;又用牛千余头,角上缚兵刃,尾上缚苇灌油,夜间以火点燃,使猛冲燕军,并以五千勇士随后冲杀,结果大败燕军,杀死骑劫。这便是有名的"火牛阵"。

燕王悔,惧赵用乐毅乘燕之敝以伐燕。燕王乃使人让[1]乐毅,且谢之曰:"先王[2]举国而委将军,将

燕惠王非常后悔,害怕赵国起用乐毅,乘着燕国衰败来攻打燕国。惠王就派使者去赵国责备乐毅,并向他道歉说:"先王把整个国家都托

军为燕破齐,报先王之仇,天下莫不振动,寡人岂敢一日而忘将军之功哉!会先王弃群臣,寡人新即位,左右误寡人[3],寡人之使骑劫代将军,为将军久暴露[4]于外,故召将军,且休计事。将军过听,以与寡人有隙[5],遂捐燕而归赵。将军自为计则可矣,而亦何以报先王之所以遇将军之意乎?"

付给将军,将军为燕国攻破齐国,报了先王的仇,天下没有谁不震动,我哪敢一天忘记将军的大功呢?正碰上先王抛下群臣与世长辞,我刚刚即位,左右的人误了我。我叫骑劫代替将军,是考虑到将军长期风餐露宿在外,所以召回将军暂时休息一下,并且商议国事。将军理会错了,因而同我有了隔阂,便抛弃燕国,归向赵国。将军为自己打算是可以这样的,但又怎么报答先王厚待将军的心意呢?"

注释　1 让:责备。　2 先王:指燕昭王。　3 左右误寡人:指左右亲近的人造谣说乐毅背叛燕国。　4 暴露:指乐毅长期行军作战,风餐露宿,很辛苦。暴,同"曝"。　5 隙:裂痕,隔阂。

望诸君乃使人献书报燕王曰:

"臣不佞[1],不能奉承先王之教,以顺左右之心,恐抵斧质[2]之罪,以伤先王之明,而又害于足下[3]之义,故遁逃奔赵。自负以不肖之罪,故不敢为辞说。今王使使者数之罪,臣恐侍御者[4]之不察先王之所

望诸君乐毅便派人送信回答燕王。信上说:

"臣子不才,不能够承受先王遗留下来的教诲,顺从您的心意,恐怕要遭杀身之罪,从而损害先王知人善任之明,又使您落个不义的名声,因此逃奔到赵国。自己宁肯背着不肖的罪名,所以不敢为自己辩解。如今您派使者前来数说我的罪过,我怕您不了解先王为什么要畜养宠信我的

以畜幸臣之理,而又不白于臣之所以事先王之心,故敢以书对。

道理,而且又不明白我为什么要侍奉先王的衷心,因此大胆地写了这封信来回答您。

【注释】 1 不佞(nìng):不才。 2 斧质:斩人的刑具,即铡刀。斧,刀;质,即锧,刀下的垫座。 3 足下:指燕惠王。这是旧时书信中对收信人的敬称。 4 侍御者:侍候国君的人,犹左右、执事。实际代指惠王。

"臣闻贤圣之君,不以禄私其亲,功多者授之;不以官随其爱,能当者处之。故察能而授官者,成功之君也;论行而结交者,立名之士也。臣以所学者观之,先王之举措[1],有高世之心,故假节[2]于魏王,而以身得察于燕。先王过举,擢[3]之乎宾客之中,而立[4]之乎群臣之上,不谋于父兄,而使臣为亚卿[5]。臣自以为奉令承教,可以幸无罪矣,故受命而不辞。

"我听说贤圣的君主,不拿俸禄私自给亲近的人,功劳多的才授给他;不拿官职随意赐给所爱的人,而是对能力胜任的才把他安排在相应的位置上。因此考察对方能力之后再授给官职的,是能成就功业的君主;衡量对方德行之后再去交朋友的,是能成就名声的人。我根据所学到的知识观察,先王的举止措施高出当时一般人的见解,因此向魏王借用出使的符节,得以亲自来到燕国考察。先王过分抬举,从宾客中把我提拔起来,安置在群臣的上面,不和王族的父老兄弟商量,便叫我做了燕国的亚卿。我自认为只要奉行先王的命令,接受先王的教诲,便可以侥幸免除罪过了,因此接受了任命,没有推辞。

【注释】 1 举措:措施,安排。 2 假节:凭借符节。节,使者所拿的符节。

指乐毅凭着魏王的符节出使到燕。 3 擢(zhuó):提拔。 4 立:位置,这里指给以高位。 5 亚卿:仅次于上卿的官职。上卿是当时的最高官位。

"先王命之曰:'我有积怨深怒于齐,不量轻弱,而欲以齐为事。'臣对曰:'夫齐,霸国之余教[1],而骤胜之遗事也[2]。闲[3]于甲兵,习[4]于战攻。王若欲伐之,则必举天下而图之。举天下而图之,莫径[5]于结赵矣;且又淮北、宋地[6],楚、魏之所同愿也。赵若许约,楚、魏尽力,[7]四国攻之,齐可大破也。'先王曰:'善!'

"先王命令我说:'我有积累了几代的冤仇,对齐国深为痛恨,因此不估量自己国小力弱,想把报复齐国作为首要大事。'我回答说:'那齐国,具有霸国的遗业和屡胜他国的历史,熟习军事,擅长进攻。大王如果要出兵伐齐,那就必须联合天下的力量来对付它。联合天下的力量来对付它,没有比联络赵国更直接的了。况且淮北、宋地,是楚国、魏国都希望得到的地方。赵国如果答应缔结盟约,楚、魏都能尽力,四个国家攻齐,就可以大破齐国。'先王说:'好。'

[注释] 1 霸国:指齐桓公时曾称霸中原,为诸侯盟主。 余教:余下的业绩。 2 骤胜:屡次战胜。 遗事:旧事。 3 闲:通"娴",熟习。 4 习:熟悉。 5 径:直接。 6 淮北、宋地:都是齐国属地。宋在今河南商丘一带,为齐所吞并。 7 此句或可句读为:"赵若许,约楚魏尽力。"

"臣乃口受令,具[1]符节,南使臣于赵,顾返命,起兵随而攻齐。以天之道,先王之灵,河北[2]之地,

"我便接受先王的亲口命令,拿着符节,向南出使到赵,又赶快回来,跟随先王起兵伐齐。凭借着上天的佑助,先王的威望,黄河以北的土地,跟随先王

随先王举而有之于济[3]上。济上之军,奉令击齐,大胜之。轻卒锐兵[4],长驱至国[5],齐王[6]逃遁走莒,仅以身免。

的军队一下子占有了,并把军队推进到济水边上。来到济上的燕军,奉令进攻齐军,取得巨大胜利。轻装的精锐部队长驱而入,一直攻到齐国国都,齐湣王逃跑到莒,仅仅保住了自己的性命。

[注释] 1 具:持。 2 河北:黄河以北。 3 济:济水。 4 轻卒锐兵:轻装的精兵。 5 长驱至国:指燕军攻到齐国国都。 6 齐王:齐湣王。

"珠玉财宝、车甲珍器,尽收入燕,大吕陈于元英[1],故鼎反乎历室[2],齐器设于宁台[3],蓟丘之植,植于汶篁。[4]

"齐国的珠玉、财宝、战车、铠甲、珍贵器物全被收到燕国:大吕钟摆在元英殿前;被齐夺走的燕鼎又回到燕国,放在历室;齐国的贵重器物陈列在宁台殿;而燕都蓟丘的竹木种植在齐国汶水的竹田里。

[注释] 1 大吕:钟名。 元英:燕宫殿名。 2 故鼎:燕国过去的鼎,为齐取去,今又复归燕。 历室:燕宫殿名。 3 宁台:燕宫殿名。 4 蓟(jì)丘之植,植于汶篁:蓟丘,燕都,今北京西南。前一"植"字指竹木之类;后一"植"字是动词,种植。汶,汶水,在齐国境内。篁,竹田。

"自五伯[1]以来,功未有及先王者也。先王以为顺于其志,以臣为不顿命[2],故裂地而封之[3],使之得比乎小国诸侯。臣不佞,自以为奉令承教,可以幸无罪矣,故受命而弗辞。

"从春秋五霸以来,功劳没有谁赶得上先王。先王认为我顺从他的意志,因为我没有辜负使命,所以割地封我,使我能够和小国诸侯相比。我没有才能,自认为只要奉行先王的命令,接受先王的教诲,便可以侥幸免除罪过了,因此接受任命,没有推辞。

注释 1 五伯:指春秋时的五霸。伯,通"霸"。 2 不顿命:不辜负使命。顿,败落。 3 裂地而封之:指割地封乐毅为昌国君。

"臣闻贤明之君,功立而不废,故著于春秋[1];蚤[2]知之士,名成而不毁,故称于后世。若先王之报怨雪耻,夷[3]万乘之强国,收八百岁之蓄积[4],及至弃群臣之日,遗令诏后嗣之余义[5]。执政任事之臣,所以能循法令,顺庶孽[6]者,施及萌隶[7],皆可以教于后世。

"我听说贤明的君主,功业建立起来了就不会废弃,所以能记载在史册上;有预见的贤士,名声成就起来了就不会毁坏,所以被后世称道。先王报怨雪耻,踏平了有万辆兵车的强国,收取了齐国八百年积累下来的财富;等到他抛下群臣与世长辞的时候,还留下命令告诫后代,用意很深远。因此,执政任事的大臣能够遵循法令,使庶出的儿子安分守己,把好处施给全国百姓。先王的这些遗教,都是可以教育后代的啊!

注释 1 春秋:史册。 2 蚤:通"早"。 3 夷:平。 4 收八百岁之蓄积:从姜太公建国到齐湣王约有八百年,这长期积累的财富被燕国收取。 5 遗令诏后嗣之余义:指燕昭王留下遗嘱告诫子孙,用意深远。 6 顺庶孽:指昭王死前就预先安置了继位的事,使庶出的儿子安分守己。庶孽,不是正妻生的儿子。 7 施(yì)及萌隶:指昭王的遗教能普及到全国百姓。施,普及。萌,通"氓"。萌隶,犹百姓。

"臣闻善作者[1]不必善成,善始者不必善终。昔者伍子胥说听乎阖闾,故吴王远迹[2]至于郢,夫

"我听说善于开创事业的人不一定善于守成,善始的人不一定能够善终。从前,伍子胥的主张被吴王阖闾采纳听从,所以吴王的足迹到了楚国的郢都。

差弗是也,赐之鸱夷而浮之江。³故吴王夫差不悟先论⁴之可以立功,故沉子胥而弗悔。子胥不蚤见主之不同量,故入江而不改。

吴王夫差不是这样,却把伍子胥的尸体装在皮口袋里抛入大江。吴王夫差不懂得伍子胥的预见可以用来建立功业,因而把伍子胥的尸体沉到江中也不后悔。伍子胥没有早早发现这两个君主的胸怀度量不同,因而到死没有改变态度。

[注释] 1 作者:指开创事业的人。 2 远迹:在远处留下足迹。指长途伐楚。 3 "夫差"二句:吴王夫差(阖闾之子)打败越国,越王勾践请和。伍员劝夫差乘胜灭越,夫差不听。后来夫差听信谗言,怀疑伍员不忠,赐剑逼伍员自杀。伍员临死前对左右的人说:"剜出我的眼珠挂在东门上,看越寇进来灭亡吴国。"夫差听说大怒,把伍员的尸首盛在皮袋里,抛入江中。伍员死后九年,勾践果然灭吴。鸱(chī)夷,皮革制的口袋。 4 先论:预见。即上注伍子胥临死前说的话。

"夫免身全功以明先王之迹者,臣之上计也;离¹毁辱之非,堕先王之名者,臣之所大恐也;临不测之罪,以幸为利者,义之所不敢出也。

"臣闻古之君子,交绝不出恶声;忠臣之去也,不洁其名。臣虽不佞,数奉教于君子矣。恐侍御者之亲左右之说,

"避免自己被杀死,保全过去的功劳,以显示先王的业绩,这是我的上策;遭受诽谤责难,败坏先王知人善用的好名声,这是我最大的恐惧;面临着大罪却想侥幸助赵伐燕来谋取私利,在道义上我是不敢这样做的。

"我听说古代的君子,断绝交谊之后不说伤人的恶语;忠臣因受冤屈而离开本国,不毁谤国君来洗刷自己的名声。我虽不才,却多次从贤人君子那里受到教育。恐怕您听信左右亲近的人

而不察疏远之行也²,故敢以书报,唯君之留意焉!"

的话,不能考察我这个被疏远了的人的行为,因此大胆地写了这封信回答您,请大王对此事考虑一下吧!"

注释 1 离:同"罹",遭受,遭遇。 2 疏远:指自己是被燕惠王疏远了的人。 行:行为,心迹。

谏逐客书
李斯¹

导读 李斯上书在秦王政十年(前237)。在这之前,韩国使水工郑国来秦,劝秦王大规模兴修水利,企图消耗秦的国力,以免对韩用兵。这事被发觉后,秦王接受宗室大臣的建议,下令驱逐所有的外籍官员。客卿李斯闻讯,便上书劝谏。秦王最后采纳了李斯的意见,取消了逐客令。

原文

秦宗室²大臣皆言秦王曰:"诸侯人来事秦者,大抵为其主游间³于秦耳,请一切逐客⁴。"李斯议亦在逐中。斯乃上书曰:

译文

秦国的宗室大臣们一起向秦王说:"各诸侯国的人来服侍秦国的,大都是在替他们的君主进行游说、离间。请把所有的客籍人都赶走。"李斯也是此议中要驱逐的一个。李斯就写信给秦王说:

注释 1 李斯:战国时楚国上蔡(今河南上蔡西南)人,年少时做过郡小吏。后来与韩非一同从荀卿学"帝王之术"。入秦,初为吕不韦舍人,后任郎中,说秦王政,拜为客卿。助秦始皇统一中国,官至丞相。始皇死后,赵高矫诏杀太子扶苏,李斯被迫胁从。二世立,赵高用事,诬李斯谋反,把他腰斩,夷灭三族。 **2** 宗室:与国君同一祖宗的贵族。 **3** 间:离间。 **4** 客:指当时在秦国做官任事的外籍人。

"臣闻吏议逐客,窃以为过矣。

"昔穆公¹求士,西取由余于戎²,东得百里奚于宛³,迎蹇叔⁴于宋,求丕豹、公孙支于晋⁵。此五子者,不产于秦,而穆公用之,并国二十,遂霸西戎。

"我听说官吏们建议赶走客籍人,私下认为这样做是错误的。

"过去,秦穆公访求贤才,从西边戎族那里选拔了由余,从东面楚国的宛地得到了百里奚,从宋国迎来了蹇叔,从晋国请来了丕豹和公孙支。这五个人,并不是出生在秦国的,可是穆公重用他们,因而秦吞并了二十个小国,于是称霸西戎。

注释 **1** 穆公:即秦穆公。 **2** 由余:春秋时晋人,逃亡到戎地,奉戎王命使秦。 戎:我国古代西部的民族。 **3** 百里奚:本虞大夫,晋灭虞,奚被俘,作为晋献公女儿陪嫁的奴仆入秦。后逃入楚,被楚人捉住。穆公听说他很有能力,便用五张羊皮赎了他,并任用为大夫。 宛(Yuān):楚地,今河南南阳。 **4** 蹇(Jiǎn)叔:百里奚的朋友,住在宋国,经百里奚推荐入秦,封为上大夫。 **5** 求:一本作"来",招来。 丕豹:晋大夫丕郑的儿子,丕郑被杀,豹奔秦,穆公任用为将。 公孙支:又名子桑,先游晋,后归秦为穆公谋臣。

"孝公用商鞅¹之法,移风易俗,民以殷盛,国以富强,百姓乐

"孝公采用商鞅变法的主张,移风易俗,百姓因此兴旺富足,国家因此繁荣富强,百姓都乐意为国出力,各国都对秦国

用 [2]，诸侯亲服，获楚、魏之师 [3]，举地千里，至今治强。

亲善归服，战胜了楚魏的军队，占领了上千里的土地，使得国家至今还保持安定强盛。

[注释] 1 商鞅：战国时卫人，姓公孙，名鞅，又称卫鞅。佐秦孝公变法，使秦富强，孝公以商於之地封鞅，号为商君。 2 乐用：乐于被使用，即肯为国出力。 3 获楚、魏之师：楚宣王三十年(前340)，秦封卫鞅于商，南侵楚。秦孝公二十二年(前340)，商鞅击败魏军，俘魏公子印(áng)，得魏河西之地。

"惠王用张仪 [1] 之计，拔三川 [2] 之地，西并巴、蜀，北收上郡 [3]，南取汉中，包九夷 [4]，制鄢、郢 [5]，东据成皋 [6] 之险，割膏腴之壤，遂散六国之从 [7]，使之西面事秦，功施 [8] 到今。

"惠王采用张仪的计策，攻取了三川一带，向西并吞了巴、蜀，向北收得了上郡，向南夺取了汉中，拿下了广大夷族地区，控制着楚国的鄢、郢，向东占据了成皋的天险，取得了大片肥沃的土地，从而拆散了六国的合纵联盟，迫使他们面向西方侍奉秦国，功效一直延续到今天。

[注释] 1 张仪：魏人，惠王用为相，为秦定连横之计，游说诸侯侍奉秦国。 2 三川：今河南洛阳一带。 3 上郡：今陕西榆林。 4 九夷：泛指当时楚国中的夷族地区。 5 鄢(Yān)、郢(Yǐng)：楚地。鄢，今湖北宜城。郢，楚的国都，今湖北江陵。 6 成皋(gāo)：今河南荥阳虎牢关。 7 六国之从：指韩、魏、赵、齐、燕、楚联合抗秦的合纵政策。 8 施(yì)：延续。

"昭王得范雎，废穰侯 [1]，逐华阳 [2]，强公室，杜

"昭王得到范雎，罢黜穰侯，放逐华阳君，加强王室的权力，限制豪门贵族，

私门，蚕食诸侯，使秦成帝业。此四君者，皆以客之功。由此观之，客何负于秦哉？向使四君却客而不内³，疏士而不用，是使国无富利之实，而秦无强大之名也。

蚕食各国的疆土，使得秦国完成了帝王的基业。这四位君主，都是凭借着客的功劳。从这些事例看来，客有什么对不起秦国的呢？假使当时四位君主拒绝客籍人而不肯接纳他们，疏远人才而不肯任用他们，那就使国家不会收到富足的效果，秦国也不会有强大的名声了。

注释　1 穰（Ràng）侯：即魏冉，秦昭王母宣太后的异父弟，曾为秦相，封于穰，专朝政三十余年。　2 华阳：即华阳君芈（Mǐ）戎，宣太后同父弟，封于华阳。也因宣太后的关系专权。　3 向使：假使。　内：同"纳"。

"今陛下致昆山¹之玉，有随、和之宝²，垂明月之珠，服太阿之剑³，乘纤离⁴之马，建翠凤之旗⁵，树灵鼍之鼓⁶。此数宝者，秦不生一焉，而陛下说之，何也？

"如今陛下弄来了昆山的宝玉，有了随侯珠、和氏璧，悬挂着光如明月的珍珠，佩带着太阿宝剑，乘着名叫纤离的骏马，竖立着用翠凤装饰的彩旗，安放着鳄鱼皮蒙的大鼓。这几种宝物，秦国一种也不能出产，可是陛下却非常喜爱它们，这是为什么呢？

注释　1 昆山：在今新疆和田，以产玉著称。　2 随、和之宝：指随侯之珠与和氏之璧。　3 太阿之剑：即太阿剑。相传是春秋时名匠欧冶子、干将所铸的名剑。　4 纤离：骏马名。　5 翠凤之旗：装饰有翠羽的凤形的旗帜。　6 灵鼍（tuó）之鼓：用鼍皮蒙的鼓。鼍是鳄鱼的一种。

"必秦国之所生然后可，则是夜光之璧，不饰朝廷；犀象之器[1]，不为玩好；郑、卫之女，不充后宫；而骏马𫘦騠[2]，不实外厩；江南金锡不为用，西蜀丹青[3]不为采。

"一定要秦国土生土长的才能用，那么，夜光的珍珠不该装饰朝廷，犀角象牙的器具不该做玩赏的东西，郑卫两国的美女不该住满后宫，𫘦騠骏马不该关满外面的马厩，江南地区的铜、锡不该用作器物，西蜀一带的丹青不该用作彩饰。

注释 1 犀象之器：用犀牛角和象牙制作的器具。 2 𫘦騠(juétí)：良马名。 3 丹青：颜料。丹，丹砂。青，青雘(hù)。

"所以饰后宫，充下陈，娱心意，说耳目者，必出于秦然后可，则是宛珠[1]之簪，傅玑之珥[2]，阿缟[3]之衣，锦绣之饰，不进于前，而随俗雅化[4]、佳冶[5]窈窕，赵女不立于侧也。

"凡是装饰后宫、充满厅堂，娱乐心意，悦人耳目的东西，一定要产自秦国的才可用，那么，嵌着宛珠的簪子，镶着小珠的耳环，东阿丝绸的衣服，锦绣的边饰，就不该进呈到您的面前。还有那些打扮时兴、姿态优雅、妖艳苗条的赵国姑娘就不该站立在您的身边。

注释 1 宛(Yuān)珠：宛地的珠。 2 傅玑之珥：镶着小珠的耳环。 3 阿缟(gǎo)：齐国东阿所产的缟。缟，白色的薄绸。东阿在今山东东阿。 4 随俗雅化：俗，世俗。雅，优雅。 5 佳冶：美好艳丽。

"夫击瓮叩缶[1]，弹筝搏髀[2]，而歌呼呜呜快耳目者，真秦之声也；郑、卫

"敲打着瓦瓮瓦钵，弹着竹筝，拍着大腿，哇哇地歌唱呼喊，让耳目感到快乐，这才真是秦国的音乐。郑国、卫国

桑间³，《韶虞》《武象》者⁴，异国之乐也。今弃击瓮而就郑、卫，退弹筝而取韶虞，若是者何也？快意当前，适观而已矣。今取人则不然，不问可否，不论曲直，非秦者去，为客者逐。然则是所重者在乎色、乐、珠、玉，而所轻者在乎人民也。此非所以跨⁵海内、制诸侯之术也。

的民间歌曲，舜的《韶虞》，周的《武象》，这些都是外国的音乐。如今抛弃敲打瓦器而欣赏郑、卫的音乐，撤走竹筝而选择韶虞的乐曲，这样做是为什么呢？为了眼前的称心快意、适合观赏罢了。如今用人却不肯这样做，不问适宜不适宜，不论正确不正确，只要不是秦国人就要他离开，只要是客籍人就赶走。那么，这就说明，您所重视的是女色、音乐、珍珠、宝玉，而所轻视的则是人才了。这可不是什么统一天下、制服诸侯的策略啊。

注释 1 瓮(wèng)：盛水的坛。 缶(fǒu)：瓦钵。 2 筝：竹制乐器名。髀(bì)：大腿。 3 桑间：卫国地名，在濮水上。当时那里的地方音乐很出名。 4《韶虞》：相传为舜乐。《武象》：周乐。 5 跨：凌驾。比喻统一。

"臣闻地广者粟多，国大者人众，兵强则士勇。是以泰山不让¹土壤，故能成其大；河海不择细流，故能就其深；王者不却众庶，故能明其德。是以地无四方，民无异国，四时充美，鬼神降福，此

"我听说，土地一广粮食就丰富，国家一大人口就众多，武器精良，兵士就勇敢。因此，泰山不拒绝土壤，所以能够形成它的高大；河海不挑剔细流，所以能够形成它的深广；帝王不排斥百姓，所以能够光大他的道德事业。因此，地不分东西南北，民不分本国外籍，才能够四季都富庶美好，鬼神都来保佑。这是五帝三

五帝三王之所以无敌也。今乃弃黔首²以资敌国，却宾客以业³诸侯，使天下之士退而不敢西向，裹足不入秦，此所谓借寇兵而赍⁴盗粮者也。

王无敌于天下的根本原因。如今您却抛弃百姓去资助敌国，驱逐客籍人去辅助诸侯成就功业。这就使得天下有才能的人都退缩畏惧，不敢向西，停住脚步，不进入秦国。这种做法就叫做送给敌寇武器、送给强盗粮食啊。

注释 1 让：舍弃，拒绝。 2 黔首：秦称百姓为黔首。黔，黑色。 3 业：作动词用，促成其事的意思。 4 赍(jī)：给予，赠送。

"夫物不产于秦，可宝者多；士不产于秦，而愿忠者众。今逐客以资敌国，损民以益仇，内自虚而外树怨于诸侯¹，求国之无危，不可得也。"

秦王乃除逐客之令，复李斯官。

"物资不出产在秦国的，其中值得珍贵的很多；贤士不出生在秦国的，其中愿意给秦国效忠的不少。如今驱逐客籍人去帮助敌国，损害百姓去增加对手的力量，对内使得国家空虚，对外在诸侯各国树立仇怨，想求得国家没有危险，是办不到的啊。"

秦王(看了李斯的书信)便撤销逐客的命令，恢复了李斯的官职。

注释 1 外树怨于诸侯：意思是把客籍人赶回各国，这些人会怨恨秦国，下死力辅佐诸侯攻秦。这等于秦王自己在外部树立了众多的仇敌。

卜 居[1]

《楚辞》[2]

导读 屈原忠直而遭放逐,痛恨"黄钟毁弃,瓦釜雷鸣,谗人高张,贤士无名"的混浊世道,假借问卜来抒发自己的不平和苦闷。中间连用八对"宁……将……"这样的选择句式,正反两面反复对照,将所憎所爱,形象地揭露了出来。

原文

屈原既放[3],三年不得复见。竭知[4]尽忠,而蔽障[5]于谗。心烦虑乱,不知所从。乃往见太卜郑詹尹曰[6]:"余有所疑,愿因先生决[7]之。"詹尹乃端策拂龟曰[8]:"君将何以教之?"

译文

屈原已经被放逐,三年不能再见到楚王。他竭尽了才智,尽忠报国,却被谗言障蔽,心情烦闷,思虑混乱,不知道该往哪里去。于是他去见太卜郑詹尹说:"我有些疑惑的事,希望根据您的帮助来决断。"詹尹就摆正蓍草,拂净龟壳,说:"您有什么见教呢?"

注释 1《卜居》为《楚辞》篇名。卜居,占卜自己该怎样处世、何去何从。 2《楚辞》:诗歌总集名。西汉刘向辑。收战国时楚人屈原、宋玉及汉代淮南小山、东方朔、王褒、刘向等人的作品共十六篇,其中以屈原的作品为主。 3 屈原:战国时代伟大诗人。其生平参看本书《屈原列传》。放:放逐。 4 知:一作"智"。 5 蔽障:遮蔽阻挡。一本无"而"字。 6 太卜:卜官之长。 郑詹尹:人名。 7 决:决断。 8 策:古代占卜用的蓍草。 龟:古代占卜用的龟甲。

屈原曰："吾宁悃悃款款，朴以忠乎？将送往劳来，斯无穷乎？[1]宁诛锄草茆[2]，以力耕乎？将游大人[3]，以成名乎？宁正言不讳，以危身乎？将从俗富贵，以偷生乎？宁超然高举，以保真[4]乎？将呢訾慄斯[5]，喔咿嚅唲[6]，以事妇人[7]乎？

屈原说："我是宁可朴实忠诚，真心待人呢，还是忙着应酬世俗，因而永不困穷呢？宁可割茅锄草，勤力耕作呢，还是去逢迎达官贵人，谋取名声呢？宁可直言不讳，危害自己呢，还是去同流合污，贪图富贵，苟且偷生呢？宁可远走高飞，保全我本有的情性呢，还是去阿谀奉承，奴颜婢膝，向贵妇人献媚邀宠呢？

注释　1　宁：宁可，宁愿。悃悃款款：忠实诚恳。　将：抑或，还是。送往劳来：对来来往往的客人，不停息地交谈迎送。意即忙于世俗的应酬。　2　茆（máo）：通"茅"。茅草。　3　游大人：指逢迎达官贵人。　4　真：本真，本来面目。　5　呢訾（zúcī）：阿谀奉承。慄斯：小心奉承、献媚的样子。"呢訾慄斯"，与下文的"喔咿嚅唲（rú'ér）""突梯滑稽"，都可能是当时的楚方言。　6　喔咿嚅唲：强颜欢笑的样子。嚅唲，也作"儒儿"。　7　妇人：暗指楚怀王的宠姬郑袖。

"宁廉洁正直，以自清乎？将突梯滑稽[1]，如脂如韦[2]，以絜楹[3]乎？宁昂昂[4]若千里之驹乎？将泛泛[5]若水中之凫[6]乎？与波上下偷以全吾躯乎？宁与骐骥亢轭乎[7]，将随驽马[8]之迹乎？宁与黄鹄比翼乎[9]，将与鸡鹜[10]争食乎？

"宁可廉洁奉公，正直无私，做个清清白白的君子呢，还是圆滑诡媚、毫无骨气，做个吹牛拍马的小人呢？宁可气概轩昂，像匹千里马呢，还是漂漂浮浮，像水上的野鸭随波逐流，苟且偷生，以保全性命呢？宁可同骏马一道，负重载远呢，还是跟随在劣马的后边呢？宁可同天鹅比翼高飞、直上云天呢，还是去和鸡鸭同群，争夺食物呢？

注释 1 突梯滑稽:圆滑的样子。 2 如脂如韦:形容柔软而无骨气。脂,脂肪。韦,柔软的熟皮革。 3 絜楹:诡诳。 4 昂昂:气概轩昂的样子。 5 泛泛:漂浮的样子。6 凫:野鸭。 7 骐骥:千里马。 亢:通"抗""伉",匹敌。 轭(è):马具。状如人字形,套在马的颈部。8 驽马:能力低下的马。 9 黄鹄(hú):天鹅。 10 鹜(wù):家鸭。

"此孰吉孰凶?何去何从?世溷浊而不清,蝉翼为重,千钧为轻。黄钟[1]毁弃,瓦釜雷鸣[2]。谗人高张,贤士无名。吁嗟默默[3]兮,谁知吾之廉贞?"

"这些,到底哪个吉利,哪个凶险?什么该背弃,什么该听从?世道混浊不清,把薄薄的蝉翼说成很重很重,将千钧的重物看得轻而又轻。把那黄铜的编钟毁弃不用,却将土烧的瓦釜敲打得如同雷鸣。诡诳小人飞黄腾达,贤良君子无声无息。唉,有什么可说的呢,哪个知道我的廉洁忠贞?"

注释 1 黄钟:乐器。比喻有才能的人。 2 瓦釜雷鸣:比喻无德无才的人占据高位,显赫一时。瓦釜,用陶土烧成的打击乐器,与黄钟相对比。 3 默默:一作"嘿嘿"。无言的样子。

詹尹乃释策而谢曰:"夫尺有所短,寸有所长[1],物有所不足,智有所不明,数有所不逮[2],神有所不通。用君之心,行君之意,龟策诚不能知此事。"

詹尹听了屈原的话,就放下蓍草,辞谢说:"尺有所短,寸有所长。事物总有它的不足,智慧总有它的局限,术数有时弄不清,神灵有时也不灵验。凭你的本心去干符合你心意的事吧。我的龟壳蓍草实在不能预知这些事。"

注释 1 尺有所短,寸有所长:这是说尺比寸长,但比丈却短;寸比尺短,但比分却长。用来比喻人和事各有长短,难以尽言。 2 数:指卜筮的方法(术数)。 逮:及,达到。

宋玉对楚王问[1]
《楚辞》

导读 宋玉是战国后期楚国的辞赋家。本文抒发了宋玉孤芳自赏的思想感情,也反映了才智之士在当时不被人了解的实况。通篇全是借喻,写歌曲,写凤写鲲,都是为了写自己。成语"曲高和寡"便出自本文。

原文

楚襄王问于宋玉曰:"先生其有遗行[2]与?何士民众庶不誉之甚也[3]?"

宋玉对曰:"唯[4],然,有之[5]。愿大王宽其罪,使得毕其辞。

译文

楚襄王问宋玉说:"先生或许有不大检点的行为吧?为什么有那么多的士民群众对您非议这样厉害呢?"

宋玉回答说:"嗯,是的,有这种情况。希望大王宽恕我的罪过,使我能够把话讲完。

注释 1 宋玉:战国后期楚国著名辞赋家,生于屈原后,和唐勒、景差同时。他是屈原的学生,曾为顷襄王小臣。宋玉的作品收入《楚辞》《文选》的,有《九辩》《高唐赋》《神女赋》《风赋》《登徒子好色赋》等。除《九辩》一篇被一致认为是宋玉的手笔外,其他诸篇多为世人所疑。 楚王:楚襄王,即楚顷襄王。名横,楚怀王之子。 2 遗行:指不检点的行为。3 士民众庶:犹言士民群众。 不誉:不称誉。实指人们议论他的不是。

4 唯:敬谨答应的意思,相当于"是""嗯"等。 5 有之:有这事。

"客有歌于郢[1]中者。其始曰《下里》《巴人》[2],国中属而和者数千人[3]。其为《阳阿》《薤露》[4],国中属而和者数百人。其为《阳春》《白雪》[5],国中属而和者不过数十人。引商刻羽[6],杂以流徵[7],国中属而和者,不过数人而已。是其曲弥高,其和弥寡。

"有位在郢都唱歌的人。他开始唱《下里》《巴人》,城中接着应和的有数千人。他唱《阳阿》《薤露》,城中接着应和的有数百人。当他唱《阳春》《白雪》时,城中接着应和的不过是数十人。当他一会儿高唱商音,一会儿低唱羽音,又夹杂着流动的徵音,唱得变化无穷的时候,城中接着应和的,只不过是几个人罢了。他唱的乐曲越高雅,应和的人就越少。

注释 1 郢:楚国都城,故地在今湖北江陵。 2《下里》《巴人》:古时通俗的民间歌曲,当时认为是一种较低级的音乐。 3 属:接续。 和(hè):应和。 4《阳阿》《薤(xiè)露》:歌曲名。曲子不如下里巴人通俗。 5《阳春》《白雪》:歌曲名。当时认为是一种高级的音乐。 6 引商刻羽:古代以宫、商、角、徵(zhǐ)、羽为五音,也称五声。其中商声轻劲敏疾,羽声低平掩映,所以引高其声而为商音,减低其声而为羽音。刻,削、减。 7 流徵(zhǐ):流动的徵音。其声抑扬递续。

"故鸟有凤而鱼有鲲[1]。凤凰上击九千里,绝[2]云霓,负苍天,足乱浮云,翱翔乎杳冥[3]之上。夫藩篱之鹢[4],岂能与之料[5]天地之高哉?

"所以鸟中有凤凰,鱼中有鲲鱼。凤凰拍打双翅飞上九千里,超越云雾,背负青天,脚踏浮云,翱翔在高远的太空。那处在篱笆间的鹢鸟,怎能够同它一起估算天地的高大呢?

[注释] 1 鲲:传说中的大鱼。 2 绝:超越。 3 杳冥:指极高远看不清的地方。杳,高远。冥,幽深。 4 藩篱:篱笆。 鷃:小鸟。 5 料:计数。

鲲鱼朝发昆仑之墟[1],暴鬐于碣石[2],暮宿于孟诸[3]。夫尺泽之鲵[4],岂能与之量江海之大哉?

鲲鱼早晨从昆仑山起程,中午在碣石晒鱼脊,晚上又住宿在孟诸。那一尺来深的小水塘里的鲵鱼,怎能够和它计算江海的深广呢?

[注释] 1 墟:指山。昆仑之墟,即昆仑山。 2 暴(pù):同"曝",晒。鬐(qí):鱼脊。 碣石:海畔山名。 3 孟诸:大泽名。故址在今河南商丘东北。 4 尺泽:一尺来深的水塘。 鲵(ní):小鱼。

"故非独鸟有凤而鱼有鲲也,士亦有之,夫圣人瑰意琦行[1],超然独处,世俗之民,又安知臣之所为哉?"

"所以不只是鸟中有凤凰,鱼中有鲲鱼而已,人里面也有特出的人物。特出的人物有卓异的思想和不平凡的行为,超出一般人。那些平庸的俗人,又哪能了解我的作为呢?"

[注释] 1 瑰意琦行:卓异的思想和不平凡的行为。瑰,奇伟。琦,卓异。

卷之五　汉文

五帝本纪赞
《史记》[1]

[导读]　《五帝本纪》是《史记》的第一篇。《赞》是本篇最后一段。这篇赞语表达了司马迁对古代历史文献和传说的求实精神及慎重态度。

[原文]

太史公曰[2]:学者多称五帝,尚矣。然《尚书》独载尧以来;而百家[3]言黄帝,其文不雅驯[4],荐绅[5]先生难言之。孔子所传《宰予问五帝德》及《帝系姓》[6],儒者或不传[7]。

[译文]

太史公说:学者常常谈到五帝,年代已经很久远了。可是《尚书》只记载尧以来的史事,而诸子百家谈论黄帝,他们的记述并不都是正确可信的,所以当世士大夫也难以作为根据来讲清楚。孔子所传《宰予问五帝德》及《帝系姓》,儒者们多不传授学习。

[注释]　1《史记》:汉司马迁撰,是我国第一部纪传体通史,记载上自传说中的黄帝,下至汉武帝时代三千多年的历史,共五十二万余字,一百三十篇。本篇录自《五帝本纪》,题目是《古文观止》编者加的。
2 太史公曰:《史记》各篇多有"太史公曰",这是司马迁以太史令的名义加的评论。　3 百家:诸子百家。　4 雅驯:正确可信。驯,同"训",规范。　5 荐绅:同"搢绅"。搢,插。绅,大带。古时官员腰系大带,上插笏板,因此称士大夫为搢绅。　6《宰予问五帝德》《帝系姓》:《大戴礼

记》和《孔子家语》中的篇名。 **7** 儒者或不传:《大戴礼记》及《孔子家语》都不是正式的经书,所以汉代儒者认为不是圣人之言,多不传授学习。

余尝西至空桐[1],北过涿鹿[2],东渐[3]于海,南浮[4]江淮矣,至长老皆各往往称黄帝、尧、舜之处[5],风教[6]固殊焉,总之不离古文者近是[7]。

我曾经西到崆峒,北过涿鹿,东达海边,南渡江淮,到过那些老人都各自经常谈论的黄帝、尧、舜到过的地方,其风俗教化本来有所不同,总的说来,以不背离《尚书》所记载的为接近正确。

注释 **1** 空桐:山名,即崆峒山。在甘肃平凉西,属六盘山。 **2** 涿鹿:见本书《苏秦以连横说秦》注。 **3** 渐(jiān):至,达到。 **4** 浮:乘船而行。 **5** 长老:指年老的人。 处:旧迹。 **6** 风教:风俗教化。 **7** 古文:指《尚书》。 近是:近于是,近于正确。

予观《春秋》《国语》,其发明《五帝德》《帝系姓》章[1]矣,顾弟[2]弗深考,其所表见皆不虚[3]。《书》缺有间[4]矣,其轶[5]乃时时见于他说。非好学深思,心知其意,固难为浅见寡闻道也。余并论次[6],择其言尤雅者,故著为本纪书首。

我读《春秋》《国语》,其中阐发《五帝德》《帝系姓》两篇的内容非常明显,但是儒者不深入考察,其实它们记载的都不虚妄。《尚书》里面有很多缺亡散失的史事,时时在其他的记载传说中见到。如果不喜欢学习,深入思考,领会它的意义,本来就很难同见闻浅薄的人谈论。我根据古文和诸子百家有关五帝的著作论定编排,选择那些言语特别典雅的记载,写成《五帝本纪》,放在十二本纪的开头。

注释 1 章:同"彰"。明白,显著。 2 弟:同"第",但。 3 表见:记载。虚:虚妄。 4《书》缺有间(jiàn):《尚书》缺亡,空白很多。 5 轶(yì):散失。6 论次:论是次第,加以编排。

项羽¹本纪赞
《史记》

导读 《项羽本纪》是司马迁传记文学中的一篇杰作。它通过对项羽一生经历的记述,不但真实地再现了秦汉之际风云变幻的历史画面,而且成功地描绘了项羽这一历史人物的典型性格。这里选录的是该文篇末司马迁的评论,将项羽的是非功过及其失败的原因,作了高度的概括,褒贬恰切,反映了司马迁卓越的史识。

原文

太史公曰:吾闻之周生²曰"舜目盖重瞳子³"。又闻项羽亦重瞳子。羽岂其苗裔⁴邪?何兴之暴⁵也?

译文

太史公说:我听得周先生说"舜的眼睛好像是双瞳子"。又听说项羽也是双瞳子。项羽难道是舜的后代子孙么?为什么他兴起得这样迅猛呢?

注释 1 项羽(前232—前202):名籍,字羽,下相人。秦二世元年(前209),从叔父项梁起兵吴地反秦。项梁战死后,秦将章邯围赵,羽北上救赵,巨鹿一战摧毁秦军主力。秦亡后,自立为西楚霸王,大封王侯。在楚汉战争中,为刘邦击败,最后从垓下突围至乌江自杀。项羽是秦末反秦斗争中一个叱咤风云的英雄人物,三年而亡暴秦,一度左右天下,但因其本身的弱点和政策的错误,终演成悲剧。司马迁不以成败论英雄,为他立"本纪",放在《秦始皇本纪》之后,《高祖本纪》之前。 2 周生:汉时儒者。生,先生,对前辈学者的尊称。 3 重瞳子:一只眼睛中有两个瞳子。 4 苗裔:后代子孙。 5 暴:骤然,突然,迅猛。

夫秦失其政,陈涉首难[1],豪杰蜂起[2],相与并争,不可胜数。然羽非有尺寸[3],乘势起陇亩[4]之中,三年,遂将五诸侯灭秦[5],分裂天下,而封王侯,[6]政[7]由羽出,号为霸王[8],位[9]虽不终,近古以来未尝有也。

当秦王朝政治混乱已极的时候,陈胜首先发难,各地豪杰纷纷起事,共同争夺天下,多得数也数不清。然而项羽没有任何力量作依靠,却趁着当时的形势从民间起来,三年的时间,率领五国诸侯把秦灭亡了,分割天下的土地大封王侯,政令都由项羽颁布,自号为"霸王"。他这不可一世的地位虽然没有个好结局,但在近古以来是不曾有过的。

[注释] 1 陈涉:陈胜,秦末农民起义领袖。 首难(nàn):首先发难,指首先起义反秦。 2 蜂起:纷纷而起,如众多的蜂飞出。 3 尺寸:尺寸是小的长度单位,所以引申为小、短、轻微。非有尺寸,形容项羽没有任何凭借。 4 陇亩:田野,这里作民间讲。陇,通"垄"。 5 将:率领。五诸侯:指齐、燕、韩、赵、魏。战国时的六国都为秦所灭。秦末起义,六国以楚为首,所以说率五诸侯。 6 "分裂天下"句:项羽灭秦后分割天下,大封诸侯,共封十八个王,因而使国家重陷诸侯割据局面。 7 政:政令。 8 号为霸王:项羽自立为西楚霸王。 9 位:指项羽的地位。

及羽背关怀楚[1],放逐义帝[2]而自立,怨王侯叛己,难矣。自矜功伐[3],

到了项羽放弃关中回到楚地建都,放逐义帝而自立为王,这时却来怨恨各处王侯背叛他,这就难了。自己夸耀功

奋其私智而不师古,谓霸王之业,欲以力征经营[4]天下,五年卒亡其国。身死东城[5],尚不觉寤[6],而不自责,过矣。乃引"天亡我,非用兵之罪也"[7],岂不谬哉!

劳,专逞个人的才智而不肯效法古代帝王,认为这样可以成就霸王的事业,想用武力征讨统治天下,五年的时间就亡了国。自身死在东城,仍然没有醒悟,不责备自己,真是太不应该了!借口"这是上天灭亡我,不是我用兵的过错",难道不荒谬吗!

注释 1 背关怀楚:放弃关中形势险要的地方,回到楚国旧地建都彭城。彭城,战国时为楚地,所以说"怀楚"。 2 放逐义帝:义帝即楚怀王的孙子熊心,项梁起兵时立他为楚怀王。项羽灭秦后,尊怀王为义帝。项羽自立后,放逐义帝,并暗中令人把他杀死在江中。 3 矜(jīn):夸耀。 功伐:功劳。 4 经营:筹划谋取。这里是统治的意思。 5 东城:古县名,在今安徽定远东南。 6 觉寤:觉醒。今作"觉悟"。 7 引:借口,托辞。 天亡我,非用兵之罪也:这是项羽在垓下突围时所讲的话。

秦楚之际月表[1]

《史记》

导读 本文是《史记·秦楚之际月表》的序。秦楚之际指的是秦二世在位时期和项羽统治时期。作者高度概括了秦楚之际的风云变幻,揭示了秦亡汉兴的原因。

原文

太史公读秦楚之际，曰：初作难，发于陈涉；虐戾[2]灭秦，自项氏；拨乱诛暴，平定海内，卒践帝祚[3]，成于汉家。五年之间，号令三嬗，[4]自生民以来，未始有受命若斯之亟也[5]。

译文

太史公阅读有关秦楚之际的历史，说道：首先发难反秦的，是陈涉；用暴虐的手段灭秦的，由项羽带头；拨乱除暴，平定天下，最终登上帝位，成功于汉。五年的时间，政权三次更换，自从有人类以来，还未曾有受天命像这样急促的。

注释 1《秦楚之际月表》为《史记》十表之一。秦楚之际指秦已失败，汉未建立，群雄逐鹿的年代。当时天下未定，参错变化，所以司马迁按月纪事。 2 虐戾(lì)：暴虐。 3 祚(zuò)：皇帝之位。 4 五年：指公元前207年至公元前202年。号令：发号施令。这里代指政权。 嬗(shàn)：同"禅"，传递，更换。"三嬗"指陈涉、项羽、汉高祖相继为天下共主。 5 受命：古代认为做帝王是受天之命。 亟(jí)：急。

昔虞、夏之兴，积善累功数十年，德洽百姓，摄行政事，[1]考之于天，然后在位。汤、武之王，乃由契、后稷修仁行义十余世[2]，不期而会孟津[3]八百诸侯，犹以为未可，其后乃放弑[4]。

从前虞、夏两朝的兴起，经过几十年的积聚善行和功劳，恩德润泽百姓，代替天子管理政事，还要受到上天的考验，然后才登上帝位。商汤和周武王称王统治天下，就是由契和后稷开始，经过了十几代修仁行义，武王没有邀约就在孟津会集了八百诸侯，他们还是以为不可夺取王位，这以后商汤才把夏桀放逐，武王才把殷纣杀掉。

秦起襄公[1],章于文、缪[2],献、孝[3]之后,稍以蚕食[4]六国,百有余载,至始皇乃能并冠带之伦[5]。以德若彼,用力如此[6],盖一统若斯之难也!

秦是在襄公时兴起,在文公、穆公时逐渐强大,到了献公、孝公以后,开始蚕食六国,经过一百多年,到秦始皇时才并吞诸侯。凭恩德像虞、夏、商、周那样源远流长,用武力像秦这样年深日久,原来统一天下是如此的难啊!

秦既称帝,患兵革不休,以有诸侯也。于是无尺土之封[1],堕坏名城,销锋镝[2],锄[3]豪杰,维[4]万世之安。

秦始皇已经做了皇帝,担忧过去的战乱所以不停息,认为是有诸侯的缘故。于是没有一尺土地封给亲族功臣,拆毁有名的城池,销熔各类武器,铲除各地的豪强势力,希望能保万代帝业,长治久安。

然王迹之兴,起于闾巷[1],合从讨伐,轶于三代,[2]乡秦之禁[3],适足以资贤者为驱除难耳。故愤发其所为天下雄[4],安在"无土不王"[5]?此乃传之所谓大圣乎?岂非天哉!岂非天哉!非大圣孰能当此受命而帝者乎?

然而帝王的事业,却兴起在普通街巷之中,各地豪杰联合攻秦,超过了汤放桀、武王伐纣的声势。从前秦朝的禁令,恰恰帮助了贤能的人,替他们除掉了统一天下的障碍。所以汉高祖从他所在的地方愤发而起,做了天下的雄主,哪能说"没有土地便不能当上皇帝"呢?这就是传说中所讲的大圣人吗?难道不是天意吗!难道不是天意吗!不是大圣人,谁能够在这个时候承受天命做皇帝呢?

注释 1 闾巷:街巷。起于闾巷,指汉高祖刘邦原是个亭长。 2 合从:即"合纵"。这里是泛指联合各地反秦军。轶(yì):本义为后车超过前车,引申为超越。 3 乡秦之禁:指秦禁封诸侯的事。乡(xiàng),繁体为"鄉",通"嚮(向)"。过去,从前。 4 "故愤发"句:指高祖愤发闾巷成就帝业。 5 "无土不王":这是一句古话。意为"没有封地便不能做王"。

高祖功臣侯者年表[1]

《史记》

导读 汉高祖封功臣为侯,但都很快衰微了。司马迁编了功臣侯者年表,记载他们的始终。本文是年表的序言,目的在于探究列侯衰亡的原因,指出列侯子孙因富贵而骄溢,往往犯法亡国。

原文

太史公曰:古者人臣功有五品,以德立宗庙定社稷曰勋,以言曰劳,用力曰功,明其等曰伐,积日曰阅。[2] 封爵之誓曰:"使河如带,泰山若厉[3]。国以永宁,爰及苗裔[4]。"始未尝不欲固其根本,而枝叶稍陵夷衰微也。[5]

译文

太史公说:古时候人臣的功劳有五等:凭德行创建基业、安定国家的叫勋;因为进言立功的叫劳;用武力立功的叫功;为国家明确规定等级制度的叫伐臣;积累年资而得到升迁的叫阅臣。封爵的誓言说:"即使黄河变得和衣带一样,泰山消磨得像块磨刀石,封国也永远安宁,传到子孙后代。"开始的时候未尝不想巩固他们的根本,没想到他们的子孙逐渐颓败衰落了。

注释 1《高祖功臣侯者年表》为《史记》十表之一。本文是该表的序文。 2 立宗庙:古代开国的皇帝和始封的王侯,即位后的一件大事就是建立宗庙,祭祀祖先,所以立宗庙的意思就是创建基业。 定社稷:建立国家。 言:指出谋划策,决定大事。 3 厉:同"砺",磨刀石。 4 苗裔:后代子孙。 5 根本:指中央政权。 枝叶:指皇帝的同宗旁支亲属。 陵夷:高山逐渐变成平地,引申为衰颓。

余读高祖侯功臣,察其首封,所以失之者,曰:异哉所闻!《书》曰"协和万国[1]",迁于夏商,或数千岁。盖周封八百,幽、厉[2]之后,见于《春秋》。《尚书》有唐虞之侯伯,历

我读了高祖册封为侯的功臣的史料,考察他们开始受封与后来失败的原因,所听到的情况真令人惊异!《尚书·尧典》上说:"协调和睦万国。"那时的诸侯从尧传到夏朝、商朝,有几千年之久。周朝封了八百诸侯,直传到幽王、厉王之后,都在《春秋》上有记

三代千有余载，自全以蕃卫天子，岂非笃于仁义，奉上法哉？

载。《尚书》记载唐尧、虞舜册封的侯伯，经历了夏、商、周三代一千多年，能保全自己，卫护天子，难道不是由于坚守仁义，尊奉天子的法令吗？

【注释】 1 协和万国：见《尚书·尧典》。原文是"百姓昭明，协和万邦"。汉避高祖刘邦讳，改"邦"为"国"。 2 幽、厉：周幽王、周厉王。

汉兴，功臣受封者百有余人。天下初定，故大城名都散亡，户口可得而数者十二三，是以大侯不过万家，小者五六百户。后数世，民咸归乡里，户益息[1]，萧、曹、绛、灌[2]之属或至四万，小侯自倍[3]，富厚如之。子孙骄溢[4]，忘其先，淫嬖[5]。

汉朝建立起来，功臣接受封爵的有一百多人。当时天下刚刚平定，所以大城名都户口散亡，剩下能够计算的才有十分之二三。因此大侯封邑不超过一万家，小侯只五六百户。后来经过几代，老百姓都返回乡里，人口渐渐繁衍，萧何、曹参、周勃、灌婴一类的列侯，封邑到四万户，小侯也为过去户数的一倍，富裕程度也像这样。于是他们的子孙骄傲自满，盛气凌人，忘记了他们的祖先，邪恶放荡。

【注释】 1 息：滋息，繁育。 2 萧、曹、绛、灌：指萧何、曹参、绛侯周勃、灌婴。都是汉初功臣。 3 自倍：指为自己过去的一倍。 4 骄溢：骄傲自满，盛气凌人。 5 淫嬖(bì)：邪恶放荡。

至太初[1]百年之间，见侯五[2]，余皆坐法陨命

到武帝太初时，一百年之间，仍然为侯的只剩下五人了，其余的都因犯法而丧

亡国³,耗矣。罔亦少密焉⁴,然皆身无兢兢于当世之禁云。

命亡国,全完啦。法网稍微严密是个原因,但也由于他们都没有小心谨慎地对待当世的禁令。

注释　1 太初:汉武帝年号(前104—前101)。上推刘邦建汉,正是一百年。　2 见侯五:现在为侯者仅剩下五人。见,同"现"。　3 坐:因,由于。　陨命:丧命。　4 罔:同"网"。法网。　少(shǎo):稍微。

居今之世,志古之道,所以自镜也,未必尽同。帝王者各殊礼而异务,要以成功为统纪,岂可绲¹乎?观所以得尊宠,及所以废辱,亦当世得失之林也,何必旧闻?于是谨其终始,表见其文,颇有所不尽本末;著其明,疑者阙之。后有君子,欲推而列之,得以览焉。

处在当今的时代,立志学习古人的品德,可以作为自己的镜子,但古今未必完全相同。从来的帝王,各自有不同的礼法和措施,关键在于使事业成功,难道可以勉强混同一起吗?考察功臣为什么得到尊重宠幸,后来又为什么遭到废弃屈辱,也是当世应总结的得失教训,何必依靠过去的传闻呢?于是我谨慎地考察他们的开始和结束,用表列出文字说明,也还有不能详细表明本末的地方;弄清了的就加以说明,疑而不能决的地方就把它空起来,后世有君子想推求并排列他们的事迹,可以从这个表中看到。

注释　1 绲(gǔn):缝合、等同的意思。

孔子世家赞

《史记》

导读 《孔子世家》是为孔子所立的传,记载了孔子生平活动和思想。本篇短文是该篇篇后的赞语,文笔简洁,含义深广。文中洋溢着司马迁对孔子的无限敬仰之情。

原文

太史公曰:《诗》有之:"高山仰止,景行行止。"[1]虽不能至,然心乡[2]往之。余读孔氏书,想见其为人。适鲁,观仲尼庙堂、车服、礼器[3],诸生[4]以时习礼其家,余低回[5]留之,不能去云。

译文

太史公说:《诗》上有这样的话:"仰望着高山,可以向上攀登;遵循着大路,可以向前迈进。"虽然不能达到这个目标,可是心里向往着它。我读孔子的著作,便想见他的为人。到了鲁国,参观孔子的庙堂、车服、礼器,又见儒生们在他家里按时演习礼仪,我徘徊停留在那里,舍不得离开。

注释 1 "高山"二句:见《诗·小雅·车舝》。高山,比喻道德崇高。景行(xíng),大路,比喻行为正大光明。止,语助词。 2 乡:同"向"。3 仲尼:孔子的字。 车服:车子,衣服。 礼器:祭祀用的器具。 4 诸生:许多儒生。 5 低回:徘徊。中华标点本《史记》作"祗回",恭敬地徘徊。

天下君王,至于贤人,众矣,当时则荣,没

天下的君王,以及道德才能出众的人,实在是太多了,他们当时十分荣显,

则已焉。孔子布衣[1],传十余世,学者宗之。自天子王侯,中国言六艺[2]者,折中[3]于夫子,可谓至圣矣!

可死后销声匿迹了。孔子是一个普通百姓,传了十多代,仍然被学者尊崇。从天子王侯起,中国讲说《六经》的人,都把孔子言论作为判断是非的依据,可以说是最高的圣人了!

[注释] 1 布衣:老百姓。 2 六艺:六经,即《诗》《书》《礼》《乐》《易》《春秋》。 3 折中:当作判断正误的标准。

外戚世家序

《史记》

[导读] 《外戚世家》为《史记》三十世家之一,主要记载汉高祖到武帝时代后妃及其亲族的情况。本文是《外戚世家》的序。作者陈述三代的得失,论证后妃对国家治乱的影响。汉代自惠帝时起,后妃、外戚专权反复造成祸乱,因此作者本文是有所指的。

[原文]

自古受命帝王及继体守文[1]之君,非独内德茂也,盖亦有外戚之助焉。夏之兴也以涂山[2],而桀之放也以妹喜[3]。殷之兴也以有娀[4],纣之杀也嬖妲己[5]。周之兴也

[译文]

自古以来承受天命的帝王以及继位守成的君主,不但他自身品德好,也有外戚的帮助。夏朝的兴起因有涂山氏女,而夏桀的被放逐由于妹喜。商朝的兴起因有娀氏女,而商纣的被杀由于宠幸妲己。周朝

以姜原及大任 [6]，而幽王之禽也淫于褒姒 [7]。

的兴起因有姜原及大任，而周幽王的被擒由于被褒姒迷乱。

【注释】 1 继体守文：继承先帝的正统，遵守先帝的法度。 2 涂山：古代部落名。相传夏禹娶涂山氏之女。 3 妹喜：有施氏之女。夏桀攻有施氏，有施氏以女嫁桀，为桀所宠。 4 有娀(sōng)：古部落名。帝喾(Kù)娶有娀氏女简狄为次妃，生契，为殷始祖。 5 妲(dá)己：商王纣的宠妃。姓己，有苏氏之女。 6 姜原：一作姜嫄。周族始祖后稷之母。有邰(Tái)氏之女。 大任：文王之母。《毛诗传》说她是挚国任姓之女。 7 禽：同"擒"。 褒姒：周幽王的宠妃。褒国人，姓姒。

故《易》基乾坤 [1]，《诗》始《关雎》 [2]，《书》美厘降 [3]，《春秋》讥不亲迎 [4]。夫妇之际 [5]，人道之大伦也。礼之用，唯婚姻为兢兢 [6]。

所以《易》的根基是乾坤；《诗》的首篇是《关雎》；《尚书》赞美唐尧下嫁二女；《春秋》讥讽男子不亲自迎娶。夫妇的结合是最大的人伦，礼仪惟有婚姻嫁娶最为谨慎。

【注释】 1 乾坤：《周易》中的两个卦名，指阴阳两种对立的势力。 2《关雎》：《诗》的第一篇。 3 厘降：料理下嫁。 4 亲迎：古代婚礼"六礼"之一。新婿亲至女家迎娶。 5 际：结合。 6 兢兢：小心谨慎。

夫乐调而四时和，阴阳之变，万物之统也 [1]，可不慎与？人能弘道，无如命何！甚哉，妃匹 [2] 之爱，君不能得之于臣，父不能得之于子，况卑下乎！既

乐声协调就四时和谐，阴阳的变化是万物的纲领，能不谨慎吗？人们能够把道发扬光大，可是奈不何命运。夫妇之间的亲爱之情极深啊！这种爱君上不能从臣下那儿得到，父亲不能从儿子那儿得到，何况地位低下的人呢？夫

欢合矣，或不能成子姓³；能成子姓矣，或不能要⁴其终：岂非命也哉？孔子罕⁵称命，盖难言之也。非通幽明⁶之变，恶能识乎性命哉？

妻已经亲爱和好了，有的却不能生育子嗣；能生育子嗣，有的却不能求得一个好的终结。难道不是命吗？孔子很少谈论命，大概是命这个东西难以谈论吧。不通晓幽明的变化，怎么能了解性命呢？

注释　1 阴阳：指夫妇。夫妇之道和而能化生万物，所以说是万物之统。　2 妃匹：配偶。妃，同"配"。　3 欢合：亲爱和好。　子姓：子孙。　4 要(yāo)：求。"能成子姓"二句的意思是虽有子孙而不能求其善终。　5 罕：很少。　6 幽明：泛指可见和不可见的、无形和有形的事物。

伯夷列传

《史记》

导读　本篇是《史记》七十列传的第一篇，简略地记述了伯夷、叔齐的事迹，并加以赞颂。本文有独特的风格，它不像一般的列传那样着重叙事，而是以抒情议论为主，以孔子等人的言论为线索，以许由、务光、颜渊等的事迹为陪衬，杂引经传，纵横变化，淋漓尽致地抒发了司马迁对不合理的社会现象的愤恨不平的感情。

原文

夫学者载籍极博¹，犹考信于六艺²。《诗》《书》虽缺³，然虞、夏之文⁴可知也。

译文

学者们读的书籍非常广博，还是要从六经中去寻求可靠的材料。《诗经》和《尚书》虽说有不少缺亡，然而关于虞、夏的记载还是可以知道的。

注释 1 夫(fú):语首助词,无意义。 载籍:书籍。 2 六艺:即儒家的《诗》《书》《礼》《乐》《易》《春秋》六经。 3 缺:缺亡。 4 虞、夏之文:指《尚书》中《尧典》《舜典》《大禹谟》,其中记载了尧、舜禅让的经过。

尧将逊位[1],让于虞舜。舜、禹之间,岳牧[2]咸荐,乃试之于位,典职[3]数十年,功用既兴,然后授政。示天下重器,王者大统,传天下若斯之难也。而说者曰:尧让天下于许由[4],许由不受,耻之,逃隐。

唐尧将要退位,让给虞舜。从舜到禹,四岳和九牧都一致推荐,才放在一定地位上考验他们,管理政务几十年,待到功绩已经建立,然后授给政权。这表示天下是最贵重的宝器,帝王是最高最尊的地位,把天下传授给人这样的难啊。可是有人却说:尧把天下让给许由,许由不接受,为此感到耻辱,逃到山野做隐士。

注释 1 逊位:让位。 2 岳牧:四岳、九牧。四岳,分掌四方诸侯的四个大臣。九牧,九州的行政长官。 3 典职:管理政务。 4 许由:尧时隐士,尧要把帝位让给他,他不受,逃至箕山下,农耕而食。尧又请他做九州长官,他到颍水边洗耳,说尧的话污了他的耳,表示不愿听。

及夏之时,有卞随、务光[1]者。此何以称焉?太史公曰:余登箕山[2],其上盖有许由冢[3]云。孔子序列古之仁圣贤人,如吴太伯、伯夷之伦[4],详矣。余以所闻由、光义至高,其文辞不少概[5]见,何哉?

到了夏代,有卞随、务光两个人也是一样。这又怎么说呢?太史公说:我登箕山,那上面据说有许由的坟墓呢。孔子按次序论列古代的仁人、圣人和贤人。像吴太伯、伯夷之类,十分详细。据我所听到的,许由、务光的德义都很高尚,有关他们的文字却很少看到,这是什么缘故呢?

[注释] 1 卞随、务光:相传汤要让天下给卞随、务光,他们当作耻辱,投水而死。 2 箕山:在今河南登封南。 3 冢(zhǒng):坟墓。 4 吴太伯:见《宫之奇谏假道》中"太伯"注。 伦:类。 5 概:梗概,概略。

孔子曰:"伯夷、叔齐,不念旧恶,怨是用希[1]。""求仁得仁,又何怨乎?"[2]余悲伯夷之意,睹轶诗[3]可异焉。其传曰:

孔子说:"伯夷、叔齐,不记过去的仇恨,怨气因此很少。""求仁就得到了仁,还怨什么呢?"我为伯夷的心意感到悲伤,读他们留下的诗有值得惊异的地方。他们的传上说:

[注释] 1 不念旧恶,怨是用希:语出《论语·公冶长》。"怨是用希",即"用是怨希"。用,因此;是,此;希,稀少。 2 "求仁得仁"二句:语出《论语·述而》。 3 轶诗:指下文夷、齐所作《采薇歌》。

伯夷、叔齐,孤竹[1]君之二子也。父欲立叔齐,及父卒,叔齐让伯夷。伯夷曰:"父命也。"遂逃去。叔齐亦不肯立而逃之。国人立其中子[2]。于是伯夷、叔齐闻西伯昌[3]善养老,"盍往归焉"!

伯夷、叔齐,是孤竹君的两个儿子。父亲想立叔齐为君,等到父亲死了,叔齐让伯夷继承王位。伯夷说:"这是父王的命令。"就逃到别处去了。叔齐也不肯继承王位,逃走了。国中的人只好立了中间那位为君。伯夷、叔齐听说西伯昌敬养老者,心想:"何不去投奔他呢?"

[注释] 1 孤竹:古国名。在今河北卢龙东南。存在于商、西周、春秋时。 2 中子:第二个儿子。因伯夷排行第一,叔齐排行第三,故称排行第二者为中子。 3 西伯昌:周文王姬昌,商末为西伯,即西方诸侯之长。

及至,西伯卒,武王载木主[1],号为文王,东伐纣。伯夷、叔齐叩马[2]而谏曰:"父死不葬,爰及干戈[3],可谓孝乎?以臣弑君,可谓仁乎?"左右欲兵[4]之。太公[5]曰:"此义人也。"扶而去之。

到了那里,西伯已经死了,他的儿子武王载着父亲的灵牌,尊其为文王,起兵向东方去讨伐商纣王。伯夷、叔齐勒住马劝阻说:"父亲死了还没埋葬,就动用武器,可以说是孝吗?以臣的身份去杀君主,可以说是仁吗?"武王左右的人想杀他们。姜太公说:"这是两个义士啊!"把他们扶起来,让他们走了。

注释 1 木主:木制的灵牌。此指文王的牌位。 2 叩马:勒住马。叩,同"扣"。 3 爰:乃,就。 干戈:泛指武器。这句话的意思是起兵作战。 4 兵:用兵器杀人。 5 太公:见《齐桓公伐楚盟屈完》注。

武王已平殷乱,天下宗周[1],而伯夷、叔齐耻之,义不食周粟[2],隐于首阳山[3],采薇[4]而食之。及饿且死,作歌。

武王平定了殷乱,天下诸侯都归顺了周王室,可是伯夷、叔齐对此感到羞耻,坚持气节,不吃周王室的粮食,隐居首阳山下,采集野菜充饥。到了饿得将要死的时候,作了一首歌。

注释 1 宗周:以周王室为宗主,意即归顺周。 2 不食周粟:不吃周王朝的粮食。 3 首阳山:一称雷首山。在山西永济南。 4 薇:蕨,野菜。

其辞曰:"登彼西山兮[1],采其薇矣。以暴易

歌词说:"登上那座西山啊,采集山上的野菜。用残暴代替残暴啊,却

暴兮,不知其非矣。神农、虞、夏忽焉没兮,我安适归矣? [2] 于嗟徂兮 [3],命之衰矣!"遂饿死于首阳山。

由此观之,怨邪?非邪?

不知道这样做的错误。神农、虞、夏的时代转眼过去了啊,我还能到哪儿去?唉呀! 只有饿死啊,命运是如此的衰微!"两兄弟就饿死在首阳山。

从这种情况看来,他们到底是怨呢,还是不怨呢?

[注释] 1 西山:即首阳山。 兮(xī):语气词,相当于现在的"啊"。
2 神农、虞、夏:神农氏、虞舜、夏禹。这句话的意思是:像神农、虞、夏那样的敦厚、朴实,实行禅让的世道,已经没有了,我还能到哪里去呢?
3 于嗟:感叹词。于,同"吁"。 徂:通"殂",死去。

或曰:"天道无亲,常与善人。"若伯夷、叔齐,可谓善人者非邪? 积仁絜行 [1] 如此而饿死! 且七十子 [2] 之徒,仲尼独荐颜渊 [3] 为好学。然回也屡空 [4],糟糠不厌 [5],而卒蚤夭 [6]。天之报施善人,其何如哉?

有人说:"上天是没有偏私的,经常帮助善人。"像伯夷、叔齐,可以算做善人呢,还是不算善人呢?他们仁德完备,品行高洁,却这样饿死!七十位弟子中间,孔子独独推荐颜渊是好学的人。然而颜渊经常陷于穷困,连粗劣的食物都吃不饱,终于早死了。上天给善人的报答,又是怎样的呢?

[注释] 1 絜行:品行高洁。絜,同"洁"。 2 七十子:相传孔子弟子三千,身通六艺的有七十二人。七十,举整数而言。 3 颜渊:孔子弟子。
4 回:颜回,字渊。 空(kòng):穷困。 5 糟糠:糟,酒渣;糠,谷糠。这里指粗劣的食物。 不厌:吃不饱。厌,同"餍",饱。 6 卒蚤夭:颜回三十二岁而死。蚤,同"早"。

盗跖日杀不辜[1]，肝人之肉[2]，暴戾恣睢[3]，聚党数千人横行天下，竟以寿终。是遵何德哉？此其尤大彰明较著[4]者也。

盗跖每天都杀害无罪的人，吃人的心肝，残暴放纵，聚集党徒数千人横行天下，竟然到年老安然死去。这是遵行什么样的道德呢？这些是特别重大而且明白显著的例子。

注释 1 盗跖：相传古时奴隶起义的领袖。"盗"是污蔑之称。 不辜：没有罪的人。 2 肝人之肉：吃人的心肝。 3 暴戾：残暴，凶狠。 恣睢(suī)：任意横行。 4 较著：显著。较，同"皎"，明。

若至近世，操行不轨，专犯忌讳[1]，而终身逸乐，富厚累世不绝；或择地而蹈之，时然后出言，行不由径[2]，非公正不发愤，而遇祸灾者，不可胜数也。余甚惑焉，傥[3]所谓天道，是邪？非邪？

如果说到近代，那些操行邪恶，专门违法犯禁的人，却终身安逸享乐，财富丰厚，几代也用不完；那些选好地方才落步，有了时机才说话，不走邪路，不是公正的事情不努力去干，然而这种人却遇到灾祸，上述情况多得没法数清。我非常疑惑，假若这就是所谓天道，是对的呢，还是不对的呢？

注释 1 忌讳：这里指法令禁止之事。 2 径：小路。 3 傥(tǎng)：通"倘"。假若，或者。

子曰："道不同不相为谋[1]。"亦各从其志也。故曰"富贵如可求，虽执鞭之士，吾亦为之；

孔子说："主张不同，用不着相互商量。"也是各自按照自己的志向罢了。所以他说："富贵如果可以求得，即使拿着鞭子当马夫，我也去干；如果不能求得，

如不可求,从吾所好"²。"岁寒,然后知松柏之后凋。"³举世混浊,清士乃见。岂以其重若彼,其轻若此哉?

还是按照我自己喜欢的去做。""天冷了,才知道松柏是最后落叶的。"当整个社会都污浊黑暗的时候,清洁高尚的人就突出了。难道不是因为他们把道德看得那么重,才把富贵看得如此轻吗?

注释 1 道不同不相为谋:语出《论语·卫灵公》。 2 "富贵如可求……从吾所好":见《论语·述而》。 3 "岁寒"二句:见《论语·子罕》。凋,凋谢。

"君子疾没世而名不称焉。"¹贾子²曰:"贪夫徇³财,烈士徇名,夸者⁴死权,众庶冯⁵生。""同明相照,同类相求。""云从龙,风从虎,圣人作而万物睹。"⁶

孔子说:"君子所怕的是死后名声不传。"贾谊说:"贪财的人为财而死,有志功业的人为名献身,热衷权势的人因争权丧命,百姓都为生存奋斗。""同样明亮,自然互相照映,同类事物,自然互相应求。""云跟从龙而来,风跟从虎而至,圣人兴起,万物之情看得很清楚。"

注释 1 "君子疾没世"句:见《论语·卫灵公》。 2 贾子:即贾谊。见本书《过秦论》注。 3 徇:同"殉",为达到某种目的而牺牲自己的性命。 4 夸者:夸耀权势的人。 5 冯(píng):同"凭",依靠。 6 "同明相照"二句、"云从龙"三句:均出自《易·乾卦·文言》。

伯夷、叔齐虽贤,得夫子而名益彰;颜渊虽笃学,附骥尾¹而行益显。岩穴之士²,趋舍³有时若

伯夷、叔齐虽然是贤人,但得到孔子的称扬,才名声更加昭著;颜渊虽然专心好学,但追随孔子之后,德行才更加显露。隐居山野的人,进取或退止,都有一

此,类名埋灭而不称,悲夫!闾巷之人,欲砥⁴行立名者,非附青云之士⁵,恶能施于后世哉⁶!

定时机,像这样的人,大都名声埋没不被称道,实在是可悲啊!普通的平民百姓,想要磨炼德行建立名声,不依附那些德高望重的人,怎么能留传到后世呢!

注释 1 附骥尾:比喻追随圣贤之后。骥,千里马。 2 岩穴之士:隐居山野的人。即隐士。 3 趋:进取。 舍:退止。 4 砥(dǐ):磨刀石。这里用作动词,培养锻炼的意思。 5 青云之士:指德高望重的人。6 恶(wū):同"乌",怎么。 施(yì):延续,留传。

管晏列传¹
《史记》

导读 本篇是管仲、晏婴的合传,司马迁因为他们的书"世多有之",只"论其轶事"。写管仲,着重写他同鲍叔牙的友谊;写晏婴,着重写他荐越石父和御者的故事。虽是轶事,写来却娓娓动人,于细微处见精神,作者的爱憎渗透于字里行间。作者遭李陵之祸,平生交游故旧不为一言,因此写管鲍之交,写晏婴赎越石父,有借题发挥的意思,以抒发自己的胸怀。

原文

管仲夷吾者,颍上²人也。少时常与鲍叔牙³游,鲍叔知其贤。管仲贫困,常欺⁴鲍叔,鲍叔终善遇之,不以为言。

译文

管仲,字夷吾,颍上人。他年轻的时候经常和鲍叔牙交往,鲍叔知道他有才能。管仲家境贫困,经常欺骗鲍叔,可是鲍叔始终待管仲很好,不因此说些什么。

注释 1《管晏列传》选自《史记》卷六十二。 管:管仲(? —前645),春秋初期政治家,辅佐齐桓公成为春秋时期的霸主,被尊为"仲父"。晏:晏婴,管仲死后约一百年的齐国大夫,历仕灵公、庄公、景公三世。 2 颍上:颍水之滨。今安徽颍上。 3 鲍叔牙:春秋时齐国大夫。 4 欺:欺骗。

已而鲍叔事齐公子小白[1],管仲事公子纠。及小白立为桓公,公子纠死,管仲囚焉[2]。鲍叔遂进管仲[3]。管仲既用,任政于齐,齐桓公以霸,九合[4]诸侯,一匡天下[5],管仲之谋也。

随后鲍叔服侍公子小白,管仲服侍公子纠。到小白做了齐桓公,公子纠被杀,管仲也当了囚徒。鲍叔便向桓公推荐管仲。管仲被起用之后,在齐国执掌政事,齐桓公因此称霸,多次盟会诸侯,安定天下,全是管仲的谋略。

注释 1 小白:即齐桓公。 2 管仲囚焉:齐襄公死后,鲁国送公子纠返国抢夺侯位,派管仲带兵阻止小白回国,管仲射中小白带钩。齐桓公即位后,管仲被从鲁国押解到齐。 3 鲍叔遂进管仲:指鲍叔向齐桓公推荐管仲说:"君将治齐,即高傒与叔牙足也;君且欲霸王,非管夷吾不可。" 4 九合:多次盟会诸侯。 5 一匡天下:平定战乱,使天下安定。

管仲曰:"吾始困时,尝与鲍叔贾[1],分财利多自与,鲍叔不以我为贪,知我贫也。吾尝为鲍叔谋事而更穷困,鲍叔不以我为愚;知时有利不利也。吾尝三仕三见逐[2]于君,鲍叔不以

管仲说:"起初我贫困的时候,曾经同鲍叔一块经商,分财利总是多分给自己,鲍叔不认为我是贪心,知道我家里贫穷。我曾经给鲍叔出主意,反而使他更加穷困,鲍叔不认为我是愚蠢,知道时机有利和不利。我曾经三次做官、三次被免职,鲍叔不认为我不

我为不肖³,知我不遭时也。吾尝三战三走⁴,鲍叔不以我为怯,知我有老母也。公子纠败,召忽⁵死之,吾幽囚受辱,鲍叔不以我为无耻,知我不羞小节而耻功名不显于天下也。生我者父母,知我者鲍子也。"

贤能,知道我没有遇到时运。我曾经三次打仗、三次败逃,鲍叔不认为我是胆怯,知道我有位老母亲。公子纠失败,召忽为此自杀,我在黑牢里忍受污辱,鲍叔不认为我是无耻,知道我不为小节感到羞耻,却为功名不能在天下显扬感到羞耻。生我的是父母,了解我的是鲍叔啊。"

【注释】 1 贾(gǔ):经商。 2 三仕三见逐:三次担任官职而三次被免职。 3 不肖:不贤。 4 三战三走:三次出战而三次败逃。 5 召忽:与管仲同事公子纠,公子纠败,召忽自杀。

鲍叔既进管仲,以身下之¹。子孙世禄于齐,有封邑者十余世,常为名大夫。²天下不多管仲之贤而多³鲍叔能知人也。

鲍叔推荐了管仲以后,自己情愿做管仲的下属。他的子孙在齐国享受世禄,十几代有封邑,常常是著名的大夫。天下的人不赞扬管仲的贤能,却赞扬鲍叔能够识别人才。

【注释】 1 以身下之:指管仲为相,而鲍叔为大夫。 2 "子孙世禄"三句:指鲍叔子孙世代做官。《史记索隐》认为指管仲。 3 多:赞美。

管仲既任政相齐,以区区之齐,在海滨¹,通货积财,富国强兵,与俗同好恶。故其称曰²:"仓

管仲执掌政事做了齐相后,凭借小小的齐国在海滨的有利条件,流通货物,积累财富,富国强兵,与百姓同好同恶。所以他说:"仓库充实,老百姓就懂得礼

廪[3]实而知礼节,衣食足而知荣辱,上服度则六亲固[4]。四维[5]不张,国乃灭亡。下令如流水之源,令顺民心。"故论卑而易行。俗之所欲,因而予之;俗之所否,因而去之。

节;衣食充足,老百姓就懂得荣辱;做人君的所作所为有法度,六亲就关系坚固。礼义廉耻不发扬光大,国家就要灭亡。下命令要像流水的源头,使它顺从民心。"所以他的政令简明浅显,老百姓容易实行。百姓所希望的,就顺应民意给予;百姓所厌恶的,就顺应民意废除。

【注释】 1 海滨:齐国东面临海。 2 其称曰:《管子》上说。以下引文见《管子·牧民》。 3 仓廪:粮食仓库。 4 服度:遵守法度。 六亲:六种亲属。 5 四维:《管子》指礼、义、廉、耻。维,纲绳。

其为政也,善因祸而为福,转败而为功。贵轻重[1],慎权衡[2]。

管仲治理政事,最会把祸事变为好事,使失败转为成功。注意事情的轻重缓急,慎重地衡量利害得失。

【注释】 1 轻重:货币。今《管子》有《轻重》篇。在这里应指重视事情的轻重缓急。 2 权衡:本指秤,引申为衡量、比较。权衡得失。

桓公实怒少姬[1],南袭蔡,管仲因而伐楚,责包茅不入贡于周室[2]。桓公实北征山戎[3],而管仲因而令燕修召公[4]之政。

齐桓公实际上是因为蔡姬的事发怒,到南方去攻打蔡国,管仲却趁机讨伐楚国,责备楚国不向周室进贡包茅。齐桓公实际上是到北方征讨山戎,管仲却趁机让燕国修复召公的善政。

【注释】 1 桓公实怒少姬:桓公和蔡姬在船上游览,蔡姬习水,摇晃着船,惊吓了桓公,桓公怒,打发她暂回娘家。蔡国将蔡姬改嫁,桓公大怒,于是伐蔡。 **2** "责包茅"句:见本书《齐桓公伐楚盟屈完》。 **3** 山戎:古族名。又称北戎。春秋时,分布在今河北北部。 **4** 召公:一作"邵公"。指召康公,佐武王灭商,被封于燕,为燕的始祖。

于柯¹之会,桓公欲背曹沫之约²,管仲因而信之³,诸侯由是归齐。故曰:"知与之为取,政之宝也。"⁴

齐、鲁两国在柯地会盟,齐桓公想背弃和曹沫签订的归还鲁地的盟约,管仲却利用这事取得了诸侯的信任,诸侯从此归服齐国。所以说:"知道给予是为了取得,便是治理政事的法宝。"

注释 **1** 柯:在今山东东阿。 **2** 桓公欲背曹沫之约:齐桓公五年伐鲁,鲁庄公割地求和,会盟于柯。鲁武士曹沫持匕首要桓公退还侵鲁之地,桓公只好答应。后来齐桓公后悔,想不退还鲁地。 **3** 管仲因而信之:指管仲归还侵鲁的土地,因而取信于诸侯。 **4** "知与之为取,政之宝也":语出《管子·牧民》。《老子》说:"将欲取之,必固与之。"

管仲富拟于公室¹,有三归、反坫²,齐人不以为侈。管仲卒,齐国遵其政,常强于诸侯。后百余年而有晏子焉。

管仲的富足比得上诸侯的家族,有三归,有反坫,齐国人并不认为他奢侈。管仲死后,齐国遵循着他的政教,常常在诸侯中保持着强盛的地位。管仲死后一百多年又出了个晏子。

注释 **1** 公室:诸侯。 **2** 三归:一说是指交纳给诸侯的市租。一说是台名。一说是三姓女,古称妇女出嫁为归,所以三归就是三个妻子。反坫(diàn):坫是放酒杯的土台,在厅堂的两根前柱之间。宴会时,宾主互相敬酒后,把酒杯放在土台上,就叫反坫。这是诸侯之间的礼节。

晏平仲婴者,莱[1]之夷维人也。事齐灵公、庄公、景公,[2]以节俭力行重于齐。既相齐,食不重肉[3],妾不衣帛[4]。其在朝,君语及之,即危言[5];语不及之,即危行[6]。国有道,即顺命;无道,即衡命[7]。以此三世显名于诸侯。

晏子名婴,字平仲,莱地夷维人。他服侍齐灵公、庄公、景公,因为节俭力行,被齐国人敬重。做了齐相,吃饭不用两种肉菜,小妾不穿丝绸。他在朝上,国君同他说到的事情,便直言意见;国君没有同他说到的事情,便秉公而行。国君清明,就按着命令行事;国君昏乱,就衡量利害然后行动。因为这样,在灵、庄、景三朝,他的名声显著,传遍各诸侯国。

注释 1 莱:古国名。今山东龙口东南有莱子城。 2 齐灵公:齐国君,名环。 庄公:灵公子,名光。 景公:庄公异母弟杵臼。 3 重肉:两种肉食。 4 妾:小妻,即后世的小老婆。 帛:丝织物的总称。 5 危言:直言。 6 危行:直行。 7 衡命:权衡利害,然后行动。

越石父贤,在缧绁[1]中。晏子出,遭之途,解左骖赎之,载归。[2]弗谢,入闺[3],久之。越石父请绝。晏子戄然[4],摄衣冠谢曰[5]:"婴虽不仁,免子于厄,何子求绝之速也?"石父曰:"不然。吾闻君子诎于不知己而信于知己者[6]。方吾在缧绁中,彼不知我也。

越石父是位贤人,被拘捕。晏子外出,在路上遇见了他,就解下自己车子左边的马把越石父赎出来,载着他回到自己府里。晏子没有向越石父告辞,就进入内室,很久不出来。越石父请求绝交。晏子十分震惊,整顿衣冠连忙道歉说:"我虽然没有才德,却把您从困境中救出来,为什么您这样快地要求绝交呢?"石父说:"不是这样。我听说君子被不了解自己的人委屈,到了知己面前应该扬眉吐气。当我被拘捕的时候,那些人是不了

夫子既已感寤而赎我，是知己；知己而无礼，固不如在缧绁之中。"晏子于是延入为上客。

解我的。您既然已经了解我而替我赎罪，就是我的知己了。既然是我的知己却不按礼节待我，确实不如被拘捕好呢。"晏子便把他请进去待为上等的宾客。

[注释] 1 缧绁(léixiè)：捆犯人的绳子，引申为囚禁。 2 途：路途。左骖：车子左边的马。 3 闺：内室的小门。 4 戄(jué)然：震惊的样子。 5 摄：提，整顿。 谢：道歉。 6 诎：同"屈"，委屈。 信：同"伸"，伸展。

晏子为齐相，出，其御之妻从门间而窥[1]其夫。其夫为相御，拥大盖[2]，策驷马[3]，意气扬扬，甚自得也。既而归，其妻请去[4]。夫问其故。妻曰："晏子长不满六尺，身相齐国，名显诸侯。今者妾观其出，志念深矣，常有以自下[5]者。今子长八尺，乃为人仆御，然子之意自以为足，妾是以求去也。"其后夫自抑损[6]。晏子怪而问之，御以实对。晏子荐以为大夫。

晏子做齐相的时候，有一天驾车出门，他的车夫的妻子从门缝里偷偷看自己的丈夫。只见她的丈夫为相国驾车，坐在伞盖下，赶着四匹马，意气扬扬，非常得意。回家后，他的妻子要求离婚。丈夫问她是什么缘故。妻子说："晏子身高不满六尺，身任齐国相国，名声传扬各国。今天我看他出门，思虑多么深远，经常现出谦逊的样子。如今你身长八尺，却做人家的车夫，然而你却自以为满足。我就因为这个要求离婚。"从此以后他的丈夫就变得谦逊起来。晏子感到奇怪，便问他是什么缘故，车夫据实回答。晏子推荐他做了齐国的大夫。

[注释] 1 窥：偷看。 2 大盖：车上的伞盖。 3 驷马：四匹马。 4 去：离开。 5 自下：指无骄傲之志，甘居人下。 6 抑损：克制，谦逊。

太史公曰:吾读管氏《牧民》《山高》《乘马》《轻重》《九府》[1]，及《晏子春秋》，详哉其言之也。既见其著书，欲观其行事，故次[2]其传。至其书，世多有之，是以不论，论其轶事。

太史公说:"我读管子著的《牧民》《山高》《乘马》《轻重》《九府》等篇和《晏子春秋》。他们说得多详细啊。已经看了他们所著的书，还希望考察他们所做的事，所以编列了这篇传记。至于他们的书，世上多能看到，因此不再说，只说他们的轶事。

[注释]　1《牧民》《山高》《乘马》《轻重》《九府》:皆《管子》一书中的篇名。　2 次:编列。

管仲世所谓贤臣，然孔子小之[1]。岂以为周道衰微，桓公既贤，而不勉之至王[2]，乃称霸哉? 语曰:"将顺其美，匡救其恶，故上下能相亲也。"[3]岂管仲之谓乎?

管仲是世人所说的贤臣，可是孔子说他小器。难道因为周道衰微，桓公既然是贤君，而管仲不劝勉他实行王道，却只做了个霸主吗?《孝经》上说:"做臣子的要顺应君主的美德，匡正君主的缺失，因此君臣能够团结和睦。"难道这不是说管仲吗?

[注释]　1 孔子小之:孔子曾说:"管仲之器小哉!"(《论语·八佾》)意思是说管仲的器量狭小得很。　2 至王:实行王道。至，达到，实行。3"将顺其美"三句:语出《孝经·事君》。

方晏子伏庄公尸哭之，成礼然后去，[1]岂所谓"见义不为无勇"者邪[2]?

当晏子伏在庄公尸上痛哭，行礼之后才离开，难道不是所谓"见义不做就是没有勇气"的人吗? 至于他进言规

至其谏说，犯君之颜，此所谓"进思尽忠，退思补过"[3]者哉！假令晏子而在，余虽为之执鞭，所忻慕[4]焉！

劝，触犯国君的面子，这就是所谓"上朝想着竭尽忠心，在家想着弥补过失"的人啊！倘若晏子还活着的话，我即使给他执鞭赶车，也是很高兴很向往的！

注释　1 事见本书《晏子不死君难》篇。　2 "岂所谓"句：见《论语·为政》。　3 "进思尽忠，退思补过"：语出《孝经·事君》。　4 忻(xīn)慕：高兴，向往。忻，同"欣"。

屈原列传[1]

《史记》

导读　这篇传记是《史记》的名篇。作者和他笔下的人物屈原，在思想感情上息息相通。因为"信而见疑，忠而被谤"，可以说是他们两人的共同遭遇。本篇写法也很有特点，在叙述中间往往插入或长或短的议论抒情，反复慨叹他的不幸遭遇，篇末又自悲自吊，感人至深。

原文

屈原者，名平，楚之同姓[2]也。为楚怀王左徒[3]。博闻强志[4]，明于治乱，娴于辞令[5]。入则与王图议国事，以出号令；出则接遇宾客，应对诸侯。王甚任之。

译文

屈原，名平，是楚王的同姓。做过楚怀王的左徒。他学识渊博，记忆力极强，通晓国家治乱的道理，熟悉外交辞令。进了宫廷就和怀王谋划商议国家大事，发号施令；出了宫廷就接待宾客，应酬诸侯。怀王非常信任他。

【注释】 1《屈原列传》选自《史记·屈原贾生列传》。大概因为屈、贾都是怀才不遇的文学家,贾谊还作过《吊屈原赋》,司马迁才把二人合传。本篇选的是屈原传文部分,并删节了《怀沙》赋。 2 楚之同姓:楚国王族姓芈(Mǐ),后分为很多氏,屈、景、昭等氏,都是楚王同姓。 3 左徒:楚官名。相当于上大夫而低于令尹。 4 志:同"记"。 5 娴:熟悉。辞令:政治外交方面应酬交际的语言。

上官大夫与之同列[1],争宠,而心害其能。怀王使屈原造为宪令,屈平属[2]草稿未定。上官大夫见而欲夺之,屈平不与,因谗之曰:"王使屈平为令,众莫不知;每一令出,平伐其功,曰:以为'非我莫能为'也。"[3]王怒而疏屈平。

上官大夫靳尚和屈原的官阶相同,为了争宠,心里很嫉妒屈原的贤能。有一次,楚怀王派屈原制定一份法令,屈原写好了草稿,还没有审定。上官大夫看到了就想夺走它,屈原不给他,因此,上官大夫就在怀王面前讲屈原的坏话,说:"大王派屈原制定法令,大家没有不知道的;每次法令一公布,屈原就夸耀自己的功劳,说'除了我,就没有谁能做得到'。"怀王很生气,从此疏远了屈原。

【注释】 1 同列:官阶相同。 2 属(zhǔ):联缀。指写作、起草。 3 伐:夸耀。 曰:与"以为"重复,可能是传抄的错误。

屈平疾王听之不聪也,谗谄之蔽明也,邪曲之害公也,方正[1]之不容也,故忧愁幽思而作《离骚》。"离骚"者,犹离忧[3]也。夫天

屈原痛心怀王听意见是非不分,被谗言媚语所蒙蔽以致所见不明,邪恶小人以私害公,品行端正的君子不能在朝容身,所以他忧伤愁闷、沉郁深思,创作了《离骚》。"离骚"的意思,

者,人之始也;父母者,人之本也。人穷则反本⁴,故劳苦倦极,未尝不呼天也;疾痛惨怛⁵,未尝不呼父母也。

就是"遭遇忧愁"。天,是人的起源;父母,是人的根本。人在处境困难的时候,总是追念根本,所以人在劳苦疲惫到极点时,没有不呼天的;病痛悲伤的时候,没有不叫爹唤娘的。

【注释】 1 方正:行为正直。 2《离骚》:屈原所作的长篇抒情诗。 3 离忧:遭遇忧愁。离,通"罹"。 4 反本:追念根本。反,同"返"。 5 惨怛(dá):内心悲痛。

屈平正道直行,竭忠尽智以事其君,谗人间之¹,可谓穷矣!信而见疑,忠而被谤,能无怨乎?屈平之作《离骚》,盖自怨生也。《国风》好色而不淫²,《小雅》怨诽而不乱³,若《离骚》者,可谓兼之矣。

屈原为人端方正直,竭尽忠心用尽才思来服侍他的君王,小人却离间了他跟君主之间的关系,可以说是处境艰难到极点了!诚实可靠却被怀疑,忠心耿耿却被诽谤,能够没有怨愤吗?屈原作《离骚》,本来就是由怨愤而引起的。《国风》喜欢吟咏男女爱情却不过分,《小雅》虽多怨恨讽刺,却没有扰乱君臣的界限。像《离骚》这样的作品,可以说兼有二者的特点。

【注释】 1 谗人:小人,坏人。 间(jiàn):离间。 2《国风》:《诗经》中的一部分,其中有不少写男女爱情的诗,但并不过分。所以说"好色而不淫"。 3《小雅》:《诗经》中的一部分,其中有一些讽刺政治的诗,但并未逾越君臣界限,所以说"怨诽而不乱"。 诽:讽刺。

上称帝喾¹,下道齐桓²,中述汤、武³,以刺世事。明道德之广崇,治乱之条贯⁴,靡不毕见⁵。其文约⁶,其辞微⁷,其志洁,其行廉⁸。

在《离骚》里面,远古曾提到帝喾,近古曾说到齐桓公,中古曾叙述到商汤和周武王,用这些来讽刺楚国当时的政局。诗中阐明道德的广大崇高,把国家治乱的来龙去脉清楚明白地展现出来。他的文字简练,他的辞意含蓄,他的志趣高洁,他的行为方正。

注释 1 帝喾(Kù):传说中的上古帝王,即高辛氏。 2 齐桓:春秋时的齐桓公。 3 汤、武:商汤、周武王。 4 条贯:条理。 5 靡(mǐ):无。见:同"现"。 6 约:简练,简洁。 7 微:隐微,含蓄。 8 廉:方正不苟。

其称文小而其指¹极大,举类迩而见义远²。其志洁,故其称物芳³;其行廉,故死而不容。自疏濯淖污泥之中⁴,蝉蜕⁵于浊秽,以浮游尘埃之外,不获世之滋⁶垢,皭然泥而不滓者也⁷。推此志也,虽与日月争光可也。

他讲的事虽细小,但意义却很大;列举的事物虽然浅近,但表达的意思却很深远。他的志趣高洁,所以他的书中多称引美人、芳草;他的行为方正,所以他到死也不被容忍。他远离了污泥浊水的环境,就像秋蝉脱壳一样摆脱浊秽,因而超脱尘世之外。他真是洁白无瑕,出污泥而不染啊。推究屈原的这种高尚精神,即使与日月争光也是可以的。

注释 1 指:同"旨"。 2 类:事例。义:道理。 3 称物芳:指《离骚》中多用美人、芳草作比喻。 4 疏:疏远。 濯(zhuó)淖(nào)污泥:比喻污浊的环境。濯,淘米洗菜后的水。淖,稀泥。 5 蝉蜕:蝉脱壳。蝉脱壳后高飞,比喻不为环境影响,品行高洁。 6 滋:浊。 7 皭(jiào)然:

洁白的样子。　滓:黑泥。

屈平既绌[1],其后秦欲伐齐,齐与楚从亲。惠王[2]患之,乃令张仪详去秦[3],厚币委质事楚[4],曰:"秦甚憎齐,齐与楚从亲;楚诚能绝齐,秦愿献商於之地六百里[5]。"楚怀王贪而信张仪,遂绝齐,使使如秦受地,张仪诈之曰:"仪与王约六里,不闻六百里。"楚使怒去,归告怀王。

屈原被罢了官,这以后,秦国想攻打齐国,齐国同楚国联合抗秦。秦惠王担心这件事,就叫张仪假装背离秦国,拿着厚礼呈献给楚王,表示愿意效忠楚国,说:"秦国非常憎恨齐国,可是齐国却同楚国亲善结盟;楚国真能够同齐国绝交,秦国愿意把商於的六百里土地献给楚国。"楚怀王因贪心而相信了张仪,就同齐国绝交,派使者到秦国去接收土地。张仪欺骗使者说:"我和楚王约定的是六里,没听说有六百里。"楚国使者愤怒地离开秦国,回国来报告怀王。

注释　1 绌(chù):同"黜",罢退。　2 惠王:秦惠王。　3 张仪:魏人,主张"连横",游说六国共同事秦,为秦惠王重用。　详:通"佯",假装。4 厚币:丰厚的礼物。　委:呈献。质:通"贽",进见时携带的礼物。5 商於(wū):秦地名,今陕西商洛商州区至河南内乡一带。

怀王怒,大兴师伐秦。秦发兵击之,大破楚师于丹、淅[1],斩首八万,虏楚将屈匄[2],遂取楚之汉中地。怀王乃悉发国中兵,以深入击秦,战于

怀王大怒,便大举兴师讨伐秦国。秦国调兵迎击,在丹江、淅川流域把楚军打得大败,斩杀楚军八万人,俘虏了楚国将领屈匄,趁机夺取了楚国的汉中地区。怀王就征调全国的兵力深入秦国作战,在蓝田打了一仗。魏国听到了

蓝田³。魏闻之，袭楚至邓⁴。楚兵惧，自秦归。而齐竟怒不救楚，楚大困。

这个消息，便偷袭楚国，一直打到邓城。楚军害怕起来，从秦国撤回。而齐国因怨恨楚国，不派兵救楚，楚国陷入极困难的境地。

[注释] 1 丹、淅(Xī)：二水名。丹水，又称丹江，汉江支流，源出陕西，东南流经河南，至湖北入汉江。淅，淅川是丹江的支流。 2 屈匄(gài)：楚将。虏楚将屈匄，发生于楚怀王十七年(前312)。 3 蓝田：秦县名，在今陕西蓝田西。 4 邓：今河南邓州。

明年¹，秦割汉中地与楚以和。楚王曰："不愿得地，愿得张仪而甘心焉。"张仪闻，乃曰："以一仪而当²汉中地，臣请往如楚。"如楚，又因厚币用事者臣靳尚，而设诡辩于怀王之宠姬郑袖。怀王竟听郑袖，复释去张仪。是时屈平既疏，不复在位，使于齐，顾反，谏怀王曰："何不杀张仪？"怀王悔，追张仪，不及。

其后，诸侯共击楚，大破之，杀其将唐眛³。

第二年，秦国割让汉中地区给楚国来讲和。楚王说："不愿意得到土地，只有得到张仪才甘心。"张仪听说之后，便对秦惠王说："拿一个张仪就抵得汉中地区，我请求到楚国去。"张仪到了楚国，又用厚礼贿赂掌权大臣靳尚，叫他在怀王的宠姬郑袖面前编了一番骗人的假话。怀王竟然听信了郑袖，又把张仪放走了。这时候，屈原已被怀王疏远，不再在朝里任重要官职，正出使在齐国，他回楚国后，劝谏怀王说："为什么不杀了张仪？"怀王感到后悔，派人追赶张仪，可是赶不上了。

后来，诸侯联合起来攻打楚国，把楚国打得大败，杀了它的将领唐眛。

[注释] 1 明年:第二年。指楚怀王十八年(前311)。 2 当:价值相当。这里有换取的意思。 3 杀其将唐眜:战事发生于楚怀王二十八年(前301)。唐眜,一作唐眜(mò),一作唐蔑。

时秦昭王与楚婚,欲与怀王会。怀王欲行,屈平曰:"秦,虎狼之国,不可信。不如毋行!"怀王稚子子兰劝王行:"奈何绝秦欢!"怀王卒行。入武关[1],秦伏兵绝其后,因留怀王,以求割地。怀王怒,不听,亡走赵,赵不内[2]。复之秦,竟死于秦而归葬。

这时,秦昭王和楚国通婚,想和怀王会面。怀王打算动身,屈原说:"秦,是虎狼一样的国家,不能相信。不如不去。"怀王的小儿子子兰劝怀王去,他说:"为什么要断绝和秦国的友好关系呢?"怀王终于还是去了。进入武关,秦国的伏兵便断绝了他的后路,从而扣留怀王,要挟他割让土地。怀王恼羞成怒,不肯答应,向赵国逃跑,赵国不接纳他。他只好又回到秦国,最后死在那里,尸体被运回楚国埋葬。

[注释] 1 武关:在今陕西商洛商州区东,是秦国的南关。 2 内:同"纳",接纳。

长子顷襄王[1]立,以其弟子兰为令尹。楚人既咎[2]子兰,以劝怀王入秦而不反也。

屈平既嫉之,虽放流,眷[3]顾楚国,系心怀王,不忘欲反。冀幸君之一悟,

怀王的大儿子顷襄王继位,任用他的弟弟子兰做令尹。楚国人都抱怨子兰,因为他怂恿怀王到秦国去,竟使怀王不能回来。

屈原也因为嫉恨子兰,虽然被放逐外地,但仍眷恋着楚国,惦记着怀王,不忘却要回到朝廷,希望有朝一日

俗之一改也。其存君兴国而欲反覆之[4]，一篇之中，三致意焉。然终无可奈何，故不可以反。卒以此见怀王之终不悟也。

怀王能够醒悟，风气能够改变。他挂念国君，想复兴国家，要把楚国从衰弱的局势中挽救过来，在一篇作品中再三地表达这种意愿。然而始终无可奈何，所以也不能回到朝廷，从这种情况完全可以看出怀王是至死不会醒悟的啊。

注释 1 顷襄王：名熊横，公元前298年到前263年在位。 2 咎(jiù)：抱怨，责备。 3 眷：眷恋，怀念。 4 反覆之：指把楚国从衰弱的局势中挽救过来。

人君无愚智贤不肖，莫不欲求忠以自为，举贤以自佐，然亡国破家相随属[1]，而圣君治国累世而不见者，其所谓忠者不忠，而所谓贤者不贤也！怀王以不知忠臣之分，故内惑于郑袖，外欺于张仪，疏屈平而信上官大夫、令尹子兰。兵挫地削，亡其六郡，身客死于秦，为天下笑。此不知人之祸也。《易》曰："井渫[2]不食，为我心恻。可以汲。王明，

一个国家的君主，无论他愚昧还是聪明，贤能还是昏庸，没有谁不想得到忠臣来帮助自己，选拔贤良来辅佐自己。可是亡国破家的事件接连发生，而圣明的君主、政治清明的国家，几代也没有出现，这就是因为他们所认为的忠臣并不是真正的忠臣，他们所认为的贤良并不是真正的贤良啊！怀王因为不懂得识别忠臣，所以在宫廷里被郑袖迷惑，在外面被张仪欺骗，疏远了屈原而信任上官大夫和令尹子兰。结果，军队遭到挫败，土地被分割，丢失了六个郡，自己客死在秦国，被天下人耻笑。这就是不会识别人所得到的祸患。《易经》上说："井淘干净了，没人来喝水，使我心里难过。因为井水是供汲取饮用

并受其福。"王之不明，岂足福哉！

令尹子兰闻之大怒，卒使上官大夫短屈原于顷襄王³，顷襄王怒而迁⁴之。

的。君王圣明，能任用忠良，大家都获得幸福。"君王不明，难道能获得幸福吗？

令尹子兰听说屈原嫉恨他，非常恼怒，便唆使上官大夫在顷襄王面前说屈原的坏话。顷襄王大怒，把屈原放逐到外地。

注释　1 属(zhǔ)：接连。　2 渫(xiè)：淘去泥污。　3 卒：终于。　短：毁谤。　4 迁：放逐。指再度放逐到江南。

屈原至于江滨，被¹发行吟泽畔，颜色憔悴，形容枯槁。渔父见而问之曰："子非三闾大夫²欤？何故而至此？"屈原曰："举世混浊而我独清，众人皆醉而我独醒，是以见放。"渔父曰："夫圣人者，不凝滞于物而能与世推移。举世混浊，何不随其流而扬其波？众人皆醉，何不餔其糟而啜其醨³？何故怀瑾握瑜而自令见放为？"

屈原走到江边，披头散发，在水边一边走一边吟诗，面色憔悴，形体瘦弱。渔父看见了屈原便问他说："您不是三闾大夫吗？为什么来到这里？"屈原说："整个世界都混浊不堪，只有我干净清白；众人都醉了，只有我头脑清醒，因此被放逐出来。"渔父说："那些号称圣人的人，不被事物所拘束而且能够顺随世俗而变化。整个世界都混浊不堪，为什么不跟着这种潮流并推波助澜呢？众人都醉了，为什么不跟他们一起吃那酒糟喝那淡酒呢？为什么要保持宝玉般的德操而使自己被放逐呢？"

注释　1 被(pī)：同"披"。　2 三闾大夫：掌管楚国王族三姓（屈、景、昭）事务的官。　3 餔(bū)：食。　啜(chuò)：喝。　醨(lí)：淡酒。

屈原曰:"吾闻之,新沐者必弹冠[1],新浴者必振衣。人又谁能以身之察察[2],受物之汶汶[3]者乎!宁赴常流[4]而葬乎江鱼腹中耳,又安能以皓皓之白而蒙世之温蠖乎[5]!"

乃作《怀沙》[6]之赋。……于是怀石遂自投汨罗[7]以死。

屈原说:"我听说,刚洗好头发的人,一定要弹一弹帽子上的灰尘;刚洗完澡的人,一定要抖一抖衣裳上的灰尘。作为人,又有谁能够让自己洁白的身体蒙受世俗的污垢呢?我宁可跳进这长流的江水,葬身在鱼腹之中,又哪能让高洁的心灵去蒙受世俗的污浊呢?"

于是屈原便写了《怀沙》的诗篇。……这样,屈原就抱着石头,自己跳进汨罗江而死。

[注释] 1 弹冠:用手弹去帽子上的灰尘。 2 察察:洁白的样子。 3 汶汶(ménmén):昏暗不明的样子。引申为蒙受污垢或耻辱。与"察察"相对。 4 常流:同"长流",指江水。 5 皓皓(hàohào)之白:比喻品德的高贵洁白。 温蠖(huò):污浊。一本在"蒙世"下有"俗"字。 6《怀沙》:《楚辞·九章》中的一篇。《史记》中全文照录,《古文观止》的编者把它删去了。 7 汨(mì)罗:水名。在今湖南汨罗。

屈原既死之后,楚有宋玉、唐勒、景差之徒者,皆好辞而以赋见称。然皆祖屈原之从容辞令[1],终莫敢直谏。其后楚日以削,数十年竟为秦所灭[2]。

自屈原沉汨罗后百

屈原已经死了之后,楚国有宋玉、唐勒、景差这一班人,都爱好文学,并且因写辞赋被人称赞。虽说都效法屈原,文辞写得委婉含蓄,却终究不能像屈原那样直言敢谏。从屈原死后,楚国的疆土一天天缩小,几十年后,终于被秦国灭亡了。

在屈原沉汨罗江后一百多年,汉

有余年,汉有贾生,为长沙王太傅。³过湘水,投书以吊屈原⁴。

朝有个贾谊,做长沙王的太傅。他经过湘水,写了一篇《吊屈原赋》投到江中,来凭吊屈原。

太史公曰:余读《离骚》《天问》《招魂》《哀郢》¹,悲其志。适长沙,过²屈原所自沉渊,未尝不垂涕,想见其为人。及见贾生吊之,又怪屈原以彼其材,游诸侯,何国不容,而自令若是。读《鵩鸟赋》³,同生死⁴,轻去就⁵,又爽然⁶自失矣!

太史公说:我读《离骚》《天问》《招魂》《哀郢》,为屈原的高尚志向不能实现而悲叹。到长沙,经过屈原投水自杀的地方,不能不难过地流泪,想象到屈原是怎样的人。后来见了贾谊吊屈原的文章,文中责怪屈原,如果凭他那样的才能去游说诸侯,哪个国家不可以容身,而自己偏要选择这样沉水自杀的道路。再读贾谊的《鵩鸟赋》,他提出把死生等同看待,把罢官得官看得很轻,又不觉茫然不知所措了。

酷吏列传序¹

《史记》

导读 本文是《史记·酷吏列传》的序,中心意思是主张实行德政,反对严刑峻法。文中两次引用孔子、老子的话,又把秦法苛刻、汉初宽仁两相对照,以表明作者的论点,并隐含着对汉武帝任用酷吏的批评。

原文

孔子曰²:"道³之以政,齐之以刑,民免而无耻;道之以德,齐之以礼,有耻且格⁴。"老氏称⁵:"上德不德,是以有德;下德不失德,是以无德。""法令滋章⁶,盗贼多有。"

译文

孔子说:"用行政命令来引导,用刑罚来约束,百姓只是避免犯罪却没有羞耻之心;用道德来引导,用礼义来约束,百姓不但有羞耻之心,而且很规矩。"老子说:"德最高的人不讲究形式上的德,因此他有德;德低下的人死守着形式上的德,因此他没有德。""法令越是繁杂明白,盗贼反而更多出现。"

注释 1 酷吏:指那些施行严刑峻法,以酷烈著称的官吏。 2 孔子曰:引文见《论语·为政》。 3 道:同"导",引导。 4 格:方正,规矩。 5 老氏称:老氏指老子。引文前四句见《老子》三十八章,后两句见《老子》五十七章。 6 滋:繁多。 章:同"彰",明白。

太史公曰:信哉是言也¹!法令者治之具,

太史公说:这话很准确呀!法令是治理天下的工具,但并不是决定政治好坏

而非制治清浊之源也[2]。昔天下之网尝密矣，然奸伪萌起，其极也，上下相遁[3]，至于不振。当是之时，吏治若救火扬沸[4]，非武健严酷，恶能胜其任而愉[5]快乎？言道德者，溺其职矣。故曰"听讼，吾犹人也，必也使无讼乎"[6]，"下士闻道大笑之"[7]，非虚言也。

的根源。从前天下的法网曾经是很密的，可是邪恶欺诈的事不断发生。到最严重时刻，上上下下互相包庇回避，以至于国家不能振作。当这个时候，吏治如同负薪救火、扬汤止沸，不拿出凶猛严酷的手段，又怎能担负起责任并且求得一时的效用呢？讲求道德的人，没有尽到他的职责啊！所以孔子说："处理诉讼，我同别人一样，如果有不同，那就是使人们不发生诉讼呀！"老子说："愚蠢浅陋的人听见讲'道'就哈哈大笑。"这不是假话。

注释　1 信：的确，实在。　是：这。　2 清：清明，指政治好。　浊：混乱，指政治不好。　3 遁：回避。　4 救火扬沸：比喻不能从根本上解决问题。5 愉：同"偷"，苟且。　6 "听讼"三句：语出《论语·颜渊》，是孔子的话。7 "下士"句：语出《老子》四十一章，是老子的话。　下士：愚蠢浅陋的人。

汉兴，破觚而为圜[1]，斫雕而为朴[2]，网漏于吞舟之鱼[3]；而吏治烝烝[4]，不至于奸，黎民艾安[5]。由是观之，在彼不在此[6]。

汉朝兴起，废除苛刻的法律，去掉烦琐的条文，法网宽疏得可以使能吞掉船只的大鱼从中漏掉，可是官吏的政绩却很好，不为非作歹，老百姓太平无事。由此看来，国家的安定在于那道德的力量，而不靠这严酷的刑法。

注释　1 破觚（gū）而为圜：把方正有棱的酒器改为圆形的酒器，比喻重大的改变。指汉初一反秦代酷法，仅颁约法三章。觚，有棱角的酒器。圜，同"圆"。　2 斫(zhuó)雕而为朴:去掉华丽的装饰变为朴素之貌。指由众多而烦琐的礼仪转为简单自然。斫,砍,去掉。雕,指华丽的装饰。朴,朴素。　3 网漏于吞舟之鱼:一口能吞下船的大鱼从网里漏掉。比喻法网的宽疏。　4 烝烝:美盛。形容吏治很好。　5 艾(yì)安:太平无事。艾,通"乂",治理。　6 彼:指道德。　此:指刑法。

游侠列传序

《史记》

导读　本文选自《史记·游侠列传》,是一篇专门记载汉代游侠的传记。汉代封建统治者和士大夫对游侠多持否定的态度,司马迁却给他们立传,并予以很高的评价和极大的同情。

原文

韩子曰[1]:"儒以文乱法,而侠以武犯禁。"[2]二者皆讥,而学士多称于世云。至如以术取宰相、卿、大夫,辅翼其世主,功名俱著于春秋[3],固无可言者。及若季次、原宪[4],闾巷[5]人也,读书怀独行君子之德[6],义不苟合当世,当世亦笑之。

译文

韩非说:"儒生用儒家的先王之道和礼乐制度扰乱法制,侠士又依仗武力触犯禁令。"儒和侠二者都被讥议,但有学问的儒者还是多半被世人称赞的啊。至于像那些凭借儒术取得宰相、卿、大夫等高官厚禄的人,辅助当世的君主,功绩和名望都记在国家的史册上,本来就没有什么必要说的了。至于像季次、原宪这些隐居里巷的人,熟读诗书,保持着独行君子的崇高品德,坚守正义,不随便迎合世俗,当世的人也讥笑他们。

注释 1 韩子:指韩非。 2 "儒以文乱法"二句:语见《韩非子·五蠹篇》。文,指儒家所推崇的先王之道和礼乐制度。 3 著:记载,著录。 春秋:泛指当时的国史。 4 季次:即公晳哀,孔子的弟子。 原宪:字子思,孔子弟子。 5 闾巷:街巷。 6 怀:保持,坚守。 独行君子:有独特节操的君子。

故季次、原宪终身空室蓬户[1],褐衣疏食不厌[2]。死而已四百余年,而弟子志之不倦[3]。今游侠,其行虽不轨于正义[4],然其言必信,其行必果,已诺必诚,不爱其躯,赴士之厄困[5]。既已存亡死生[6]矣,而不矜其能,羞伐其德,盖亦有足多[7]者焉。

因此,季次、原宪终身居住在破草房里,粗劣简单的衣服饮食都不周全。他们已经死了四百多年,但是后世儒者仍然怀念他们。如今的游侠,他们的行为虽不合国家的法律,但是,他们说话必定守信用;他们办事很坚决;已经答应人家的事必定忠诚地完成;不吝惜自己的生命,为别人的危急困难而奔走。等到已经把别人从危难中拯救出来了,却不夸耀自己的能力,羞于吹嘘自己的恩德,像这样的游侠实在也有值得称赞的地方啊。

注释 1 空室:屋里空无所有。 蓬户:用杂乱柴草编成屋门。 2 褐衣:兽皮或粗麻布制的短衣,是贫苦人的衣服。 疏:粗。 厌:同"餍",满足,周全。 3 弟子:指后世儒者。 志:怀念。 倦:衰,停息。 4 轨:合。正义:指国法。 5 厄困:危急和困难。 6 存亡死生:使亡者得存,使死者得生。意思是把别人从危难中解救出来。 7 足多:值得称赞。

且缓急[1],人之所时有也。太史公曰:昔者虞

况且急难的事情是人们经常有的。太史公说:从前,虞舜在浚井和修

舜窘于井廪²；伊尹负于鼎俎³；傅说匿于傅险⁴；吕尚困于棘津⁵；夷吾桎梏⁶；百里饭牛⁷；仲尼畏匡，菜色陈、蔡，⁸此皆学士所谓有道仁人也，犹然遭此灾，况以中材而涉乱世之末流⁹乎？其遇害何可胜道哉！

米仓时受到迫害；伊尹背着锅和砧板当奴隶；傅说在傅岩筑土墙；姜太公在棘津过穷困日子；管仲曾戴上脚镣手铐；百里奚喂过牛；孔子在匡地受过威胁，在陈蔡绝粮挨饿：这些人都是学士们所说的有道德的仁人，还不免遭受到这些灾难，何况是一个普通人而又碰上乱世的最坏时期呢？他们所遭受的迫害哪里能说得完呢？

注释 1 缓急：急。这是一种复词偏义现象。 2 虞舜窘(jiǒng)于井廪(lǐn)：相传舜父瞽瞍和其弟象想杀死舜，曾让舜去修米仓，然后放火烧仓，想把舜烧死。舜不死。又使舜挖井，瞽瞍与象用土填井，舜从井旁挖的出路走出来。这就是舜窘于井廪之事。窘，受到困迫。廪，米仓。 3 伊尹负于鼎俎：伊尹，商汤时贤臣。相传他曾是汤妃有莘氏女的陪嫁奴隶，背着锅(鼎)和砧板(俎)当厨人。 4 傅说匿于傅险：傅说，殷的贤臣，为殷帝武丁所用。傅险，即傅岩，在今山西平陆东。相传傅说原是傅岩地方筑土墙的奴隶。 5 吕尚困于棘津：吕尚，即姜太公。棘津，水名，在今河南延津东北，现已湮没。相传姜太公七十岁的时候，还在棘津靠卖力气生活。 6 夷吾桎梏(zhìgù)：夷吾，即管仲。桎梏，脚镣手铐。 7 百里饭牛：百里，即百里奚。百里奚入秦之初，曾替人喂牛。 8 "仲尼"两句：孔子从卫到陈，路过匡地，匡人错以为他是阳虎，几乎把他杀害。匡，古卫地，在今河南长垣西南。菜色陈、蔡，指孔子在陈蔡之间绝粮而面有菜色。菜色，饥饿的脸色。 9 末流：犹"末世"。

鄙人[1]有言曰："何知仁义，已向其利者为有德[2]。"故伯夷丑周[3]，饿死首阳山，而文、武不以其故贬王；跖、蹻[4]暴戾，其徒诵义无穷。由此观之，"窃钩者诛，窃国者侯，侯之门，仁义存"，非虚言也。[5]

老百姓有这样的话说："怎么知道仁义？受了谁的好处，谁就是有德的人。"所以，伯夷憎恶周灭商，饿死在首阳山，但周文王、周武王并不因伯夷不满就贬损了王号，还是照样受人歌颂；柳跖、庄蹻残酷暴戾，可是他们的党徒却永远称颂他们有义气。照这样看来，"偷人家钩带的被杀头，偷取国家的却封侯，封了侯，他的门内自然就有了仁义"。这不是没有根据的话。

[注释] 1 鄙人：指一般老百姓。 2 已：通"以"。 向：同"享"。 3 伯夷丑周：伯夷，见《伯夷列传》。伯夷认为周武王伐纣，是以暴易暴，十分憎恶。丑，憎恶。 4 跖(zhí)、蹻(jué)：指柳下跖和庄蹻。柳下跖，见《伯夷列传》注。庄蹻，战国末年楚国奴隶起义领袖。 5 "窃钩者诛"四句：语出《庄子·胠箧》。 虚言：没有根据的话。

今拘学或抱咫尺之义[1]，久孤于世，岂若卑论侪俗[2]，与世浮沉而取荣名哉？而布衣之徒，设取予然诺[3]，千里诵义，为死不顾世。此亦有所长，非苟而已也。故士穷窘而得委[4]命，此岂非人之所谓贤豪间者[5]邪？诚使乡

现在有些拘谨的学者，死抱着短浅的道义信条，长久地孤立在世俗之外，他们怎么能比得上那些议论不高，迁就世俗，随波逐流去猎取功名富贵的人呢？而那些出身平民的游侠，认真对待取与财物和给人家的许诺，相隔千里也仗义相助，为别人牺牲性命，不顾世俗的议论。这些人也有他们的长处，不是马虎随便的。所以人们遇到穷困窘迫就把身家性命委托给他们，这难道就不是人们所说的贤能英豪的杰出人才

曲⁶之侠，予季次、原宪比权量力，效功于当世，不同日而论⁷矣。要以功见言信，侠客之义又曷可少哉？

吗？如果把这些乡里的侠客跟季次、原宪等人比较一下地位和能力，他们在当世所发挥的作用，那是不能相提并论的。如果从功效的显著、说话的有信用来衡量，侠客的正义行为，又怎么能轻视呢？

[注释] 1 拘学：拘谨固执的学者。指季次、原宪一类人。 咫尺：形容距离很短。咫，古代长度名，合今市尺六寸二分多。 2 侪(chái)俗：迁就世俗。 3 然诺：许诺，答应。 4 委：委托。 5 间者：杰出的人才。 6 乡曲：乡里，指穷乡僻野。 7 同日而论：相提并论。

古布衣之侠，靡得而闻已。近世延陵、孟尝、春申、平原、信陵之徒，¹皆因王者亲属，借于有土卿相之富厚，招天下贤者，显名诸侯，不可谓不贤者矣。比如顺风而呼，声非加疾，其势激也。至如间巷之侠，修行砥名，声施²于天下，莫不称贤，是为难耳。然儒、墨皆排摈不载，自秦以前，匹夫之侠，湮灭不见，余甚恨之。

古时候民间的游侠，已经不可能了解了。近世的延陵吴季子、孟尝君、春申君、平原君、信陵君一类人，都因为是国君的亲属，凭借着有封地和卿相地位的富厚条件，招纳天下的贤士，名声传扬各诸侯国，不可说不是贤者了。正如顺风呼喊一样，声音并不加快，只是声浪被风势激荡，所以传得很远。至于居住在民间的侠客，修养自己的品行，锻炼自己的操守，声名传遍天下，没有人不称赞他们贤能，这实在是很难的啊。可是儒家、墨家的典籍都排斥、摒弃这些游侠，不把他们的事迹记载下来，自秦以前，出身平民的游侠，都被埋没不传于世，我对此感到非常惋惜。

以余所闻,汉兴有朱家、田仲、王公、剧孟、郭解[1]之徒,虽时扞当世之文罔[2],然其私义廉洁退让,有足称者。名不虚立,士不虚附。至如朋党宗强比周[3],设财役贫,豪暴侵凌孤弱,恣欲自快,游侠亦丑之。余悲世俗不察其意,而猥[4]以朱家、郭解等,令与豪暴之徒同类而共笑之也。

根据我所听说的,从汉朝兴起以来,有朱家、田仲、王公、剧孟、郭解这些人,虽然时常触犯当世的法禁,可是他们的个人品质廉洁谦让,有值得称赞的地方。他们的名声并不是凭空建立起来的,人们也不是无缘无故归附他们的。至于像朋党豪强互相勾结,依仗钱财役使贫民,凭借权势暴力侵害势单力薄者,放纵贪欲,只图自己畅快,游侠对这些人,也深为憎恶。我深深地惋惜世俗的人不了解游侠的真正心志,却轻易地把朱家、郭解和那些豪强暴徒看做一类,而共同加以讥笑。

注释 1 朱家、田仲、王公、剧孟、郭解:都是司马迁在《游侠列传》记述的人物。朱家,汉高祖时人,因行侠仗义闻名当世。田仲,楚人。王公,即王孟,符离(今安徽宿州)人,以侠称江淮间。剧孟,洛阳人,以任侠显诸侯。郭解,字翁伯,轵(今河南济源东南)人。　2 扞(hàn):违犯,抵触。文罔:法网。　3 朋党:指谋求不正当利益的团伙。宗强:豪强。比周:互相勾结。　4 猥(wěi):苟且,随便。

滑稽[1]列传

《史记》

[导读] 《史记·滑稽列传》记述了战国时齐淳于髡、楚优孟及秦时优旃的事迹,本文只选录了开头的短序和淳于髡传。文中风趣地记述了淳于髡如何用隐语比喻讽谏齐威王的故事。本文逐节递进,入情入理,在谈笑中含劝诫,轻松中有严肃,写得生动活泼。

[原文]	[译文]
孔子曰:"六艺于治一也:《礼》以节人,《乐》以发和,《书》以道事,《诗》以达意,《易》以神化,《春秋》以道义[2]。"太史公曰:天道恢恢[3],岂不大哉! 谈言微中,亦可以解纷。	孔子说:"六艺对于治理国家,作用是一样的:《礼》用来节制人们的行为,《乐》用来抒发平和美好的感情,《书》用来记述历史事迹,《诗》用来表达思想,《易》用来通达事物的神明变化,《春秋》用来说明君臣大义。"太史公说:天道宽阔,难道不伟大吗? 谈话含蓄微妙中肯,也可解除纷乱。

[注释] 1 滑(旧读 gǔ)稽:能言善辩、口齿流利的意思。 2《春秋》以道义:中华书局标点本《史记》作"春秋以义"。 3 恢恢:广大的样子。

| 淳于髡[1]者,齐之赘婿[2]也。长不满七尺,滑稽多辩,数使诸侯,未 | 淳于髡是齐国的一个赘婿出身的人。身高不满七尺,口齿流利,能说会辩,多次出使诸侯国,从来不曾受过屈辱。 |

尝屈辱。齐威王之时，喜隐³，好为淫乐长夜之饮，沉湎不治，委政卿大夫。百官荒乱，诸侯并侵，国且危亡，在于旦暮，左右莫敢谏。

齐威王初即位的时候，爱好隐语，喜欢毫无节制的享受，通宵达旦的饮宴，沉迷在酒色之中，不治理国家，把政事交给卿大夫。于是各级官员政事荒废混乱，诸侯都来侵略，国家危亡就在旦夕之间，左右的人都不敢进谏。

注释 1 淳于髡(kūn)：齐国大夫。淳于，复姓；髡，名。 2 赘(zhuì)婿：战国、秦、汉时，家贫卖子与人为奴，三年不能赎还，主家以女子匹配之，称为赘婿，在当时是社会地位很低的人。 3 隐：隐语。似现在的谜语。

淳于髡说之以隐曰："国中有大鸟，止王之庭，三年不蜚¹又不鸣，王知此鸟何也？"王曰："此鸟不蜚则已，一蜚冲天；不鸣则已，一鸣惊人。"于是乃朝诸县令长²七十二人，赏一人，诛一人，奋兵而出。诸侯振惊，皆还齐侵地。威行三十六年。语在《田完世家》³中。

淳于髡就用隐语来劝谏齐威王说："国都中有一只大鸟，它停栖在大王的宫廷里，三年不飞又不叫，大王知道这鸟为何如此吗？"威王说："这只鸟不飞则已，一飞就要冲上天；不鸣则已，一鸣就要惊人！"于是齐威王就召集各县的长官共七十二人来朝见，当众赏了一人，杀了一人，整顿军队出去作战。诸侯十分震惊，统统把侵占齐国的土地归还了。齐威王的声威播扬天下达三十六年之久。这件事情记在《田完世家》中。

注释 1 蜚：通"飞"。 2 县令长：指县的行政长官。大县称令，小县称长。 3《田完世家》：《史记》世家之一，记载战国时齐的史事。

威王八年,楚大发兵加齐。齐王使淳于髡之赵请救兵,赍金百斤[1],车马十驷。淳于髡仰天大笑,冠缨索[2]绝。王曰:"先生少之乎?"髡曰:"何敢!"王曰:"笑岂有说乎?"

齐威王八年,楚国大举发兵侵犯齐国。齐威王派淳于髡到赵国请求救兵,让他携带黄铜百斤,四匹马拉的车子十辆。淳于髡仰着头对天大笑,把帽子上的缨带全震落了。齐威王说:"先生嫌东西少吗?"淳于髡说:"怎么敢呢!"威王问:"那么,笑怎么解释呢?"

注释 1 赍(jī):赠送。 金:黄铜。 2 索:尽。

髡曰:"今者臣从东方来,见道旁有禳田[1]者,操一豚蹄,酒一盂,而祝曰:'瓯窭满篝[2],污邪[3]满车,五谷蕃熟,穰穰[4]满家。'臣见其所持者狭而所欲者奢,故笑之。"于是齐威王乃益赍黄金千镒[5],白璧十双,车马百驷。髡辞而行,至赵。赵王与之精兵十万,革车[6]千乘。楚闻之,夜引兵而去。

淳于髡说:"今天我从东方来,看见路旁一个祭土地祈求丰收的农夫,他手里拿着一只猪蹄,一壶酒,祷告说:'狭小高坡上的旱地丰收满笼;低洼的水田收成装满大车。五谷丰收得装满我的仓屋。'我看他拿出的东西那样少,想要的又是这样多,所以我笑他呢。"于是齐威王就增加黄铜千镒,白璧十对,四匹马拉的车子百辆。淳于髡辞别齐王起程,到了赵国。赵王给他精兵十万,战车一千辆。楚国听到消息,连夜领兵撤走了。

注释 1 禳田:就是耕种时设祭,祈求丰收。禳,一本作"攘"。 2 瓯窭(ōulóu):狭小的高地。 篝(gōu):竹笼。 3 污邪:地势低下的渍水田。 4 穰穰(rángráng):丰盛的样子。 5 镒(yì):古代计重量的单位。

二十两或二十四两为一镒。　**6** 革车：古代的一种战车。

威王大说，置酒后宫，召髡赐之酒。问曰："先生能饮几何而醉？"对曰："臣饮一斗亦醉，一石亦醉。"威王曰："先生饮一斗而醉，恶¹能饮一石哉！其说可得闻乎？"髡曰："赐酒大王之前，执法在傍，御史在后，髡恐惧俯伏而饮，不过一斗径²醉矣。若亲有严客，髡帣鞴鞠䐴³，侍酒于前，时赐余沥，奉觞上寿⁴，数起，饮不过二斗径醉矣。若朋友交游，久不相见，卒然相睹，欢然道故，私情相语，饮可五六斗径醉矣。

威王非常高兴，就在后宫摆起酒宴，召见淳于髡，请他喝酒。齐威王问道："先生要饮多少酒才能够醉呢？"淳于髡回答说："我喝一斗也醉，喝一石也醉。"威王说："先生喝一斗就醉了，怎能够喝一石呢？这个缘故，能说给我听听吗？"淳于髡说："在大王面前赐我喝酒，执法的官员站在身旁，御史站在后面，我心情恐惧低着头喝，不过一斗就醉了。如果我的双亲有尊贵的客人，我卷起衣袖，躬身下跪，在前面侍奉，他们不时把剩余的酒赐给我，我捧着杯子上前敬酒，几次起身，喝不过两斗就醉了。如果好朋友交往，很久不见面了，突然相会，欢乐地谈论往事，倾吐私情，这时候可以喝五六斗就醉了。

注释　**1** 恶(wū)：同"乌"，何。　**2** 径：即，就。　**3** 帣鞴(juàngōu)：束好衣袖。帣，通"絭"，收束。鞴，束衣袖的臂套。鞠䐴(jūjì)：躬身下跪。鞠，弯曲。䐴，同"跽"，小跪。　**4** 觞(shāng)：古代盛酒器。　寿：敬酒。

"若乃州闾¹之会，男女杂坐，行酒稽留，六博投壶²，相引为曹³，握

"如果乡里举行集会，男男女女混杂坐在一起，斟酒慢慢地喝，又玩六博、投壶的游戏，互相招呼，结为同辈，握了妇女的

手无罚,目眙[4]不禁,前有堕珥[5],后有遗簪[6],髡窃乐此,饮可八斗而醉二参[7]。

手不受责罚,眼睛直瞪着她们不被禁止,前面有掉下的耳环,后面有丢失的簪子,我暗自喜欢这种场面,可以喝八斗才有两三分醉意。

注释　1 州闾:乡里。　2 六博:本作"六薄"。古代的一种争胜负的博戏。共十二粒棋子,六黑六白,故名　。投壶:我国古代宴会的礼制,也是一种游戏。以盛酒的壶口作目标,用箭投入。以投中多少决胜负,负者须饮酒。　3 曹:辈。　4 眙(chì):瞪着眼直视。　5 珥(ěr):妇女的珠玉耳饰。也叫"瑱""珰"。　6 簪:妇女插髻的首饰。　7 二参:指十有二三分醉。参,同"三"。

"日暮酒阑[1],合尊促坐[2],男女同席,履舄[3]交错,杯盘狼藉[4],堂上烛灭,主人留髡而送客,罗襦襟解,微闻芗泽[5],当此之时,髡心最欢,能饮一石。故曰:'酒极则乱,乐极则悲,万事尽然。'言不可极,极之而衰。"以讽谏焉。齐王曰:"善。"乃罢长夜之饮,以髡为诸侯主客[6]。宗室置酒,髡尝在侧。

"等到日落西山,酒要喝完了,把酒杯合在一块,紧紧地挨着坐,男女同席,鞋子互相错杂,杯盘纵横散乱;堂上的蜡烛熄灭了,主人留下我,把客人都送走。那陪酒的女子,解开罗衫的衣襟,我微微闻到一股香气。当这个时候,我心里最高兴,那就能够喝下一石了。所以说:'饮酒过度,必定要乱;欢乐过度,必然生悲。万事都是这样。'这是说什么都不可过度,过度了就会衰败。"他用这个话来委婉劝谏。威王说:"好!"就停止通夜饮酒,任命淳于髡做接待诸侯的主客。每逢齐国宗室摆酒宴,淳于髡经常被邀在座。

注释 1 阑:完、尽。 2 尊:同"樽",酒杯。 促坐:促席而坐。促,靠近。 3 履舄(lǚxì):鞋。舄,古代的一种复底鞋,引申为鞋的通称。 4 狼藉:纵横散乱。 5 芗泽:同"香泽",香气。 6 主客:接待外宾的官员。

货殖列传序
《史记》

导读 本文是《史记·货殖列传》的序。货殖,就是靠贸易来生财求富的意思。司马迁在《货殖列传》里,详细介绍了有关货殖的各种情况,以及各地货物、人民生活和社会风气等,是关于古代社会经济的重要文献。这篇序文主要论述货殖的重要性,也否定了《老子》设想的"老死不相往来"的社会主张,据事论理,层次分明。

原文

《老子》曰[1]:"至治之极,邻国相望,鸡狗之声相闻,民各甘其食,美其服,安其俗,乐其业,至老死不相往来。"必用此为务,挽近世涂[2]民耳目,则几无行矣。

译文

《老子》说:"天下治理得最好的时候,邻国的人互相望见,鸡鸣狗吠的声音彼此听到,老百姓满足他们的饮食,喜欢他们的穿着,安于他们的风俗,乐于从事他们的职业,到老到死也不相互来往。"如果一定把老子所说的当做要务,企图挽回近世的风俗,闭塞百姓的耳目,那么几乎是没办法行得通的。

注释 1《老子》:书名。又称《道德经》。相传为春秋末老聃著。引文见该书第八十章(王弼本),文字稍有出入。 2 涂:闭塞。

太史公曰:夫神农以前,吾不知已[1]。至若《诗》《书》所述,虞、夏以来,耳目欲极声色之好,口欲穷刍豢[2]之味,身安逸乐,而心夸矜势能之荣,使俗之渐[3]民久矣,虽户说以眇论[4],终不能化。故善者因之,其次利道[5]之,其次教诲之,其次整齐之,最下者与之争。

太史公说:神农以前的事,我不知道。至于《诗》《书》上所记述的,从虞、夏以来,人们的耳目都想尽量享受声色的美好,口里都想尽量享受各种肉类的滋味,身体贪图安逸快乐,而心里夸耀权势的光荣,这个习俗深入民心很久了,即使用老子讲的微妙道理去挨家挨户地劝说,也终究不能改变。因此,最好的办法是顺应形势的发展,其次是用利益去引导他们,再次是教育他们,再次就是制定法规去约束他们,最下等的办法是和他们争利。

注释 1 神农:传说中上古时代的帝王,教民耕作。 已:同"矣"。 2 刍豢(chúhuàn):指牲畜。刍,食草的动物,如牛、羊。豢,食谷类的动物,如猪、狗。 3 渐(jiān):逐渐沾染。 4 眇(miào)论:微妙的道理。指老子的言论。 5 道:同"导"。引导。

夫山西饶材、竹、穀、纑、旄、玉石;[1]山东[2]多鱼、盐、漆、丝、声色;江南出楠、梓、姜、桂、金、锡、连、丹沙、犀、玳瑁、珠玑、齿、革;[3]龙门、碣石北多马、牛、羊、旃裘、筋角;[4]铜、铁则千里往往山出棋置:此其大较[5]

太行山以西多产木材、竹子、楮树、野麻、牦牛尾、玉石;太行山以东多产鱼、盐、漆、丝、声色;江南出产楠树、梓树、姜、桂、金、锡、铅矿、丹砂、犀牛角、玳瑁、珠玑、象牙、皮革;龙门、碣石以北多出产马、牛、羊、毡裘、筋角;出产铜铁的山,往往相距不出千里,像棋子那样密布:这是物产分布的大概情

也。皆中国人民所喜好，谣俗[6]被服饮食奉生送死之具也。

况。所有这些，都是中原人民所喜欢的，各地的风俗习惯都拿它们作穿的、吃的，以及奉生送死的东西。

注释 1 山西：指太行山以西。 穀：楮树，树皮可以造纸。 纑(lú)：山中野麻，可以织布。 旄(máo)：牦牛尾，可以做旗杆上的装饰品。 2 山东：指太行山之东。 3 江南：指长江以南。 连：同"链"，未炼过的铅。 丹沙：即朱砂。 玳瑁(dàimào)：海中动物，像龟，其甲壳可制装饰品。 玑(jī)：不圆的珠。 4 龙门：山名，在今山西河津西北。碣石：山名，地在今河北乐亭西南，一说即今河北昌黎北的碣石山。 旃：同"毡"。 筋角：制弓箭的材料。 5 大较：大概，大略。 6 谣俗：风俗习惯。

故待农而食之，虞[1]而出之，工而成之，商而通之。此宁有政教发征期会哉！人各任其能，竭其力，以得所欲。故物贱之征贵，贵之征[2]贱，各劝其业，乐其事，若水之趋下，日夜无休时，不召而自来，不求而民出之。岂非道之所符，而自然之验邪？

所以说，靠农夫耕作，才有得吃；靠管山林川泽的人，才能把物品采集运出来；靠工匠做工，才能制成器物；靠商贾贩卖，物资才能流通。这难道有政令教化去征调限期会集吗？人们各自发挥自己的能力，尽自己的力气，去得到所想要的东西。所以物价贱是贵的征兆，贵是贱的征兆。人们各自努力而快乐地从事他们的职业，就像水向低处流一样，日日夜夜没有停止的时候，不用召唤就自己到来，不用要求老百姓就把它生产出来了。这难道不是符合规律而且顺应自然的验证吗？

注释 1 虞:掌管山林川泽的官。 2 征:征兆,预先出现的苗头。

《周书》曰[1]:"农不出则乏其食,工不出则乏其事,商不出则三宝[2]绝,虞不出则财匮少。"财匮少而山泽不辟矣。此四者,民所衣食之原也。原大则饶,原小则鲜[3]。上则富国,下则富家。贫富之道,莫之夺予,而巧者有余,拙者不足。

《周书》上说:"农民不耕种,就缺乏粮食吃,工匠不制作,就缺乏器物用,商人不做买卖,吃、用、钱财就不能流通;虞人不运出物产就财源缺乏。"财源缺乏山林泽地就不能开发。这四个方面,是老百姓衣食的源泉。源泉广大就财富多,源泉窄小就财富少。在上能使国家富足;在下能使家庭富裕。贫富全由自己,没有人能够夺走或者赐予,不过巧智的人有余,笨拙的人不足。

注释 1《周书》:周朝的文诰。这段引文今本《尚书》中没有,已亡佚。 2 三宝:指食、事、财。 3 鲜:少。

故太公望封于营丘[1],地潟卤[2],人民寡,于是太公劝其女功[3],极技巧,通鱼盐,则人物归之,繦至而辐凑[4]。故齐冠带衣履天下,海岱之间敛袂而往朝焉[5]。

从前太公望被封在营丘,地处海滨,土质盐碱,人口稀少,于是太公勉励百姓努力养蚕纺织,极力钻研技术,贩运鱼盐。四方的人纷纷投奔齐国,像绳索相连似的络绎不绝于道,也好像车轮中辐条凑集到车毂上一样。因此,齐国的冠带衣履传遍天下,渤海和泰山之间的诸侯,都整敛衣袖,恭敬地来齐国朝拜。

注释 1 营丘:在今山东昌乐东南。 2 潟卤(xìlǔ):盐碱地。 3 女功:指有关妇女纺织的事。 4 繦(qiǎng):穿钱的绳子。一说,同"襁",即襁褓,包婴儿的衣、被。　辐:车轮中的辐条。　5 海岱之间:指渤海和泰山之间的诸侯国。　敛袂(mèi):整敛衣袖(表示肃敬)。

　　其后齐中衰,管子[1]修之,设轻重九府[2],则桓公以霸,九合诸侯[3],一匡天下,而管氏亦有三归[4],位在陪臣[5],富于列国之君。是以齐富强至于威、宣[6]也。

　　这以后,齐国中途衰弱,管仲修复太公的遗业,设立轻重九府管理财政,齐桓公因而称霸,多次会盟诸侯,匡正天下;而管仲也有三归,虽然他的地位不过是诸侯下面的大夫,但富裕比得上诸侯国的君主。因此齐国富强的局面,一直延续到齐威王、齐宣王的时代。

注释 1 管子:管仲。　2 轻重九府:《管子》有《轻重篇》,轻重是指在各地贮积货币来调节谷价贵贱的办法。九府,周代掌管钱币的官有九类:大府、玉府、内府、外府、泉府、天府、职内、职金、职币。　3 九合诸侯:齐桓公多次会盟诸侯。"九"表多,非实数。　4 三归:见《管晏列传》注。　5 陪臣:诸侯的大夫,对天子自称陪臣。　6 威、宣:指齐威王和齐宣王。

　　故曰:"仓廪实而知礼节,衣食足而知荣辱。"[1]礼生于有而废于无[2]。故君子富,好行其德;小人富,以适其力。渊深而鱼生之,山深而兽往之,人富而仁义附焉。富者得势益彰,失势则客无所之,以而不乐[3]。

　　所以说:"仓廪实而知礼节,衣食足而知荣辱。"礼节产生于富有,废弛于贫穷。所以君子富有,好行仁义;小人富有,能够尽力。潭深,鱼就自然生长在那里;山深,野兽就自然去到那里;很富的人,仁义就自然依附在他身上。富贵的人得到权势就更加显赫;失掉权势,做客都无处可去,因而不愉快。

注释 1 "仓廪"二句:语见《管子·牧民篇》。 2 有:富有。 无:贫穷。 3 以而不乐:中华书局标点本《史记》在这句下有"夷狄益甚"一句。

谚曰:"千金之子,不死于市。"此非空言也。故曰:"天下熙熙,皆为利来;天下壤壤,皆为利往。"[1]夫千乘之王[2],万家之侯[3],百室之君[4],尚犹患贫,而况匹夫编户之民乎[5]!

谚语说:"家有千金的人,不会犯法受刑,死在街市。"这并不是空话啊。所以说:"天下的人们,熙熙攘攘,都为利益而奔走。"有兵车千乘的王,食邑万家的侯,食邑百户的大夫,尚且还担心贫穷,何况是平民百姓呢。

注释 1 熙熙、壤壤:都是形容人来人往、喧闹纷杂的样子。壤,通"攘"。 2 千乘之王:指分封的王。 3 万家之侯:指列侯。 4 百室之君:指大夫。 5 匹夫:平民。 编户之民:编入户口册的老百姓。

太史公自序

《史记》

导读 《太史公自序》是司马迁为《史记》一书所作的序文,排在全书最后。全序分三个部分:第一部分,叙述司马氏的世系及司马迁之父司马谈的论六家要指;第二部分叙述司马迁自己的经历及作《史记》的缘由旨趣;第三部分对《史记》中的每一篇作了非常简要的介绍。本篇是从第二部分中节选的,通过司马迁和壶遂的问答,表达了他作《史记》的远大志向和发愤而作的顽强精神。《自序》是研究《史记》的重要文献,可与《报任安书》互相参照。

原文

太史公曰："先人¹有言：'自周公卒五百岁而有孔子。孔子卒后至于今五百岁，有能绍明世²，正《易传》，继《春秋》，本《诗》《书》《礼》《乐》之际？' 意在斯乎！意在斯乎！小子³何敢让焉。"

译文

太史公说："先人曾经说过：'从周公死后五百年就有孔子。孔子死后到今天已经五百年了，有谁能够继承圣明时代的事业，考定《易传》，续写《春秋》，探求《诗》《书》《礼》《乐》之间的本原呢？' 他的意思是在此时吧！他的意思是在此时吧！我小子怎敢推辞呢！"

注释 1 先人：指司马迁的父亲司马谈，一说是指先代贤人。 2 绍：继。 明世：太平盛世。 3 小子：古时子弟晚辈对父兄尊长的自称。

上大夫壶遂¹曰："昔孔子何为而作《春秋》哉？"太史公曰："余闻董生²曰：'周道衰废，孔子为鲁司寇³，诸侯害之，大夫雍之。孔子知言之不用，道之不行也，是非⁴二百四十二年之中，以为天下仪表，贬天子，退诸侯，讨大夫，以达王事而已矣。'子曰：'我欲载之空言，不如见之于行事之

上大夫壶遂说："从前孔子为什么写《春秋》呢？"太史公说："我听董仲舒说：'周朝治道衰微荒废，孔子做了鲁国的司寇，推行王道，诸侯害怕他，大夫阻挠他。孔子知道他的话没人采用，政治主张无法实现，因此评论二百四十二年之中发生的大事，作为天下行事的标准，讥评天子，斥责诸侯，声讨大夫，都是为了阐明王道罢了。'孔子说：'我想与其把是非褒贬挂在口头上，不如表现在具体事件中更为深刻明显。'《春秋》这部书，上则阐明三王的治道，下则分

深切著明也。'夫《春秋》，上明三王之道，下辨人事之纪，别嫌疑，明是非，定犹豫，善善恶恶，贤贤贱不肖，存亡国，继绝世，补敝起废，王道之大者也。

辨人世各种事情的准则，解释疑惑难明的事理，判明正确和错误，确定犹豫不决的事情，表扬善良，谴责邪恶，尊敬贤人，鄙视不肖，恢复已经灭亡的国家，延续已经断绝的世系，修补弊端，振兴已荒废的事业，这都是王道重大的内容。

注释 1 壶遂：汉代天文学家，官至詹事，秩二千石，故称他为上大夫。曾经与司马迁一起编定《太初历》。 2 董生：即董仲舒。 3 司寇：官名，掌管刑狱、纠察等事。 4 是非：指评论褒贬。

《易》著天地、阴阳、四时、五行，故长于变；《礼》经纪人伦[1]，故长于行；《书》记先王之事，故长于政；《诗》记山川、溪谷、禽兽、草木、牝牡、雌雄，故长于风；[2]《乐》乐所以立，故长于和；《春秋》辨是非，故长于治人。是故《礼》以节人，《乐》以发和，《书》以道事，《诗》以达意，《易》以道化，《春秋》以道义。拨乱世反之正，莫近于《春秋》。《春秋》文成数万，其指[3]数千。万物之散聚，皆在《春秋》。

《易》谈天地、阴阳、四季、五行，所以长于变化；《礼》安排人们的等级关系，所以长于实行；《尚书》记录先王的史迹，所以长于政事；《诗》记载山川、溪谷、禽兽、草木、牝牡、雌雄，所以长于教化；《乐》是礼乐建立的依据，所以长于陶冶性情；《春秋》明辨是非，所以长于治理百姓。因此，《礼》用来节制百姓，《乐》用来抒发平和的情感，《书》用来指导政事，《诗》用来表达思想，《易》用来说明变化，《春秋》用来阐明仁义。治理乱世，使它归于正常安定，再没有比《春秋》更切近的了。《春秋》的文字有几万，它的要旨有几千条，万事万物的变化分合，都在《春秋》里面。

【注释】 1 经纪:安排。 人伦:指人与人之间的等级关系。 2 牝(pìn)牡(mǔ):鸟兽雌性称牝,雄性称牡。 风:教化。一解通"讽",劝诫。 3 指:通"旨"。意旨,要旨。

"《春秋》之中,弑君三十六,亡国五十二,诸侯奔走不得保其社稷者,不可胜数。察其所以,皆失其本已。故《易》曰:'失之毫厘,差以千里。'故曰:'臣弑君,子弑父,非一旦一夕之故也,其渐久矣。'故有国者不可以不知《春秋》,前有谗¹而弗见,后有贼而不知。为人臣者不可以不知《春秋》,守经事²而不知其宜,遭变事而不知其权³。为人君父而不通于《春秋》之义者,必蒙首恶之名。为人臣子而不通于《春秋》之义者,必陷篡弑之诛,死罪之名。

"《春秋》一书中,记载弑君的事件有三十六起,灭亡的国家有五十二个,四处流亡、不能保住自己国家的诸侯更是多得不可胜数。考察它的原因,都是丢掉了仁义这个根本啊。所以《易》说:'失之毫厘,差之千里。'所以说:'臣弑君,子弑父,并不是一朝一夕的原因,它的起始和发展已经很久了。'所以一国的君主不可以不懂《春秋》,否则前有坏人却不见,后有国贼也不知。做臣子的不可以不懂《春秋》,否则坚持正常的事而不知道是否适宜,遇到发生变化的事而不知道变通处理。做人的君主、父亲,却不通晓《春秋》的要义,必然蒙受首恶的名声。做人的臣下、儿子,却不通晓《春秋》的要义,必然陷入篡位弑上的极刑,得死罪的名声。

【注释】 1 谗(chán):说小话的人,坏人。 2 经事:正常的事情。经,正常,寻常。 3 权:变通。

"其实[1]皆以为善,为之不知其义,被之空言而不敢辞。夫不通礼义之旨,至于君不君,臣不臣,父不父,子不子。君不君则犯[2],臣不臣则诛,父不父则无道,子不子则不孝。此四行者,天下之大过也。以天下之大过予之,则受而弗敢辞。故《春秋》者,礼义之大宗也。夫礼禁未然[3]之前,法施已然之后;法之所为用者易见,而礼之所为禁者难知。"

"其实他们都是把这些当作'善'来做的,由于不懂得《春秋》要义,受到凭空加给的罪名也不敢推辞。由于不通晓礼义的要旨,以至于做君的不像个君,做臣的不像个臣,做父亲的不像个父亲,做儿子的不像个儿子。这样,君不像君,就会被触犯;臣不像臣,就会被诛杀;父亲不像父亲,就没有道德规范;儿子不像儿子,就会不孝。这四种行为,是天下最大的过失了。把天下最大的过失给他们,只好接受而不敢推辞。所以《春秋》是礼义的本原啊。礼是在坏事发生前加以防范,法是在坏事发生后加以惩处;法的作用很容易被人看见,而礼的防禁作用则较难被人了解。"

[注释] 1 实:实心,本意。 2 犯:触犯,侵犯。这里指为臣下所侵犯。 3 未然:还没有成为事实。

壶遂曰:"孔子之时,上无明君,下不得任用,故作《春秋》,垂空文以断礼义,当一王之法。今夫子上遇明天子,下得守职,万事既具,咸各序其宜。夫子所论,欲以何明?"

壶遂说:"孔子那个时候,上面没有贤明的君主,下面没人任用他,所以他作了《春秋》,留传空文来裁断礼义,当作一位帝王立的法。今天您上面遇到圣明天子,下面得以保住您的太史令世职,万事都已具备,都各自安排在适当的位置上。您的著作,想用来阐

太史公曰："唯唯，否否[1]，不然。余闻之先人曰：'伏羲[2]至纯厚，作《易》《八卦》；尧、舜之盛，《尚书》载之，礼乐作焉；汤、武之隆，诗人歌之。《春秋》采善贬恶，推三代之德，褒周室，非独刺讥而已也。'

太史公说："嗯，嗯，不，不，不是这样。我听先父说过：'伏羲氏时代非常纯真厚道，作了《易》《八卦》；尧、舜的盛世，《尚书》记载下来，礼乐也兴起了；商汤、周武王时代的兴隆，诗人歌咏赞颂。《春秋》选择好事，贬斥邪恶，推崇三代的道德，表扬周室，它并不是仅仅讽刺讥笑而已。'

注释　1 否否：不是这样，不然。　2 伏羲：上古神话传说中的帝王，相传是他作的八卦。

"汉兴以来，至明天子，获符瑞[1]，建封禅[2]，改正朔[3]，易服色[4]，受命于穆清[5]，泽流罔极，海外殊俗，重译款塞[6]，请来献见者，不可胜道。臣下百官，力诵圣德，犹不能宣尽其意。且士贤能而不用，有国者之耻；主上明圣而德不布闻，有司之过也。且余尝掌其官，废明圣盛德不载，灭功臣、世家、贤大夫之业不述，堕先人所言，罪莫

"汉朝兴起以来，到圣明天子接位，得到上天的祥瑞，建坛祭神，改正朔，易服色，承受天命，他的恩泽无穷无尽，连海外不同风俗的国家都经过几重翻译，叩开塞门请求贡献物品、拜见君主，这些事说也说不完。臣下百官，竭力诵扬圣上的明德，仍然不能够完全表达出来。况且，士人贤能却不能任用，这是做国君的耻辱；皇上英明智慧而德行没有广泛传扬，这是官吏的过失啊。况且我曾任太史令，废弃英明智慧盛德不去记载，磨灭功臣、诸侯和贤大夫的功业不加表述，丢掉先

大焉。余所谓述故事，整齐其世传，非所谓作也，而君比之于《春秋》，谬矣！"

父的遗教，罪过更大了。我所说的记述过去的事，只是整理编次他们的世系传记，并不是什么创作，先生把它与《春秋》相比，误会了吧！"

注释 1 符瑞：指所谓上天降的祥瑞，据说与人间君主登位等吉事相应。 2 封禅：指历代帝王到泰山祭神。 3 正朔：一年第一天开始的时候。正，一年的开始。朔，一月的开始。古代改朝换代时，新帝王有改正朔的习惯。 4 服色：各种服用器物的颜色。古时改换朝代，规定以本朝崇尚的正色作为服用器物的颜色。 5 穆清：清和之气，指天。 6 重译款塞：重译，因语言不通而须辗转翻译。款，通"叩"。款塞，叩开塞门。

于是论次其文。七年¹，而太史公遭李陵之祸，幽于缧绁。乃喟然而叹曰："是余之罪也夫？是余之罪也夫？身毁不用矣！"退而深惟曰："夫《诗》《书》隐约者，欲遂其志之思也。

于是我就编写这些文章。过了七年，我突然遭到了李陵之祸，被囚禁在监牢之中。于是喟然长叹，说："这是我的罪过吗？这是我的罪过吗？我的身体遭到毁坏，再没什么用啦！"平静下来深思道："大凡《诗》《书》隐约其辞的地方，都是作者想实现自己的意志而必须深思的地方。

注释 1 七年：从太初元年（前104）到天汉三年（前98）。

"昔西伯拘羑里，演《周易》；¹孔子厄陈、蔡，作《春秋》；²屈原放逐，著

"从前西伯（文王）被拘禁在羑里的时候，推演了《周易》；孔子在陈、蔡被围困，后来作了《春秋》；屈原遭到放

《离骚》；左丘失明，厥有《国语》；³孙子膑脚，而论兵法；⁴不韦迁蜀，世传《吕览》；⁵韩非囚秦，《说难》《孤愤》；⁶《诗》三百篇，大抵贤圣发愤之所为作也。此人皆意有所郁结，不得通其道也，故述往事，思来者。"于是卒述陶唐⁷以来，至于麟⁸止，自黄帝始。

就写了《离骚》；左丘失明，这才有了《国语》；孙膑受了截膑的刑法，就研究兵法；吕不韦迁到蜀地，世上才能够流传他的《吕览》；韩非被囚禁在秦国，写下《说难》《孤愤》两篇；《诗经》三百篇，大多是贤人圣人抒发心中的愤懑才创作的。这些人都是志向被压抑，不能实现他们的主张，所以记述往事，想作为后世的借鉴。"于是我就记述了陶唐以来的事情，上从黄帝开始，下到今上猎获白麟的那一年为止。

注释 1 "昔西伯"二句：西伯即周文王。相传文王被商纣王拘禁在羑里时，推演《易》的八卦为六十四卦，即《周易》。 2 "孔子"二句：孔子曾被围困在陈、蔡，回鲁国后作《春秋》。 3 "左丘"二句：左丘，即左丘明。失明事不详。据说《国语》为左丘明作。 4 "孙子"二句：战国时，孙膑与魏将庞涓共同向鬼谷子学兵法，庞涓忌妒孙膑的才能，加以陷害，招他到魏国，截去他的膝盖。后来孙膑逃到齐国，做了军师，打败并使庞涓自杀。孙膑熟习其祖先孙武的兵法，自己也有兵法传世。 5 "不韦"二句：吕不韦，秦丞相，后被秦始皇贬谪到蜀地。不韦做丞相时，曾召集宾客编写《吕氏春秋》一书，也称《吕览》。 6 "韩非"二句：韩非，战国后期著名思想家，法家学说集大成者，早年与李斯同在荀卿门下学习。秦始皇喜欢他的著作，入秦，为李斯诬陷，入狱而死。《说难》《孤愤》篇都是入秦前写的，今见《韩非子》一书中。 7 陶唐：即陶唐氏，传说中远古部落名，尧为其领袖。《史记》实际上是从黄帝开始记载的。 8 麟：指汉武帝猎获白麟的那一年，即元狩元年(前122)。孔子作《春秋》绝笔于鲁哀公获麟，《史记》有意模仿《春秋》，止于武帝获麟。

报任安书[1]

司马迁

导读 《报任安书》是一篇血泪控诉书。在此书中,司马迁以无比激愤的心情,叙述了自己因李陵事件而蒙受奇耻大辱的始末,揭露了汉武帝的喜怒无常、是非不明。信中引用了许多德才杰出而命运坎坷的历史人物来自励,决心忍辱负重,完成自己的历史著作,表现了坚韧不屈的精神。本文感情真挚,气势充沛,具有强烈的艺术感染力。前人评价本文说:"其感慨啸歌,大有燕赵烈士之风。忧愁幽思,则又直与《离骚》对垒。"

原文	译文
太史公牛马走[2]司马迁再拜言,少卿足下[3]:	我太史公、您的仆人司马迁一再致敬并陈言,少卿足下:

注释 1《报任安书》见于《汉书·司马迁》,又见于《昭明文选》。任安,字少卿,荥阳人。曾任郎中、益州刺史、北军使者护军等官,是司马迁的好友。司马迁因李陵的事被处以宫刑,出狱后,被任命为中书令,主管传达皇帝的诏书命令。因他接近皇帝,所以任安写信希望他尽"推贤进士"的责任。司马迁写了这封信答复他。 2牛马走:司马迁自称的谦词,意思是像牛马一样供驱使的仆人。 3足下:书信中对人的尊称。

曩[1]者辱赐书,教以慎于接物[2],推贤进士为	从前,承您降低身份写信给我,教导我待人接物要谨慎,担负起向朝廷

务，意气³勤勤恳恳。若望仆不相师⁴，而用流俗人之言，仆非敢如此也。仆虽罢驽⁵，亦尝侧闻⁶长者之遗风矣。

推贤进士的责任，情意和语气热诚恳切。您如果抱怨我不遵照您的劝告，却奉行世上俗人所说的主张，其实我是不敢这样的。我虽然才能低劣，也还曾经听闻德高望重的长者风范。

[注释] 1 曩(nǎng)：从前，过去。 2 接物：待人接物。古人称自己以外的人和物都叫物。 3 意气：指情意和语气。 4 望：抱怨。 仆：自称的谦词，代"我"。 5 罢：通"疲"。 驽：劣马。自喻驽马，表示才能低下。 6 侧闻：私下听过。是自谦之词。

顾自以为身残¹处秽，动而见尤²，欲益反损，是以独抑郁³而谁与语？谚曰："谁为为之？孰令听之？"盖钟子期死，伯牙终身不复鼓琴。何则？士为知己者用，女为说己者容⁴。若仆大质⁵已亏缺矣，虽才怀随、和⁶，行若由、夷，终不可以为荣，适足以见笑而自点⁷耳。

只是自己深感身体残废，处在污秽的地位，一行动就受到指责，想做一些有益的事，反而招来损害，因此独自忧愁烦闷，又能跟谁诉说呢？俗语说："为谁去做？教谁来听？"钟子期死了以后，伯牙终身不再弹琴。这是为什么呢？贤士替了解自己的人效力，女子为喜欢自己的人打扮。像我身体已遭受到了摧残，即使才能像随侯珠、和氏璧，品德像许由、伯夷，终究不能拿这个当作荣耀，恰好会被人耻笑而自取污辱。

[注释] 1 身残：指受了腐刑。 2 尤：过，这里是指责、责备的意思。 3 抑郁：一本作"郁悒(yì)"。 4 说：同"悦"。喜欢，爱慕。 容：打扮。 5 大质：指身体。 6 随、和：指随侯珠、和氏璧。都是非常宝贵的东西。 7 点：污辱。

书辞宜答,会东从上来[1],又迫贱事,相见日浅,卒卒[2]无须臾之间,得竭志意。今少卿抱不测之罪[3],涉旬月[4],迫季冬[5],仆又薄从上雍[6],恐卒然不可为讳[7],是仆终已不得舒愤懑以晓左右[8],则长逝者魂魄,私恨无穷。请略陈固陋。阙然[9]久不报,幸勿为过。

您的信本应该及时答复,但我刚好跟随皇上从东方回来,又被烦琐的事务逼迫,跟您见面的时间很短促,匆匆忙忙没有片刻的空闲,能够让我向您倾吐自己的心怀。现在您遭到意外的罪祸,再过一月,靠近十二月,我又必须跟随皇上去雍县,恐怕您骤然离开人世,这样我将终于不能够向您抒发满腔的悲愤,使您与世长辞的灵魂抱怨无穷。请让我向您简略地陈述闭塞浅陋的意见。隔了很久没有答复,希望您不要责怪。

[注释] 1 会:适逢。 上:指汉武帝。 2 卒卒:同"猝猝",仓促。 3 少卿抱不测之罪:指任安被判处腰斩。汉武帝晚年宠信江充,江充诬太子谋反,太子起兵讨江。时任安为北军使者护军,接受了太子的命令,因被牵连判死刑。 4 旬月:满月。旬,遍,满。 5 季冬:农历十二月。汉律,十二月处决犯人。 6 薄:迫近。 雍:西汉县名,在今陕西凤翔南。雍有祭五帝的坛,汉武帝常到这里祭神。 7 不可为讳:指任安将受死刑。这是委婉的措辞。 8 左右:指任安。不直称对方,而称对方左右的人表示尊敬。 9 阙然:间断貌。此指相隔得久。

仆闻之:修身者,智之符[1]也;爱施[2]者,仁之端也;取予[3]者,义之表也;耻辱者,勇之决也;立名者,行之极也。士有此五

我听说:善于修身,是智的根据;乐善好施,是仁的起点;不随便取予,是义的表现;懂得耻辱,是勇的标志;树立名声,是行的顶峰。士子有了这五种品德,然后可以立身世上,排列在

者,然后可以托于世,而列于君子之林矣。故祸莫憯[4]于欲利,悲莫痛于伤心,行莫丑于辱先,诟莫大于宫刑[5]。刑余之人,无所比数,非一世也,所从来远矣。

君子的中间。所以祸患没有比贪欲私利更惨的了,悲痛没有比心灵受伤更痛苦的了,行为没有比污辱祖先更丑的了,耻辱没有比遭受宫刑更重大的了。受过宫刑的人,地位是不能同任何人相比的。这种看法并非只在今天才有,而是由来已久了。

[注释] 1 符:信,依据。这里有表现的意思。一本符作"府"。 2 爱施:爱,惠;施,给予,推行。 3 取予:指收受别人的财物和给予别人财物。 4 憯(cǎn):惨。 5 宫刑:残坏男子生殖器的酷刑。又称腐刑。

昔卫灵公与雍渠同载,孔子适陈;[1]商鞅因景监见,赵良寒心;[2]同子参乘,袁丝变色:[3]自古而耻之! 夫中材之人,事有关于宦竖[4],莫不伤气,而况于慷慨之士乎? 如今朝廷虽乏人,奈何令刀锯之余[5],荐天下之豪俊哉!

从前卫灵公和宦官雍渠同坐一辆车,孔子就离开卫国前往陈国;商鞅由于太监景监的推荐被召见,赵良心存戒惧;太监赵谈陪坐在汉文帝的车上,袁丝看到了脸色骤变;自古以来都瞧不起宦官!有着一般才能的人,事情关系到宦官,没有人不被挫伤志气,何况抱负远大、意志刚毅的人呢?如今朝廷虽然缺乏人才,怎么会要受过刑罚的人去推荐天下的英豪俊杰呢?

[注释] 1 "卫灵公"二句:卫灵公与夫人同车出游,叫宦官雍渠坐在旁边,使孔子坐在后面的车上,孔子感到耻辱,便离开卫国到陈国去。 2 "商鞅"二句:商鞅由秦孝公宠信的宦官景监的荐引而得官。当时秦的

贤者赵良感到担心。 3 "同子"二句:汉文帝让宦官赵谈坐在车子的右边,袁丝见了,脸色骤变。同子,代指赵谈,作者父名谈,避讳,改称他为同子。袁丝,名盎,汉文帝时官至太常。 4 宦竖:宫廷供役使的小臣,主要指宦官。 5 刀锯之余:指受过刑的人,司马迁自称。

仆赖先人绪业,得待罪辇毂下¹二十余年矣。所以自惟:上之不能纳忠效信,有奇策材力之誉,自结明主;次之又不能拾遗补阙,招贤进能,显岩穴之士;外之不能备行伍²,攻城野战,有斩将搴³旗之功;下之不能积日累劳,取尊官厚禄,以为宗族交游光宠。四者无一,遂苟合取容⁴,无所短长之效,可见于此矣。

我依赖祖先遗下的事业,能够在皇帝身边做事,至今已二十多年了。因此自思:上不能对皇帝尽忠效信,有策略卓越、能力突出的声誉,从而得到皇帝的信任;其次又不能替皇帝拾取遗漏、补正过失,招贤进能,发现有才德的隐士;外不能在军队中充数,攻城野战,建立斩将夺旗的战功;下不能每天积累功劳,取得高官厚禄,替宗族朋友争光。这四项没有一项成功,只能随声附和,取得人家的喜欢,我没有任何微小的贡献,可以从这些看出来。

[注释] 1 辇毂(niǎngǔ)下:代指皇帝身边。辇毂,皇帝乘坐的车子。 2 行(háng)伍:军队。古时军队编制,五人为伍,二十五人为行。 3 搴(qiān):拔取。 4 取容:讨好,取得别人的喜欢。

向者仆亦尝厕下大夫之列¹,陪奉外廷末议²,不以此时引纲维³,尽思虑,

从前我也曾加入下大夫的行列,陪着大家奉命在朝堂上参加讨论,我没有利用这个时机整顿纲常法纪,竭

今已亏形为扫除之隶⁴，在阘茸⁵之中，乃欲仰首伸眉，论列是非，不亦轻朝廷、羞当世之士邪？嗟乎！嗟乎！如仆尚何言哉！尚何言哉！

尽自己的思虑，现在已经身体残废成为扫除污秽的差役，处在地位卑贱者的中间，还想抬头扬眉，评论是非，这不也太轻视朝廷、侮辱当世的君子了吗？唉呀，唉呀！像我这样的人，还有什么可说的呢！还有什么可说的呢！

【注释】 1 厕(cì)：参与。 下大夫：汉太史令官禄六百石，级位是下大夫。 2 外廷：皇帝与大臣议事的朝堂。 末议：微末的议论。自谦之辞。 3 引：正，整顿。纲维：纲常法纪。 4 扫除之隶：打扫污秽的奴隶。 5 阘茸(tàrǒng)：阘是小户，茸是小草，比喻细小，卑贱。

且事本末未易明也。仆少负不羁之才，长无乡曲之誉。主上幸以先人之故，使得奏薄技，出入周卫¹之中。仆以为戴盆何以望天²，故绝宾客之知，亡室家之业，日夜思竭其不肖之才力，务一心营职，以求亲媚于主上。而事乃有大谬不然者。

而且事情的前因后果是不容易说清的。我年轻时自恃有卓越不羁的才能，成年后并没有获得乡里的称誉。幸亏皇上由于我父亲的缘故，使我能得到进献自己微薄才能的机会，允许我在宫禁中进进出出。我觉得头上戴了盆子怎么能望得见天，所以断绝了和宾客的交往，忘掉了家事，白天黑夜都想着全部献出自己的微薄才力，务必专心尽职，以求得皇上的亲近信任。然而事情却与愿望大相违背，并不像我想的一样。

【注释】 1 周卫：指皇帝的宫禁。周，环绕；卫，宿卫。 2 "戴盆"句：当时谚语，言不可兼顾，比喻自己专心职务，无暇应酬。

夫仆与李陵俱居门下[1]，素非能相善也。趋舍异路[2]，未尝衔杯酒，接殷勤之余欢。然仆观其为人，自守奇士：事亲孝，与士信，临财廉，取与义，分别有让，恭俭下人，常思奋不顾身，以殉国家之急。其素所蓄积也，仆以为有国士[3]之风。夫人臣出万死不顾一生之计，赴公家之难，斯已奇矣。今举事一不当，而全躯保妻子之臣，随而媒蘖[4]其短，仆诚私心痛之。

我和李陵都在宫廷做官，平时并没有什么来往。志向和走的道路彼此不同，不曾一起饮酒倾诉过友好的感情。然而，我观察李陵的为人，是个要求自己严格的人：奉事父母非常孝顺，同朋友交往很讲信用，遇到钱财很廉洁，或取或与讲究义，能分别长幼尊卑，谦让有礼，尊重地位比自己低的人，经常想着奋不顾身，为了国家的急难不惜牺牲。他的素养，我以为有国士的风度。做人臣的，能够提出万死不顾一生的计策，奔赴国家的急难，这已经是个奇士了。如今他行事一有不当，那些只知保全自己和家庭的大臣们，却跟着诬告夸大李陵的过失，我真是私下替李陵感到悲痛。

[注释] 1 俱居门下：李陵曾任侍中，司马迁当时任太史令，都是可以出入宫门的官，所以说俱居门下。 2 趋：向前走。 舍：停止。 3 国士：国中才能出众的人。 4 媒蘖(niè)：也作"媒孽"。酒母。比喻挑拨是非，陷人于罪。

且李陵提步卒不满五千，深践戎马之地，足历王庭[1]，垂饵虎口，横挑强胡，仰[2]亿万之师，与单于连战十有余日[3]，所

况且李陵带的士兵不满五千，深入匈奴境内，到达单于居住的地方，在老虎口上挂钓饵，向强悍的胡兵挑战，面对着众多的敌人，同单于连续作战十多天，杀掉的敌人超过自己兵士的数量。使得敌

杀过当[4]。虏救死扶伤不给，旃裘[5]之君长咸震怖，乃悉征其左、右贤王[6]，举引弓之人，一国共攻而围之。转斗千里，矢尽道穷，救兵不至，士卒死伤如积，然陵一呼劳军，士无不起，躬自流涕，沫血[7]饮泣，更张空弮[8]，冒白刃，北向争死敌者。陵未没[9]时，使有来报，汉公卿王侯皆奉觞上寿。后数日，陵败书闻，主上为之食不甘味，听朝不怡，大臣忧惧，不知所出。

人救死扶伤也忙不过来，匈奴的君长都震惊恐怖，于是征调左、右贤王的全部军队，发动所有能开弓射箭的人，用一国的兵力共同进攻并包围李陵。李陵转战千里，箭射完了，道路断绝了，救兵不到，士兵死伤严重，尸体成堆。可是李陵扬起臂膀一声号召，慰劳军队，士兵无不奋起，激动得人人流泪，脸上沾满血污，悲痛地哭泣，又拉开没有箭的空弓弦，冒着白光闪闪的刀口奔向北方跟敌人拼命。当李陵的军队没有覆没时，有使者送来的捷报，朝中公卿王侯都举杯向皇上祝贺。过了几天，李陵战败的书信传来，皇上为这饮食没滋味，上朝处理政事不高兴，大臣们忧虑恐惧，不知如何是好。

注释 1 王庭：匈奴首领住的地方。 2 仰：面临。《汉书》作"印"。一说，仰，仰攻。汉军向北，北方地高，所以说"仰"。 3 单(chán)于：古代匈奴对其君主的称呼。 4 所杀过当：所杀的敌人超过了自己的兵数。当，相当。 5 旃裘：匈奴人穿的衣服。旃，同"毡"。 6 左、右贤王：匈奴封号最高的贵族。 7 沫(huì)血：满脸是血。沫，通"颒(huì)"，洗面。 8 弮(quān)：弓弦。《文选》作"拳"，拳头。 9 没：指军队覆没。

仆窃不自料其卑贱，见主上惨怆怛悼[1]，诚欲效其款款[2]之愚。以

我私下不考虑自己的卑贱，见主上悲伤哀戚，实在想报效自己的一片忠心。我认为李陵平素能跟士兵军官同

为李陵素与士大夫³绝甘分少，能得人之死力，虽古之名将，不能过也。身虽陷败，彼观其意，且欲得其当而报于汉。事已无可奈何，其所摧败，功亦足以暴于天下矣。仆怀欲陈之而未有路，适会召问，即以此指推言陵之功，欲以广主上之意，塞睚眦之辞⁴。未能尽明，明主不深晓，以为仆沮贰师⁵，而为李陵游说，遂下于理⁶。拳拳⁷之忠，终不能自列⁸，因为诬上，卒从吏议⁹。

甘共苦，所以能够得到士兵军官的死命效力，即使是古代的名将，也不能超过他。他虽然败降匈奴，看他的意思，还想找到适当的时机报答汉朝。战事已经无可奈何，他还大量杀伤敌人，功劳也足以昭示天下了。我心中想把这个意见上奏皇上，却没有得到机会。恰好碰上皇上召问，就说出这个意见，并讲了李陵的功劳，试图用这个来宽慰皇上的胸怀，堵塞那些诋毁诬陷的言语。我没说清楚，皇上不了解，以为我有意攻击贰师将军李广利，替李陵辩解，就把我下交狱官。于是，忠谨恳切的心，终于不能自我辩解。因此被定为诬上之罪，最后天子听从了狱官的意见，判处宫刑。

[注释] 1 惨怆怛(dá)悼：悲伤、哀戚之意。 2 款款：忠实的样子。 3 士大夫：指士兵、军官。 4 睚眦(yá zì)：怒目相视的样子。睚眦之辞指诋毁诬陷的言语。 5 贰师：贰师将军，指李广利。 6 理：指掌管刑狱的官。 7 拳拳：忠诚恭谨的样子。 8 自列：自陈，自我辩解。 9 吏议：狱吏的意见。

家贫，货赂不足以自赎；交游莫救视，左右亲近，不为一言。¹身非木石，

我家境贫寒，钱财不够拿来赎罪；朋友都不出来援救看望，皇帝左右的亲近大臣，不给我说一句好话。

独与法吏为伍,深幽囹圄[2]之中,谁可告诉者! 此真少卿所亲见,仆行事岂不然乎? 李陵既生降,颓其家声,而仆又佴之蚕室[3],重[4]为天下观笑。悲夫! 悲夫! 事未易一二[5]为俗人言也。

人身不是木石,单独跟执法的官吏在一起,深深囚禁在监狱之中,这痛苦能向谁诉说呢? 这正是少卿亲眼看到的,我的遭遇难道不是这样吗? 李陵既已生降匈奴,败坏了他家族的声誉,我又跟着被关进蚕室,更加被天下人耻笑。可悲啊! 可悲啊! 事情不容易逐一地跟俗人说清啊!

[注释] 1 交游:朋友。 左右亲近:皇帝身边亲近之臣。 2 囹圄(língyǔ):监狱。 3 佴(èr):次,指罪居李陵之次。一说,安放。 蚕室:指初受宫刑的人(受宫刑后畏风)所居温暖密封的房子,犹如养蚕的房子。 4 重(chóng):又,更。 5 一二:逐一地。

仆之先,非有剖符丹书之功[1],文史星历[2],近乎卜祝[3]之间,固主上所戏弄,倡优所畜[4],流俗之所轻也。假令仆伏法受诛,若九牛亡一毛,与蝼蚁何以异? 而世俗又不能与死节者次比[5],特以为智穷罪极,不能自免,卒就死耳。何也? 素所自树立使然也。

我的祖先,没有立下拜爵封侯的功勋,担任掌管文史星历的太史令,职位接近卜官和巫祝,这本是被皇上戏弄、被当做乐师优伶来畜养、被流俗的人所轻视的职务。即使我伏法被杀,也只像九头牛身上失掉一根毛,同蝼蛄蚂蚁有什么区别? 而且世俗的人又不能把我同死节的人相提并论,只是以为我愚蠢犯了大罪,不能够自己避免,终于走向死路。这是什么缘故呢? 这是平素自己所从事的职务和所处的地位造成的。

注释 1 剖符:古代帝王分封诸侯或功臣,把符节剖分为二,双方各执其半,作为信守的证件。 丹书:又称"丹书铁券",在铁书上写上誓词。得"丹书"者,其子孙后代可凭它免罪。 2 文史星历:历史、天文、历法等。都是太史令掌管的事。 3 卜祝:管占卜和祭祀的官,即卜官和巫祝。 4 倡:乐人。 优:优伶,旧时对演员的统称。倡、优在封建社会,地位极低。 5 次比:比较,即相提并论。

人固有一死,死[1],或重于泰山,或轻于鸿毛,用之所趋异也[2]。太上不辱先,其次不辱身,其次不辱理色[3],其次不辱辞令,其次诎体[4]受辱,其次易服[5]受辱,其次关木索、被棰楚受辱[6],其次剔毛发、婴金铁受辱[7],其次毁肌肤、断肢体受辱,最下腐刑极矣!传曰[8]:"刑不上大夫。"此言士节不可不勉励也。

人固然都有一死,死,有的比泰山重,有的比鸿毛轻,这是因为死的价值不相同。最上等的是不污辱祖先,其次是不污辱自身,再次是不污辱脸面,再次是不污辱言语,再次是长久跪在地上受辱,再次是换穿囚服进监牢受辱,再次是戴上脚镣手铐遭拷打受辱,再次是剃光头发、颈戴枷锁受辱,再次是毁坏肌肤、断截肢体受辱,最下等的是腐刑,污辱到极点了!古书上说:"刑不上大夫。"这话是说士的节操不可不加以勉励。

注释 1 死:一本无"死"字。 2 用:作用、使用。 所趋:趋向、方向。 异:不同。 3 理色:脸色。 4 诎体:长跪。诎,同"屈"。 5 易服:改穿赭色的囚服。古时犯人穿红赭色的衣服。 6 关:关锁。 木索:刑具。木指木枷,索指绳索。 棰:杖。楚:荆条。 7 剔毛发:指髡刑。 婴金铁:铁索束颈。指钳刑。婴,缠绕。 8 传曰:引文见《礼记·曲礼上》。

猛虎在深山，百兽震恐，及在槛阱之中[1]，摇尾而求食，积威约[2]之渐也。故士有画地为牢，势不可入；削木为吏，议不可对，定计于鲜也。今交手足，受木索，暴肌肤，受榜棰，幽于圜墙之中。当此之时，见狱吏则头抢[3]地，视徒隶则心惕息[4]。何者？积威约之势也。及以[5]至是，言不辱者，所谓强颜[6]耳，曷足贵乎？

猛虎在深山的时候，所有的野兽都害怕它，等到把它关在栅栏和陷阱里面，就摇着尾巴讨求食物了，这是长期使用威力和约束使它逐渐驯服的。所以士有看见画地为牢而绝不进入，面对削木为吏而决不置答，这都是由于早有定见，态度坚决鲜明。等到手脚被捆，戴着镣铐，脱掉衣服，接受拷打，被幽禁在监牢之中。当这个时候，见了狱吏就要触地叩头，见了狱卒就心里害怕。这是什么缘故呢？就是长期被狱吏的威风约束所造成的势态啊。等到已经到这个地步还说不受辱，就是常说的厚着脸皮了，有什么值得赞扬呢？

注释 1 槛(jiàn)：关兽的栅栏。 阱(jǐng)：陷阱。 2 威约：指人对虎所加的威力和约束。 3 抢(qiāng)：触。 4 惕息：惧怕喘息。 5 以：已。 6 强颜：强作厚颜，即厚着脸皮。

且西伯，伯也，拘于羑里；李斯，相也，具于五刑；[1]淮阴，王也，受械于陈；[2]彭越、张敖，南面称孤，系狱抵罪；[3]绛侯诛诸吕，权倾五伯，囚于请室；[4]魏其，大将也，衣赭衣，关

并且西伯姬昌是诸侯的领袖，曾被拘在羑里；李斯，是个丞相，受尽五刑；淮阴侯韩信，是一国之王，曾在陈地被捆绑；彭越、张敖，都是王侯，被下狱定罪；绛侯周勃，曾诛杀诸吕，权势超过春秋五霸，结果被囚禁在请室；魏其侯窦婴，是员大将，穿着囚衣，手脚和颈上

三木;[5]季布为朱家钳奴;[6]灌夫受辱于居室。[7]此人皆身至王侯将相,声闻邻国,及罪至罔加[8],不能引决自裁[9],在尘埃之中。古今一体,安在其不辱也?

都套上刑具;季布卖身给朱家做带枷的奴隶;灌夫被拘禁在少府狱中受辱。这些人都身为王侯将相,名声传扬天下,等到犯了罪,刑法加身,不能果断自杀,结果落入尘埃之中。这情景古今都一样,哪能不受污辱呢?

[注释] 1 "李斯"三句:李斯是秦始皇丞相,后被赵高治罪,施五刑,腰斩于咸阳。 2 "淮阴"三句:淮阴侯韩信封为楚王,有人诬告他谋反。高祖用陈平的计策,南游到陈,韩信来见,便被捆绑起来。 3 "彭越"三句:梁王彭越和赵王张敖,都被人诬告谋反,刘邦把他们关进监狱。后彭越被夷三族。 4 "绛侯"三句:绛侯周勃,刘邦的功臣,曾与陈平共诛诸吕,拥立文帝。后被人诬告,一度下狱。 5 "魏其"四句:魏其侯窦婴在平定七国之乱中为大将,立有大功。后因与丞相田蚡不和,被治罪下狱,遭杀害。 6 "季布"句:季布,项羽的将领。项羽既败,刘邦缉捕季布,季布便剃发变服,自卖身于朱家为奴。 7 "灌夫"句:灌夫平吴楚七国之乱有战功,后因得罪田蚡,拘在居室。 8 罔加:受到法令的制裁。罔,同"网",即刑法。 9 引决自裁:自杀。

由此言之,勇怯,势也;强弱,形也。审矣,何足怪乎?夫人不能早自裁绳墨之外,以稍陵迟,至于鞭棰之间,乃欲引节,斯不亦远乎!古人所以重施刑于大夫者,殆为此也。夫

照这样说来,所谓勇还是怯、强还是弱,都是形势造成的。明白了这一点,还有什么值得奇怪的呢?人不能早早自杀来逃掉法律的制裁,因此逐渐志气衰微,等到遭受鞭打杖责,再想保全气节自杀,这不是远远来不及了吗?古时候的人,之所以对大夫施刑很慎重,

人情莫不贪生恶死，念父母，顾妻子。至激于义理者不然，乃有所不得已也。今仆不幸，早失父母，无兄弟之亲，独身孤立，少卿视仆于妻子何如哉？且勇者不必死节，怯夫慕义，何处不勉焉？仆虽怯懦，欲苟活，亦颇识去就之分¹矣，何至自沉溺缧绁²之辱哉！且夫臧获³婢妾，犹能引决，况仆之不得已乎？所以隐忍苟活，幽于粪土⁴之中而不辞者，恨私心有所不尽，鄙陋没世而文采不表于后世也。

原因大概就在这里。人的常情，没有谁不贪生恶死，怀念父母，顾念妻子儿女。至于为正义公理所激发的人就不是这样，这里有不得已的缘故啊。我不幸父母早亡，没有兄弟，一个人孤单在世，少卿你看我对于妻子儿女还有什么眷恋呢？勇敢的人并不一定能够为气节而死；怯懦的人仰慕节义，什么地方不可以勉励自己去死节呢？我虽然怯懦，想苟活在世上，但也稍微能够识别死节和苟活的区别，何至于自己陷入坐监牢的污辱呢！而且奴隶婢妾还能够自杀，何况我已到了不得已的地步呢？我之所以忍辱苟活，被拘禁在污浊的环境而不肯死，是遗憾我的志愿还没有实现，如果随便死了，文章便不能留传给后世。

注释 1 颇识去就之分：识别去生就死的分界，即受辱不如自杀。 2 缧绁(léixiè)：捆绑囚犯的绳索，引申为囚禁。 3 臧获：泛指奴隶。 4 粪土：指污浊的环境。

古者富贵而名磨灭，不可胜记，唯倜傥¹非常之人称焉。盖文王拘而演《周易》；²仲尼厄而作《春秋》；屈原放逐，乃赋

古时候身虽富贵而默默无闻地死去的人，多得不可胜数，只有卓异非常的人才被后世称颂。文王被拘禁在羑里而推演《周易》；仲尼被围困在陈、蔡，回鲁国后作了《春秋》；屈原被放逐，写

《离骚》；左丘失明，厥有《国语》；[3]孙子膑脚，兵法修列；[4]不韦迁蜀，世传《吕览》；[5]韩非囚秦，《说难》《孤愤》；[6]《诗》三百篇，大底[7]贤圣发愤之所为作也。此人皆意有所郁结，不得通其道，故述往事，思来者。乃如左丘无目，孙子断足，终不可用，退而论书策，以舒其愤，思垂空文以自见[8]。

下《离骚》；左丘明双目失明，作了一部《国语》；孙膑被截去膝盖骨，编著了一部兵法；吕不韦被贬谪到蜀地，有《吕览》一书传世；韩非被囚禁在秦国，曾著《说难》《孤愤》；《诗》三百篇，大抵是圣贤发愤而著作的。这些都是人们思想被压抑，不能实行他的主张，因此叙述已往的事迹，想使将来的人作为鉴戒。就像左丘明失明，孙膑断脚，终究不能为世所用，便退而著书立说来抒发胸中的怨愤，想通过留下空文来表现自己的才智。

注释 1 倜傥(tìtǎng)：洒脱不拘，才德卓异。 2 "文王"句：相传周文王被商纣王囚于羑里时，将八卦推演为六十四卦，成为《周易》一书的基础。演，推演。 3 "左丘"二句：左丘事见《祭公谏征犬戎》注。左丘失明，可能司马迁有根据。 4 "孙子"二句：孙子，战国时齐人。他的同学魏将庞涓嫉妒他的才能，加以陷害，剔除了他的膝盖骨。孙子逃到齐国，为齐军师，后来在援韩击魏的马陵之战中，用计射杀庞涓。因他受过膑刑，故人称为孙膑，著有《孙膑兵法》。 5 "不韦"二句：吕不韦，秦丞相，后被秦始皇免职，贬谪蜀地，自杀。《吕览》即《吕氏春秋》，是他任丞相时命令门下宾客编纂的。 6 "韩非"三句：韩非，战国末年韩人，著名法家，他在入秦前，写了《说难》《孤愤》两篇文章，后收入《韩非子》一书中。 7 大底：大抵。 8 空文：指著作。

仆窃不逊,近自托于无能之辞,网罗天下放失[1]旧闻,略考其事[2],综其终始,稽其成败兴坏之纪,上计轩辕[3],下至于兹,为十表,本纪十二,书八章,世家三十,列传七十,凡百三十篇。亦欲以究天人之际[4],通古今之变,成一家之言。草创未就,会遭此祸,惜其不成,是以就极刑而无愠色。仆诚已著此书,藏之名山,传之其人,通邑大都,则仆偿前辱之责,虽万被戮,岂有悔哉!然此可为智者道,难为俗人言也!

我私下里不自量力,近来用简陋的文辞,收集天下散失的遗闻旧说,略为考察它的事迹,综合它的前后始末,总结它成败盛衰的原因,上从黄帝开始,下到今天,写了十篇表,十二篇本纪,八篇书,三十篇世家,七十篇列传,共一百三十篇。也想用来探求自然现象与政治社会的关系,通晓古往今来的变化,形成一家独立的见解。草稿还没有完成,恰恰遭遇这场大祸,我惋惜这书不能完成,因此身受最重的刑法也没有怒色。如果我能写完这部书,就把它藏到名山,留给可传的人,使它传布通邑大都,那么我就可以抵偿以前受到的侮辱,即使碎身万段又有什么悔恨呢!可是这话只可以向智者倾诉,很难同庸人说清楚啊!

[注释] 1 放失:散失。 2 略考其事:一本作"略考其行事"。 3 轩辕:即黄帝。传说黄帝居于轩辕丘,所以又称轩辕。 4 天人之际:自然现象与政治社会的关系。

且负下未易居,下流多谤议,仆以口语遇遭此祸,重为乡党所戮笑[1],以污辱先人,亦何面目复

况且负罪受辱的人不易安身,地位低贱的人容易受到诽谤议论。我因为说了几句话遭遇这场横祸,被乡里耻笑,又污辱了祖宗,还有什么脸面再到父母的

上父母之丘墓乎？虽累百世，垢弥甚耳！是以肠一日而九回，居则忽忽若有所亡，出则不知其所往。每念斯耻，汗未尝不发背沾衣也。身直为闺阁之臣[2]，宁得自引深藏岩穴邪？故且从俗浮沉，与时俯仰，以通其狂惑。今少卿乃教以推贤进士，无乃与仆私心剌谬[3]乎？今虽欲自雕琢，曼辞以自饰，无益于俗，不信，适足取辱耳。要之[4]死日，然后是非乃定。书不能悉意，略陈固陋。谨再拜。

坟墓上去祭扫呢？即使过了百代，污垢越发加重啊！所以我极端痛苦，每天肠子要在腹中多次搅动，坐在家里恍惚迷离，好像丢了什么，出外则不知道要往哪里去。每想到这件耻辱的事，汗便从背脊上冒出，湿透衣裳。我简直已成了宦官，难道还能够自行引退隐居深山岩穴中吗？所以只好跟着世俗沉浮，随着时势上下，以求从狂放迷惑中自拔。现在您竟然教导我推贤进士，这不是和我的思想相违背吗？现在虽然想自我雕琢一番，用美好的言辞自我妆饰，对世俗没有益处，人们不会相信，反而换来污辱。总而言之，人死了，然后是非才能论定。这封信说不完我的心意，只不过简略地陈述我固塞浅陋的意见罢了。再次恭敬地向您致意。

注释 1 所戮笑：一本无"戮"字。戮，羞辱。 2 闺阁之臣：指宦官。当时司马迁任中书令，在西汉，这个职务是由宦官担任的。闺阁，妇女住所。这里指皇帝的后宫。后宫的臣子，即宦官。 3 剌(là)谬：违背。相反。 4 要之：总之。

卷之六　汉文

高帝求贤诏
西汉文

[导读]　本文选自《汉书·高帝纪》。这是汉高祖十一年(前196)发的一个求贤诏令,词意恳切谦恭,说明了创业需要人才,守成更需要人才。

[原文]

盖¹闻王者莫高于周文,伯²者莫高于齐桓,皆待贤人而成名。今天下贤者智能,岂特³古之人乎?患在人主不交故也,士奚⁴由进?

[译文]

听说行王道的没有能超过周文王的,行霸道的没有能超过齐桓公的,他们都是依靠贤能的人才成就了事业。如今天下贤者的智慧才能难道不如古代的人么?毛病就在于当人主的不交结贤士的缘故,贤士有什么道路被进用呢?

[注释]　1 盖:发语词。　2 伯:同"霸"。　3 特:但,只是。　4 奚:何。

今吾以天之灵、贤士大夫定有天下,以为一家,欲其长久世世奉宗庙亡绝也。贤人已与我共平之矣,而不与吾共安利之,可乎?贤士大夫有肯

如今我依靠上天的神灵和贤士大夫,平定了天下,因而创建了一家的天下,想让它长治久安,世世代代侍奉宗庙不绝。贤人已经和我共同平定了天下,却不跟我共同使天下安定受益,能行吗?贤士大夫如有愿意跟从我治理

从我游¹者,吾能尊显之。布告天下,使明知朕意。御史大夫昌下相国²,相国酂侯³下诸侯王,御史中执法下郡守⁴。

天下的,我一定能使他们显贵。因此布告天下,使大家明白我的意思。这个布告由御史大夫周昌下达给相国,相国酂侯萧何下达给各诸侯王,御史中丞下达给各郡郡守。

注释 1 从我游:参加治理天下。游,交游。 2 御史大夫:秦汉时仅次于丞相的中央最高长官,主要职务为监察、执法,兼掌重要文书图籍。西汉时丞相缺位,往往以御史大夫递补,并与丞相、太尉合称三公。 昌:周昌,沛县(今属江苏)人,跟从刘邦入关破秦,建汉后为御史大夫,封汾阴侯。 3 酂侯:即萧何。沛县人。曾为沛县吏,秦末佐刘邦起义。在楚汉战争中有大功,官居丞相,封酂侯。 4 御史中执法:即御史中丞。御史大夫的副手。 郡守:始置于春秋战国时,初为武职,防守边郡。秦以郡为最高的地方行政区划,每郡置守,掌治其郡。汉景帝时改称太守。

其有意称明德¹者,必身劝为之驾²,遣诣相国府,署行、义、年³。有而弗言,觉免。⁴年老癃病⁵,勿遣。

那些确实可称为有美德的人,郡守必须前去劝勉,并为他们安排车驾,送到京师相国府,登记他们的品行、仪表和年龄。有贤才而郡守不举荐,被发觉后就罢免他的官职。年老有病的,不必选送。

注释 1 明德:美德。 2 必身劝为之驾:指郡守必须亲身前去劝勉,并为贤者驾车。 3 署行、义、年:登记他的品行、仪表、年龄。署,填写,登记。义,通"仪",指仪表,包括身材尺寸、肤色。 4 有而弗言,觉免:有贤才而郡守不报告,被发觉后罢免其官。 5 癃病:手足不灵活的病。

文帝议佐百姓诏

西汉文

导读　汉文帝是封建社会中一位比较能体察民间疾苦的皇帝。《议佐百姓诏》表达了这位封建帝王对百姓疾苦的关心。诏中探求民众疾苦的原因，反复设问，层层逼进，表现出要求解决民食问题的迫切心情。

原文

间[1]者数年比不登，又有水旱疾疫之灾，朕甚忧之。愚而不明，未达其咎。意者，朕之政有所失而行有过与？乃天道有不顺，地利或不得，人事多失和，鬼神废不享与？何以致此？将百官之奉养或费，无用之事或多与？何其民食之寡乏也？夫度田[2]非益寡，而计民未加益，以口量地，其于古犹有余，而食之甚不足者，其咎安在？无乃百姓之从事于末，以害农者蕃[3]，为酒醪以靡谷者多[4]，六畜[5]之食焉者众与？

译文

最近几年来农业屡屡歉收，又有水旱、疾病、瘟疫等灾害，对此我非常忧虑。我愚钝而不明智，不明白它的祸根所在。我思考着，是我的政令失误、行为有过错呢？还是天道不顺，地利没有发掘，人事不和，对鬼神祭祀废弃不敬呢？为什么会到这种地步？还是百官的俸禄过于优厚，无用的事情办得过多了呢？为什么老百姓的口粮这样贫乏？丈量田地没有减少，统计人口没有增加，按照人口分配土地，比古代还多，可是吃的粮食非常不足，造成这种状况的过失到底在哪里？莫不是百姓从事工商、耽误农业的事多，酿酒耗费了大量谷物，六畜吃掉的也很多吧？

注释 1 间:近来。 2 度(duó)田:丈量田地。 3 蕃:繁多。 4 醪(láo):酒。靡(mí):通"糜",糜费。 5 六畜:马、牛、羊、鸡、犬、豕。

细大之义,吾未能得其中。其与丞相、列侯、吏二千石、博士议之[1],有可以佐百姓者,率意远思,无有所隐。

这大大小小种种说法,我找不到它真正的原因。将与丞相、列侯、二千石俸禄的官吏和博士们议论这事,有可用来帮助百姓的办法,请大家坦率地提出意见,深谋远虑,不要有所保留。

注释 1 二千石:汉代内自九卿郎将,外至郡守,俸禄为二千石,即月俸百二十斛,这里是以俸禄作为职务的代称。 博士:秦及汉初立博士,掌管古今史事待问及书籍典守。到汉武帝时,设五经博士,置弟子员,此后博士专传授经学,与文帝、景帝时的博士制度不同。

景帝令二千石修职诏
西汉文

导读 本文选自《汉书·景帝纪》。这篇诏令指出,官吏们凭法作奸,助盗为盗,是百姓饥寒并至的原因,因而打算整顿吏治,而且首先要求二千石的高级官员"各修其职"。这说明汉景帝有比较清醒的政治头脑。

原文

雕文刻镂[1],伤农事者也;锦绣纂组[2],害女红[3]者也。农事伤,则饥之本也;

译文

在器具物品上雕刻花纹,是损害农事的事情;用锦绣去结五彩丝带,是损害女功的事情。农事遇到损伤,这

女红害,则寒之原也。夫
饥寒并至,而能无为非者
寡矣。

是饥饿的根源;女功遭受危害,这是寒
冷的根源。饥寒交迫,还能不做坏事
的人是很少的。

注释 1 雕文刻镂(lòu):指在器物上雕刻文采。镂,雕刻。 2 纂组:
五彩的丝带。 3 女红:指妇女所做的纺绩、刺绣、缝纫等事。

朕亲耕,后亲桑,以
奉宗庙粢盛祭服[1],为天
下先。不受献,减太官[2],
省徭赋,欲天下务农蚕。
素有畜积,以备灾害。强
毋攘弱,众毋暴寡,老耆[3]
以寿终,幼孤得遂[4]长。

我亲自耕种,皇后亲自养蚕,用以
供给宗庙祭祀的谷物和祭服,给天下带
头。不接受贡物,减少膳食,减轻徭役和
赋税,要天下百姓专心务农养蚕。平时有
所积蓄,来防备灾害。强大的不要侵夺
弱小的,人多的不要欺侮人少的,让老年
人能享其天年,小孩孤儿得到顺利成长。

注释 1 粢盛(zīchéng):古时盛在祭器内以供祭祀的谷物。 祭服:
祭祀时穿的服装。 2 太官:汉有太官令丞,掌管膳食,属少府。 3 耆
(qí):老。古称六十岁为“耆”。 4 遂:成长。

今岁或不登,民食
颇寡,其咎安在?或诈伪
为吏,吏以货赂为市[1],
渔夺百姓,侵牟[2]万民。
县丞,长吏也,奸法与盗
盗,甚无谓[3]也。其令
二千石,各修其职。不

今年可能歉收,百姓吃的东西相
当贫乏,造成这种状况的过失到底在哪
里?或许是狡诈虚伪的人做了官吏,这
些官吏拿金钱贿赂作交易,盘剥百姓,侵
夺万民。县丞是众吏之长,执法徇私,助
盗为盗,很不应该。我命令二千石俸禄
的地方官,各自忠于职守,监察不法官

事官职、耗乱⁴者,丞相以闻,请其罪。布告天下,使明知朕意。

吏。那些不负责任、昏乱不明的人,丞相要将情况向我报告,请求治他们的失职之罪。布告天下,使大家明白我的意思。

注释 1 市:交易。 2 侵牟:侵夺。牟,通"蛑",食苗根的虫,引申为侵夺。 3 甚无谓:很不应该。 4 耗(mào):通"眊",昏乱不明。

武帝求茂材异等诏¹

西汉文

导读 汉武帝求人才,不拘资格,不苛求小节,务期适用,表现了他的雄才大略。把"使绝国"与"将相"并提,也反映了其穷兵好武的思想。

原文

盖有非常之功,必待非常之人。故马或奔踶²而致千里,士或有负俗³之累而立功名。夫泛驾⁴之马,跅弛⁵之士,亦在御之而已。其令州郡察吏民,有茂材异等可为将相,及使绝国⁶者。

译文

大凡要建立不同一般的事业,必须依靠非同寻常的人才。有的马奔跑踢人,却能日行千里;有的人受到世俗讥讽,却能建立功名。这些不受驾驭的马和放纵不羁的人,也不过在于如何驾驭他们罢了。我命令各州各郡要发现官吏和百姓中那些有优秀才能,超群出众,可担任将相及出使远方的人才。

注释 1 茂材:即秀才,指优秀的人才。为避光武帝刘秀讳,后改称茂材。异等:才能超群出众的人。 2 奔踶(dì):奔驰,踢人,意谓不驯服。

3 负俗：受到世俗的讥刺和批评。　4 泛(fěng)驾：把车子弄翻，指不受驾驭。泛，通"覂"，作覆讲。　5 跅(tuò)弛：放纵不羁。　6 绝国：极为辽远的邦国。

过秦论上
贾谊[1]

导读　所谓过秦，就是指责秦国的过失。文章铺叙秦国如何走向强盛，轻而易举地击败九国诸侯，吞并天下，然而竟被斩木为兵的农民起义军一举推翻，从而归结出秦亡的原因："仁义不施，攻守之势异也。"文章气势磅礴，如长河巨浪汹涌澎湃，而又松紧有致，先扬后抑，姿态横生。排比句的运用，也加强了文章的气势。

原文

秦孝公据崤、函之固[2]，拥雍州[3]之地，君臣固守，以窥周室[4]，有席卷[5]天下、包举宇内[6]、囊括[7]四海之意，并吞八荒[8]之心。

译文

秦孝公凭借着崤山和函谷关的天险，拥有雍州的土地，君臣牢固地守卫着本土，暗地里盘算夺取周王朝的政权，有征服天下、统一中国、控制四海的企图，并吞八方的雄心。

注释　1 贾谊(前200—前168)：洛阳人，汉文帝时杰出的政治家和文学家。二十多岁时被汉文帝征召为博士(学术顾问官)，每次朝对，都对答如流，颇得文帝赏识，一年当中便升为太中大夫(高级顾问官)。他针对当时的情况，提出了一些巩固中央政权、削弱诸侯王势力的建议，遭到执政大臣的反对，文帝也不敢采纳，把他调离朝廷，任命为长沙王太傅，后

改任梁王太傅。《过秦论》分为上、中、下三篇,这是上篇。 2 秦孝公:
战国时秦国国君。公元前361年至前338年在位。他任用商鞅,行新法,
使秦国富强。 殽、函:指殽山(今河南洛宁县北)和函谷关(今河南灵宝
东北)。 3 雍州:相传古代分天下为九州,雍州居一,为今陕东、陕北及
甘肃部分地区。 4 窥(kuī):偷看。这里是暗中打算的意思。 周室:
周王朝。 5 席卷:像卷席子那样地全部卷了去。 6 包举:像用布包
东西那样整个地裹了去。 宇内:天下。 7 囊括:像用袋子装东西那
样搜括干净。 8 八荒:八方,极远的地方。

当是时也,商君[1]佐之,内立法度,务[2]耕织,修守战之具,外连衡[3]而斗诸侯。于是秦人拱手而取西河之外[4]。

在这个时候,商君辅佐秦孝公,国内建立了法规制度,专力发展农耕纺织,修造用于防守和进攻的武器;对外推行连横的策略,使六国互相争斗。于是,秦国轻而易举地取得了西河以外的大片土地。

注释 1 商君:商鞅。 2 务:专力。 3 连衡:即连横。 4 拱手:拱着手,形容很不费力。 西河之外:魏国在黄河以西的一带土地。

孝公既没[1],惠文、武、昭蒙故业[2],因遗策,南取汉中[3],西举巴、蜀[4],东割膏腴[5]之地,北收要害之郡。诸侯恐惧,会盟而谋弱秦,不爱珍器、重宝、肥饶之地,以致天下之士,合从缔交,相与为一。

秦孝公死后,惠文王、武王、昭襄王继承祖上基业,继续奉行孝公的策略,南进占领了汉中,西进攻取了巴蜀,东进割据了肥沃的田地,北进征服了险要的郡县。六国的诸侯都恐慌害怕起来,集会结盟,想办法削弱秦国。他们不惜金玉财宝和富饶的土地,用来招请天下的贤士,以合纵策略缔结条约,互相联成一体。

注释 1 没:通"殁",死。 2 惠文:秦惠文王(前337年至前311年在位,秦孝公子,名驷。 武:秦武王(前310—前307年在位),秦惠文王子,名荡。 昭:秦昭襄王(前306年至前251年在位),秦武王弟,名则。 3 汉中:今陕西南部一带。 4 巴、蜀:今四川。 5 膏腴(yú):肥沃。

当此之时,齐有孟尝,赵有平原,楚有春申,魏有信陵。[1] 此四君者,皆明智而忠信,宽厚而爱人,尊贤而重士,约从[2]离横、兼韩、魏、燕、楚、齐、赵、宋、卫、中山之众。于是六国之士,有宁越、徐尚、苏秦、杜赫之属为之谋,[3] 齐明、周最、陈轸、召滑、楼缓、翟景、苏厉、乐毅之徒通其意,[4] 吴起、孙膑、带佗、兒良、王廖、田忌、廉颇、赵奢之伦制其兵。[5] 尝以什倍之地、百万之众,叩关[6] 而攻秦。

当这个时候,齐国有孟尝君,赵国有平原君,楚国有春申君,魏国有信陵君。这四君,都是办事明智又讲求忠信、为人宽厚又爱护别人、尊敬而又大胆使用贤士的人。他们相约"合纵",拆散"连横",聚合了韩、魏、燕、楚、齐、赵、宋、卫和中山等国的全部力量。这时,六国的贤能人士,有宁越、徐尚、苏秦、杜赫这一类人给他们出谋划策,齐明、周最、陈轸、召滑、楼缓、翟景、苏厉、乐毅这班人沟通各国的意见,吴起、孙膑、带佗、兒良、王廖、田忌、廉颇、赵奢这批人统率各国的军队。他们曾经用十倍于秦的土地,上百万的大军,进逼函谷关进攻秦国。

注释 1 孟尝:齐公子孟尝君田文。 平原:赵公子平原君赵胜。 春申:楚春申君黄歇。 信陵:魏公子信陵君魏无忌。 2 约从:相约合纵。 3 宁越:赵人。 徐尚:宋人。 苏秦:见《战国策·苏秦以连横说秦》。 杜赫:周人。 属:一类。 4 齐明:东周臣。 周最:周人。 陈轸:楚国人,仕秦。 召(Shào)滑:楚人。 楼缓:魏文侯弟。 翟景:

魏人。　苏厉:苏秦弟,仕齐。　乐毅:燕国名将。　通:沟通。　5 吴起:卫人,事魏文侯为将,后又事楚。　孙膑:齐将,著名军事家。　带佗:楚将。　兒(Ní)良:越将。　王廖(liáo)、田忌:齐将。　廉颇、赵奢:赵国名将。　制:管理,统帅。　6 叩关:进犯函谷关。叩,击,犯。

秦人开关而延敌,九国之师,逡巡遁[1]逃而不敢进。秦无亡矢遗镞之费[2],而天下诸侯已困矣。于是从散约解,争割地而赂秦。秦有余力而制其弊,追亡逐北[3],伏尸百万,流血漂橹[4],因利乘便,宰割天下,分裂河山,强国请服,弱国入朝。

秦国人打开关门迎击,九国的大军,退却逃跑,不敢前进。秦国没有丢掉一支箭、损失一个箭头的消耗,可是天下的诸侯已经困苦不堪了。于是合纵阵线离散,抗秦联盟瓦解,大家抢着割让土地去讨好秦国。这就让秦国有余力去抓住他们的弱点,追杀败退逃跑的军队,一路上躺着上百万的尸首,流的血多得把大盾牌也浮了起来。秦国凭借着有利的形势,趁着适宜的时机,像割肉那样,一块一块地侵占各国领土,把诸侯搞得四分五裂,这样,强国请求归服,弱国赶来朝拜。

注释　1 遁(dùn):逃走。　2 矢:箭。　镞(zú):箭头。　3 亡:逃跑。此处作名词用。　北:军败曰北。　4 漂:漂浮。　橹:大的盾牌。

延及孝文王、庄襄王[1],享国之日浅,国家无事。及至始皇[2],奋六世之余烈[3],振长策而御宇内,吞二周[4]而亡诸侯,

传到孝文王和庄襄王,他们在位的日子短,国家没有发生什么重大的事。等到了秦始皇的时候,他发扬了六代祖先遗留下来的功业,挥动长鞭子驾驭全中国,吞并了西、东二周,灭亡了六国诸

履至尊而制六合⁵,执敲扑以鞭笞天下⁶,威振四海。

侯,登上了皇帝宝座,统一了天下,拿着棍棒来驱使、鞭打天下,威势震动四海。

【注释】 1 孝文王:秦昭襄王子,在位一年(前250)。 庄襄王:秦孝文王子,在位三年(前249—前247)。 2 始皇:一本作"秦王"。 3 六世:孝公、惠文王、武王、昭襄王、孝文王、庄襄王。 余烈:遗留下的功业。
4 二周:指战国末年(也就是周朝末年)的西周和东周。周朝末年,即周赧王时,周王朝分为二:西周都洛(今河南洛阳),灭于昭襄王五十一年(前256);东周都巩(今河南巩义),灭于庄襄王元年(前249)。都不在秦始皇时。
5 履:登上。 至尊:指天子之位。公元前221年秦王政称皇帝。 六合:上、下及东、南、西、北四方,指天下。 6 敲扑:棍棒。短的叫敲,长的叫扑。鞭笞(chī):刑具,这里作鞭打讲。"执敲扑"一本作"执捶拊"。

　　南取百越¹之地,以为桂林、象郡²。百越之君,俯首系颈³,委命下吏。乃使蒙恬北筑长城而守藩篱⁴,却匈奴七百余里⁵,胡人不敢南下而牧马,士不敢弯弓而报怨⁶。

　　他又在南方夺取了百越的土地,改设为桂林郡和象郡。百越的君主低着头,脖子上系着绳子,把性命交给秦国的下级官吏。又派蒙恬在北方筑长城,固守边境,把匈奴赶退了七百多里,匈奴人不敢南下放牧战马,六国的勇士也不敢张弓来报仇怨。

【注释】 1 百越:当时散居南方各地(今浙江至越南一带)越族的总称。
2 桂林:郡名,故地约当今广西东南部及广东西北部一带。 象郡:郡名,其地约当今广西西部、广东西南部和贵州南部一带。 3 俯首:低头听命。系颈:自己用绳子拴在颈上,表示投降。 4 蒙恬(tián):秦将,秦始皇三十三年(前214),蒙恬奉命率兵三十万,北逐匈奴,筑长城。 藩篱:用

竹木编成的篱笆或围栅,这里引申为屏障。　5 却:击退。　匈奴:秦汉
时我国北部一个民族。下句"胡人"也指匈奴。　6 "士不敢"句:指东
方六国的人不敢反叛;一说指秦法森严,人们不敢报私仇。

于是废先王之道,燔
百家之言[1],以愚黔首[2]。
隳[3]名城,杀豪俊,收天
下之兵聚之咸阳[4],销锋
镝[5],铸以为金人十二,
以弱天下之民。

于是他废除了先王治国之道,烧毁
了诸子百家的书籍,用来愚弄百姓,拆
毁著名的城池,杀掉原来六国的豪杰,
没收天下的兵器聚集到咸阳,熔化这些
兵器,铸成十二个铜人,用这办法削弱
天下的百姓。

注释　1 燔:焚烧。　百家之言:诸子百家的著述。　2 黔首:指百姓。
周朝称"黎民",秦始皇二十六年,"更名民曰黔首"。　3 隳(huī):毁坏。
4 咸阳:秦都名,故城在今陕西咸阳东。　5 销:熔化。　锋:兵器尖端。
镝(dí):一作"镝",箭头。锋镝,代兵器。一本作"销锋铸镰"。

然后践华[1]为城,
因河为池[2],据亿丈之
城,临不测[3]之溪以为
固。良将劲弩,守要害
之处;信臣精卒,陈利
兵而谁何[4]! 天下已
定,始皇之心,自以为
关中之固,金城[5]千里,
子孙帝王万世之业也[6]。

然后把华山当作城墙,拿黄河当作护
城濠,据守着高峻的城楼,面临深急的河
水,以为这样天下就很坚固了。优秀的将
领和强劲的弓弩,把守着要害的地方;可
靠的臣子和精锐的兵卒,摆出锋利的武
器,谁又敢如何! 这时天下已经平定,秦始
皇的心中,自己也认为关中这样坚固,又有
铜墙铁壁般的城防千里相连,这是子子孙
孙称帝为王的永久基业啊!

始皇既没,余威震于殊俗[1]。然而陈涉[2]瓮牖绳枢[3]之子,甿隶[4]之人,而迁徙[5]之徒也。

秦始皇死后,遗留下来的威风仍然震动着边远的地区。然而,陈涉不过是一个贫寒人家的儿子,一个地位卑贱,被征发去守卫边境的士兵。

材能不及中人,非有仲尼、墨翟[1]之贤,陶朱、猗顿之富[2],蹑足行伍之间[3],倔起阡陌之中[4],率罢弊[5]之卒,将数百之众,转而攻秦。

论才能赶不上普通的人,并非有孔子、墨子的德行,陶朱、猗顿的富有。他置身戍边队伍的中间,突然从田野里发难起事,率领疲困不堪的士卒,带着几百个人的队伍,调转头来进攻秦军。

士兵的行列。　**4** 倔起:突起。　阡陌:田间小路。这里指田野。《史记·秦始皇本纪》作"倔起什佰之中"。什佰,十人长、百人长。陈胜以屯长(小队长)的身份起事。　**5** 罢(pí)弊:一本作"罢散"。罢,通"疲"。

斩木为兵,揭竿为旗。天下云集[1]而响应,赢粮而景从[2],山东[3]豪俊,遂并起而亡秦族矣。

他们砍来木棍作为兵器,举起竹竿当作旗帜。天下百姓结队成群,纷纷响应,自己带着粮食,像影子似的跟随着他,殽山以东豪杰志士,就同时起事把秦王朝灭亡了。

注释　**1** 云集:像密云集聚,意即结队成群。　**2** 赢(yíng):携带。景(yǐng)从:如影相随。　**3** 山东:指殽山以东原来六国的广大地区。

且夫天下非小弱也。雍州之地,殽、函之固,自若也。陈涉之位,不尊于齐、楚、燕、赵、韩、魏、宋、卫、中山之君也;锄耰、棘矜[1],不铦于钩、戟、长铩也[2];谪戍之众[3],非抗于九国之师也;深谋远虑,行军用兵之道,非及曩时[4]之士也。然而成败异变,功业相反。试使山东之国与陈涉度长絜大[5],比权量力,则不可同年而语矣。

说到秦朝的天下,比以前并没有缩小削弱,雍州这块地方和殽山、函谷关的天险,都还像过去一样。陈涉的地位,并不比齐、楚、燕、赵、韩、魏、宋、卫、中山的国君尊贵;锄头木棒,并不比刀剑戟矛锋利;这些被征调去戍边的人,根本无法和九国的军队比较;深谋远虑、行军打仗的策略,也不如从前那些谋士。然而,成功和失败起了变化,强大的秦王朝反而溃败,卑弱的陈涉反而建立了功业。假使让殽山以东的六国诸侯跟陈涉度量长短、大小,比较权势、力量,那就不能相提并论了。

注释 1 锄櫌(yōu):锄头柄。 棘(jǐ)矜:戟柄。棘,通"戟"。 2 铦(xiān):锋利。 铩(shā):有长刃的矛。 3 谪戍之众:指陈胜等戍边的九百多人。 4 曩(nǎng)时:从前。 5 度(duò):比。 絜(xié):量。

然秦以区区之地,致万乘之权,招八州而朝同列[1],百有余年[2]矣。然后以六合为家,殽函为宫。一夫作难而七庙隳[3],身死人手[4],为天下笑者,何也? 仁义不施,而攻守之势异也[5]。

秦国靠雍州那块小小的地方,取得称帝的权力,攻取其他八州而使地位相同的诸侯朝拜,经过了一百多年。然后把天下变为一家,把殽山、函谷关变成内宫。可是一个普通人发难反抗,王朝就被灭亡,国君都死在别人手里,成为天下的笑柄,这是为什么呢? 因为不施行仁义,所以攻守的形势不同了啊。

注释 1 八州:天下分为九州,秦(雍州)居其一,因言八州。 同列:同等的诸侯国。 2 百有余年:指从秦孝公至秦始皇,共一百三十余年。 3 七庙隳:古代天子有七庙,供奉七代祖先。一个王朝灭亡,它的七庙也就被新王朝拆毁。所以七庙隳就是王朝灭亡的意思。 4 身死人手:指秦二世为赵高所杀,子婴为项羽所杀。 5 攻:进攻。指攻取天下。守:守成。指保有天下。

治安策一

贾谊

导读 《治安策》又名《陈政事疏》,选自《汉书·贾谊传》。汉初封了七个异姓王,还封了一百四十个列侯。异姓王的存在,对汉中央集权是个威胁。刘邦将他们先后消灭了,但又封九个刘姓子弟为王。汉文帝时,同姓诸王势力膨胀,他们"出入拟于天子",甚至"不听天子诏",时刻想举兵夺取皇位。针对这种情况,贾谊上书文帝,提出了削弱诸侯王的主张。这对巩固中央政权是有利的。然而,汉文帝没有采纳他的意见,后来到文帝的儿子景帝时,果然发生吴、楚等七国的叛乱。

　　本文主旨是建议实行"众建诸侯而少其力"的措施,以保证中央政权的集中统一。作者既从反面论述了不这样做却想长治久安是困难的,又从正面论述了如果这样做则非常容易达到长治久安。文章根据异姓诸侯反叛的大量事实来说明削弱同姓诸侯的必要性与迫切性,很有说服力。

原文

　　夫树国固[1],必相疑[2]之势。下数被其殃[3],上数爽其忧[4],甚非所以安上而全下也。今或亲弟谋为东帝[5],亲兄之子西乡而击[6],今吴[7]又见告矣。

译文

　　建立的诸侯国太强大,必然造成跟中央政权势均力敌的局面。诸侯王经常因朝廷的猜疑而遭祸,朝廷经常因诸侯的叛乱而担忧,这绝不是用来安上全下的办法。如今,在陛下的亲生兄弟中,有人图谋自立为东帝;亲哥哥的儿子也曾向西进攻,反叛中央;最近吴王又被人告发了。

注释　1 固:险要、坚固,意即强大。　2 疑:通"拟",相拟,势力相当。3 下:指诸侯王。　数:屡次,经常。　殃:灾难,祸害。　4 上:指中央朝廷。　爽:伤。　5 亲弟谋为东帝:亲弟,指文帝的弟弟淮南王刘长。文帝六年刘长谋反,被人告发绝食而死。刘长封地在东,自称为东方的天子。　6 亲兄之子西乡而击:济北王刘兴是文帝亲兄弟齐悼惠王的儿子。他在文帝三年起兵叛乱。济北王打算向西进攻荥阳,失败自杀。乡,同"向"。　7 吴:吴王刘濞(bì),高祖兄刘仲之子。

天子春秋鼎盛[1]，行义未过，德泽有加焉，犹尚如是，况莫大诸侯，权力且十此者乎！然而天下少安，何也？大国之王幼弱未壮，汉之所置傅相[2]方握其事。数年之后，诸侯之王大抵皆冠[3]，血气方刚，汉之傅相称病而赐罢[4]，彼自丞尉[5]以上遍置私人，如此，有异淮南、济北之为邪？此时而欲为治安，虽尧舜不治。

陛下现在年富力强，施行仁义没有过失，对他们再三给以恩惠，尚且如此，何况那些权力为上述十倍的大诸侯国呢？然而现在天下还比较安定，这是什么原因呢？因为大国的诸侯王还幼弱没成年，朝廷所派去的太傅和丞相正在掌握诸侯国的实权。几年之后，这些诸侯王大都成年了，正是血气方刚的时候，而朝廷派出的太傅、丞相都年老称病，朝廷恩准他们辞官退休，诸侯王就可以把丞、尉以上的职位，都安置自己的亲信，这样，他们和淮南王、济北王的所为又会有什么不同呢？这个时候还想做到天下太平，即使是尧舜也办不到的。

注释 1 春秋鼎盛：年富力强的意思。春秋，年龄。鼎，方，正当。 2 傅相：西汉时皇帝为各封国所任命的太傅和丞相，掌握各封国的实权。 3 冠：成年。古代男子二十岁举行加冠礼后便算成年。 4 赐罢：恩准辞官，即年老退休。 5 丞尉：诸侯国内的低级官吏。

黄帝曰："日中必熭，操刀必割。"[1]今令此道顺而全安，甚易。不肯早为，已乃堕骨肉之属而抗刭之[2]，岂有异秦

黄帝说："要晒东西必须趁太阳正午，要宰东西必须趁刀子在手。"现在将这个办法顺利实行，很容易收到安上全下的成效。不愿意及早行动，将来乃至于破坏诸侯王的骨肉之亲而诛杀他们，

之季世³乎？夫以天子之位，乘今之时，因天之助，尚惮以危为安，以乱为治。假设陛下居齐桓之处，将不合诸侯而匡天下乎？臣又知陛下有所必不能矣。

这难道跟秦朝末年有什么不同吗？凭借着天子的地位，趁着当今的有利时机，依靠着上天的帮助，还怕把危险当作安定，把纷乱当作太平，时刻警惕。假使陛下处在齐桓公的地位，难道能不集合诸侯匡正天下吗？我有根据知道陛下必定不能做到的了。

注释 **1** 日中必熭(wèi)，操刀必割：语出《武经·六韬》。意思是说不要坐失时机。熭，曝晒。 **2** 已乃：就会。 抗刭(jǐng)：抗，高举；刭，割颈。这里是指诛杀。 **3** 季世：末年。秦二世时，大杀秦始皇的子女。

假设天下如曩¹时，淮阴侯²尚王楚，黥布³王淮南，彭越⁴王梁，韩信⁵王韩，张敖⁶王赵，贯高⁷为相，卢绾⁸王燕，陈豨⁹在代，令此六七公者皆亡恙，当是时而陛下即天子位，能自安乎？臣有以知陛下之不能也。

假设现在天下的形势像从前高帝时一样，淮阴侯做楚王，黥布做淮南王，彭越做梁王，韩信做韩王，张敖做赵王，贯高任赵相，卢绾做燕王，陈豨在代地，假使这六七位都还在世，当这个时候，陛下登上天子的宝座，还能够自己觉得安心吗？我有理由知道陛下是不能的。

注释 **1** 曩(nǎng)：以往，从前。 **2** 淮阴侯：即韩信。 **3** 黥布：即英布。 **4** 彭越：汉初被封为梁王，后以谋反被杀。 **5** 韩信：即韩王信。 **6** 张敖：赵王张耳之子，刘邦的女婿，继承张耳为赵王。 **7** 贯高：赵王的相国，因策划谋害刘邦被杀。 **8** 卢绾(wǎn)：刘邦的老朋友，汉初封为燕王。 **9** 陈豨(xī)：刘邦的部将，汉初由郎中封为列侯。

天下殽乱，高皇帝与诸公并起，非有仄室之势以豫席之也。[1]诸公幸者乃为中涓，其次廑得舍人，材之不逮至远也。[2]高皇帝以明圣威武即天子位，割膏腴之地以王诸公，多者百余城，少者乃三四十县，德至渥[3]也。然其后七年之间反者九起[4]。陛下之与诸公，非亲角材而臣之也[5]，又非身封王之也。自高皇帝不能以是一岁为安，故臣知陛下之不能也。然尚有可诿者曰疏[6]。臣请试言其亲者。

秦末天下大乱，高皇帝与上述诸公一同起事，当时高皇帝并没有六国宗族的势力预先作为依靠，诸公中间最幸运的也不过做了中涓，其次的仅仅得到舍人的职位。这些人的才能与高皇帝相比，相差太远了。后来，高皇帝凭借着明圣威武登上天子之位，划出肥沃富饶的土地封诸公为侯王，多的有百多个城，少的也有三四十个县，高皇帝对他们的恩德实在很优厚了。但是在这以后七年的时间里，谋反的事件发生了九起。陛下跟上述诸侯王，并没有亲自较量过才能的高下从而使他们臣服，又不是亲自赐封他们为王的。连高皇帝都不能把这种局面平安地维持一年，所以我知道陛下也是不能的。然而还有种可以推托的借口，就是说他们与刘氏的关系疏远。那么，请允许我谈谈关系亲近的同姓诸侯王。

注释 1 高皇帝:指汉高祖刘邦。 仄室:即侧室,卿大夫的庶子。这里是指六国的贵族。仄,通"侧"。 豫席:预先凭借。豫,同"预"。席,凭借。 2 中涓:宫中的侍从官。 舍人:帝王公侯所亲近的属官。中涓、舍人都是地位很低的官吏。 3 渥(wò):优厚。 4 七年之间:指高祖五年(前202)到十一年(前196)。 反者九起:除前述韩王信、贯高、韩信、彭越、黥布、陈豨、卢绾七事外,还有燕王臧荼和利几的谋反事件,共九起。 5 角:较量。 材:才能。 6 诿:推诿,推托。 疏:疏远,指不同姓。

假令悼惠王王齐,元王王楚,中子[1]王赵,幽王[2]王淮阳,共王[3]王梁,灵王[4]王燕,厉王[5]王淮南,六七贵人皆亡恙,当是时陛下即位,能为治乎?臣又知陛下之不能也。

假如还是让悼惠王做齐王,元王做楚王,中子如意做赵王,幽王做淮阳王,共王做梁王,灵王做燕王,厉王做淮南王,这六七个贵人都还在世,当这个时候,陛下即位,能够使国家太平吗?我又知道陛下是不能做到的。

注释 1 中子:指赵隐王如意。 2 幽王:刘友,高祖子。 3 共王:刘恢,高祖子。 4 灵王:刘建,高祖子。 5 厉王:刘长,高祖少子。

若此诸王,虽名为臣,实皆有布衣昆弟[1]之心,虑[2]亡不帝制而天子自为者。擅爵人,赦死罪,甚者或戴黄屋[3]。汉法令非行也,虽行不轨如厉王者,令之不肯听,召之安可致[4]乎?幸而来至,法安可得加?

像这些诸侯王,虽然名义上是臣子,实际上都存着把皇帝看作是普通兄弟的心思,大概没有不想采用跟皇帝相同的制度而且自己当天子的。他们擅自把爵位封给人,赦免死罪,更过分的有时在车上张着黄色的车盖。汉朝的法令行不通了,即使行为不法像厉王那样的人,命令他不肯听从,召见他又怎肯来呢?侥幸召来了,法令又怎能加到他身上?

注释 1 布衣昆弟:指上述同姓诸侯王虽然与天子名为君臣,而实际上却自以为与天子的关系就同百姓的兄弟关系一样,不尊重天子。布衣,老百姓。昆弟,兄弟。 2 虑:大约,大概。 3 黄屋:皇帝所乘的车子,用黄缯做车盖。屋,同"幄",车盖。 4 致:招来。

动一亲戚，天下圜视[1]而起。陛下之臣虽有悍如冯敬[2]者，适启其口，匕首已陷其胸矣。陛下虽贤，谁与领[3]此？故疏者必危，亲者必乱，已然之效也。

触动一个亲戚，全国的诸侯王都相顾而起发兵作乱。陛下的臣子中虽然有强悍像冯敬那样的，但刚刚张口说话，匕首就已经刺进他的胸膛了。陛下虽然贤明，又有谁敢跟您一起管理这些事呢？所以说，疏远的必然给国家造成危机，亲近的也必然给国家制造混乱，这是已经被事实所证明了的。

【注释】 1 圜视：互相顾看。圜，通"环"。 2 冯敬：冯无择子，因告发淮南王刘长谋反，被刘长的刺客所杀。 3 领：处理，办理。

其异姓负强而动者，汉已幸胜之矣，又不易其所以然。同姓袭[1]是迹而动，既有征[2]矣，其势尽又复然。殃祸之变[3]，未知所移[4]，明帝处之尚不能以安，后世将如之何？

那些异姓诸侯王依仗强势而叛变的，朝廷已经侥幸战胜了他们，但又不肯改变造成这种状况的根源。同姓诸侯王因袭这个先例发动叛乱，已经有苗头了，他们的势力一时削弱了，但不久又是故态复萌。这些突然发生的灾祸事件，不知如何改变，英明的帝王处在这种形势下，尚且不能使天下安定，后世子孙又能怎么办呢？

【注释】 1 袭：蹈袭。 2 征：征兆，苗头。 3 变：突然发生的事件。 4 移：改变。

屠牛坦一朝解十二牛而芒刃不顿者[1]，所排击剥割[2]皆众理解也。至于髋髀

屠牛坦一个早晨肢解了十二头牛，而锋利的刀口不钝缺的原因，是在解剖、剥骨、割肉的时候，都从肌

之所³，非斤⁴则斧。夫仁义恩厚，人主之芒刃也；权势法制，人主之斤斧也。今诸侯王皆众髋髀也，释斤斧之用而欲婴以芒刃⁵，臣以为不缺则折。胡不用之淮南、济北？势不可也。

理、关节等处下刀的。到了髋骨腿骨的地方，用的是斧头。仁义恩德，好比是帝王的刀口；权势法制，如同是帝王的斧头。现在的诸侯王，就如同众多的髋骨腿骨，放弃斧头不用，却想拿刀口去碰它，我认为这把刀不是缺口就是折断。为什么不对淮南王、济北王讲仁义恩德呢？因为形势不允许。

【注释】　1 屠牛坦：一个杀牛的人，名坦。春秋时人，事见《管子·制分》。芒刃：锋利的刀刃。　顿：通"钝"。　2 排击剥割：杀牛时用刀的各种方法。排，解剖。击，敲击。剥，剥骨。割，割肉。　3 髋（kuān）：胯骨。　髀（bì）：大腿骨。　4 斤：斧头。　5 释：放下。　婴：同"撄"，触。

臣窃迹¹前事，大抵强者先反。淮阴王楚最强，则最先反；韩信倚胡，则又反；贯高因赵资，则又反；陈豨兵精，则又反；彭越用梁，则又反；黥布用淮南，则又反；卢绾最弱，最后反。长沙²乃在二万五千户耳，功少而最完，势疏而最忠，非独性异人也，亦形势然也。曩令

我私自考察从前发生的事，大体都是强大的诸侯先反叛。淮阴侯做楚王，最强大，接着最先反叛；韩王信依靠匈奴支持，接着又反叛；贯高凭借赵国的力量，接着又反叛；陈豨的部队精良，接着又反叛；彭越利用梁国的力量，接着又反叛；黥布利用淮南的力量，接着又反叛；卢绾的力量最弱，最后反叛。长沙王吴芮封地仅有二万五千户，功劳最少而最得保全，与朝廷的关系最疏远，却最忠心。这不仅仅是长沙王的性情不同于别人，也是形势造成的。从前如果叫樊哙、郦商、周勃、灌婴都

樊、郦、绛、灌³据数十城
而王，今虽已残亡可也。
令信、越之伦列为彻侯而
居，⁴虽至今存可也。然
则天下之大计可知已。

占据几十座城做王，到今天即使已经破
败灭亡也是可能的。如果让韩信、彭越
之流只做一个彻侯而安心坐在他的位子
上，虽然到今天还存在也是可以的。这样，
安定天下的重大谋略就可以知晓了。

注释　1 迹：考察。　2 长沙：指长沙王吴芮(ruì)。　3 樊、郦、绛、灌：
指高祖时的功臣樊哙、郦商、周勃、灌婴。　4 信、越：指淮阴侯韩信和梁
王彭越。　彻侯：秦汉封爵共二十级，彻侯为最高级。

　　欲诸王之皆忠附，
则莫若令如长沙王；欲臣
子之勿菹醢¹，则莫若令
如樊、郦等；欲天下之治
安，莫若众建诸侯而少其
力。力少则易使以义，国
小则亡邪心。令海内之
势如身之使臂，臂之使
指，莫不制从²。诸侯之
君不敢有异心，辐凑³并
进，而归命天子，虽在细
民，且知其安，故天下咸
知陛下之明。

　　要想诸侯王都忠心归附，就莫过于
使他们像长沙王那样；要想保全臣子不
被剁成肉酱，就莫过于使他们像樊哙、
郦商那样；要想天下的长治久安，就莫过
于多分封诸侯而削弱他们的力量。诸
侯的力量弱，就容易用仁义使他们归附；
诸侯国小，就不会有反叛的野心。这就
使得天下的形势，像人的身体指使臂
膀，臂膀指使手指一样，无不受节制而
服从。诸侯王不敢有野心，都从四方八
面来归顺，听从天子的命令，即使是小
民百姓，也感到国家安定，因此天下都
知道陛下的英明。

注释　1 菹醢(zūhǎi)：一种酷刑，把人剁成肉酱。　2 制从：制服，听
从。　3 辐凑：像车轮的辐条聚集于车轮中央。意即从四方八面来集中。

割地定制，令齐、赵、楚各为若干国，使悼惠王、幽王、元王之子孙，毕以次各受祖之分地，地尽而止，及燕、梁他国皆然。其分地众而子孙少者，建以为国，空而置之，须其子孙生者，举使君。诸侯之地其削颇入汉者[1]，为徙其侯国及封其子孙也，所以数偿之。[2]一寸之地，一人之众，天子亡所利焉，诚以定治而已，故天下咸知陛下之廉。地制一[3]定，宗室子孙莫虑不王，下无倍畔[4]之心，上无诛伐之志，故天下咸知陛下之仁。法立而不犯，令行而不逆，贯高、利幾[5]之谋不生，柴奇、开章之计不萌[6]，细民乡善，大臣致顺，故天下咸知陛下之义。

分割诸侯国的国土，定为制度，使齐、赵、楚各自分为若干小国，使悼惠王、幽王、元王的子孙，全部依次序继承祖先分封的土地，地分完了才停止，对于梁、燕和其他诸侯国也都这样。那些分地多而子孙少的国家，也分建若干小国，空着王位放在那里，等待他们的子孙出生，全部叫他们做国君。诸侯的土地，因犯罪被削除收归朝廷的，或者把这个诸侯迁到另一个地方，或者封给这个诸侯的子孙，按照原先的封地如数偿还他们。一寸土地，一个百姓，天子都不贪图他们的，实在只是为了安定太平罢了，因此天下都知道陛下廉洁。分地制度一旦确定，汉宗室的子孙不用担心不能封王，诸侯就不会产生背叛朝廷的思想，朝廷也不必有诛杀讨伐的意图，因此天下都知道陛下的仁爱。法纪确立没人敢违犯，命令推行没人敢对抗，贯高、利幾的阴谋就不会发生，柴奇、开章的诡计就不会萌发，小民百姓个个向善，朝廷大臣人人效忠，因此天下都知道陛下的恩义。

[注释] 1 削：汉制，诸侯有罪，根据罪的轻重大小，有的削减封地，有的全部削除封地，被削的封地就收归中央，并入郡县中。 颇：渐渐。

2 及封其子孙也,所以数偿之:据清人钱大昕引沈彤说,句中"也"字为"他"字之误,全句的标点应作:"及封其子孙他所,以数偿之。" 3 一:统一、划一。 4 倍畔:同"背叛"。 5 利幾:原为项羽部将,后投降刘邦,封为颖川侯,汉高祖六年举兵谋反,被刘邦击破。 6 柴奇、开章:两人都参与淮南王谋反。 萌:发生。

卧赤子[1]天下之上而安,植遗腹[2],朝委裘[3],而天下不乱,当时大治,后世诵圣。一动而五业附[4],陛下谁惮而久不为此?

那时,即使让一个婴儿当皇帝统治天下也安定太平,或者扶立尚未出生的遗腹子做皇帝,只朝拜先王所遗留下来的衣服,天下也不会动乱,当代得到大治,后世歌颂圣明。一项举动就能使英明、廉洁、仁爱、恩义、后嗣平安五种功效聚集于身,陛下还有什么顾虑而久久不这样做呢?

[注释] 1 赤子:婴儿。 2 植遗腹:植,扶立;遗腹,遗腹子。指皇帝死时尚未出生的儿子。 3 委裘:已死去的皇帝所遗留下来的衣服。 4 五业:指上述明、廉、仁、义、后嗣永安等五种功效。 附:归聚。

天下之势方病大瘇[1],一胫之大几如要[2],一指之大几如股[3],平居不可屈信[4],一二指搐[5],身虑[6]无聊。

现在天下的形势,就好像一个人正患有严重的两脚浮肿病。一条小腿肿得几乎像腰,一个脚趾大得几乎像大腿。平时不能弯曲伸展,一两个脚趾抽搐,就担心整个身体好像失去了依靠。

[注释] 1 瘇(zhǒng):两脚浮肿的病。 2 胫:小腿。 要:同"腰"。 3 指:脚趾。 股:大腿。 4 屈信(shēn):弯曲伸展。信,通"伸"。 5 搐(chù):抽搐。 6 虑:忧愁。

失今不治，必为锢疾[1]，后虽有扁鹊[2]，不能为已。病非徒瘇也，又苦跂蹩[3]。元王[4]之子，帝之从弟也，今之王者，从弟之子也。惠王[5]之子，亲兄子也；今之王者，兄子之子也。亲者或亡分地以安天下，疏者或制大权以逼天子。臣故曰非徒病瘇也，又苦跂蹩。可痛哭者，此病是也。

错过今天的机会不加医治，必然成为不治之症。以后即使有扁鹊那样的名医，也不能够挽救了。病不仅是两脚浮肿，又有脚掌反背的痛苦。楚元王的儿子，是陛下的叔伯兄弟，这一代的楚王，是叔伯兄弟的儿子；齐悼惠王的儿子，是陛下亲哥哥的儿子，这一代的齐王，是您的侄孙了。您的亲生儿子有的还没有得到封地来安定天下，疏远的人有的却控制着强大的权力来威逼天子。我因此说不但害了两脚浮肿的病，又有脚掌反背的痛苦。使人痛哭的事，就是害了这样的病啊！

注释 1 锢疾：不能医治的病。 2 扁鹊：姓秦名越人，先秦时代名医。 3 跂蹩(zhìlì)：同"跖戾"，脚掌扭折变形，即脚掌反背症。 4 元王：楚元王刘交是刘邦的弟弟，他的儿子刘郢是汉文帝的从弟（叔伯兄弟）。刘郢死后，刘戊为楚王。 5 惠王：齐悼惠王刘肥是文帝的大哥。刘肥的儿子叫刘襄。刘襄死后，其子刘侧为齐王。

论贵粟疏

晁错[1]

导读 《论贵粟疏》选自《汉书·食货志》。《汉书》本传说：晁错上书文帝，"复言守边备塞、劝农力本，当世急务二事"。本篇就是讲"劝农力本"

部分。本文着重论证了农业的重要性,提出了劝农务本,奖励粮食生产,促进农业发展,打击商人投机牟利,从而富国的主张。汉文帝采纳晁错的建议,经过文帝、景帝两朝的推行,农业生产有了很大的发展,到武帝时粮食非常富足,为发动大规模抗击匈奴的战争准备了物质条件。

文章围绕中心观点,用反复对比的手法进行论证,从历史和现实两个角度加以说明,从务农说到贵粟,又从贵粟说到以粟为赏罚,一意相承,逻辑严密。

【原文】

圣王在上,而民不冻饥者,非能耕而食之,织而衣之也,为开其资财之道也。² 故尧、禹有九年之水³,汤有七年之旱⁴,而国无捐瘠者⁵,以畜积多而备先具也⁶。

【译文】

圣明的帝王在上面,百姓不受冻挨饿,并不是帝王能够亲自种粮给老百姓吃,亲自织布给老百姓穿,只不过替他们开辟了创造财富的道路。所以尧、禹的时代有过连续九年的水灾,商汤的时候有过七年的大旱,可是国内没有流离失所和面黄肌瘦的人,因为积蓄的粮食很多,早就有了准备啊。

【注释】

1 晁错(前200—前154),西汉颍川(今河南禹州)人。少学申商刑名之学,汉文帝时为太子家令,景帝时为内史,后迁御史大夫,曾先后上书主张重农贵粟,削诸侯封地以加强中央统治。前154年,吴楚等七国叛乱,以诛晁错为名。景帝为求七国罢兵,杀了晁错。 2 食(sì)之:给他们吃。衣(yì)之:给他们穿。 资财:物质财富。 3 尧、禹有九年之水:《史记·夏本纪》:"尧听四岳,用鲧治水,九年而水不息,功用不成。"后来由禹治水成功。所以这里并言尧禹。 4 汤有七年之旱:商汤时发生大旱,有的说五年,有的说七年。 5 捐:抛弃。指流离失所。 瘠(jí):瘦弱。 6 以:因。 畜积:同"蓄积"。

今海内为一,土地人民之众,不避[1]禹、汤,加以亡天灾数年之水旱,而畜积未及者,何也? 地有余利[2],民有余力,生谷之土未尽垦,山泽之利未尽出也,游食之民未尽归农也。民贫则奸邪生,贫生于不足,不足生于不农,不农则不地著[3],不地著则离乡轻家,民如鸟兽,虽有高城深池,严法重刑,犹不能禁也。

现在全国统一,土地广大,人口众多,不亚于禹汤时代,加上又没有连续数年之久的水旱灾荒,可是粮食的积蓄却赶不上,为什么呢? 这是因为土地还有潜力,百姓还有余力。能长庄稼的土地还没有全部开垦,山林湖泽的资源还没有尽量开发,游手好闲的人还没有全部回乡务农。百姓贫穷就产生奸诈邪恶的念头,贫穷是由于物资不充足产生的,物资不充足是由于不务农产生的。不务农就不会定居一个地方,不定居在一个地方就轻视家园,百姓像飞禽走兽一样,虽然有高城深池、严法重刑,也不能禁止。

注释 1 不避:不让,不次于。 2 余利:一本作"遗利"。 3 地著 (zhuó):定居于一地。

夫寒之于衣,不待轻暖;饥之于食,不待甘旨[1];饥寒至身,不顾廉耻。人情一日不再食则饥,终岁不制衣则寒。夫腹饥不得食,肤寒不得衣,虽慈母不能保其子,君安能以有其民哉! 明主知其然也,故务民于农

人受冻的时候,对于衣服的要求,不奢求轻暖舒适;饥饿的时候,对于食物的要求,不奢求香甜可口;饥寒来到身上,就顾不得廉耻了。人们的一般情况,一天不吃上两餐饭就感到饥饿,整年不制衣服就会受冻。肚子饥饿得不到食物,身上寒冷得不到衣服,即使是慈母也不能保全她的儿女,人君又怎能保有他的百姓呢! 英明的君主懂得这番道理,所

桑,薄赋敛,广畜积,以实仓廪,备水旱,故民可得而有也。

以努力督促百姓播种粮食、栽桑养蚕,减轻赋税,增加粮食的积蓄,来充实仓库,防备水旱天灾,所以就可以保有百姓了。

[注释] 1 甘旨:甜美。

民者,在上所以牧¹之,趋利如水走下,四方无择也。夫珠玉金银,饥不可食,寒不可衣,然而众贵之者,以上用之故也。其为物轻微易藏,在于把握²,可以周海内而亡饥寒之患,此令臣轻背其主,而民易去其乡,盗贼有所劝³,亡逃者得轻资⁴也。粟米布帛,生于地,长于时,聚于力⁵,非可一日成也。数石⁶之重,中人弗胜,不为奸邪所利。一日弗得而饥寒至。是故明君贵五谷而贱金玉。

当老百姓的,在于帝王怎样管教。他们向有利的方面跑,好像水往低处流一样,不选择东西南北。那些珍珠、宝玉、黄金、白银,饿了不能充饥,冷了不能保暖,可是大家珍惜看重它们,这是因为帝王需要它们的缘故。它们作为物品,重量轻,体积小,容易收藏,拿在手中,可以走遍天下也不会有饥寒的顾虑。这就使得人臣轻易地背弃他的君主,使得百姓轻易地离开他们的乡土,使得盗贼受到鼓励,使得逃亡的人有了便于携带的财物。粟米布帛,从地里生出来,顺着节气长起来,聚集储藏靠人力运输,这都不是短时间内能够办到的。几石的重量,一般的人就挑不起来,不会成为坏人贪求的东西。但只要一天没有它们,饥饿和寒冷就会降临。因此,英明的君主贵重五谷而看轻金玉。

注释 **1** 牧:治理,统治。 **2** 把握:握在手掌中。 **3** 劝:鼓励。 **4** 轻资:轻便的物资。 **5** 聚于力:荀悦《汉纪·文帝纪》作"聚于市"。 **6** 石:古代用"石"作为衡量轻重的单位,以百二十斤为"石"。

今农夫五口之家,其服役者不下二人,其能耕者不过百亩,百亩之收不过百石。春耕夏耘,秋获冬藏,伐薪樵,治官府,给徭役。春不得避风尘,夏不得避暑热,秋不得避阴雨,冬不得避寒冻,四时之间,无日休息。又私自送往迎来,吊死问疾,养孤长幼[1]在其中。

如今一个五口的农夫之家,为政府服役的不少于两个人,能够耕种的土地不超过百亩,一百亩土地的粮食收成不超过一百石。他们春天耕种,夏天除草,秋天收割,冬天储藏,打柴草,修缮官府,供给徭役。春天不能够躲避风尘,夏天不能够躲避暑热,秋天不能够躲避阴雨,冬天不能够躲避寒冷,一年四季之间,没有一天休息。还有亲戚朋友送往迎来,吊祭死者,探望病人,抚养老人,养育幼儿,所需的费用,都包括在这当中。

注释 **1** 养孤长(zhǎng)幼:抚养孤老,养育幼儿。长,养育。

勤苦如此,尚复被水旱之灾,急政暴虐[1],赋敛不时,朝令而暮改。当具[2],有者半贾[3]而卖,亡者取倍称之息[4]。于是有卖田宅、鬻[5]子孙以偿债者矣。

勤劳辛苦到这般地步,还要遭受水涝干旱的天灾,急迫沉重的租税,加以官吏征赋收税不按季节,早晨的命令到了傍晚又更改,处境就更加困苦。因此,交纳租税的时候,有粮的人便只好半价卖出去,没粮的人出加倍的利息借债。这样一来,就有卖田卖屋,卖儿卖孙来偿还债务的人了。

注释 1 急政暴虐:有的本子作"急政暴赋"。政,同"征"。 2 当具:具,一作"其"。这里当"交纳"解。 3 贾:价。 4 取:借。 倍称之息:加倍的利息。 5 鬻(yù):出卖。

而商贾大者积贮倍息,小者坐列贩卖,操其奇赢[1],日游都市,乘上之急,所卖必倍。故其男不耕耘,女不蚕织,衣必文采,食必粱肉,亡农夫之苦,有阡陌[2]之得。因其富厚,交通[3]王侯,力过吏势[4],以利相倾,千里游敖[5],冠盖[6]相望,乘坚策肥[7],履丝曳缟[8],此商人所以兼并农人,农人所以流亡者也。

可是,那些商人们,资金多的就囤积粮食,牟取成倍的利润,资金少的就开设店铺,经营买卖,投机取巧,每天在都市里钻来钻去,利用官府的紧迫需要,卖出的价格必定加一倍。所以,这些人家里男的不耕种土地,女的不养蚕织布,但穿的是绫罗绸缎,吃的是白米鱼肉。他们没有农夫的辛苦,却能坐享田地的收获。凭借着他的雄厚财富,勾结王侯,势力超过了一般官吏。他们由于争利互相排挤,奔走千里之外,一路之上,冠服和车盖相望不绝。他们乘着坚固的车子,赶着肥壮的马,脚踏丝靴,身披绸袍。这就是商人所以并吞农民,农民所以流离逃亡的缘故。

注释 1 操其奇(jī)赢:囤积居奇。操,掌握。奇赢,指利润。 2 阡陌:指田亩。 3 交通:结交来往,勾结。 4 吏势:官府的势力。 5 游敖:同"遨游"。本指游玩,这里是指奔走。 6 盖:车盖。 7 乘坚策肥:坚,坚固的车。策,马鞭,这里是赶的意思。肥,肥壮的马。 8 履丝曳(yè)缟(gǎo):履,穿。丝,丝鞋。曳,拖。缟,丝织的白绢。

今法律贱商人,商人已富贵矣;尊农夫,农夫已贫贱矣。故俗之所贵,主之所贱也;吏之所卑,法之所尊也。上下相反,好恶乖迕[1],而欲国富法立,不可得也。

如今法律上轻视商人,可是商人已经富贵了;法律上重视农民,可是农民已经贫贱了。因此,世俗所尊贵的人,正是国君所轻贱的商人;官吏所轻贱的人,正是法律所尊重的农民。上下相反,喜好的和厌恶的颠倒了,却想使国家富强,尊信法律,是不可能办到的。

[注释] **1** 乖迕(wǔ):违反。

方今之务,莫若使民务农而已矣。欲民务农,在于贵粟,贵粟之道,在于使民以粟为赏罚。今募天下入粟县官[1],得以拜爵,得以除罪。如此,富人有爵,农民有钱,粟有所渫[2]。夫能入粟以受爵,皆有余者也。取于有余,以供上用,则贫民之赋可损[3],所谓损有余补不足,令出而民利者也。顺于民心,所补者三:一曰主用足,二曰民赋少,三曰劝农功。

当前的事情,没有比引导百姓务农更重要的了。要想百姓务农,在于重视粮食,重视粮食的办法,在于让百姓可以用粮食进行赏罚。现在招募天下的人把粮食交给朝廷,就能够受封爵位,就能够赎除罪罚。这样一来,富人有了爵位,农民有了钱,粮食得到流通。能够交纳粮食来受封爵位的,都是粮食多的人。从有多余粮食的人手里取出来,供应官府的需要,于是贫苦农民的赋税就可以减少,这就是所讲的拿有余补不足、命令一出百姓就能受益的办法。它符合百姓的愿望,好处有三条:一是皇上财政费用充足,二是百姓赋税减轻,三是鼓励了农业生产。

注释 1 县官:汉代每以"县官"指皇帝。这里指朝廷、官府。 2 渫(xiè):流通。 3 损:减。

今令民有车骑马一匹者,复卒[1]三人。车骑者,天下武备也,故为复卒。神农之教[2]曰:"有石城十仞[3],汤池[4]百步,带甲百万,而亡粟,弗能守也。"以是观之,粟者,王者大用[5],政之本务。令民入粟受爵,至五大夫[6]以上,乃复一人耳。此其与骑马之功,相去远矣。

按照现行的法令,百姓有一匹驾战车的马,可以免除三个人的兵役。驾战车的马,是国家的军事装备,所以可以免除兵役。神农氏的书上说:"即使有高达十仞的石头城墙,宽达百步的沸水护城河,披甲的军队上百万,可是没有粮食,也不能守住。"由此看来,粮食,是帝王最重大的财物,是治理国家的根本条件。让百姓交纳粮食受封爵位,到五大夫爵以上,才免除一个人的兵役,这同出战马受到的益处相差太远了。

注释 1 复卒:免除兵役。复,免除。 2 神农之教:《汉书·艺文志》"兵家"有《神农兵法》一篇,这里所引的"神农之教",或许出于其中。 3 仞:古代以七尺或八尺为一仞。十仞,不是实数,形容很高。 4 汤池:汤,沸水。池,护城河。比喻险要的城防。 5 大用:最重大的资财。 6 五大夫:汉代的爵位有二十级,五大夫是第九级。

爵者,上之所擅[1],出于口而无穷;粟者,民之所种,生于地而不乏。夫得高爵与免罪,人之所甚欲也。使天下人人粟于

赐封爵位,是帝王专有的权力,出于皇帝的口没有限制;粮食,是农民种的,从地里长出来不会缺乏。得到高的爵位和免除罪罚,都是人们十分渴望的。让天下的人把粮食输送到边境,以

边²,以受爵免罪,不过三岁,塞下之粟必多矣。

此受封爵位,免除罪罚,不到三年时间,边境的粮食就一定会多起来。

注释 1 擅:专有。 2 边:边境。

狱中上梁王书

邹阳¹

导读 邹阳因受人谗毁而被下狱,他在狱中给梁孝王写了这封信。信中列举了大量历史事实和通俗而深刻的比喻、谚语来表白自己是忠而获罪、信而见疑。反复引喻,多用对偶句,是本文的主要写作特点。

原文

邹阳从梁孝王游。阳为人有智略,慷慨²不苟合,介于羊胜、公孙诡之间³。胜等疾阳,恶之孝王。孝王怒,下阳吏⁴,将杀之。阳乃从狱中上书曰:

译文

邹阳在梁孝王府中做门客。邹阳为人有智谋才略,意气风发,不随便迎合别人。他和羊胜、公孙诡相处在一起。羊胜等嫉妒邹阳,在孝王面前说他的坏话。孝王发怒,把邹阳交给法官审讯定罪,打算杀他。邹阳就在监狱中上书给孝王,说:

注释 1 邹阳:汉初齐人,最初在吴王刘濞(bì)门下任职,曾劝说吴王不要谋反,吴王不听,邹阳便改投梁孝王门下。因为羊胜等人进谗言,梁孝王曾把他投进监狱。邹阳在狱中写了这封信,梁孝王看过之后便释放了他,并当作上客。 2 慷慨:意气风发。 3 介:处于……之间。

羊胜、公孙诡:梁孝王的亲信门客。　4 下阳吏:把邹阳交给法官审讯定罪。

臣闻:"忠无不报,信不见疑。"臣常以为然,徒虚语耳。昔荆轲慕燕丹之义[1],白虹贯日[2],太子畏之;卫先生为秦画长平之事[3],太白食昴[4],昭王疑之。夫精变天地,而信不谕两主,岂不哀哉!今臣尽忠竭诚,毕议愿知,左右不明,卒从吏讯,为世所疑,是使荆轲、卫先生复起,而燕秦不寤也!愿大王熟察之。

我听说:"忠心的人不会得不到报答,守信的人不会被怀疑。"我曾经以为这话是对的,现在看来只不过是空话罢了。从前荆轲仰慕燕太子丹的义气,替他去刺杀秦王,感动得白虹贯穿太阳,太子丹却怕他不肯去;卫先生替秦国谋划长平的战事,感动得太白侵犯昴星,秦昭王却怀疑他。他们的精诚使天地发生变异,可是他们的信义却不能为两位君主所了解,难道不是很悲哀吗!现在我竭尽忠诚,把自己的意见全部讲出来,希望大王知道,可是大王左右的人不明白我的意思,终于听信狱吏的审讯,使我被世人怀疑。这即使是荆轲、卫先生再活过来,燕太子丹和秦昭王还是不会醒悟的啊!希望大王深思明察这件事。

注释　1 荆轲:战国末卫人。　燕丹:即燕太子丹。　2 白虹贯日:传说荆轲为燕太子丹刺秦王,出发时,出现白虹贯日的天象。　3 卫先生:秦人。　长平之事:指秦昭王四十七年(前260),秦将白起在长平大败赵军,想趁势灭赵,派卫先生见秦昭王,请求增兵。但应侯范雎从中破坏,昭王怀疑白起,不发兵粮,结果灭赵之事不能成功。　4 太白食昴(mǎo):太白,即金星。食,同"蚀",此作"侵犯"讲。昴,星宿名,赵的分野。

昔玉人献宝,楚王诛之;[1]李斯竭忠,胡亥极刑。[2]是以箕子[3]阳狂,接舆[4]避世,恐遭此患也。愿大王察玉人、李斯之意,而后[5]楚王、胡亥之听,毋使臣为箕子、接舆所笑。臣闻比干[6]剖心,子胥鸱夷[7],臣始不信,乃今知之。愿大王熟察,少加怜焉。

从前玉人卞和献宝,楚王反而砍了他的脚;李斯尽忠,胡亥反而把他处以极刑。所以箕子假装癫狂,接舆逃避人世,都是怕遭受这种祸患啊。希望大王体察卞和、李斯的诚意,先不要像楚王和胡亥那样听信谗言,不要使我被箕子和接舆耻笑。我听说比干被剖心,伍员的尸首被装进皮袋投入江中,我开始是不相信的,到今天才懂得了。希望大王深思明察,对我稍微加以怜惜吧。

[注释] 1 "昔玉人"二句:玉人,《史记》作"卞和"。相传卞和得到一块璞,献给楚王,楚王误以为石,卞和竟受刖刑。 2 "李斯竭忠"二句:秦始皇用李斯为丞相,统一天下。始皇死,二世胡亥即位,荒淫无道,李斯上书谏诫,胡亥不听,反而听信赵高谗言,把李斯杀了。 3 箕子:名胥余,殷纣王的叔父,因封于箕,故称箕子。 4 接舆:春秋时楚国的隐士。 5 后:放在后面,实际上是说不要那样。 6 比干:殷纣王时的贤臣,因强谏纣王而被剖胸挖心。 7 子胥鸱夷:见《乐毅报燕王书》注。

语曰:"有白头如新,倾盖如故。"[1]何则?知与不知也。故樊於期逃秦之燕,借荆轲首以奉丹事;[2]王奢去齐之魏,临城自刭,以却齐而存魏。[3]夫王奢、

谚语说:"有的人相识多年,直到头发白了,还和新交一样;有的人在路上偶然相遇,停车交谈,却像老朋友。"为什么呢?这就是相知和不相知的缘故啊。所以樊於期从秦国逃到燕国,把头借给荆轲来帮助太子丹刺秦王;王奢从齐国逃到魏国,登上城墙自杀,使齐军撤退而保存魏国。王

樊於期非新于齐、秦而故于燕、魏也,所以去二国、死两君者,行合于志、慕义无穷也。

奢、樊於期并非和齐、秦是新交,而同燕、魏是旧友,他们之所以离开齐、秦二国,又为燕丹和魏君效死,是因为行为合于他们的志向,非常仰慕燕丹、魏君的义气啊。

[注释] 1 白头如新:相识多年,直到头发白了,还和新交一样。 倾盖如故:在路上相遇,停车交谈,就好像是有多年交情的老朋友。盖,车盖,形如伞。 2 "故樊於期"二句:樊於期,原秦将,因被谗害逃到燕国。秦始皇杀了他的全家,并用重金购其头。荆轲要刺秦王,樊於期自刎,让荆轲用他的头骗取秦王的信任,以达到刺秦王的目的。 3 "王奢去齐"三句:王奢,齐臣,因得罪齐王,逃到魏国。齐伐魏,王奢登城对齐将说:"今君之来,不过以奢之故也。夫义不苟生,以为魏累。"于是自杀。

是以苏秦不信于天下,为燕尾生[1];白圭战亡六城,为魏取中山。[2]何则?诚有以相知也。苏秦相燕,人恶之燕王,燕王按剑而怒,食以骏骒;[3]白圭显于中山,人恶之于魏文侯,文侯赐以夜光之璧。何则?两主二臣,剖心析肝相信,岂移于浮辞哉!

所以苏秦不被天下诸侯信任,唯独被燕国信任,把他看得像那抱柱而死的尾生;白圭在中山做将领时对外战败,失掉了六城,后来他帮助魏国却很勇敢,攻灭了中山。为什么呢?是因为真正相知的缘故。苏秦做燕相的时候,有人在燕王面前诽谤他,燕王听了按剑发怒,反而把骏马骏骒宰了给他吃;白圭因为攻中山的功劳而地位显贵,有人在魏文侯面前说他的坏话,魏文侯反而赐给他夜光璧。为什么呢?因为这两主二臣之间,推心置腹,肝胆相照,难道会被流言蜚语所改变吗?

注释 1 尾生：古代传说中坚守信约的人。据说他与一位女子相约在桥下相见，女子没到，大水来了，他抱桥柱而死。 2 "白圭"二句：白圭，战国时中山国的将领，对外作战，丢失了六城。中山国君要杀他。他逃到了魏国，魏文侯待他极厚，他帮助魏国攻灭了中山。 3 "人恶之"三句：有人向燕王谗谤苏秦，燕王对谗人十分恼怒，不但不怀疑苏秦，反而对苏秦更加优待。骥骓(juétí)，良马名。

故女无美恶，入宫见妒；士无贤不肖，入朝见嫉。昔司马喜膑脚于宋[1]，卒相中山；范雎拉胁折齿于魏[2]，卒为应侯。此二人者，皆信必然之画，捐朋党之私，挟孤独之交，故不能自免于嫉妒之人也。是以申徒狄蹈雍之河[3]，徐衍[4]负石入海，不容于世，义不苟取比周[5]于朝，以移主上之心。

所以女子不论是美是丑，一进入宫中就会受到妒嫉；士人不论是贤是不贤，一进入朝廷就会被人忌恨。从前司马喜在宋国被割去膝盖骨，后来却做了中山的相；范雎在魏国被打断肋骨和牙齿，后来却被秦封为应侯。这两个人，都深信自己的计划一定能实现，抛弃朋党的私情，处于孤立无援的形势，所以不能自己避免被嫉妒者的诬害。所以申徒狄投雍水而死，徐衍抱石自沉于海，因为他们不被世俗所容，在朝廷中坚持道义，不肯结党营私，来改变君主的心。

注释 1 司马喜：战国时宋人。在宋受刑，逃到中山，做了宰相。 膑脚：割去膝盖骨。 2 范雎：魏国人，曾随魏国大夫须贾出使齐国。回国以后，遭须贾谗害，魏相魏齐痛打范雎，肋骨和牙齿都被打断。后来范雎逃到秦国，被任用为相，封为应侯。 拉：折断。 胁：指腋下肋骨。 3 申徒狄：姓申徒，名狄，商代人。传说因谏君不被听信，自投雍水而死。蹈雍之河：指其先投入雍水而后流入黄河。 4 徐衍：周末人，因不满于乱世，背了块石头自己投海而死。 5 比周：密切勾结。这里是指结党。

故百里奚[1]乞食于道路，缪公委之以政；宁戚饭牛车下[2]，桓公任之以国。此二人者，岂素宦于朝，借誉于左右，然后二主用之哉？感于心，合于行，坚如胶漆，昆弟不能离，岂惑于众口哉？故偏听生奸，独任成乱。昔鲁听季孙之说逐孔子[3]，宋任[4]子冉之计囚墨翟。夫以孔、墨之辩，不能自免于谗谀，而二国以危。何则？众口铄金，积毁销骨也。[5]

百里奚曾在路上讨饭，秦穆公却把政事托付给他；宁戚在车下喂牛，齐桓公却把国家大事交给他。这两个人难道是素常在朝廷做事，借着国君左右的人替他们进言，然后才得到两个国君的重用吗？不是，他们之间，心有同感，行为相合，坚固得如胶漆，像兄弟一样不能分离，难道会被众口所迷惑吗？因此偏听偏信产生邪恶，独断独行形成祸乱。从前鲁君听信季孙氏的话驱逐孔子，宋君用子冉的计谋囚禁墨子。凭着孔、墨的能言善辩，尚不能自己避免受谗言，鲁、宋两国几至倾危。为什么呢？众人的嘴连金子也会熔化，毁谤积在一起连骨头也会销毁。

注释 1 百里奚：见《谏逐客书》注。 2 宁戚：春秋时卫人。因不被用，便以经商为业，住在齐郭门之外。一次，齐桓公夜间外出，看见宁戚唱着歌喂牛。桓公知道他是个贤者，举用为大夫。 饭牛：喂牛。 3 听：听信。季孙：鲁国的大夫，即季桓子。据说齐人送给季桓子女子歌舞队，季桓子接受了，三天不上朝，于是孔子离开了鲁国。 4 宋任：别本作"宋信"。所指不详。 5 "众口铄金"二句：比喻谗言的厉害。铄、销，都是熔化的意思。

秦用戎人由余[1]，而伯中国；齐用越人子臧，而强威、宣。[2]此二国岂

秦穆公起用戎人由余，因而称霸中国；齐国任用越人子臧，使威王、宣王两代国力强盛。这两个国家难道被世俗之

系于俗，牵于世，系奇偏之浮辞³哉？公听并观，垂明当世。故意合则吴越为兄弟⁴，由余、子臧是矣；不合则骨肉为仇敌，朱、象、管、蔡是矣⁵。今人主诚能用齐、秦之明，后宋、鲁之听，则五伯不足侔⁶，而三王易为也⁷。

见、片面之辞所束缚牵制吗？他们公正地听取意见，全面地观察事情，在当世留下明察的名声。所以情意相合，距离遥远的胡族和越族也能亲近如兄弟，由余、子臧就是这样；意见不合，那亲骨肉也成了仇敌，丹朱、象、管叔、蔡叔就是这样。现在做君主的如果确实能学习齐、秦两国君主的明察，不像宋君、鲁君那样偏听，那么五霸就不足相比，三王也容易做到了。

注释 1 由余：见《谏逐客书》注。 2 子臧：春秋时越人。 威、宣：指齐威王、齐宣王。 3 奇偏之浮辞：一面之辞。 4 吴越为兄弟：一本作"胡越为昆弟"。译文从"胡越"解。 5 朱：指丹朱，尧的儿子。 象：舜的后母弟，象曾和父母共谋，要杀害舜。 管、蔡：指管叔、蔡叔，都是周武王的弟弟。 6 侔：相等。 7 三王易为也：一本作"三王易为比也"。

是以圣王觉寤，捐子之¹之心，而不说田常²之贤，封比干之后³，修孕妇之墓⁴，故功业覆于天下。何则？欲善无厌也。夫晋文亲其仇，强伯诸侯；齐桓用其仇，而一匡天下。何则？慈仁殷勤，诚加于心，不可以虚辞借也。

所以圣明的君主觉悟了，便会抛弃传位给子之这种人的想法，不喜欢田常这样的"贤能"，封比干的后代，修孕妇的坟墓，因此功业覆盖天下。这是为什么呢？是因为他们追求善行而不满足啊。晋文公亲近他往日的仇人，因而称霸诸侯；齐桓公任用他往日的仇人，因而匡正天下。这是为什么呢？这是因为他们仁慈殷勤，确实感动人心，而不是说空话可以办到的。

至夫秦用商鞅之法,东弱韩、魏,立强天下,卒车裂之;[1]越用大夫种[2]之谋,禽劲吴而伯中国,遂诛其身。是以孙叔敖[3]三去相而不悔,於陵子仲[4]辞三公,为人灌园。

至于秦孝公采用了商鞅的主张,向东削弱韩、魏,在天下建立一个强盛的秦国,后来秦国却把商鞅车裂而死;越王勾践采用大夫文种的计谋,擒住强劲的吴王而称霸中国,后来却杀害了文种。所以孙叔敖曾三次离开令尹的职位也不悔恨;於陵子仲拒绝做三公的高官,而去帮人灌园。

今人主诚能去骄傲之心,怀可报之意,披心腹,见情素[1],堕肝胆[2],施德厚,终与之穷达[3],无爱于士,则桀之犬可使吠

当今的君主如果确实能够去掉骄傲之心,怀着让人可以立功的想法,推心置腹,开诚相见,披肝沥胆,施行厚德,始终同忧患共安乐,对贤能的人无所吝惜。那么,就是夏桀的犬也可使它

尧[4]，跖之客可使刺由[5]。何况因万乘之权，假圣王之资乎？然则荆轲湛七族[6]，要离燔妻子[7]，岂足为大王道哉！

吠唐尧，盗跖的门客也可使他刺许由。何况您是凭着万乘大国的权势，借着圣王的能力呢？如果这样，荆轲为燕丹不惜连累七族，要离为公子光不惜烧死他的妻子，难道还值得向大王说吗？

[注释] 1 情素：真情实意。素，同"愫"，真情。 2 堕肝胆：肝胆涂地的意思。 3 终与之穷达：指国君与士始终同忧患，共安乐。穷达，逆境和顺境。 4 桀之犬可使吠尧：夏桀是个暴君，他养的狗也咬好人。尧是传说的古代圣君，后来泛指最好的人。这句话后演为"桀犬吠尧"的成语，比喻走狗一心为主子效劳。 5 跖之客可使刺由：跖，指盗跖；由，指许由。 6 湛七族：湛，同"沉"，没。七族，指父之族、姑之子、姊妹之子、女之子、母之姓、从子和妻父母。 7 要离：要离，见《唐雎不辱使命》注。燔(fán)妻子：要离为了取得庆忌的信任，让吴王阖闾砍断他的右手，烧死他的妻子，伪装得罪出走，后来他刺死了庆忌，自己也自杀了。

臣闻明月之珠，夜光之璧，以暗投人于道，众莫不按剑相眄[1]者。何则？无因而至前也。蟠木根柢[2]，轮囷离奇[3]，而为万乘器者，以左右先为之容也[4]。故无因而至前，虽出随珠和璧，祗[5]怨结而不见德。有人先游[6]，则枯木朽株，树功而不忘。

我听说明月珠和夜光璧，在黑夜里从路上投向行人，人们没有不按剑怒目斜看的。这是为什么呢？是因为它们无缘无故地来到面前。弯树的根，盘结奇怪，却可以做天子的器物，因为事先有人把它加以雕饰了。所以无缘无故来到面前，即使是随侯之珠、和氏之璧，也只能结成仇怨而不能得到感谢。有人预先推荐，即使是枯木朽株，也能建立功业而不被忘掉。

今夫天下布衣穷居之
士，身在贫羸[1]，虽蒙尧、舜之
术，挟伊、管[2]之辩，怀龙逢[3]、
比干之意，而素无根柢之容，
虽极精神[4]，欲开忠于当世之
君，则人主必袭按剑相眄之
迹矣。是使布衣之士，不得
为枯木朽株之资[5]也。

现在天下的穷困之士，处在贫
穷饥饿之中，即使掌握尧、舜的治
术，具有管仲、伊尹的辩才，怀有关
龙逢、比干的忠心，但平素无人推
荐，虽然用尽精神，想取得当世君主
的信任，那君主也必定会按剑斜视
呢。这样就使得贫寒的士人，甚至
不能起到枯木朽株的作用。

注释 1 羸(léi)：瘦弱。 2 伊、管：伊尹和管仲。 3 龙逢(páng)：
关龙逢，夏代贤臣。 4 虽极精神：一本作"虽竭精神"。 5 资：作用。

是以圣王制世御
俗，独化于陶钧[1]之上，
而不牵乎卑乱之语[2]，不
夺[3]乎众多之口。故秦
皇帝任中庶子蒙嘉之言
以信荆轲[4]，而匕首窃
发；周文王猎泾、渭，载
吕尚归，以王天下。

所以圣明的君主治理天下驾驭世
俗，要像陶工转动圆盘一样，独自地控制
教化天下，不被卑乱的话语牵制，不为众
人的意见所影响而改变主张。所以秦始
皇采纳中庶子蒙嘉的话，从而相信了荆
轲，结果匕首从呈献的地图中出现了；周
文王在泾、渭之滨打猎，载了吕尚共同乘
车回家，结果统一了天下。

注释 1 陶钧：古代制造陶器时所用的转轮。 2 卑乱之语：一本作"卑辞之语"。　**3** 夺:指受影响而改变。　**4** 中庶子:官名,太子的属官。蒙嘉:人名。荆轲到秦,先用财物贿赂蒙嘉,蒙嘉替他在秦王面前说好话,荆轲才能见到秦王。

秦信左右而亡[1];周用乌集[2]而王。何则?以其能越挛拘之语[3],驰域外之议[4],独观乎昭旷[5]之道也。今人主沉谄谀之辞,牵帷廧[6]之制,使不羁之士与牛骥同皁[7],此鲍焦[8]所以愤于世也。

秦始皇相信左右近臣的话几乎丧命;周文王任用突然来到的吕尚而做了天下的王。这是为什么呢?是因为周文王能够摆脱成见,不受拘束,因而能独自看到光明宽广的大道。当今做人主的沉溺在谗言谄语之中,被近臣妻妾所牵制,使不受世俗束缚的贤士与牛马同槽,这就是鲍焦愤恨世道的原因。

注释　**1** 秦信左右而亡:左右,指蒙嘉。亡,这是夸大之辞。　**2** 乌集:像乌鸟那样猝然聚合。　**3** 能越挛拘之语:与"不牵乎卑乱之语,不夺乎众多之口"同意。挛拘,成见。　**4** 域外之议:不受任何局限的议论。**5** 昭旷:光明宽广。　**6** 帷廧:指代近臣妻妾。廧,同"墙"。　**7** 皁(zào):同"皂",马槽。　**8** 鲍焦:周时隐士,相传因不满当时政治,抱木饿死。

臣闻盛饰入朝者,不以私污义;底厉名号[1]者,不以利伤行。故里名胜母,曾子不入;[2]邑号朝歌,墨子回车。[3]今欲使天下寥廓之士[4],笼于威重之权,胁于位势[5]之贵,回面[5]污

我听说,修养品德进入朝廷的人,不拿私心来污辱仁义;磨炼操行爱惜名声的人,不以私利来伤害品行。所以里巷名叫"胜母",曾子便不进去;城邑名叫"朝歌",墨子便掉转车头。当今想要使天下抱负远大的人,被威重的权势所笼络,被高贵的势位所胁迫,使他们

行,以事谄谀之人,而求亲近于左右,则士有伏死堀穴岩薮之中耳[6],安有尽忠信而趋阙下[7]者哉?

强作笑颜,卑躬屈节去奉承那些谄谀的人,以求得到主上的亲近,那么,贤士们只有无声无息死在山林草泽中罢了,哪里会有竭尽忠信来到朝廷的呢?

注释 1 底厉名号:锻炼操行,爱惜名声。 2 "故里名胜母"二句:曾子极孝,经过"胜母"里,认为名称不顺,便不进入。 3 "邑号朝歌"二句:朝歌是殷时的都邑,在今河南淇县。墨子主张"非乐",他经过朝歌,认为名字和他的主张不合,故回车离开。 4 寥廓之士:抱负远大的人。 5 回面:丑化面容。 6 堀:同"窟"。 薮(sǒu):湖泽。 7 阙下:宫阙之下,帝王居住的地方。

上书谏猎

司马相如[1]

导读 本文是司马相如劝阻汉武帝不要亲自打猎的一篇奏章。意思诚恳,语气婉转,因而武帝乐意接受。

原文

相如从上至长杨[2]猎,是时天子方好自击熊豕,驰逐野兽。相如因上疏谏曰:

臣闻物有同类而殊能者,故力称乌获[3],捷

译文

司马相如随从汉武帝到长杨宫打猎,当时武帝正爱好亲自搏击熊和野猪,驾车追逐野兽。司马相如因此上书劝阻说:

我听说,事物有同是一类,却各具特殊才能的。所以力气大的,要数乌获;善

言庆忌[4]，勇期贲、育[5]。臣之愚，窃以为人诚有之，兽亦宜然。

跑的，就讲庆忌；勇猛的，必说孟贲、夏育。我愚昧，私下认为在人群中确实有这样的人，在野兽中也应该是这样。

注释 1 司马相如(前179—前117)：西汉辞赋家。字长卿。蜀郡成都(今属四川)人。所作《子虚赋》《上林赋》为武帝看重，用为郎。曾奉使西南，后为孝文园令。 2 长杨：长杨宫，秦宫苑名。 3 乌获：战国时秦国力士。据说他能举千钧之重，为秦武王宠用。 4 庆忌：吴王僚的儿子。 5 贲、育：指孟贲和夏育。

今陛下好陵阻险，射猛兽，卒然[1]遇逸材之兽，骇不存之地[2]，犯属车之清尘[3]，舆不及还辕[4]，人不暇施巧，虽有乌获、逢蒙[5]之技不得用，枯木朽株，尽为难矣。

如今陛下喜欢登上险峻的地方射杀猛兽，如果突然遇到了凶猛异常的野兽，它被逼到死亡的境地，必然咆哮反扑，侵犯陛下的车驾，这时车子来不及转过头，人也来不及施展驾车的巧技，卫士们即使有乌获、逢蒙的本领也用不上，哪怕有一段枯木朽株阻碍车道，都可成为灾难啊。

注释 1 卒然：同"猝然"，突然。 2 骇不存之地：指野兽被逼惊骇，到了不能容身的地方，必然竭力反扑。 3 属车：从车。古代帝王出行时有属车相从，大驾属车八十一乘。 清尘：尘，指车马行动时扬起的尘土；清，尊贵之意。后来人们用"清尘"称代尊贵的人。文中因不便直说汉武帝，故说"犯属车之清尘"。 4 舆：车厢。因代指车。 辕：驾车用的直木或曲木。 5 逢(Páng)蒙：夏代善射者。

是胡越起于毂下，而羌夷接轸也，[1]岂不殆哉！虽万全而无患，然本非天子之所宜近也。

这就好像胡越的兵突然从车底下钻出来，羌夷的队伍跟在车后追赶，难道不危险吗？即使万分安全，没有丝毫危险，这种事也本来不是天子应该接近的啊。

注释 1 "是胡越"二句：这里的意思是说，当时遇到的危险情景，犹如外患发生在身旁。胡越、羌夷，当时四方的少数民族，胡主要指匈奴。轸(zhěn)，车后横木。

且夫清道而后行，中路而驰，犹时有衔橛之变[1]，况乎涉丰草，骋邱墟，前有利[2]兽之乐，而内无存变之意，其为害也不难矣[3]。夫轻万乘之重不以为安，乐出万有一危之途以为娱，臣窃为陛下不取。

再说扫清道路然后出行，沿着大路的正中奔驰，尚且有时会发生马嚼子断、钩心脱的事故，何况是在茂密的草丛中行走，在山丘中奔跑，眼前有贪图获得野兽的乐趣，胸中却没有防备事故的思想，遭到祸害是很容易的啊！随便放弃天子的尊贵，不顾自己的安全，喜欢到可能有危险的地方去寻欢作乐，臣私心认为，陛下是不该这样做的。

注释 1 衔：放在马口里的铁嚼子。 橛(jué)：车钩心。 变：事故。 2 利：贪图。 3 "其为"句：一本作"其为祸也不亦难乎"。

盖明者远见于未萌，而知者避危于无形，祸固多藏于隐微，而发于人之所忽者也。故鄙

大凡聪明的人，在事情还没有萌发时便及早看到；智慧的人在祸患没有形迹之前就能避开，祸患本来大多藏在隐微的地方，发生在人们疏忽的时候。所

谚曰："家累千金，坐不垂堂。"¹此言虽小，可以喻大。臣愿陛下留意幸察。

以俗语说："家中积累千金的人，不坐在屋檐下。"这话虽然说的是小事情，却可以说明大道理。我希望陛下留意明察。

注释 1"家累"二句：累，积累。垂，堂边。坐不垂堂，是说怕檐瓦坠地伤人，形容富家子弟，非常自爱。

答苏武书

李陵¹

导读 天汉二年(前99)，李陵率五千步兵深入匈奴，众寡不敌，将士战死殆尽，自己被逼投降，这实在是个悲剧。后人伪托的这篇《李陵答苏武书》，重点在于揭露汉王朝对"妒功害能之臣"与"亲戚贪佞之类"备加优容，而对某些有功之人则刻薄寡恩。

原文

子卿²足下：勤宣令德³，策名清时⁴，荣问休畅⁵，幸甚幸甚！远托异国⁶，昔人所悲，望风⁷怀想，能不依依⁸！昔者不遗⁹，远辱还答，慰诲勤勤，有逾骨肉。陵虽不敏，能不慨然？

译文

子卿足下：您勤勤恳恳地宣播汉家的美德，在政治清明的时代担任官职，美好的声誉到处传扬，这太好了！太好了！远离家乡寄身异国，这是古人感到悲伤的事，瞻望祖国怀想久别的亲友，怎能不令人留恋！先前承您不忘记我，从遥远的地方回信给我，安慰教诲，热情诚恳，超过了至亲骨肉。我虽说愚钝，又怎能不感动呢？

注释 1 李陵:字少卿,西汉陇西成纪人。名将李广的孙子。善骑射。武帝时,为骑都尉。武帝天汉二年(前99),李陵率领步卒五千出击匈奴,在士卒死伤殆尽的情况下,败降匈奴。李陵在匈奴二十余年,汉昭帝元平元年(前74)病死。汉武帝天汉元年,苏武出使匈奴被扣,历十九年在汉昭帝始元六年(前81)归汉,告别李陵。苏武归汉后,曾写信给李陵,招他归汉。李陵回书苏武,就是《答苏武书》,历来有人认为《答苏武书》是后人伪作。 2 子卿:苏武字。 3 令德:美德。 4 策名:做官。古代的人出仕(担任官职),主管长官就把他的名字记在策(竹简)上,所以叫出仕为策名。 清时:政治清明的时代。 5 问:通“闻”。 休:美。 畅:通,到处传扬。 6 异国:外国,指匈奴。 7 望风:远远相望。 8 依依:留恋的样子。 9 不遗:不遗弃,指苏武归汉后仍写信给他。

自从初降,以至今日,身之穷困,独坐愁苦。终日无睹,但见异类。韦韝毳幕[1],以御风雨。羶肉酪浆[2],以充饥渴。举目言笑,谁与为欢?胡地玄冰[3],边土惨裂,但闻悲风萧条之声。

自从我当初投降,直到今天,一个人身处困境,孤孤单单,忧愁苦闷。整天看不到别的,只看见异乡异物。穿着皮制衣裳,住着毛毡帐篷,用来抵御风雨;吃着膻肉喝着奶酪,用来充饥解渴。抬眼四望,想找人谈笑,又有谁跟我同欢乐呢?胡地的冰,厚得发黑,边塞大地,凄惨冻裂,只能听到悲哀萧条的风声。

注释 1 韦:皮革。 韝(gōu):古代的套袖。 毳(cuì):鸟兽的细毛。 幕:帐幕。 2 羶:同“膻”,羊肉的气味。 酪:用乳汁制成的半凝固食品。 浆:乳汁。 3 玄冰:冰厚则呈现黑色。

凉秋九月,塞外[1]草衰,夜不能寐,侧耳远

凉秋九月时节,塞外的草木都枯黄了。夜间不能入睡,侧耳远听,胡笳的声

听,胡笳²互动,牧马悲鸣,吟³啸成群,边声⁴四起。晨坐听之,不觉泪下。嗟乎子卿,陵独何心,能不悲哉!

音不断,牧马悲壮地嘶鸣,两者混合在一块,这些边地特有的声音,从四面八方响起。清晨坐起听到这些声音,禁不住流下泪来。唉,子卿啊,我李陵的感情和别人有什么不同吗,怎能不悲伤呢?

注释 1 塞外:指外长城以北地区。 2 胡笳(jiā):古管乐器。 3 吟:指胡笳声。 4 边声:边地特有的声音,即笳声马嘶之类。

与子别后,益复无聊。上念老母,临年¹被戮;妻了无辜,并为鲸鲵²。身负国恩,为世所悲。子归受荣,我留受辱,命也何如? 身出礼义之乡,而入无知之俗;违弃君亲之恩,长为蛮夷³之域,伤已! 令先君之嗣⁴,更成戎狄之族,又自悲矣。功大罪小,不蒙明察,孤负陵心区区之意。每一念至,忽然忘生。

我自从同您分别以后,就更加感到无聊。上念我的老母,临到老年还被杀戮;妻子儿女没有过错,也同遭杀害。我自己辜负了汉朝的恩德,为世人所惋惜。您回归汉朝得到荣誉,我留在胡地蒙受耻辱,这是怎样的命运啊? 我生长在礼义之乡,却进入了蒙昧无知的社会中;背弃了君亲的恩德,终生流落在蛮夷之地,伤心啊! 使我父亲的后嗣,成为夷狄的族人,就更加使我悲痛了。我功大罪小,不能得到皇上的清楚了解,辜负了我李陵一片心意。每当想到这里,忽然忘了还活在人世。

注释 1 临年:临到老年。 2 鲸鲵(ní):动物名,雄的叫鲸,雌的叫鲵。比喻杀戮。 3 蛮夷:古代对边疆少数民族的贬称。 4 先君:李陵称他的父亲。 嗣:后代。

陵不难刺心[1]以自明，刎颈[2]以见志，顾国家于我已矣[3]，杀身无益，适足增羞，故每攘臂[4]忍辱，辄复苟活。左右之人见陵如此，以为不入耳之欢，来相劝勉。异方之乐，祇[5]令人悲，增忉怛[6]耳。

我并不难于以刺心来表明心迹，以刎颈来表现志节，但想到汉家对我已经是恩断义绝了，自杀没有益处，正好增加羞辱，所以我常常勉强振作，忍受耻辱，总是又苟且地活下来。周围的人看到我这样，因此说一些我不高兴听的乐事来安慰我，勉励我。但是，这些异国的欢乐，只能令人悲伤，增添痛苦罢了。

注释　1 刺心：用刀子刺心。　2 刎颈：用刀子割喉管。　3 顾：念。国家：指汉王室和家庭。古代的国家概念与现在不同。　4 攘臂：奋臂；振奋精神。这里是说勉强振作精神。　5 祇：同"只"。　6 忉怛(dāodá)：内心悲伤痛苦的样子。

嗟乎子卿，人之相知，贵相知心。前书仓卒，未尽所怀，故复略而言之。昔先帝[1]授陵步卒五千，出征绝域。五将失道[2]，陵独遇战。而裹万里之粮，帅徒步之师，出天汉[3]之外，入强胡之域，以五千之众，对十万之军，策疲乏之兵，当新羁之马[4]。然犹斩将搴[5]旗，追奔逐北，灭迹扫尘[6]，斩其枭帅[7]，使三

唉，子卿啊，人的彼此相知，贵在互相知心。前次给您的信写得匆忙，没有吐尽我的情怀，所以再简明地说说。当初先帝授予我五千步兵，出国征讨远方的匈奴。其他将领迷失道路，没有按期会合，只有我单独遇到匈奴作战。我带着征战万里的粮草，率着徒步行军的部队，远离国境，进入强敌的国土，用五千的士兵，对抗敌人十万大军，我指挥着疲惫困乏的士兵，抵挡匈奴新装备的骑兵。然而还能斩将夺旗，追赶败退的敌兵，像消灭痕迹、扫除灰尘一样

军之士,视死如归。陵也不才,希当大任,意谓此时,功难堪矣。

地消灭敌人,斩杀他们的勇将,使得全军将士,个个视死如归。我虽没有才干,却愿担当重任,觉得这时的功劳大得难以比拟。

[注释] 1 先帝:指汉武帝。 2 失道:迷失道路。这里是说没有按预定的日期与地点会合。 3 天汉:指汉朝主要统治地区。 4 羁:系住。这里作训练、装备解。 马:指骑兵。 5 搴(qiān):拔取。 6 灭迹扫尘:像消灭痕迹、扫除灰尘一样地消灭敌人。 7 枭(xiāo)帅:勇将。

匈奴既败,举国兴师,更练精兵,强逾十万。单于¹临阵,亲自合围。客主之形既不相如,步马²之势又甚悬绝。疲兵再战,一以当千,然犹扶乘创痛³,决命争首。死伤积野,余不满百,而皆扶病,不任干戈。然陵振臂一呼,创病皆起,举刃指虏⁴,胡马奔走。兵尽矢穷,人无尺铁,犹复徒首奋呼,争为先登。当此时也,天地为陵震怒,战士为陵饮血⁵。单于谓陵不可复得,便欲引还。而贼臣⁶教之,遂使复战,故陵不免耳。

匈奴败退后,便全国出动军队,再挑选精兵,人数超过十万。单于来到阵前,亲自组织合围。敌我双方的形势既不能相比,步兵与骑兵的力量又悬殊。我们疲劳的步兵再次投入战斗,无不以一当千,仍然忍着伤痛,拼死争先。死伤的士卒积满荒野,剩下的不到百人,而且都带着伤病,拿不起武器。然而我振臂一呼,受伤重病的士兵都站起来,举起刀指向敌人,使敌骑掉头逃跑。刀剑拼光了,箭射完了,人人手中没有一件武器,还是空手昂头奋力呼喊,争先向前。当这个时候,天地为我震动发怒,战士为我饮血吞泪。单于以为不能够把我俘虏,又怕汉有伏兵,便要引兵撤退。但是贼臣告密,唆使他再战,所以我李陵失败是不可避免的了。

注释 1 单于:匈奴君主的称号。 2 步马:李陵是步卒,匈奴是马骑。
3 扶乘创痛:意为扶持、忍受创伤疼痛。 4 虏:敌人。我国古代泛指外
族为虏。此指匈奴。 5 饮血:吞下血泪。 6 贼臣:指管敢。管敢本
是李陵军中的一名军侯,因事被校尉鞭笞五十而逃入匈奴。匈奴与李陵
战至塞,恐汉有伏兵,欲引兵还。管敢告匈奴汉无伏兵。

昔高皇帝以三十万众困于平城[1],当此之时,猛将如云,谋臣如雨,然犹七日不食,仅乃得免。况当陵者,岂易为力哉!而执事者云云,苟怨陵以不死[2]。然陵不死,罪也。子卿视陵,岂偷生之士而惜死之人哉?宁有背君亲捐妻子而反为利者乎!然陵不死,有所为也。

过去高祖皇帝带着三十万人马,被匈奴围困在平城,当时,猛将像云一般的多,谋臣如雨一样的多,然而还七天吃不上饭,只不过免于当俘虏。何况抵挡我的是十万大军,难道是容易对付的吗?然而执政的人议论纷纷,只是责怪我不为国而死。固然我不死是有罪的。子卿你看我李陵,难道是苟且偷生、吝惜一死的人吗?难道背离国君父母,抛弃妻子儿女而反认为是有利的吗?然而我之所以不死,是想有所作为啊。

注释 1 平城:地名,在今山西大同东北。汉高祖七年(前200),高祖亲往击韩王信至平城,被匈奴围困了七天。 2 不死:指不以身殉国。

故欲如前书之言,报恩于国主耳。诚以虚死不如立节,灭名不如报德也。昔范蠡不殉会稽之耻[1],曹沫不死三败之辱[2],卒复勾

我本来想像前一封信说的那样,等待机会向国君报恩。我实在觉得白白死去不如建立名节,徒有虚名不如报答恩德。从前范蠡不死于吴国会稽的国耻,曹沫不死于三次打败仗的羞

践之雠，报鲁国之羞。区区之心，窃慕此耳。何图志未立而怨已成，计未从而骨肉受刑，此陵所以仰天椎心而泣血也。

辱，终于复了越王勾践的仇，雪了鲁国的耻。我私心羡慕他们啊。谁想到志向没有达到而怨恨已经形成，计谋没有听从而亲人遭到杀害，这是我仰天捶心而哭出血来的原因啊。

[注释] **1** 范蠡(lí)：春秋末年政治家。越大夫。 会稽之耻：指吴王夫差把越王勾践围在会稽的事。 **2** 曹沫不死三败之辱：曹沫，春秋时鲁大夫，与齐三战三败；后鲁与齐盟，曹持匕首劫齐桓公，迫使齐桓公归还全部鲁地。

足下又云："汉与功臣不薄。"子为汉臣，安得不云尔乎？昔萧、樊囚絷[1]，韩、彭菹醢[2]，晁错受戮[3]，周、魏见辜[4]，其余佐命立功之士，贾谊、亚夫[5]之徒，皆信命世[6]之才，抱将相之具，而受小人之谗，并受祸败之辱，卒使怀才受谤，能不得展。

足下又说："汉家待功臣不薄。"您是汉朝的臣子，哪能不这样说呢？从前萧何、樊哙被拘囚，韩信、彭越被剁成肉酱，晁错被杀，周勃和窦婴被治罪，其他辅佐皇帝建立功勋的人，像贾谊、周亚夫等，都真正是杰出的人物，怀有将相的才干，却受到小人的谗害，都遭受杀戮或者贬黜的耻辱，最终使他们怀才受谤，才能得不到施展。

[注释] **1** 萧、樊囚絷(zhí)：萧，汉初相国萧何。有一次，萧何对汉高祖刘邦说："长安地狭，上林中多空地，请租给老百姓种，庄稼茎秆留下喂园中禽兽。"高祖大怒说："丞相是受了商人的贿赂，来要我的园子。"于是把萧何下狱。樊，汉初功臣樊哙。高祖病重时，有人在他面前说樊哙的坏话，

于是高祖派陈平解除了樊的兵权,押回长安囚禁。 **2** 韩、彭菹醢(zūhǎi):韩信与彭越都是刘邦平定天下的功臣,后来都遭杀害。菹醢,肉酱,这里用作动词,指把人剁成肉酱。 **3** 晁错受戮:见《论贵粟疏》注。 **4** 周、魏见辜:周,周勃。他是刘邦的功臣,曾诛诸吕,迎立汉文帝。汉文帝时有人上书告周勃谋反,周勃被逮捕治罪。魏,魏其侯窦婴。他在景帝时任大将军,平定七国叛乱有功。后来因灌夫骂丞相田蚡的事件,论罪处死。 **5** 亚夫:周亚夫。西汉名将。景帝时为太尉,平定吴楚七国之乱,迁为丞相。后因其子私买皇家用物,下狱,呕血而死。 **6** 命世:应运出世。

彼二子之遐举[1],谁不为之痛心哉!陵先将军[2],功略[3]盖天地,义勇[4]冠三军,徒失贵臣之意,到身绝域之表[5]。此功臣义士所以负戟而长叹者也!何谓不薄哉?

那贾谊、周亚夫两人的死,谁不为他们痛心呢?我死去的祖父,功劳和才略在当时很突出,节义勇武在三军中数第一,只是不讨权贵的欢心,便被迫在极远的异域自杀。这些都是功臣义士长叹息的原因啊!怎能说汉家待功臣不薄呢?

[注释] **1** 二子:指贾谊、周亚夫。 遐举:死的讳称。贾谊、周亚夫,都是受谤不得志吐血而死的。 **2** 先将军:指李陵的祖父李广。 **3** 功略:功劳和才略。 **4** 义勇:节义和勇武。 **5** 到身:自杀。 表:外。

且足下昔以单车之使[1],适万乘之虏,遭时不遇[2],至于伏剑不顾,流离辛苦,几死朔北[3]之野;丁年[4]奉使,皓首[5]而归,老母终堂[6],生

再说您过去带领很少的人出使,到拥有万辆兵车的匈奴,碰到的时机不好,以至于拔剑自杀,不顾性命,颠沛流离,辛勤劳苦,几乎死在朔北的荒野。您壮年奉命出使,头

妻去帷[7]，此天下所希闻，古今所未有也。蛮貊[8]之人，尚犹嘉子之节，况为天下之主乎？

发白了才回国，老母去世，妻子改嫁，这是天下罕闻，古今所没有的。匈奴人尚且还称赞您的节操，何况天下之主的汉家呢？

注释 1 单车之使：指苏武出使匈奴带领的人很少。 2 遭时不遇：指苏武出使匈奴时，匈奴发生一宗谋反案件，牵连到苏武的副使张胜。匈奴归附汉朝本非真心，就借这件事扣留了苏武等人，并逼迫他们投降。 3 朔北：北方。 4 丁年：丁壮之年，壮年。 5 皓首：白头。 6 终堂：终于堂上，死去的讳称。 7 去帷：离开帷内，意即改嫁。帷，帐幔，古代用以障隔内外。帷内即内室。 8 蛮貊(mò)：古代称南方的民族为蛮，东方的民族为貊。这里指匈奴。

陵谓足下，当享茅土[1]之荐，受千乘之赏。闻子之归，赐不过二百万，位不过典属国[2]，无尺土之封，加[3]子之勤。而妨功害能之臣，尽为万户侯；亲戚贪佞之类，悉为廊庙[4]宰。子尚如此，陵复何望哉？

我觉得您一定会得到分封土地、担任侯爵的赏赐。听说您回到汉家，受到的赏赐不过二百万钱，官位不过是典属国，没有一尺土地的封赐，来嘉奖您的辛劳。而那些妨碍立功、陷害贤能的朝臣，都封为万户侯；亲戚和贪婪逢迎的家伙，都成了朝廷的大官。您尚且如此，我还存什么希望呢？

注释 1 茅土：古代皇帝社祭的坛用五色土(青、赤、白、黑、黄)建成，分封诸侯时，取一种颜色的泥土用茅草包好送给受封的人，作为分得土地的象征。 2 典属国：官名，始于秦，西汉沿置。掌管少数民族事务，成帝时并入大鸿胪。 3 加：加赏。 4 廊庙：犹言庙堂，指朝廷。

且汉厚诛陵以不死，薄赏子以守节，欲使远听之臣望风驰命，此实难矣。所以每顾而不悔者也。陵虽孤恩，汉亦负德。昔人有言："虽忠不烈，视死如归。"陵诚能安，而主岂复能眷眷¹乎？男儿生以不成名，死则葬蛮夷中。谁复能屈身稽颡²，还向北阙，使刀笔之吏弄其文墨耶？愿足下勿复望陵。

汉朝因我未以身殉国就严加诛戮，您坚守气节又赏赐微薄，想使远方听候命令的臣子急切地效命朝廷，这实在是太难了。这正是我每当想到这些就不悔恨的缘故。我虽辜负汉家的恩情，汉家也辜负了我的功德。从前有人说过："虽忠不烈，视死如归。"我诚然能甘心地死去，然而皇上还能顾念我吗？男子汉生不能成就功名，死后就葬身在国外吧。谁还能屈身叩头，回国向着朝廷，让那般刀笔吏舞文弄墨罗织罪名呢？希望您不再盼望我归汉了。

注释 1 眷眷：依恋不舍。 2 稽颡(sǎng)：叩头至地。颡，额。

嗟乎子卿，夫复何言！相去万里，人绝路殊。生为别世¹之人，死为异域之鬼，长与足下生死辞矣。幸谢故人，勉事圣君。足下胤子²无恙，勿以为念。努力自爱。时因北风，复惠德音。李陵顿首。

唉，子卿啊，还有什么好说的呢？相隔万里，往来断绝，道路不通。我活着是另一世界的人，死了做异国的鬼，永远跟您生离死别不能相见了。希望我的老朋友，勉力侍奉圣明的君王。您的儿子很好，不要挂念他。望您尽力爱惜自己。盼望您时常借着北风，再带给我好消息。李陵叩头致敬。

注释 **1** 别世:另一个世界,指匈奴。 **2** 胤(yìn)子:苏武在匈奴曾娶妇,生子名通国。

尚德缓刑书

路温舒[1]

导读 本文选自《汉书·路温舒传》,是一篇很有影响的政论文章。宣帝初立,路温舒上书劝诫宣帝崇尚德政,宽理刑狱,目的在于说服宣帝改变自武帝以来法令烦苛、冤狱四起的情况。文中深刻揭露了治狱之吏的危害,最后归结到"扫亡秦之失,尊文武之德"。文章对专制惨祸写得具体生动,并从颂扬入手,鼓励汉宣帝取法乎上,深切悲痛,很有说服力。

原文

昭帝[2]崩,昌邑王[3]贺废,宣帝[4]初即位。路温舒上书言宜尚德缓刑。其辞曰:

译文

昭帝去世,昌邑王刘贺被废黜,宣帝刚刚即位。路温舒上书皇帝,谈应当"尚德缓刑"。书中说:

注释 **1** 路温舒:字长君,西汉巨鹿人。举孝廉,官至廷尉奏曹掾(中央审判长官办文牍的属官)、太守等职。宣帝即位(前74),上了这封《尚德缓刑书》,反对严刑峻法。 **2** 昭帝:汉昭帝,名刘弗陵,武帝少子。 **3** 昌邑王:名贺。武帝孙。昭帝死后,霍光曾迎昌邑王为帝。后来,又因他昏乱而将其废黜驱逐。昌邑,古县名。 **4** 宣帝:汉宣帝,名询。公元前74年至前49年在位。大将军霍光废昌邑王后立宣帝。

臣闻齐有无知¹之祸,而桓公以兴;晋有骊姬²之难,而文公用伯;近世赵王³不终,诸吕作乱⁴,而孝文为太宗⁵。由是观之,祸乱之作,将以开圣人也。

臣听说齐国有无知之祸,齐桓公因此兴起;晋国有骊姬之难,晋文公所以称霸;近世赵王如意被害,诸吕作乱,却使孝文帝成为太宗。照这样看来,祸乱的发生,将要为圣人的出现开辟道路。

注释 1 无知:春秋时齐公子,杀齐襄公,自立为齐君,后被人杀死。 2 骊姬:春秋时晋献公宠姬。 3 赵王:高祖宠姬戚夫人的儿子,名如意,封为赵王。 4 诸吕作乱:刘邦死后,吕后专权。她命她的侄子吕产、吕禄控制中央军权,接着打击刘姓诸侯,广封吕氏为王。吕后死后,周勃等平定诸吕之乱。 5 孝文为太宗:吕后死后,丞相陈平、太尉周勃等迎立代王刘桓,即孝文帝。太宗,文帝的庙号。

故桓、文扶微兴坏,尊文、武之业,泽加百姓,功润诸侯,虽不及三王,天下归仁焉。文帝永思至德,以承天心,崇仁义,省刑罚,通关梁,一远近,敬贤如大宾,爱民如赤子,内恕情¹之所安,而施之于海内。是以囹圄²空虚,天下太平。夫继变化之后,必有异旧之恩,此贤圣所以昭天命也。

所以齐桓公、晋文公扶植弱小的国家,复兴灭亡了的国家,尊奉周文王、周武王的遗业,向百姓施加恩泽,使诸侯得到好处,他们虽然赶不上三王,但天下的人都称赞他们的仁德。文帝有深远的思虑和崇高的德行,顺承天意即皇帝位,崇尚仁义,减少刑罚,开通关塞桥梁,统一远近的地方,尊敬贤才就像接待贵宾,抚爱百姓如同保护婴儿,推己及人,关怀海内百姓。所以监狱空虚,天下太平。大凡紧接政局变乱之后,必然有异乎旧时的恩典,这是贤圣君主用来彰明天命的途径啊。

注释 **1** 恕情：推己及人之心。 **2** 囹圄(língyǔ)：牢狱。

往者昭帝即世而无嗣，大臣忧戚，焦心合谋，皆以昌邑尊亲，援而立之。然天不授命，淫乱其心，遂以自亡。深察祸变之故，乃皇天[1]之所以开至圣也。故大将军[2]受命武帝，股肱[3]汉国，披肝胆[4]，决大计，黜亡义[5]，立有德[6]，辅天而行，然后宗庙以安，天下咸宁。

从前昭帝去世后，没有后嗣继承王位，大臣们忧虑悲伤，经过苦心思虑，共同谋划，都认为昌邑王最尊贵亲近，就推举他为君王。可是上天不授给他帝王之命，迷惑败乱他的心志，于是自取灭亡。深入考察祸变的由来，这是皇天用来为至圣开辟道路啊。所以大将军霍光接受武帝遗命，辅佐汉室，他披肝沥胆，定国家大计，废黜无义的，迎立有德的，按照上天的意旨行事，然后国家得到安定，天下都得到太平。

注释 **1** 皇天：天。 **2** 大将军：指霍光。 **3** 股肱：大腿和胳膊。这里是辅助的意思。 **4** 披肝胆：比喻竭诚效忠。披，披露。 **5** 黜亡义：指废昌邑王刘贺。亡，通"无"。 **6** 立有德：指立宣帝。

臣闻《春秋》正即位[1]，大一统[2]而慎始也。陛下初登至尊，与天合符，宜改前世之失，正始受命之统[3]，涤烦文，除民疾，存亡继绝，以应天意。

我听说《春秋》上注意端正新君即位的名分，重视统一天下的事业，慎重地对待开始。陛下刚登上帝位，跟上天的意志正相符合，应该改变前代的过失，端正初即位时所继承的法制，清除烦琐的政令条文，解除老百姓的疾苦，保存被废王侯的地位，恢复绝封功臣的封爵，来顺应天意。

注释 1 正即位:《春秋》记载古代帝王诸侯即位,很讲究名分,名分正的,就写即位;名分不正的,就不写即位。 2 大一统:重视统一天下的事业。大,犹言尊大、重视。 3 始受命:指初即位。 统:法制。

臣闻秦有十失,其一尚存,治狱之吏是也。秦之时,羞文学[1],好武勇;贱仁义之士,贵治狱之吏;正言者谓之诽谤,遏过[2]者谓之妖言。故盛服先王[3],不用于世,忠良切言,皆郁于胸;誉谀之声,日满于耳,虚美熏心,实祸蔽塞。此乃秦之所以亡天下也。

我听说秦朝有十条过失,现在还保存了一条,便是狱吏专权的过失。秦朝的时候,以有文化为耻辱,崇尚武勇;轻视仁义之士,看重治狱的官吏;讲正直的话叫做诽谤,防止过失的话叫做妖言。所以,非常服膺先王的人都统统废弃不用,忠诚正直的话,都郁结在心里不敢说;吹捧阿谀的声音,天天灌满耳朵,虚假的美名迷住了心窍,实在的祸殃则被蔽塞得看不见。这就是秦朝之所以失去天下的原因。

注释 1 文学:中国先秦时期曾将哲学、历史、文学等书面著作都称为文学。这里指文教方面的事。 2 遏过:防止过失。 3 盛服先王:竭力服膺先王的人。先王,指夏禹、商汤、周文王等行仁义道德的帝王。

方今天下,赖陛下恩厚,亡金革[1]之危,饥寒之患,父子夫妻,戮[2]力安家。然太平未洽者,狱乱之也。

当今天下,依赖陛下的厚恩,没有战乱的危险,饥寒的祸患,老百姓父子夫妻都齐心协力,安居乐业。但是太平盛世中还有不协调的事,这便是刑狱之灾乱加于人民啊。

注释 1 金革:犹言兵革。引申指战争。 2 戮(lù):并力;尽力。

夫狱者,天下之大命也,死者不可复生,绝[1]者不可复属。《书》曰:"与其杀不辜,宁失不经。"[2]今治狱吏则不然,上下相驱,以刻为明,深者获公名,平者多后患,故治狱之吏,皆欲人死。非憎人也,自安之道,在人之死。是以死人之血,流离于市;被刑之徒,比肩而立;大辟[3]之计,岁以万数。此仁圣之所以伤也。太平之未洽,凡以此也。

治狱,是天下最重要的事情。死了的人不能复生,砍断手脚的不能再续。《尚书》上说:"与其杀无罪的人,宁肯不合常规。"当今治狱的官吏却不是这样,上下互相勾结,把苛刻当作精明,治狱严酷的获得公正无私的美名,治狱平和的多有后患。所以治狱的官吏,都想要犯人死。并不是他们真的憎恶犯人,而是获得自己平安的方法在于判人死刑。因此死人的鲜血,染红了刑场;受刑的人,肩并着肩站着;被判处死刑的人,一年里面数以万计。这就是仁圣的君主见了为什么要伤心的原因。太平盛世中的不协调,大概就是这件事啊。

注释 1 绝:古"绝"字。 2 "与其"二句:语出《尚书·大禹谟》。不经,不合常规。 3 大辟(bì):死刑。

夫人情安则乐生,痛则思死,箠楚[1]之下,何求而不得?故因人不胜痛,则饰辞以视之,吏治者利其然,则指道以明之。上奏畏却[2],则锻练

人的性情,安定就乐于生存,痛苦就想着去死,在木棍荆条的拷打下,有什么供词不能得到呢?所以犯人熬不过刑罚的痛苦,就编造假的供词给狱吏看,狱吏觉得这样对自己有利,就指出有关法令条文来证实犯人的罪。怕上

而周内之[3]。盖奏当[4]之成，虽咎繇[5]听之，犹以为死有余辜。何则？成练[6]者众，文致[7]之罪明也，是以狱吏专为深刻，残贼而亡极，偷为一切，不顾国患，此世之大贼也。

奏后批驳退回，就又编造许多罪状，陷害人家。当罪行定案后，即使让皋陶来审理，也会认为犯人是死有余辜的。为什么呢？因为编造的罪状很多，并且引作判罪根据的法令条文很明确啊！所以狱吏专门讲究严峻苛刻，残酷虐杀没有止境，只图暂时的利害，不顾国家的祸患，这是当世的大害啊。

注释 1 棰楚：古代打人的刑具。 2 却：批驳退回。 3 锻练：比喻酷吏枉法，多方编造罪名。 周内：周，周密；内，通"纳"，使陷入。这里指罗织罪状，故意陷人于罪。 4 奏当：向上奏报所判的刑正合他所犯的罪。 5 咎(Gāo)繇：即皋陶。传说中东夷族的首领，相传曾被舜任为掌管刑法的官。 6 成练：构成各种罪状。 7 文致：文饰而使人获罪。

故俗语曰："画地为狱议不入，刻木为吏期不对。"[1]此皆疾吏之风，悲痛之辞也。故天下之患，莫深于狱，败法乱正[2]，离亲塞道，莫甚乎治狱之吏。此所谓一尚存者也。

所以俗语说："即使在地上画个范围当做监狱，人们也不敢进入；即使刻个木人当做狱吏，人们也不肯和它相见。"这都是憎恨狱吏的民谚，悲痛的言辞啊。所以天下的大患，没有比刑狱更厉害的了，败坏法纪，扰乱政事，离间亲属，堵塞正道，没有比治狱的酷吏更严重的了。这就是前面所说的一条还留存下来的秦国暴政。

注释 1 "画地为狱"二句：参见《报任安书》注。 2 正：同"政"。政事。

臣闻乌鸢[1]之卵不毁,而后凤皇集;诽谤之罪不诛,而后良言进。故古人有言:"山薮藏疾,川泽纳污,瑾瑜匿恶,国君含诟[2]。"唯陛下除诽谤以招切言,开天下之口,广箴[3]谏之路,扫亡秦之失,尊文武之德,省法制,宽刑罚,以废治狱,则太平之风,可兴于世,永履和乐,与天亡极,天下幸甚。

上善其言。

我听说:乌鸦、老鹰的蛋不遭毁坏,而后凤凰才会成群飞来;"诽谤"的罪不加诛罚,而后忠良之言便会进谏。所以古人说:"山林蔽藏毒物,河流沼泽容纳污浊,美玉存在瑕疵,国君容忍辱骂。"希望陛下能免除"诽谤"的罪名,来招致恳切的言论,使天下人开口,广开进言规劝的途径,扫除亡秦的过失,发扬周文王、周武王的仁德,精简法律条文,放宽刑罚,以求废除冤狱,那么,太平景象就可以在世上出现,永远得到和平快乐,同上天一样没有穷尽的时候。这便是天下的大福。

汉宣帝认为他讲得对。

注释 1 鸢(yuān):老鹰。 2 诟(gòu):耻辱。这四句话出于《左传·宣公十五年》。 3 箴(zhēn):劝告;规诫。

报孙会宗书

杨恽[1]

导读 本文选自《汉书·杨敞传》。这封信辞气怨激,表现了对朝廷的不满,杨恽(yùn)因此遭到杀身之祸。这是一次文字狱。这封书信内容远不能同司马迁的《报任安书》相比,但文气流畅,有很强的感染力。

【原文】

恽既失爵位，家居治产业，起室宅，以财自娱。岁余，其友人安定太守西河孙会宗²，知略士也，与恽书谏戒之。为言大臣废退，当阖门惶惧，为可怜之意，不当治产业，通宾客，有称誉。恽宰相子，少显朝廷，一朝暗昧，语言见废，内怀不服。³报会宗书曰：

【译文】

杨恽失掉爵位后在家闲居，办置家业，建造房屋，以经营财产为自己的乐事。一年多后，他的朋友安定太守西河人孙会宗，一个有智慧、才略的人，写信劝诫他。说大臣废退，应当关起门来表示害怕，做出可怜的样子，不应当办置家业，结交宾客，有名气声望。杨恽是宰相的儿子，年轻时就名显朝廷，一时不得志，因言语之罪被罢官，内心不服气。他回信给孙会宗说：

【注释】　1 杨恽：字子幼，华阴(今陕西华阴)人。司马迁的外孙。汉宣帝时任左曹，因告发霍氏谋反，封为平通侯，升中郎将，后官至诸吏光禄勋。遭宣帝宠臣太仆戴长乐陷害，罢官为民。后有人告他骄奢不悔过，下廷尉审理，查得他写给孙会宗的这封信，于是被加上"大逆不道"的罪名，处腰斩。　2 孙会宗：西河(今山西汾阳)人。曾任安定(治今宁夏固原)太守，杨恽的朋友。　3 "一朝"三句：杨恽丢官，是因为戴长乐告发他平时语言不敬。这句一本作"一朝以暗昧语言见废，内怀不服"。

恽材朽行秽，文质无所底¹，幸赖先人²余业，得备宿卫³，遭遇时变⁴以获爵位，终非其任，卒与祸会⁵。足下哀其愚，蒙赐书教督以所

我杨恽资质愚钝，行为低劣，文采、气质都没有什么可招人注意的，侥幸依赖父亲留下的功业，得以充当一名郎官。由于遇到当时突然发生的非常事件，因此获得了爵位，终究不能称职，最终还是碰上了祸害。足下怜悯我愚昧，承蒙写

不及,殷勤甚厚。然窃恨足下不深推其终始,而猥⁶随俗之毁誉也。言鄙陋之愚心,若逆指而文过⁷;默而息乎,恐违孔氏"各言尔志"之义,故敢略陈其愚⁸,唯君子察焉。

信把我没有想到的事给以指教督促,情意恳切深厚。然而我私下惋惜您不能深入推究事情的原委,而随随便便地附和俗人的毁谤。我想讲一讲自己的鄙陋想法,又怕违背你的好意,被认为是掩饰自己的过失;沉默不语吧,又恐怕不合孔子"各言尔志"的精神,所以我还是简略地陈述一下愚见,希望您能明察。

注释 1 文质:指文采和气质。 底:招致。 2 先人:指其父杨敞(官至丞相)。 3 宿卫:指任郎官。这是护卫皇帝的侍从。 4 遭遇时变:指自己密奏霍氏谋反而封侯。 5 卒与祸会:指被罢官为平民。 6 猥(wěi):随随便便。 7 文过:掩饰自己的过错。 8 愚:愚见。

恽家方隆盛时,乘朱轮¹者十人,位在列卿²,爵为通侯³,总领从官⁴,与闻政事。曾不能以此时有所建明⁵,以宣德化,又不能与群僚同心并力,陪辅朝廷之遗忘,已负窃位素餐之责久矣⁶。怀禄贪势,不能自退,遭遇变故,横被口语⁷,身幽北阙⁸,妻子满狱。

我家正当兴旺的时候,乘朱轮的就有十人。我位在九卿的中间,爵位是通侯,统领皇帝所有的侍从官员,参与国家政事。我却不能在这时有什么陈述或建议,来宣扬皇帝的德行教化,也不能跟同僚们同心协力,辅佐皇帝弥补缺漏,已经受到窃取官位、无功受禄的指责很久了。怀恋禄位,贪图权势,不能自己引退,以致遭遇变故,意外受到言语上的祸事,自身被囚禁在宫内,妻子儿女都送进监狱。

注释 1 朱轮:轮子漆成朱红色的车。 2 列卿:九卿之列。 3 通侯:本称"彻侯",因避汉武帝刘彻的名讳,改称通侯,又改称列侯。 4 总领从官:杨恽曾任光禄勋,统领所有侍从官。从官,皇帝的侍从官。 5 建明:建白,即对国家政事有所陈述和建议。 6 窃位:指窃取官位而不尽职。 素餐:白吃饭,即无功受禄。 7 横被口语:指戴长乐上书告他言语不敬的事。横,突然,意外。 8 北阙:本指古代宫殿北面的门楼。这里是指皇帝宫内。

当此之时,自以夷灭不足以塞责,岂意得全首领,复奉先人之丘墓乎?伏惟¹圣主之恩,不可胜量。君子游道²,乐以忘忧;小人全躯,说以忘罪。窃自私念,过已大矣,行已亏矣,长为农夫以没世矣。是故身率妻子,戮力耕桑,灌园治产,以给公上,不意当复用此为讥议也。

当这个时候,自以为杀头灭族也不足以堵塞人们的责备,哪里料得还能保全性命,还能再去奉祀先人的坟墓呢?我伏在地上思念圣主的恩德,真是没办法数得清的。君子修养道德,快乐得忘记忧愁;小人保全了性命,就高兴得忘了有罪。我私下想着,我的罪过已是很大了,我的德行已有亏缺了,长期当个农夫直到身死也就算了。因此我亲自率领妻子儿女,合力种地养蚕,灌浇园圃,办置家业,来供给国家的需要,没想到又因为这样做而受到人们的议论和讥笑啊。

注释 1 伏惟:伏在地上想。下对上的敬称。 2 游道:在正道上行走,即修养道德。

夫人情所不能止者,圣人弗禁。故君父至尊亲,

凡是人情所不能抑制的,圣人也不加禁止。所以君虽至尊,父虽最亲,而

送其终也，有时而既[1]。臣之得罪，已三年矣。田家作苦，岁时伏腊[2]，烹羊炰[3]羔，斗酒自劳[4]。

为君父服丧，也到一定时期就结束了。我从获罪至今，已经有三年了。田家劳作辛苦，一年之中在夏伏和冬腊，便烹羊烤羔，喝一点酒自己慰劳自己。

[注释] 1 既：已，尽。古制，臣子为君父服丧三年，除丧后起居行止便不再受丧服的限制。 2 伏腊：指夏伏、冬腊两个节日。 3 炰(páo)：裹起来烤。 4 自劳：自己慰劳自己。

家本秦也，能为秦声；妇赵女也，雅[1]善鼓瑟，奴婢歌者数人。酒后耳热，仰天拊缶而呼乌乌[2]。其诗曰："田彼南山，芜秽不治。种一顷豆，落而为萁[3]。人生行乐耳，须富贵何时？"是日也，拂衣而喜，奋袖[4]低昂，顿足起舞，诚淫荒无度，不知其不可也。恽幸有余禄，方籴贱贩贵，逐什一之利，此贾竖[5]之事，污辱之处，恽亲行之。

我的家乡原在秦地，所以能够奏出秦地歌曲；我妻子原是赵地的女子，向来会弹琴鼓瑟，奴婢中有几个会唱歌。每当酒后耳热，便昂着头，敲着瓦缶，大声呼叫。那歌词说："南山上种植谷物，野草很多不整治；种上一顷豆，落得的是豆茎几株。人生行乐罢了，等待富贵，到何时？"在这一天，我高兴得甩开外衣站起来，举起袖子，一上一下，踩足跳舞，真是放肆玩乐没有限度，不知道这是不对的啊。我幸亏有些余钱，能买贱卖贵，求得十分之一的赢利，这是鄙贱的商人做的事，是蒙受污辱的行业，我却亲身去做。

[注释] 1 雅：素，向来。 2 拊：同"抚"。 缶(fǒu)：瓦器，秦人用作乐器。 3 萁(qí)：豆茎。 4 袖(xiù)：古同"袖"。 5 贾(gǔ)竖：卑贱商人。

下流之人，众毁所归[1]，不寒而栗。虽雅知恽者，犹随风而靡[2]，尚何称誉之有？董生[3]不云乎："明明求仁义，常恐不能化民者，卿大夫意也；明明求财利，尚恐困乏者，庶人之事也。"故道不同，不相为谋。今子尚安得以卿大夫之制而责仆哉？

地位卑贱的人，众多的毁谤都汇集在身上，令人不寒而栗。即使平素很了解我的人，也随风倒伏，哪里还有什么名气声望可讲？董仲舒不是说过吗："急急忙忙地追求仁义，经常担心不能教化人民的，是卿大夫的心意；急急忙忙地追求财利，还担心困乏的，是百姓的事情。"所以各人的主张不同，便不必互相商讨。如今您怎么能够用卿大夫的规矩来责备我呢？

【注释】　1 归：集。　2 靡：披靡，倒伏。　3 董生：指董仲舒。

夫西河魏土[1]，文侯所兴[2]，有段干木、田子方[3]之遗风，漂然[4]皆有节概，知去就[5]之分。顷者，足下离旧土，临安定。安定山谷之间，昆戎[6]旧壤，子弟贪鄙，岂习俗之移人哉？于今乃睹子之志矣。方当盛汉之隆，愿勉旃[7]，毋多谈。

西河魏土，是魏文侯发迹的地方，那里的人还保存有段干木、田子方的遗风，清高得很，有节操志气，懂得去就的界限。近来，足下离开故乡，来到安定。安定在山谷之中，是古代昆戎族的旧地，那里的子弟贪婪卑陋，难道风俗习惯能改变人的气质么？今天我就看到您的志趣了。正当强盛的汉家兴旺发达的时候，希望您努力，不必多谈了。

【注释】　1 西河魏土：战国时魏的西河，在今陕西郃阳一带，与汉代的西河郡不同。杨恽这样说，是为了讽刺孙会宗。　2 文侯：指战国时的魏文侯。 兴:兴起,发迹。 3 段干木、田子方:战国时贤人,文侯曾拜他们为师。 4 漂然:不可侵犯的样子。 5 去就:去,指不应该干的、不可以干的;就,指应该干的、可以干的。 6 昆戎:指殷及西周时代的少数民族西戎。 7 旃(zhān):"之焉"的合音。

光武帝临淄劳耿弇 [1]
东汉文

导读 本文选自《后汉书·耿弇传》,是光武帝刘秀表彰大将军耿弇的一段话。他先表彰耿弇的功劳,以淮阴侯韩信作衬托;再用"有志者事竟成"激励耿弇,胜过大篇笔墨。

原文

车驾至临淄,自劳军,群臣大会。帝谓弇曰:"昔韩信破历下 [2] 以开基;今将军攻祝阿 [3] 以发迹。此皆齐之西界 [4],功足相方。

译文

光武帝来到临淄,亲自慰劳军队,群臣都来集会。光武帝对耿弇说:"从前韩信破历下齐军,开创了汉朝的基业;如今将军攻克祝阿,因而开始显赫的功业。历下、祝阿都是齐的西部边界,你的功劳可以跟韩信相比。

注释 1 光武帝:即汉光武帝刘秀。 临淄:原春秋战国时齐国的都城,在今山东淄博。 耿弇(yǎn):扶风茂陵(今陕西兴平东北)人,字伯昭。刘秀即位后他任建威大将军,封好畤侯,曾击平齐地割据势力张步,攻占城阳、琅邪等十二郡。 2 韩信破历下:汉高祖三年(前204),韩信袭击历下军,平定临淄。历下,即今山东济南东南。 3 祝阿:地名,故地在今山东济南西南。　4 西界：历下、祝阿都是古时齐、鲁的分界。在齐国的西部。

"而韩信袭击已降[1]，将军独拔勍敌[2]，其功乃难于信。又田横烹郦生[3]，及田横降，高帝诏卫尉不听为仇[4]；张步前亦杀伏隆，若步来归命，吾当诏大司徒释其怨。[5] 又事尤相类也。将军前在南阳建此大策，[6]常以为落落难合，有志者事竟成也。"

"可是韩信袭击的是已经投降的齐军，将军独自攻克的却是实力强大的敌人，这功劳的取得就比韩信困难了。再者，田横烹杀郦生，等到田横投降的时候，高帝诏告卫尉郦商不准把田横当作仇人；张步以前也杀害了伏隆，如果张步前来归降，我就诏告大司徒伏湛消除怨仇。这又是件尤其相类似的事情了。将军以前在南阳提出这个伟大的策略，我常常认为疏阔难以实现，如今看来，有志气的人，事情一定会成功的。"

【注释】　1 已降：秦末，田儋自立为齐王，割据旧齐地。后田儋子田横，立兄田荣子广为齐王，自己为相。汉王刘邦派郦生去齐劝降，田横接受，解除历下军。韩信便趁其不备袭击。　2 勍(qíng)敌：即"劲敌"。实力强大的敌人。　3 田横烹郦生：当韩信袭历下时，田横以为郦生出卖了自己，便将郦生烹杀。郦生，即郦食其(旧读 Lì Yìjī)。　4 卫尉：即郦商。陈留高阳乡(今河南杞县)人，郦食其的弟弟，刘邦即帝位后封信成侯。　5 "张步"等三句：光武帝派光禄大夫伏隆拜张步为东海太守，刘永也遣使立张步为齐王。张步接受刘永的封号，杀了伏隆。大司徒，伏隆的父亲伏湛。　6 "将军"句：耿弇在南阳跟从刘秀，自请北收上谷兵(王莽时，耿父为上谷太守)，平定渔阳的彭宠、涿郡的张丰，东攻张步，平定齐地。当时刘秀同意了他的策略。

诫兄子严敦书

马援[1]

导读　本文选自《后汉书·马援传》。马援诫兄子书,抓住他们喜讥议、通轻侠客的弱点,谆谆训诫。又举龙伯高和杜季良加以比较,规劝他们务学忠厚谨慎,切勿华而不实,陷于轻薄。语不多而切中要害。

原文

援兄子严、敦,并喜讥议,而通轻侠客。援前在交趾,还书诫之曰:"吾欲汝曹[2]闻人过失,如闻父母之名,耳可得闻,口不可得言也。好议论人长短,妄是非正法[3],此吾所大恶也,宁死不愿闻子孙有此行也。汝曹知吾恶之甚矣,所以复言者,施衿结缡[4],申父母之戒,欲使汝曹不忘之耳。

译文

马援哥哥的儿子马严和马敦,都喜欢讥笑议论别人,又结交轻薄的侠客。马援以前在交趾的时候,寄回书信告诫他们说:我希望你们听到别人的过失,就像听到自己父母的名字一样,耳朵可以听,嘴里却不可以说。喜欢议论人家的长短,胡乱评论正常的法制,这是我最痛恨的事,宁愿死也不愿听到子孙有这种行为。你们已知道我最痛恨这事,之所以还要重复说,犹如父母送女出嫁时亲自为她结上佩带佩巾,重申父母的训诫一样,想使你们不要忘记这个啊!

注释　1　马援(前14—49):东汉初扶风茂陵人,字文渊。建武十七年(41)为伏波将军,封新息侯。次年被光武帝派遣率兵进军交趾。　2　汝曹:你辈。 3 是非:褒贬,评论。 正法:正常的法制。 4 施衿(jīn)结缡(lí):古代女子出嫁,母亲把佩巾结在女儿身上。衿,佩带。缡,佩巾。

"龙伯高[1]敦厚周慎,口无择[2]言,谦约节俭,廉公有威。吾爱之、重之,愿汝曹效之。杜季良[3]豪侠好义,忧人之忧,乐人之乐,清浊[4]无所失,父丧致客,数郡毕至。吾爱之、重之,不愿汝曹效也。效伯高不得,犹为谨敕[5]之士,所谓'刻鹄不成尚类鹜'者也[6];效季良不得,陷为天下轻薄子,所谓'画虎不成反类狗'者也。讫今季良尚未可知,郡将下车辄切齿[7]。州郡以为言,吾常为寒心,是以不愿子孙效也。"

"龙伯高这个人,忠厚谨慎,不说败坏别人的话,谦虚节俭,廉洁奉公而有威望。我非常喜欢他、敬重他,希望你们学他。杜季良这个人,豪侠好义,把别人的忧愁当作自己的忧愁,把别人的快乐当作自己的快乐,不管什么人都交结,他父亲死了,吊丧的客人,有好几个郡的人全都来了。我喜欢他、敬重他,却不愿你们学他。学龙伯高不成,还能做个谨慎的人,这就是俗话说的"刻天鹅不成,还能像只野鸭";学杜季良不成,就会堕落为天下的轻薄子弟,这就是俗话说的"画虎不成,反而像只狗"了。至今季良的结局还说不定,但将到任的郡守总是对他咬牙切齿。州郡的人把这事说给我听,我常常替他担忧,因此不希望子孙学他那样。"

注释 1 龙伯高:东汉京兆(今陕西西安)人,名述,当时为山都长。 2 择:通"殬",败坏。 3 杜季良:东汉京兆人。名保。当时为越骑司马。 4 清浊:清,指品行好的人;浊,指品行不好的人。 5 谨敕(chì):也作"谨饬"。谨慎,能约束自己的言行。 6 鹄(hú):天鹅。 鹜(wù):野鸭。 7 郡将:即郡守。汉代郡守兼武事所以称郡将。 下车:指官吏到任。

前出师表

诸葛亮[1]

导读 《出师表》是诸葛亮出师北伐前对朝廷内政所提出的建议和对出师所作的保证。"亲贤臣，远小人"是全文的核心，这是关系国家兴亡成败的一条政治经验。这篇文章语言很质朴，反复称引"先帝"，提示"陛下"，一片丹心，溢于言表。行文时叙中有议，议中有情，叙事周密，议论恳至，感情真挚，为历代所称道。

原文

臣亮言：先帝[2]创业未半，而中道崩殂[3]。今天下三分[4]，益州[5]疲敝，此诚危急存亡之秋[6]也。

译文

臣诸葛亮呈表进言：先帝开创大业还没完成一半，就中途去世了。现在天下分成三国，我们益州人力不够，物资缺乏，这确实是到了十分危急、关系存亡的时候啊。

注释 1 诸葛亮(181—234)：字孔明。三国时期的大政治家、军事家。辅佐刘备建立蜀汉，拜为丞相。刘备死后，受遗诏辅佐刘禅。前后六次出师伐曹魏，死于军中。 2 先帝：指刘备。 3 崩殂(cú)：死。古时皇帝死了叫崩。 4 三分：指魏、蜀、吴三国分立，形成割据局势。 5 益州：蜀国所在地。汉置益州，约当今四川及贵州、云南的一部分地区。 6 秋：指代年岁、时代。

然侍卫之臣不懈于内，忠志之士忘身于外者，盖追先帝之殊遇[1]，欲报之于陛下也。诚宜开张圣听[2]，以光[3]先帝遗德，恢宏[4]志士之气；不宜妄自菲薄，引喻失义[5]，以塞忠谏之路也。

但是，侍卫大臣们在朝廷里不敢懈怠，忠诚有志的将士们在疆场上不怕牺牲，这是大家追念先帝待他们的厚恩，想要在陛下身上来报答啊。陛下真应该广泛听取意见，发扬先帝遗下来的美德，鼓舞志士们的志气；不应该过分地看轻自己，说话不恰当，不合正道，从而堵塞大家尽忠进谏的道路。

注释 1 追:追念。 殊遇:特殊的待遇。 2 开张圣听:扩大您的听闻。意为广泛听取群臣的意见。圣，此为臣下对帝王的尊称。 3 光:发扬光大。 4 恢宏:鼓舞，一本作"恢弘"。 5 引喻失义:言谈不合大义。引，称引。喻，譬喻。

宫中、府中[1]，俱为一体，陟罚臧否[2]，不宜异同。若有作奸犯科[3]及为忠善者，宜付有司[4]，论其刑赏，以昭陛下平明之治，不宜偏私，使内外异法也。侍中、侍郎郭攸之、费祎、董允等[5]，此皆良实，志虑忠纯，是以先帝简拔以遗陛下。愚以为宫中之事，事无大小，悉以咨之，然后施

皇宫中的侍臣和丞相府的官员都是一个整体，对他们的提升、惩罚、表扬、批评不应该有所不同。倘若有人营私舞弊、违法乱纪，或有人忠诚善良，有了建树，都应该交给负责的部门，评定对他们的赏罚，用来表明陛下治理国家是公平清明的，不应该有偏袒，使得宫中、府中，有不同的赏罚。侍中、侍郎郭攸之、费祎、董允等人，他们都是贤良诚实，志向忠贞，思想纯正的人，所以先帝把他们选拔出来，留给陛下。我认为宫廷里的事务，不论大小，都去跟他们商量，然后再施

行,必能裨补阙漏,有所广益。

行,那就一定能够防止缺失,弥补漏洞,获得更大的成效。

【注释】 1 官中、府中:宫中,皇宫之中,指宫中侍奉皇帝的近臣。府中,丞相府中,指丞相府里的官员。 2 陟(zhì):提升。 臧:善。 否:恶。 3 作奸犯科:营私舞弊、违法乱纪。 4 有司:有专职的官吏。司,管理。各有专司,故叫有司。 5 侍中、侍郎:都是官名,皇帝亲近的侍臣。郭攸之:南阳人。 费祎(yī):字文伟,江夏人。 董允:字休昭,南郡人。三人都是当时具有德才的人。这时郭、费任侍中,董允任黄门侍郎。

将军向宠[1],性行淑均[2],晓畅军事,试用于昔日,先帝称之曰能,是以众议举宠以为督[3]。愚以为营中之事,事无大小,悉以咨之,必能使行阵和穆,优劣得所也。亲贤臣,远小人,此先汉[4]所以兴隆也;亲小人,远贤臣,此后汉所以倾颓也。先帝在时,每与臣论此事,未尝不叹息痛恨于桓、灵[5]也。侍中、尚书、长史、参军[6],此悉贞亮死节之臣也,愿陛下亲之信之,则汉室之隆,可计日而待也。

将军向宠,性格和善,办事公平,熟悉军事,从前试用过,先帝称赞他有才能,所以大家评议推荐他担任中部督。我认为军营里的事情,无论大小,都去跟他商量,那就一定能够使军队和睦团结,才能不同的人都各得其所。亲近贤臣,疏远小人,这是西汉兴旺发达的原因;亲近小人,疏远贤臣,这是东汉覆亡衰败的原因。先帝健在的时候,每当跟我谈论到这些事情,没有一次不对桓帝、灵帝的所作所为感到叹息、痛心和遗憾啊!侍中敦攸之,尚书陈震,长史张裔,参军蒋琬,这些都是坚贞忠良,能以死报国的大臣。希望陛下亲近他们,信任他们,那么汉家的兴隆,就可以数着日子等得到了。

注释 1 向宠:字臣违,襄阳人。后主刘禅时封都亭侯。 2 淑:和善。均:公平。 3 督:中部督。蜀国设立的官名,是保卫皇帝安全的卫队首领,很重要。 4 先汉:指西汉。下句的后汉指东汉。 5 桓、灵:指后汉时的桓帝、灵帝。这两个皇帝昏庸无能,宠信宦官,政治腐败,造成东汉末年的天下大乱。 6 侍中:指郭攸之、费祎。 尚书:指陈震。 长史:指张裔。 参军:指蒋琬。

臣本布衣[1],躬耕于南阳[2],苟全性命于乱世,不求闻达于诸侯。先帝不以臣卑鄙[3],猥自枉屈[4],三顾臣于草庐之中,咨臣以当世之事。由是感激,遂许先帝以驱驰[5]。

臣本来是一个平民,在南阳亲自耕种田地,只想在乱世中暂且保全性命,不想在诸侯中求得显赫名声。先帝不嫌我见识浅陋、身世低微,反而降低身份,三次到我的茅屋里看望我,向我征询对当时天下大事的意见。我因此受到感动和鼓舞,就答应为先帝奔走效劳。

注释 1 布衣:平民。 2 躬耕:亲自耕种。 南阳:郡名,郡治在今河南南阳。诸葛亮隐居的隆中(今湖北襄阳西南),当时属南阳郡。 3 卑鄙:见识浅陋,地位低下。 4 猥自枉屈:指刘备自己降低身份。猥,谦词,犹言"辱"。枉屈,屈就。 5 驱驰:奔走效劳。

后值倾覆[1],受任[2]于败军之际,奉命于危难之间,尔来二十有一年[3]矣。先帝知臣谨慎,故临崩寄臣以大事[4]也。受命以来,夙夜忧叹,恐

后来碰上军事失利,我在失败的时刻接受了重任,在危急艰难的时候奉命出使,从那时候到如今已经有二十一个年头了。先帝知道我处事谨慎,所以在临终时把国家大事托付给我。自从接受遗命以来,早晚忧虑,唯恐托付的事

托付不效,以伤先帝之明。故五月渡泸⁵,深入不毛⁶。

情不能办好,因而损伤先帝的英明。所以我五月渡过泸水,深入到禾苗不生的荒凉地区。

【注释】 1 倾覆:指汉献帝建安十三年(208),刘备在当阳长坂被曹操击败。 2 受任:奉命。 3 二十有一年:这是从刘备三顾草庐访诸葛亮的那年算起。 4 临崩寄臣以大事:指刘备病危时,曾召见诸葛亮,托付他辅佐刘禅,又对刘禅说,要听从诸葛亮的话,"事之如父"。 5 泸:泸水,金沙江的支流。 6 不毛:不长庄稼,指未经开发的地方。

今南方已定,兵甲已足,当奖帅三军,北定中原。庶竭驽钝¹,攘除奸凶,兴复汉室,还于旧都²。此臣之所以报先帝而忠陛下之职分也。至于斟酌损益³,进尽忠言,则攸之、祎、允之任也。愿陛下托臣以讨贼兴复之效,不效则治臣之罪,以告先帝之灵;若无兴德之言,则责攸之、祎、允之咎,以彰其慢。陛下亦宜自谋,以咨诹⁴善道,察纳雅言,深追先帝遗

现在南方已经平定,刀箭铠甲都已经备足,应当奖励并率领三军,北上平定中原。也许能够竭尽我的平庸鲁钝的才能,铲除奸邪凶恶的曹魏,复兴汉家的天下,回到原来的国都。这是我用来报答先帝,向陛下尽忠心的分内职责。至于对政事的斟酌处理,掌握分寸,提出忠实恳切的意见,那是郭攸之、费祎、董允等人的责任。希望陛下把讨伐曹贼、兴复汉室的大任交付给我,如果不见成效就治我的罪,以告知先帝的英灵;如果没有向您提出发扬德行的意见,就要责备郭攸之、费祎、董允等人的过错,揭露他们的怠慢。陛下自己也应该多多考虑国家大事,征询治国的好办法,审察采纳正直的意见,深切地追念先帝的遗诏。这样我就受陛

诏。臣不胜受恩感激。今当远离，临表涕泣，不知所云。

下的恩德而感激不尽了。现在要离开陛下远行了，对着这篇表文流泪哭泣，不知道说了些什么。

[注释] 1 驽钝：比喻才能平庸。驽，劣马。钝，刀刃不锋利。 2 旧都：指长安和洛阳，两汉的都城。蜀汉以继汉统自承，故把攻取二地叫作还旧都。 3 斟酌损益：衡量得失，掌握分寸。 4 咨诹(zīzōu)：询问。

后出师表[1]

诸葛亮

[导读] 这篇文章原载于《三国志·诸葛亮传》裴松之注，也是一向广为传诵的名篇。公元228年，魏将曹休被吴国打败，魏军精锐东下，关中虚弱，诸葛亮想趁机出兵击魏，但群臣疑虑，后主动摇，诸葛亮便上此表，分析形势，陈述乘时伐魏的必要性。最后他虽知成败难以预料，但他仍以"鞠躬尽瘁，死而后已"来表达自己的决心。这两句话，堂堂正气感人至深。

[原文]

先帝虑汉、贼[2]不两立，王业不偏安[3]，故托臣以讨贼也。以先帝之明，量臣之才，固知臣伐贼，才弱敌强也。然不伐贼，王业亦亡，惟坐而待亡，

[译文]

先帝考虑到汉、贼不能两者并存，要建立王业，就不能偏处于一隅而自安，所以把兴师讨贼的重任托付给我。凭先帝的英明，度量我的才能，本就知道我伐贼是才弱敌强的。然而不去伐贼，帝王的事业也会灭亡，与其坐等灭

孰与伐之？是故托臣而弗疑也。

亡，不如去伐贼。所以先帝毫不犹疑地把伐贼的任务托付给我。

[注释] 1 据裴松之注称："此表亮集所无，出张俨《默记》。"文中所涉史实多有矛盾，所以人们怀疑不一定是诸葛亮的作品。 2 贼：指曹魏。蜀以继承汉的正统自居，所以称曹魏为贼。 3 偏安：偏居于一个角落。指蜀汉当时偏居在四川一地。

臣受命之日，寝不安席，食不甘味，思惟[1]北征，宜先入南，故五月渡泸，深入不毛，并日而食[2]。臣非不自惜也，顾王业不可偏安于蜀都，故冒危难以奉先帝之遗意，而议者谓为非计[3]。今贼适疲于西[4]，又务于东[5]，兵法乘劳[6]，此进趋之时也。谨陈其事如左：

我自从接受先帝命令那天起，就睡不安稳，吃饭无味，考虑到要北征，应该先平定南方，所以五月率兵渡过泸水，深入禾苗不生的荒凉地区，两天才吃一天的军粮。我并不是不爱惜自己，只是看到帝王的事业不能偏处在益州这个角落而自安，所以冒着危险艰难来执行先帝的遗意，可是议论的人说伐贼是不正确的决策。如今曹贼在西边正被打得疲惫不堪，又要在东方作战，兵法上说作战要乘敌人疲劳的时候，这正是前进讨贼的好时机。现在我把讨贼的事恭敬地陈述如下：

[注释] 1 思惟：考虑。 2 并日而食：两天只吃一日的食粮。指行军艰苦，不能按时进食。 3 非计：决策不正确。 4 今贼适疲于西：指蜀建兴六年(228)，诸葛亮出祁山伐魏。 5 又务于东：指建兴六年曹休攻吴，被吴将陆逊大败于石亭，魏调军东下。 6 乘劳：乘敌疲劳的时候。

高帝明并日月,谋臣渊深,然涉险被创,危然后安。今陛下未及高帝,谋臣不如良、平[1],而欲以长策[2]取胜,坐定天下,此臣之未解一也。刘繇、王朗[3],各据州郡,论安言计,动引圣人,群疑满腹,众难塞胸,今岁不战,明年不征,使孙策坐大[4],遂并江东,此臣之未解二也。

汉高帝的英明可以跟日月争光,他的谋臣深谋远虑,但是仍不免历艰险,受创伤,经过重重危难然后才安定天下。现在陛下赶不上高帝,谋臣不如张良、陈平,却想以长期相持来取得胜利,安安稳稳地平定天下,这是我不能理解的第一条。刘繇、王朗,各自占据着一个州郡,在那里空谈安定天下的计策,动不动引用古代圣人的话,大家疑心重重,各种非议充塞胸中,今年不出兵,明年不打仗,使得孙策自然强大,于是并吞了江东,这是我不能理解的第二条。

【注释】 1 良、平:指张良和陈平。 2 长策:长远之计。 3 刘繇:东汉末为扬州牧。 王朗:东汉末为会稽太守。 4 坐大:自然强大。

曹操智计,殊绝于人,其用兵也,仿佛孙、吴[1],然困于南阳[2],险于乌巢[3],危于祁连[4],逼于黎阳[5],几败北山[6],殆死潼关[7],然后伪定一时[8]尔。况臣才弱,而欲以不危而定之,此臣之未解三也。

曹操的智慧计谋,超群出众,他用兵作战,好像孙膑、吴起,可是他也曾在南阳被困,在乌巢遇险,在祁连受危,在黎阳被逼,几乎败于北山,差点在潼关丧命,然后才取得了暂时的稳定。何况我才能微弱,却想不冒危险而平定天下,这是我不能理解的第三条。

【注释】 1 孙、吴:指春秋战国时的军事家孙膑、吴起。 2 困于南阳:

汉献帝建安二年(197),曹操讨伐张绣,绣袭击曹军,杀操长子昂,操身中流矢败走,收拾散兵,还驻舞阳。 **3** 险于乌巢:乌巢,今河南延津东南,官渡之战就发生在附近。 **4** 危于祁连:不详。 **5** 逼于黎阳:建安八年(203)春二月,曹操攻黎阳。五月,操还许昌,留将贾信屯黎阳。 **6** 几败北山:建安二十四年(219),曹操与刘备争夺汉中,操自长安出斜谷,运米北山下,被赵云所败。 **7** 殆死潼关:曹操与马超交战,曹操自潼关北渡河,马超率领步骑万余人来攻,矢下如雨,曹操几乎丧命。 **8** 伪定一时:意指曹操暂时取得了政权。蜀汉自居正统,所以称曹为"伪"。

曹操五攻昌霸[1]不下,四越巢湖[2]不成,任用李服[3]而李服图之,委任夏侯[4]而夏侯败亡。先帝每称操为能,犹有此失,况臣驽下,何能必胜?此臣之未解四也。

曹操五次攻打昌霸不能取胜,四次渡过巢湖与孙权交战不利,任用李服而李服图谋杀害他,委任夏侯渊镇守汉中而夏侯渊兵败身亡。先帝经常称赞曹操是个能人,可还有这些失误,何况我才能低下,怎么能够保证必胜呢?这是我不能理解的第四条。

注释 **1** 五攻昌霸:建安四年(199),东海昌霸背叛曹操,归服刘备,曹操遣刘岱、王忠讨伐,不克。 **2** 四越巢湖:魏以合肥为重镇,合肥东南有巢湖,曹操与孙权曾多次在这里作战。 **3** 李服:《通鉴》胡三省注认为李服当是王服之误。王服曾与董承等共同谋杀曹操。 **4** 夏侯:指夏侯渊。渊守汉中,在定军山被黄忠破杀。下文"夏侯授首"也指此事。

自臣到汉中[1],中间期年耳,然丧赵云、阳群、马玉、阎芝、丁立、白寿、刘

自从我带兵到汉中,至今只有一整年的时间,可是已有赵云、阳群、马玉、阎芝、丁立、白寿、刘邰、邓铜等

邰、邓铜等及曲长屯将²七十余人，突将无前³，賨叟、青羌⁴散骑武骑一千余人，此皆数十年之内所纠合四方之精锐，非一州之所有；若复数年，则损三分之二也，当何以图敌？此臣之未解五也。今民穷兵疲，而事不可息⁵；事不可息，则住与行劳费正等⁶，而不及早图之，欲以一州之地与贼持久，此臣之未解六也。

大将以及曲长屯将七十多人战死了，还有冲锋在前的勇士及賨叟、青羌的骑兵一千多人，这都是几十年间从四方招集来的精锐，不是益州一州所能有的；如果再过几年，就会损失三分之二，到那个时候再凭什么谋图伐敌呢？这是我不能理解的第五条。如今百姓穷困，兵士疲乏，但战事不能停息；战事不能停息，那么坐着等待敌人的进攻与主动出击敌人，两者所消耗的人力和物力是相等的，不及早图谋攻敌，想凭一州的地方，与贼长久相持，这是我不能理解的第六条。

注释　1 自臣到汉中：诸葛亮于蜀建兴五年(227)率军北驻汉中。
2 曲长屯将：军队中曲、屯的长官。曲，部曲，古代军队较小的编制。将军下有部，部下有曲，曲下有屯。　3 突将无前：冲锋在前的勇将。
4 賨(cóng)叟、青羌：西南地区的少数民族。　5 事不可息：战事不能停息。　6 "则住与行"句：住，指坐着等待敌人的进攻；行，指主动出击敌人。劳费，指消耗的人力物力。等，相等，一样。

夫难平¹者，事也。昔先帝败军于楚²，当此时，曹操拊手³，谓天下已⁴定。然后先帝东连吴、越⁵，西取巴、蜀⁶，举兵北征，夏侯

难以预料的是事情的变化。从前先帝在楚地被曹操打败，当时，曹操得意地拍手，认为天下大局已定。可是后来先帝东面联合孙吴，西面攻取巴蜀，举兵北伐，夏侯渊被杀，这是

授首,此操之失计而汉事将成也。

曹操的失算,而复兴汉室的事业将要成功。

注释 1 平:衡量,这里是"预测"的意思。 2 "昔先帝"句:指建安十二年(207)刘备在当阳、长坂被曹操打败一事。 3 拊(fǔ)手:拍手。形容得意之状。 4 已:别本作"以"。 5 东连吴、越:指建安十三年(208)孙刘联合大破曹兵于赤壁。 6 西取巴、蜀:指建安十九年(214)刘备打败刘璋夺取益州。

然后吴更违盟[1],关羽毁败,秭归蹉跌[2],曹丕称帝[3]。凡事如是,难可逆料。臣鞠躬尽瘁[4],死而后已,至于成败利钝,非臣之明所能逆睹也。

但后来孙权又违背了吴蜀盟约,偷袭荆州,关羽失败被杀,先帝又在秭归摔了跤,曹丕灭汉自称皇帝。大凡事情都是如此,难以预料。我只有小心谨慎地竭尽心力工作,到死了然后才停止,至于是成功还是失败,是顺利还是受挫折,不是我的眼光所能预先看到的。

注释 1 吴更违盟:建安二十四年(219),孙权违背吴蜀盟约,趁关羽北攻襄城的间隙,派吕蒙袭荆州,杀关羽。 2 秭(zǐ)归蹉跌:秭归,今湖北秭归。蹉跌,跌跤。蜀章武元年(221),刘备伐吴,次年,被吴将陆逊大破于夷陵(在今湖北宜昌西北),刘备逃到秭归,收残部回蜀。 3 曹丕称帝:曹丕在黄初元年(220)废汉献帝,自称帝号。 4 鞠躬:恭敬、谨慎的样子。尽瘁(cuì):一本作"尽力"。瘁,劳累。